# 가르침은 예술이다

존 반 다이크

IVP

IVP(InterVarsity Press)는
캠퍼스와 세상 속의 하나님 나라 운동을 지향하는
IVF(InterVarsity Christian Fellowship)의 출판부로서
생각하는 그리스도인을 위한 문서 운동을 실천합니다.

Originally published by Dordt Press
as *The Craft of Christian Teaching* by John Van Dyk
ⓒ 2000 by Dordt Press
498 Fourth Avenue NE
Sioux Center, Iowa 51250, U. S. A.

Korean Edition ⓒ 2003 by Korea InterVarsity Press
156-10 Dongkyo-Ro, Mapo-Gu, Seoul, 121-838 Korea

# *The Craft of Christian Teaching*

John Van Dyk

학급에서 그리스도인답게 가르치기를 원하는 모든 사람들에게

이 책은 가르침을 위한 실제적인 아이디어와 기독교적 소명으로서의 가르침에 대한 통찰을 풍성하게 제공해 준다. 이 책이 교수 이론에 관한 책은 아니지만, 분별력 있는 독자들은 이 책에서 논의하는 실천 지향적 방법의 기저를 이루고 있는 건전한 이론적 성찰을 인식할 것이다. 저자의 기독교적 헌신은 여러 면에서 분명하게 나타나고 있지만, 두 가지 특징이 두드러지게 드러난다. 한 가지 특징은, 하나님의 임재의 실재와 그분에 대한 우리의 의존을 인식하는 경건을 가르침이라는 일상적인 행위에 대한 실제적인 접근 방법 속에 구현하는 방식이다. 또 다른 특징은, 저자가 자신을 가르침에 대한 절대적 권위자로 제시하는 것이 아니라, 독자들과 같이 하나님의 종된 동역자로 분명하게 제시하고 있다는 점이다. 이 책은 새내기 교사들이나 노련한 교사들 모두가 유익을 얻을 수 있는 풍부한 자원이다.

스튜어트 파울러(Stuart Fowler)
호주 멜버른 반립 교육 연구소
호주 시드니 국제 기독교 교육 연구소

이 책은 성경에 기초한 렌즈를 끼운 쌍안경과도 같은데, 이것은 교수 방법론이라는 전망을 관찰하는 데 유용한 도구다. 이 책은 가르침에 대한 최근 견해를 보여 주면서, 동시에 가르침에 대한 기독교적 접근 방법에 기초한 대안을 제시해 준다. 반 다이크 박사는 교사들이 자신들의 교수 방법을 비판적으로 검토하고 평가하도록 도전한다. 그는 교수 방법의 통찰에 대한 여러 공헌을 인정하고 그 진가를 평가할 뿐만 아니라, 성경적 관점에서 그 방향을 재구성한다. 오늘날 좀더 성경적인 접근 방법을 반영하도록 교육을 개선하고자 하는 저술이 계속 증가하고 있는데, 본서 역시 이러한 목록에 추가된 유용한 저술이다. 이 책은 대학의 교수 방법론에 관한 과목은 물론, 교직원 연수 활동을 위해서도 탁월한 자료다. 뿐만 아니라, 이 책은 기독교 학교 교육 위원회와 운영 위원회가 가르침의 실제라는 문제를 검토할 때 아주 귀한 자료가 될 것이다.

존 반더훅(John Vanderhoek)
브리티시 컬럼비아 펜틱톤 기독교 학교 발전 위원회 회장

# 차례

추천사     8

한국어판 서문     11

서문     13

감사의 글     17

1. 교수 방법: 벽장 속에 숨겨 놓은 것인가?     19

2. 기독교적 가르침: 무엇이라고 생각하는가?     35

3. 기독교적 가르침: 직업인가 소명인가, 아니면 무엇인가?     53

4. 무슨 권위로 가르치는가?     69
    가르치는 직분의 몇 가지 함의점

5. 교실에서 무엇을 하고자 하는가?     83
    기독교적 가르침의 목적

6. 가르치는 방식을 표현하는 은유 찾기: 당신의 교수 스타일은?     103

7. 기독교적 가르침: 개략적 모습 그리기     119

8. 기독교적 가르침: 이미지 다듬기     137

9. 어디서 가르치고 있는가?     155
    기독교적 가르침의 맥락

10. 원하는 곳에 도달하기: 협력 교실의 구축     173

11. '교수 전략'이란 무엇인가?     189
    교수 방법에 대한 세밀한 검토

12. 직접 말해 줄 것인가? 스스로 발견케 할 것인가?     207
    직접 교수법과 간접 교수법

13. 어떤 종류의 대답을 기대하고 있는가?     225
    기독교 관점에서 본 질문 기법

14. 학생들은 교사의 가르침을 어떻게 도울 수 있는가?     241
    기독교적 관점에서 본 참여 교수법

15. 학생들이 어떤 방식으로 함께 배우길 원하는가?     263
    기독교적 관점에서 본 협동 학습

16. 다양한 학생들을 어떻게 가르칠까?     285
    개인의 재능을 축하하고 개인의 필요를 충족시키기

17. 어떻게 학생으로 하여금 올바로 행동하게 할 수 있는가?     305
    협력 학급 운영하기

18. 허들 넘기: 기독교적 가르침의 장애물 극복하기     321

주     343

부록     365

인명 색인     367

주제 색인     371

성구 색인     383

## ▶▶ 추천사

최근 다른 나라와 마찬가지로 우리 나라에서도 기독교 교육 운동에 대한 관심이 날로 늘어나는 현상은 매우 고무적인 일이다. 교육 제도권 내에서 기독교 교육 단체들이 연합하여 교육 개혁을 모색하고 있을 뿐만 아니라 제도권 밖에서도 기독교 대안 학교와 홈스쿨 같은 대안 교육 운동이 본격적으로 추진되고 있다. 이러한 시점에서 반 다이크 교수의 「가르침은 예술이다」 한국어판을 출간함으로써 우리 나라의 기독교 교육 운동에 새로운 활력을 불어넣을 수 있는 계기를 마련할 수 있게 되어 여간 뜻 깊은 일이 아니다.

가르침이 예술인가 아니면 과학인가 하는 질문은 교육학계에 오랫동안 논쟁의 대상이 되어 왔다. 이제까지 행동 과학의 영향을 크게 받은 교육학자들은 가르침의 과학적이며 보편적인 원리를 탐구하는 데 많은 노력을 기울였다. 그러나 최근 해석학에 기초를 둔 교육학자들은 가르침은 과학적 원리로만 환원될 수 없다고 전제하고, 예술적인 측면을 강조하는 경향을 보이고 있다. 이처럼 가르침은 예술과 과학의 양면성을 지니고 있으며, 훌륭한 교육자는 이러한 가르침의 특성에 대해 적절한 이해가 필요하다. 그렇기 때문에 가르침은 힘든 작업이며, 기독교적 가르침은 더욱 어려운 과업임에 틀림없다.

저자는 이 책에서 40여 년에 걸친 교직 및 연구 경험을 토대로 기독교적인 가르침의 기예에 대해 상세한 논의를 전개하고 있다. 기독교적으로 가르친다는 것을 무엇을 의미하는가? 어떻게 하면 기독교적으로 가르칠 수 있는가? 이러한 문제는 필수적으로 교육 과정의 맥락과 학습이론 등을 포함시키게 된다. 그러나 이 책의 저자는 논의의 초점을 교수 방법과 학습 전략 즉 교수 방법론에 맞추고 있다. 즉, 기독교적 가르침에 대한 유일한 방법을 제시하기보다는 다양한 상황에서 기독교적으로 가르치는 것이 무엇을 의미하는지에 대한 교사들의 비판적 성찰을 계속적으로 촉구하고 있다.

기독교적인 시각에서 교수 방법이나 전략을 다룬 서적이 우리 나라에서 매우 적은 현실에 비추어 이 책은 기독교적인 가르침을 구체적으로 실천에 옮길 수 있는 지침서가 될 수 있을 것으로 생각한다. 무엇보다도 이 책을 통하여 기독교적 가르침 전반에 걸친 다양한 주제에 대해 생동감 넘치는 통찰력을 얻을 수 있을 것이다. 뿐만 아니라 교육자 자신들의 소명과 사역을 새롭게 인식하게 하고, 기독교적인 가르침의 다양한 교수 방법과 전략을 현장에 적용하고자 할 때에도 매우 유용할 것이다.

따라서 기독교 학교는 물론 공립 학교에서 근무하는 교사들과, 기독교 교육에 관심을 갖고 있는 교회의 교육 사역자, 자녀의 기독교 교육에 관심을 갖고 홈스쿨링을 실천하는 분들에게 특히 도움이 될 것을 확신하며, 이 책을 적극 추천하는 바이다.

김선요<br>
서울여자대학교 교육심리학과 교수<br>
기독교대안교육협의회 대표간사

## 한국어판 서문

이 책의 한국어판 서문을 쓸 수 있게 된 것을 진심으로 기쁘게 생각한다. 이 책이 한국어로 번역되어 출판된다는 것은, 기독교 학교 교육이 국제적으로 꽃피고 있다는 놀라운 현상을 증거해 주기 때문에 더욱 감사하다. 주님은 놀라운 일을 행하고 계심이 분명하다! 이 책이 주님이 인도하시는 기독교 교육의 발전에 밑거름이 될 수 있기를 바라며 기도한다.

이런 밑거름을 제공해 주려는 시도는, 오늘날 도처에서 기독교 학교 교육이 심각한 도전을 받고 있다는 사실에 비추어 볼 때 특별한 의미를 지닌다. 기독교 학교 교육을 위해 유용한 자원과 설비는 무엇인가? 교육 현실을 지배하는 관점은 무엇인가? 사용할 수 있는 교과 내용은 어떤 것인가? 현재 급속도로 생겨나고 있는 기독교 학교에서 누가 가르칠 것인가? 이런 질문들은 반응을 요구한다.

「가르침은 예술이다」는 어떻게 기독교적으로 가르칠 수 있는지의 문제에 대해 포괄적인 해답을 제공해 주는 체하지 않는다. 이 책은 가르침에 관한 유일한 기독교적 접근 방법을 제공해 주려고 시도하지 않는다. 그러나 이 책은 교사들이 어디서, 어떤 상황에 처해 있든지 간에 자신의 교실 활동에 관해서 좀더 심오하게 성찰해 보도록 촉구한다. 또한 이 책은 기독교 학교에 보편적으로 중요한 의미를 갖는 주제인 소명과 공동체라는 핵심적인 성경적 주제를 진지하게 다루려고 노력하고 있다.

수년 전 니콜라스 월터스토프 박사는 모든 교사들이 실제로 이미 알고 있는 내용을 다소 개략적으로 설명하였다. 그는, "대부분의 교사들은 단순히 자신들이 배운 대로, 관습에 노예화되어…별다른 성찰이 없이 자신들의 상습적인 습관을 따라 가르칠 뿐이다"라고 말하였다. 월터스토프의 비판은 너무 가혹하다고 말할 수 있다. 진정한 기독교적 가르침을 위해서 최선을 다하는 교사들도 분명히 많이 있다. 그러나 나 자신의 40여 년에 걸친 가르침의 경험으로 볼 때, 학급 활동, 특히 교직 초기의 활동은 별다른 성찰 없이 그냥 일반적 관례에 따르는 경향이 다분했음을 인정하지 않을 수 없다. '그냥 가르치는' 또는 '단순한 가르침'의 유혹은 북미는 물론, 아프리카, 러시아, 그리고 한국에서도 강력하게 나타나고 있다고 생각한다.

　　이 책이, 한국적 상황에서 한국의 교사들간에 기독교적으로 가르치는 것이 무엇을 의미하는지에 관해서 생동감 있는 토의를 자극할 수 있기를 바란다. 나는 또한 이 책이 진정으로 기독교적인 교수 방법의 발전을 촉진하는 일에 이바지할 수 있기를 바란다. 이 책이 교사들로 하여금 자신의 교실에 성령님을 초청하는 일을 도와줄 수 있기를 진심으로 소원한다.

　　번역하느라 애쓴 김성수 박사에게도 감사를 전한다. 그는 내 오랜 친구이자 도르트 대학 부설 교육연구소에서 연구한 적이 있기 때문에, 기독교적 가르침에 대한 내 관점을 누구보다도 잘 알고 있다. 이 책을 기꺼이 출판해 준 한국 IVP에 또한 감사를 전하고 싶다.

존 반 다이크
도르트 대학 교육학부 교수 겸 교육 연구소 소장

## 서문

 이 책은 가르침에 관한 책이다. 좀더 구체적으로 말하면, 분명하게 기독교적인 활동으로서의 가르침에 관한 책이다. 이 책의 목적은 그리스도를 영접하는 것은 단순히 개인의 삶을 변화시킬 뿐만 아니라, 가르침의 실제까지도 변화시킨다는 사실을 교사들이 좀더 확실하게 알 수 있도록 돕기 위한 것이다. 적어도 그렇게 되어야 한다. 사실, 그리스도인이 된다고 해서 기독교적인 학급을 자동적으로 보장해 주지는 않는다. 의도적으로 그런 것은 아니지만, 때로는 신실한 그리스도인 교사들이 성령이 기뻐하시는 것 같지 않은 학급을 운영하기도 한다. 우리 모두는 부족한 사람들이기 때문에 부단히 개선되어야 할 필요가 있다. 만일 우리가 진정으로 그리스도인답게 가르치려고 하면, 우리가 무엇을 믿는지 날마다 성찰하고, 교실에서 무엇을 해야 하는지에 대해서 깊이 있게 통찰을 해야 한다.
 이 책은 교사들이 표출한 필요에 대한 반응이다. 1980년대 초, 도르트 대학(Dordt College)은 두 개의 새로운 프로젝트를 시작하였다. 첫째는 기독교 초·중등학교 교사들에게 직접적으로 중요한 문제를 논의하기 위한 일련의 연차 교육 강좌이고, 둘째는 기독교 학교 교사들의 연수 모임과 세미나를 조직하고 주관하는 일을 관장하는 교육 연구소(Center for Educational Services)를 설치하는 것이었다. 그러나 연차 교육 강좌는 어떤 문제를 다루어야 하며, 교육 연구소는 어떤 기여를 해야 하는가? 이런 문제에 대한 좋은 방안을 강구하기 위해서 연구 위원회가 조직되어 광범위한 연구를 했다. 나는 동료인 래리 레이놀즈(Larry Reynolds)와 함께 조사 연구를 하면서, 많은 교사들과 교사 양성 교육자들의 자문을 받아, 당시 기독교 교육 분야에서 어떤 일이 진행되고 있는지에 대해 어떤 감을 갖게 되었다. 우리는 교사들이 교육 철학, 교육 과정, 교과 내용 등에 대한 기독교적 관점에는 이미 상당히 접근했다는 사실을 발견하였다. 그러나 실제적인 교수 방법과, 학습을 위해 학급을 조성하는 방법에 대해서는 제대로 알고 있지 못했다. 교수 방법론에 대한 기독교적 접근 방법을 탐구할 필요성은 너무도 분명해졌고, 따라서 우리는 기독교적 가르침의 문제에 연구와 사고의 초점을 맞추게 되었다. 이 책은 바로 이러한 사고와 탐구의 산물이다.

풋내기 고등학교 교사로 교실에 발을 들여놓은 때부터 37년이 지난 지금까지, 교직은 내게 가장 멋지고 보상이 따르는 직업이었다. 지난 수년 동안, 특히 교육 연구소 소장으로 활동을 시작한 이래로 가르침은 또한 가장 복잡한 전문직 중 하나임을 점차 분명하게 인식하게 되었다. 그러므로, 가르침의 실제에 초점을 맞추어 고찰하고자 하는 이와 같은 책은 모험이 따르는 과업이다. 가르침은 다차원적인 활동이기 때문에, 가르침에 관한 그 어떤 책이라도 필연적으로 많은 측면과 중요한 주제들을 다루지 못한 채 남겨 두게 될 것이며, 따라서 불완전하게 보일 수 있기 때문이다.

이와 같은 위험에도 불구하고, 나는 초·중등학교 교사들과 교사 양성 교육자들, 그리고 나 자신의 경험으로부터 배우고 깨달은 바를 분명하고 체계적으로 정리하려고 노력하였다. 이 책은 기독교적 가르침에 관한 모든 문제에 대해서 포괄적인 답을 제시하려고 하지 않는다. 오히려 나는 이 책이 어린이들이 수영을 배울 수 있는 물 놀이터와 같은 입

문서라고 생각한다. 나의 바람은 이 책을 읽는 교사들이 자신들의 소명과 사역을 재평가하고, 이 책에서 제안하는 다양한 제안을 전개하고 실험해 보도록 촉구하는 것이다. 또한 이 책이 교직원 계발에 유용한 통로 역할을 하고, 대학 및 대학원 교사 교육 프로그램에 유용한 자료로 사용되기를 바란다. 좀더 구체적인 주제에 대해서 탐구하고자 하는 사람들을 위해서 주제 색인과 주를 첨부하였다.

이 책의 종교적 방향성은 도르트 대학 전체가 견지하는 성경적 관점을 반영하고 있다. 어떤 수준과 단계든지 간에 기독교 교육은 하나님이 창조하시고, 구조를 만드시고, 유지하시는 세계에서 우리가 살고 있다는 사실을 인식해야 한다. "땅과 거기 충만한 것과 세계와 그 중에 거하는 자가 다 여호와의 것이로다"(시 24:1). 죄는 하나님의 선한 창조 세계의 모든 차원에 영향을 미쳤다. 그러나 그리스도의 구속의 범위 역시 창조 세계만큼이나 광대하다는 사실로 인하여 하나님을 찬양하자. 그리스도가 오셔서 십자가에서 죽으신 것은 만물을 아버지 하나님과 화목케 하시고(골 1:19), 교실의 모든 활동을 포함해서 만물을 새롭게 하시기 위함이다. 기도를 하든지, 먹든지 마시든지, 수학을 가르치든지 화학을 가르치든지 간에 우리는 이 모든 것을 하나님과 이웃에 대한 사랑을 실천하기 위해서 행한다. 교사들이 이와 같은 성경적 관점을 교실에서 더욱 구체적으로 실천할 수 있도록 돕는 것이 바로 이 책의 의도이다.

가르침은 기예다. 그러나 가르침은 또한 기예 이상이다. 가르침은 계속 진행중인 기예다. 교사들은 학생들과 함께 여행하면서 자신들의 기예를 부지런히 사용한다. 이들은 언제나 "진행중이다." 이 책은 가르침의 방법, 기술, 학급 의사 결정 등과 같은 가르침의 기예적 측면과, 이러한 방법과 기술이 실천되는 좀더 큰 맥락을 함께 명료히 해 보려고 노력하고 있다. 요컨대, 이 책의 제목은 교사와 학생들이 하나님의 존전에서

한 길을 행할 때 기독교적 교수 방법이 실천된다는 점을 제안한 것이다.

그리스도인 교사들이 학생들과 함께 여행하면서 자신들의 기예를 증진시키는 데 이 책이 도움을 줄 수 있기를 바란다.

## 감사의 글

나는 많은 교사들의 도움을 받았다. 이들은 교실을 개방하여 가르침의 다양한 상황에서 학급을 관찰하고 배우고 실험할 수 있도록 배려해 주었다. 또한 대학원 과정과 세미나, 그리고 세계 여러 나라에서 행한 워크숍을 통해서 피드백을 제공해 준 많은 교사들의 도움을 받았다. 그리고 이 책의 내용과 관점에 대해서 함께 논의하고 반응해 준 많은 교육자들에게 진심으로 감사의 뜻을 전하고 싶다. 이런 도움을 베풀어 준 교사들과 학교, 교육자들이 없었다면 이 책은 결코 빛을 보지 못했을 것이다.

뿐만 아니라, 도르트 대학의 행정처와 교육학부 교수들이 '비 제이 한 교육 강좌'(B. J. Haan Education Conferences)와 '교육 연구소'가 계속 진행되고 활약할 수 있도록 아낌없이 후원해 준 데 대해서 깊이 감사하고 싶다. 이 두 가지 프로젝트를 주관하면서 많은 교사들과 접촉하고, 다양한 학급과 학교와 더불어 상호 작용할 수 있는 기회를 가질 수 있었을 뿐 아니라, 강좌와 연수 모임의 활동을 통해 특별한 방법으로 유익을 얻을 수 있었다.

이 책이 출판되기까지 구체적으로 도움을 준 분들을 언급하고 싶다. 킴 라이랄스담(Kim Rylaarsdam)은 탁월한 편집 실력으로 내 난해한 언어를 분명하게 다듬는 데 많은 도움을 주었다. 스튜어트 파울러 박사는 이 책의 좀더 복잡한 문제들에 관해서 조언해 주면서 통찰력 있는 비판을 해주었다. 경험이 풍부하고 창의적인 교사이자 친구인 프랭크 드 브리스(Frank De Vries)는 이 책의 초고를 읽어 주었는데, 그의 적극적인 반응은 이 프로젝트를 계속할 수 있도록 나를 격려해 주었다. 기독교 교육을 잘 이해하고 있는 존 반더훅과 로나 반 길스트(Lorna Van Gilst) 역시 유익한 논평을 해주었다. 나의 딸 웬디(Wendy)는 원본을 읽고 본문과 삽화 모두에 대해서 상세한 제안을 해주었다. 세심하게 교정 작업을 해준 딸 트리샤(Tricia)에게 고맙다는 말을 전하며, 아울러 주의를 기울여 레이아웃과 디자인 작업을 감당해 준 크리스티 드 그루트(Kristi De Groot), 마음을 밝게 해주고 격려해 주며, 인내심을 가지고 출판 과정을 관리해 준 바브 그레벤구드(Barb Grevengoed)에게 특별한 감사의 뜻을 전하고 싶다. 마지막으로, 아내 수잔(Susan)에게 다시 한 번 감사의 마음을 전한다. 아내는 내 곁에서 확고한 지지와 변함 없는 격려, 그리고 원고를 준비하는 과정에서 전문성을 가지고 나를 도와주었다. 이 책이 나오기까지 아내의 도움이 나에게 어떤 의미를 지니고 있는지에 대해서는 말로 설명할 수 없을 정도다.

존 반 다이크
도르트 대학 교육 연구소
2000년 여름

The Craft of Christian Teaching ▶▶ 1

# 교수 방법
### 벽장 속에 숨겨 놓은 것인가?

홍 선생: 신 선생님, 부임 첫해인데 가르치기가 좀 어떻습니까?

신 선생: 지금까지는 그런대로 괜찮은 것 같아요. 저는 신임 교사로서, 교장 선생님이 기독교적 가르침의 중요성을 강조하시는 점에 대해 참 고맙게 생각하고 있어요. 저는 정말 그렇게 가르치고 싶은데, 기독교적 가르침에 대해서 좀 구체적으로 이야기해 주시면 좋겠어요. 학급에서 사용할 수 있는 실제적이고 적절한 자료들이 필요해요.

홍 선생: 맞아요, 저도 동감이에요. 우리가 철학에 대해서는 많이 듣고 있잖아요? 교무실에 비치되어 있는 책들을 한번 보세요. 월터스토프(Wolterstorff)의 「교육 과정: 기준은 무엇인가?」(*Curriculum: By What Standard?*), 키넬(Kienel)의 「기독교 학교 교육의 철학」(*Philosophy of Christian School Education*), 반 다이크(Van Dyk)의 「지혜의 시작」(*The Beginning of Wisdom*), 에들린(Edlin)의 「기독교 교육의 명분」(*The Cause of Christian Education*) 그리고 유용한 교육 과정 자료들도 많이 있어요. 간결하게 잘 작성된 단원들, 기독교적인 좋은 교과서, 반 브루멜른(Van Brummelen)의 「기독교 교육 과정론」(*Steppingstones*)[1]도 있잖아요. 확실히, 좋은 자료들은 다 비치되어 있는 것 같아요. 그런데 교수 방법에 관한 자료는 전혀 없네요.

신 선생: 무슨 말씀인지 알겠어요. 저도 어떤 교수 전략을 사용해야 할지, 기독교적 관점에서 어떻게 평가해야 할지 등과 같은 문제들을 결정하려고 하면 눈앞이 캄캄해지는 것 같아요. 교수 **방법**에 관한 문제들이 이렇게 관심을 끌지 못하는 이유가 무엇이라고 생각하세요?

### 가르침은 유람선 타기가 아니다!

"가르침이 쉬울 거라 말한 사람은 아무도 없다!"와 같은 낯익은 표어가 교직 담당 교수들의 연구실에 붙어 있는 것을 보았을 것이다. 교사 교육 과정을 이제 막 졸업한 신임 교사들보다 더 이 진리를 절감하는 사람은 아마 없을 것이다. 최신 교수-학습 이론으로 무장하고, 추천장과 성공적인 교생 실습 경험을 통해 얻은 확신을 가지고 꿈에 부푼 새내기 교사가 '진짜 교실'로 들어간다. 새내기 교사가 전적으로 책임져야 하는 학급 말이다. 그런데 갑자기 가장 급박한 문제에 부딪히게 된다. "왜 아무도 내게 **이런 것**에 대해서는 말해 주지 않았을까? 내가 알고 있는 학급은 이런 곳이 아니야!" 거의 예외 없이, 전담 교사로서의 가르침은 처음 생각했던 것보다 훨씬 더 많은 것을 요구하고, 지치게 만들고, 때로는 의기소침하게 만든다는 사실을 알게 된다. 이유는 무엇인가?

무엇보다도, 소위 "익숙한 것이 주는 충격"[2]이 있다. 자신의 경험을 생각해 보라. 당신은 초등학교와 중고등학교에서 적어도 12년 동안 학생으로 지냈다. 그래서 교사들, 교과서, 시험과 채점에 대해 잘 알고 있다. 수업을 방해하는 데 특출한 학생들에 대해서도 모두 알고 있다. 교실에 관해 **모르는 것**이 뭐가 있는가? 그러나 당신이 실제로 가르쳐 보기 전에는, 전담 교사로서 학생들 앞에 서서 그들의 학습에 대해 책임을 진다는 것이 무엇인지 알지 못한다는 사실을 인정해야 한다. 당신이 맡은 학급에 발을 들여놓는 순간, 그렇게도 익숙하게 보이던 12년 어간의 학교 교육 경험이 흥미는 있지만 대부분 관련 없는 기억 속으로 사라지기 시작한다.

나는 고등학교 교사로 처음 부임해서 보낸 며칠 간의 경험을 기억하고 있다. 순진하게도 내가 맡은 학급이 내가 경험했던 최상의 학창 시절과 같을 것이라고 생각했다. 모든 학생들이 열심히 배울 것이라 기대했다. 경외심 가득한 관심을 보이며 내 발 앞에 앉아 내가 계획해서 준비한 요리를 열심히 기다리고 있는 학생들의 모습을 마음에 그렸다. 채점을 하면서 A나 F를 줄 수 있는 힘을 가진 모습을 고대했다. 심지어는 채점이 매우 재미있을 것으로 생각했다! 그런데 이게 웬일인가! 내가 학급에 걸었던 기대는 매우 비현실적인 바람이었다는 것을 미처 알지 못했던 것이다.

초보 교사를 압도하는 두 번째 현실은 교사 생활이 예기치 않게 분주하다는 것이다. 빠르게 돌아가는 일정, 채점을 기다리며 쌓여만 가는 시험지, 참석해야 할 회의, 지도해야 할 과외 활동 등 숨돌릴 여유조차 없을 정도다. 물론, 이런 현실 중 일부는 교생 실습 기간에 이미 경험한 내용이기도 하다. 그러나 교생 세계는 아직 교직의 현실이 아니다. 교생 실습 기간에는, 아직 매일의 교육 과정을 한 학기 동안 계획하거나 실행해 보지 못했으며, 모든 학생들의 학습에 대해 전적인 책임을 지거나 성적표를 세밀하게 작성해 보지도 않았다.

학생-교사 간의 복잡한 관계 역시 신임 교사를 당황하게 하는 일이다. 학생들에게 받아들여지는 느낌을 원하는 나머지, 당신은 학생들과 지나치게 친밀한 친구처럼 지내고 싶은 유혹에 빠질 수도 있다. 자신도 모르는 사이에 품게 되는 '인기 신드롬'은 좋은 학습이나 공정한 평가가 방해를 받게 되는 때조차 학생들로부터 호감과 인정을 받고자 하는 욕구이다. 학생들의 부정적인 언급은 불안정한 교사의 자기 확신을 쉽게 파괴할 수 있다. 그렇게 되면 당신은 이와 같은 현실 위에 동료, 교장, 교육 위원회, 학부모의 기대와 같은 압력을 한더미 더 올려놓게 된다. 이제 당신은 다음과 같은 질문조차 하기 어렵게 된다. "나는 지금 교사직을 잘 감당하고 있는가?" 이에 대한 대답은 당신에게 매우 필요한 자기 확신을 쉽게 위협할 수도 있다.

　신임 교사에게는 학생들을 수업에 지속적으로 참여하도록 하는 어려운 과업이 특별히 요구된다. 날마다 흥미롭고 효과적인 수업을 계획하는 일은 정말 어렵고 지치게 하며, 때로는 초보 교사와 노련한 교사 모두를 낙심시키는 일이기도 하다. 당신은 향수에 젖은 미소를 머금고 대학에서 수강했던 교수 방법 과목들을 되새겨 볼 수도 있다. 그런 수업 시간에 관심을 끌게 하는 온갖 종류의 교수 전략과 학습 방법을 제안하고 시도해 보지 않았던가! 발견 학습과 시뮬레이션 게임을 비롯하여 기타 다른 종류의 흥미 있는 교수 방법들을 기억하는가? 그렇다 하더라도 당신은 지금 학급이라는 현실 앞에 서 있다. 예를 들면, 당신의 가장 혁신적인 수업을 엉망으로 만들어 버리는 데 특별한 재주가 있는 은표라는 학생이 있다. 시간의 압박도 무시할 수 없다. 손쉬운 방법을 택하고 싶은 유혹이 얼마나 들겠는가! 단순히 교사 지침서를 따라가거나, 아니면 그냥 수업하고 필기할 내용을 주든지, 또는 은표를 계속 바쁘게 만들 수 있는 연습 문제지에 의존하는 방법 등이다. 한때 당신이 생각했던 그 창의적인 아이디어들은 이제 뜨거운 여름 태양 아래 있는 봄꽃처럼 금세 시들어 버릴 수도 있다.

### 문제의 복잡성

　교실에서 가르치는 일은 그렇게 만만한 일이 아니다! 오히려 그 반대로, 교직이라는 전문직이 요구하는 헌신과 책임, 인내심에 대해서 우리는 잘 알고 있다. 이런 상황은 기독교적으로 가르치는 것이 무엇을 의미하는가라는 물음을 제기할 때 한층 더 복잡해진다. 은표 같은 활동적인 학생들을 정렬하고 학습시키는 것만 해도 충분히 힘든 일이다. 독특하게 기독교적인 방식으로 가르치는 일은 이보다 훨씬 더 높은 기대를 지향한다. 설상가상으로, 가르침과 기독교적 가르침에 대해서는 종종 모순되는 관점과 이론이 있을 뿐만 아니라, 이런 이론들을 실천하는 문제 역시 엄청난 과업이다. 가르침은 그 자체만으로도 충분히 힘든 과업이다. 기독교적 가르침은 우리를 더욱 복잡한 상황으로 인도해 간다.

나는 몇 년 전에 도르트 대학 교육 연구소에서 행한 '기독교적 가르침'에 관한 프로젝트 초기 단계에서 이런 어려움이 나타나고 있음을 분명히 보았다.[3] 나는 도르트 대학을 중심으로 150km 반경 내의 기독교 학교에서 봉직하고 있는 약 200명의 교사들을 대상으로 조사 연구를 했다. 설문 중에는, "기독교적으로 가르친다는 것은 무엇을 의미한다고 생각하는가?", "당신이 기독교적으로 가르치려고 할 때 부딪히는 장애물은 무엇인가?"라는 질문이 있었다. 두 번째 질문에 대한 대답은 대체로 거의 동일했다. 대부분의 교사들은 한결같이 시간 부족, 학생들에게 미치는 텔레비전과 대중 문화의 영향, 부모들과의 갈등과 같은 것들이 장애가 된다고 밝혔다. 그러나 기독교적 가르침의 본질에 대한 질문에는 당혹스럽고 심지어 혼란을 주는 일련의 반응도 나왔다. 흥미롭게도, 어떤 교사에게는 핵심적인 것같이 보이는 것이 다른 교사에게는 단지 주변적인 것이었다. 예를 들면, 어떤 교사들에게는 수업 시간에 기도하고 성경 구절을 자유롭게 사용하는 문제가 절대적으로 중요하다. 그러나 다른 교사들이 보기에는 기도와 '하나님에 대한 언급'은 교육 과정을 단지 종교적인 사탕발림으로 덧씌우는 것에 불과하기 때문에 가능한 한 피해야만 한다. 분명한 것은, 독특한 기독교적 가르침의 의미에 대한 합의가 없다는 사실이다. 설문 조사에 참여했던 일부 교사들은 매우 냉정할 정도로 솔직하기도 했다. 이들은 "기독교적 가르침과 같은 쓸모 없는 질문들을 제기해서 문제를 복잡하게 만들지 말라. 그런 질문들은 분명한 해답도 없고 오히려 모호한 안개만 만들어 낼 뿐 아무런 쓸모가 없는 질문들이다!"라고 말했다.

### 교수 방법론: 소홀히 취급해 온 주제

그러나 다음과 같은 질문을 제기할 수도 있다. 아무튼 기독교 학교는 우리가 모르는 사이에 번창해 오지 않았는가? 이제는 기독교적 가르침에 대한 어떤 합의에 이를 때가 되지 않았는가? 아주 좋은 질문이다! 그런데 놀라운 것은, 기독교 교육에 관한 모든 화려한 논의에도 불구하고 교수 전략이나 교수 방법에 대한 기독교적 이해에는 거의 관심을 기울이지 않았다는 사실이다. 기독교 진영에서 출판한 문헌 중에는 기독교 교육 철학에 관한 자료들뿐만 아니라 인상 깊은 기독교적인 교과서들도 많이 있다. 그러나 가르침의 본질과 과정에 대한 지속적인 논의는 지리산에서 반달곰을 발견하기 어려운 것만큼이나 찾아보기 어렵다.[4]

이와 관련된 적절한 예를 하나 들어 보자. 칼빈 대학(Calvin College)의 저명한 교육학 교수였던 코넬리우스 야알스마(Cornelius Jaarsma)는 1950년대에 「인간 발달, 배움과 가르침」(*Human Development, Learning and Teaching*)이라는 제목의 교과서를 저술했다.[5] 300쪽 분량의 이 책은 교육 심리학에 대한 탁월한 기독교적 안내를 제공해 주고 있다. 그러나 이 책의 제목을 구성하고 있는 각 요소에 할당된 분량을 주목해 볼 필요가 있다. 각 구성 요소에 100쪽 분량 정도씩 할당하는 것이 정당하다고 생각할 수 있지 않은가? 예상은 틀렸다! 300쪽 중에서 가르침에 대한 논의와 기술에 할당된 것은 단 12쪽뿐이다. 야알스마 박사 이후로도 상황은 달라진 게 없다. 기독교적 교수법에 대한 철저한 논의를 담고 있는 책들은 여전히 찾아보기 힘들다.

물론, 특정인을 비난하려는 것은 아니다. 실은 나도 초창기에는 교사 모임에서 기독교 교육에 관해 미사여구만 늘어놓는 강의를 빈번히 했었다는 사실을 기억하고 있다. 나는 가능한 한 가장 감동적인 언어로, 기독교 교육의 중요성 그리고 그 독특성의 필요를 강조했었다. 청중은 내 거드름 피우는 행동에 대해 친절한 갈채로 전형적인 반응을 보여 주었다. 그러나 교사들은 틀림없이 내심 불평하고 있었을 것이다. "좋습니다, 당신 말에는 동의합니다. 그러나 이 모든 좋은 논의를 실제 학급에서 어떻게 실행해야 하는지에 대해서는 왜 말해 주지 않습니까?" 분명한 사실은 내 강의 역시 실제 학급의 한 주요 구성 요소인 교수 방법론에 대한 핵심 문제를 놓쳤다는 것이다.

이와 같이 교육학자들이 기독교적인 가르침에 대해서 논할 때, 마치 분명한 어떤 정의가 없는 인상파 그림처럼 모호하게 이야기하는 것을 듣게 되는 것은 전혀 놀라운 일이 아니다. 이제 이러한 주제에 초점을 맞추면서 논의를 명료히 해 보기로 하자.

### 교수 방법론이 소홀히 취급되는 이유

교수 방법론에 대한 지속적인 기독교적 성찰이 소홀하게 취급되는 이유가 무엇인가? 다음과 같은 몇 가지 정서들을 피의자를 심문하듯 다루어 보기로 하자.

**"교사는 타고나는 것이지 만들어지는 것이 아니다"**

이것은 많은 사람들이 일반적으로 갖고 있는 신념이다. 어떤 사람은 가르치는 방법을 잘 아는가 하면 그렇지 못한 사람도 있다. 이런 이유로 인해 교사 교육 과정의 효율성에 대한 많은 회의가 있다. 교사 교육 과정이 정말 도움이 되는가? 실제로 변화를 만들어 내는가? '가르침'은 실제로 가르칠 수 있는 것인가? 물론 우리는 가르치는 '타고난 솜씨'를 가진 사람들에 대해서 알고 있다. 또 장기간의 교사 훈련 과정을 다 마친 후 첫 해는 그런 대로 교직을 감당했지만 결국 다른 직업을 찾아보도록 권유받고 해고된 사람들도 알고 있다. 분명한 것은, 만약 교사가 만들어지는 것이 아니라 타고나는 것이라면, 가르치는 방법에 관한 어떤 논의도 시간 낭비에 불과하다는 점이다.

이와 같은 논의에 어떻게 반응할 수 있는가? 물론 훌륭한 음악가와 기술자, 수렵 감시관들이 **자신들의** 전문직에 대한 타고난 재능을 갖고 있는 것처럼 좋은 교사도 가르치는 재능을 타고나는 것이 사실이다. 이러한 재능은 확실히 필요하다. 이와 같은 필수적인 재능이 없다면 그 재능을 요구하는 직업을 선택하려 해서는 안 된다. 만약 내가 고도(高度)를 분간하지 못한다면, 항공기 조종사가 되어서는 안 된다. 이와 같이 재능이 필수적이긴 하지만, 그것만으로는 충분하지 않다. 이 점은 여객기 조종뿐만 아니라 가르치는 일에서도 마찬가지로 중요하다. 두 가지 과업 모두 재능과 **함께**, 많은 세심한 준비를 필요로 한다. 왜냐하면 이 두 과업은 모두 복잡하고, 많은 것을 요구하기 때문이다. 전문 조종사들과 전문 교사들은 자신들의 기예에 대해서 할 수 있는 한 많은 학습을 함으로써 그들의 재능과 은사들을 이용한다. 노련한 항공기 기장이라면 비행기의 정상 항로를 유지하는 데 도움을 주는 모든 최신 기술 정보를 잘 숙지해야 할 것이다. 재능 있는 교사는 최적의 학습을 보장하기 위하여 아동 발달, 교육 과정 이론, 학급 운영, 학습 유형과 교수 방법의 문제들을 심도 있게 탐구하는 데 열중할 것이다.

"교사는 타고난다"는 사고 방식의 치명적인 결함은 그것이 숙고하는 자세를 억압한다는 사실이다. 만약 교사가 만들어지는 것이 아니라 타고나는 것이라면, 우리는 아무 생각 없이 교직을 감당해 가는 가운데 생기는 시행 착오에 의해서 필경 올바른 교사가 될 것이라고 생각할 수도 있다. 그러나 많은 경우 그렇게 되지는 않는다. 나는 이런 경우를 많이 목격하고 있다. 처음에는 인상적이고 효율적인 교사로 보일 수도 있다. 그러나 곧 교사가 사용하는 방법과 관련해 '왜'와 '어떻게'라는 집요한 문제에 부딪힌다. 더 중요한 것은, 교사가 사용하는 방법과 기독교적 가르침의 양립 가능성에 관한 문제가 나타난다. 예를 들면, 나는 합리적이며 효율적인 학급 운영의 직무를 감당하고 있는 교사들을 알고 있다. 이 학급에서는 대부분 서적 중심 학습이 진행되고 있으며, 보살펴 주고 격려하는 분위기는 도무지 찾아볼 수 없다. 나는 이렇게 자문해 본다. 이런 가르침이 기독교적일 수 있는가? 아니면 가혹한 교도소에서나 적합한 일인가?

"가르침은 학습될 수 없는 예술이다"

이런 신념은 "교사는 만들어지는 것"이라는 접근 방법과 밀접한 관련이 있다. 가르침이 예술인가 아니면 과학인가라는 질문은 오랫동안 논란이 되어 왔다.[6] 사실상, 가르침에 대한 성찰의 역사는 어떤 점에서 "가르침은 예술이다"라는 축과 "가르침은 과학이다"라는 축 사이를 오가는 시계추와 같음을 보여 주고 있다. 이와 같은 논의는 특별히 20세기 중반에 이루어진 많은 연구들을 통해서 효과적 가르침의 과학적·보편적인 원리들을 확인하는 것이 가능하다고 점차 추정하게 되면서 더 활발해졌다. 이들 연구자들은 '교사의 행동'을 관찰, 비교, 분류, 평가함으로써 좋은 가르침을 위한 표준 청사진을 만드는 것이 가능할 것이라고 믿었다. 교사 교육 과정은 단지 교생들로 하여금 이 청사진을 확실하게 이해하고 수용하고 실천하게 하는 것이어야 한다고 본다. 이와 같은 관점이 아직도 일부 순진한 교육학 교수들을 지배하고 있기는 하지만, 최근 교수 방법론 연구의 주도적인 경향은 가르침이란 과학적 원리들로 환원될 수 없다고 보고 있다.[7] 가르침의 행위에는 예술적인 측면이 너무도 많다. 교실, 학습자, 교사는 매우 예측 불가능해서 모든 변인을 통제할 수가 없다.

그렇다면 가르침은 결국 예술인가? 가르침이 순전히 예술이라면 더 이상 교수 방법론에 대해서 논의할 필요가 없다. 그렇다면 이 책의 나머지 부분은 적실성 없는 허튼소리로 제쳐놓아도 아무 문제가 없다.

물론, 좋은 가르침에는 예술적 성격이 많이 있다. 그러나 이 사실이, 우리가 고려해야만 하는 과학적 기초가 없다는 것을 의미하지는 않는다. 훌륭한 외과 의사나 기술자도 예술가이다. 외과 의사는 외과 수술의 예술성에 자긍심을 가질 것이고, 기술자는 교량 건설의 예술성에 자긍심을 가질 것이다. 그러나 이 일은 모두 장기간의 주의 깊은 연구와 실습을 요구하며, 기본적이며 과학적인 원리들에 대한 심오한 이해를 필요로 한다. 가르침도 마찬가지다.

"교수법은 개인적인 문제다"

앞의 관점들과 연관된 또 다른 관점은 가르침은 그 어떠한 보편적인 일반화도 허용하지 않는 고도로 개인적인 문제라는 생각이다. 따라서 가르침에 관한 이론을 일반화하는 것은 필연적으로 요점을 놓치게 된다고 본다. 이러한 관점에 대한 우리의 반응도 간단하다. 가르침은 개인적 문제인 것이 사실이다. 정확하게 똑같은 방법으로 가르치는 교사가 없는 이유도 바로 여기에 있다. 그럼에도 불구하고 좋은 가르침에는 분별

가능한 보편적인 특성이 분명히 존재한다. 예를 들면, 좋은 교사는 학생들에게 질문할 때 '시간적 여유를 갖는' 방법을 잘 알고 있다. 또한 중학교 수준에서는 강의법을 15분 이상 사용하는 것이 적절하지 않다는 사실을 안다.

가르침은 논의할 수 없는 개인적 문제라는 신념은 이보다 좀더 걱정스런 관점을 떠올리게 한다. 그것은 가르침이란 개인적일(personal) 뿐만 아니라 순전히 사적인(private) 문제라는 생각이다. "내가 가르치는 방식은 어디까지나 내 문제이고, 당신이 가르치는 방식은 당신 문제다. 아이들이 배우고 있는 한, 가르치는 기술에 관한 논의는 부적절하다." 가르침에 대한 이와 같은 사생활화(privatization)는 교사들로 하여금 교실 문을 닫고, 달력과 포스터, 또는 "출입 금지! ―불법 침입자 엄벌"과 같은 표지로 창문을 가려 버리도록 만든다. 이러한 결과로 초래되는 교사의 비밀주의는 결국 학생들과 동료 교사들에 의한 그 어떤 평가에도 저항하도록 만든다.

이와 같은 사생활화는 전적으로 전문가답지 않은 것이다. 나는 교사들이 모든 방문객에게 교실 문을 개방하도록 권한다. 당신이 교실에서 하는 모든 활동에 대해서 비판적인 반응을 요청하라. 뿐만 아니라, 모든 교사들이 돌아가면서 자신들의 가르치는 활동을 녹화하여 함께 보고, 교사 모임에서 토의해 볼 것을 권유한다. 물론, 이런 공개적인 토의는 당신에게 상처를 줄 수도 있다! 그러나 가르침은 우리 모두가 공헌하는 공동의 노력이며 과정이어야만 한다.

확실히 교사들은 종종 적절하지 못한 수행 평가에 대해서 합법적인 불평을 할 수 있다. 예를 들어, 만약 교사라는 직업의 안정성이, 비록 부분적이라고 할지라도, 해마다 20분 정도 교실에 불쑥 나타나서 평가한 후 교실이 너무 시끄럽고, 비효율적이며, 이렇고 저렇고 하는 식으로 보고서를 작성하는 이사들에게 달려 있다고 한다면, 당신은 불평할 권리가 있다. 이런 관찰자들은 많은 경우 교사가 아니며, 따라서 평가할 만한 자질을 갖추지 못하고 있다. 이들에게는 좋은 기독교적 가르침에서 추구해야 할 것이 무엇인지에 대한 이해가 거의 없을지도 모른다. 기독교적 교수법에 대한 오랫동안의 무관심은 우리 모두를 동일한 어려움에 처하게 만든다. 여기에는 "무엇이 좋은 기독교적 가르침인가?"라는 질문에 대한 합의가 없다. 그 결과 합의된 평가 기준도 없게 된다. 그래서 우리 모두는 각각 자기 소견에 옳은 대로 행하는 것이다.

"그리스도인 교사는 자동적으로 기독교적으로 가르친다"

여기서 우리는 아주 심각한 문제에 직면하게 된다. 이 '자동적 관점'은 신실하고 신앙을 고백하는 그리스도인은 자동적으로 기독교적으로 가르칠 것이라고 주장한다. 예를 들면, 교사 임용 면접에서 이사회나 교육 위원회는 일반적으로 춤, 흡연, 여성의 역할에 대한 관점을 포함하여 지원자의 신앙 생활에 대해 질문할 것이다. 그러나 교수법이나 교수 유형에 대해서는 거의 질문하지 않을 것이다. 하나님에 대한 지원자의 개인적 헌신과 도덕적 입장만 확신할 수 있다면, 수업 시간에 그의 접근 방법에 대해서는 걱정할 필요가 없는 것 아닌가?

그러나 이 관점은 분명히 잘못되었다. 물론, 예수님에 대한 헌신이 절대적으로 중요하긴 하지만, 신앙을 고백하는 그리스도인이라는 사실이 우리의 사고와 행동을 즉각적으로 성화시켜 주는 것은 아니다. 예를 들어, 초대교회의 교부들을 생각해 보라. 이들 중 많은 사람들이 자신들의 이교 철학을 그들이 회심했던 교회로 가지고 들어왔다. 때때로 나는 그리스도인 교사들이 행동주의적 혹은 실용주의적, 또는 여타 의문을 제기할 수 있는 실천 방안을 무비판적으로 수용하는 것을 본다. 이미 앞에서 살펴본 관점들과 같이, 이 자동 이론의 가정은 가르침의 실제를 비판적이고 깊이 있게 성찰해야 할 필요를 제거한다. 결과적으로 이 자동 이론은 우리가 가르치는 방식에서 작용하고 있는 세속적인 영들의 영향과 권세를 볼 수 없게 만든다.

"가르침은 단지 일련의 실제적인 요령일 뿐이다"

교사 연차 총회나 교사 대회 등 교사들의 모임에 가 보면 흔히 교재나 교육 자료들이 전시되어 있는 곳이 가장 성황을 이룬다. 교사들은 수업에 도움이 되는 새로운 아이디어들을 지속적으로 찾고 있다. 물론 이런 열정은 칭찬할 만하다. 당신은 신선함이 없는 교사가 되기를 원치 않는다. 그러나 가르침은 비법이 담긴 요술 가방 같은 것이 아니다. 교수 전략은 또한 교과서와 교육 과정 자료에 흔히 명시되어 있는 것과 같은 '학습 활동 제안' 모음이 아니다. 이와는 반대로, 교수 방법의 선택은 당신의 교육 철학과, 구체적으로는 교수 방법적 통찰에 달려 있다. 이 책의 과제는 이 주장의 진실성을 독자들에게 확신시켜 주는 것이다.

"이론과 실제는 별개이다"

당신이 처음 학교에 부임했을 때 동료 교사로부터 다음과 같은 말을 들어 보았을 것이다. "대학에서 배운 이론적인 것들은 다 잊어버리세요. 이제부터는 **현실** 세계랍니다!" 이론, 특히 교수 방법에 관한 이론은 사실상 적절성이 없고 무시해도 괜찮다는 견해가 팽배해 있다. 이 점에서 우리는 거대하고 복잡한 문제에 직면하게 된다. 빈번하게 지적되는 이론과 실제 사이의 간격 문제는 어제 오늘의 일이 아니다. 그것은 '행함'(doing)과 '지식'(knowing)을 철저하게 분리했던 고대 헬라인들에게까지 거슬러 올라간다. 헬라인들에게는 이론으로 이해되는 지식이 행동보다 더 우월한 것이었다. 이러한 관점은, 삶을 위한 유일하게 신뢰할 만한 안내자는 정신, 과학 이론, 논리적 사고라고 가르치는 오랜 지성적 전통을 낳았다.

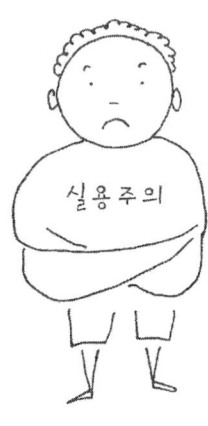

흥미롭게도, 오늘 우리 시대에는 실천에 대한 강조가 이론의 우월성을 대체했다. 실용주의 철학은 특히 북미 세계에서 전성기를 맞았다. 실용주의는 진리는 행동에 의해서 결정된다고 선언한다. 즉 어떤 것이 진리인지 아닌지를 알기 위해서 우리가 해야 할 것은 그것이 실제로 작용하는지 실천해 보는 것이 전부이다.

실용주의는 실천적 이행에 대한 고려가 없는 추상적 이론은 부적절하다는 사실을 올바로 강조하고 있다. 그러나 실용주의는 실제가 이론의 진위 여부를 결정한다는 잘못된 결론을 내리고 있다. 흔히 우리의 실제는 심판자로서의 명성을 주장하지 못할 정도로 왜곡되어 있다. 작용하는 것이 항상 옳은 것은 아니다.

이론이 부적절하다고 생각하는 교사들은 아마도 실용주의라는 보호복 속에 속박되어 있는지도 모른다. 실용주의는 기독교적 가르침의 본질과 **실제**에 대해 꼭 필요한 비판적 사고를 소홀히 여기도록 만든다.

"가르침은 학습의 한 가지 기능일 뿐이다"

교수 방법론을 소홀히 여기는 마지막 이유는 가르침이 단순히 학습의 한 기능일 뿐이라는 일반적인 생각 때문이다. 이 신념이 의미하는 것은 무엇인가? 이 관점은 일단 아동들이 어떻게 학습하는지를 알기만 하면 그들을 어떻게 가르칠 것인지에 대해서도 알게 될 것이라고 제안한다. 이 관점에서 보면 교수 방법론은 학습 이론의 부록에 불과할 뿐이다.

아동이 어떻게 학습하는지를 교사가 아는 것은 물론 아주 중요하다. 모든 교수 방법은 아동 발달, 학습 유형, 학습 이론을 고려해야 한다. 그러나 학생들이 어떻게 학습하는지를 아는 일이 교수 방법론에 대한 비판적 성찰의 필요성을 제거하지는 않는다. 수년 전 게이지(Gage)가 지적한 바대로, 의사는 인간의 신체가 어떻게 작용하는가 하는 것 이상을 알아야 하고, 농부는 식물이 어떻게 자라는가 하는 것 이상을 알아야 하듯이, 교사는 아동들이 어떻게 학습하는가 하는 것 이상을 알아야 한다.

### 결어

지금 우리는 어느 시점에 와 있는가? 나는 세 가지 주장을 통해서 이 책의 주제인 기독교적인 가르침의 기예에 대해서 소개했다. (1) 가르침은 힘든 과업이다. (2) 기독교적 가르침은 훨씬 더 어려운 과업이다. (3) '기독교적 가르침'이라는 문제를 이해하도록 도와주는 노력이 거의 없었다. 그러면 다음 차례는 무엇인가?

이 책의 요점은 복잡한 문제들로 당신을 압도하여 낙심시키려는 것이 아니다. 아마도 당신은 여러 가지 압박과 긴장에도 불구하고 가르침은 놀라운 보상이 있는 전문직이라는 점에 동의할 것이다. 개인적으로 나는 가르치는 일, 그것도 그냥 가르치는 것이 아니라 기독교적으로 가르치는 일 외에 다른 어떤 일을 생각할 수가 없다. 커다란 도전인가? 물론 그렇다! 그러나 하나님과 동료, 학부모, 아동들의 도움으로 우리가 충분히 대응할 수 있는 도전이다.

이 책에서 나는 당신이 교사로서 한 가지 구체적인, 그리고 아마도 가장 중요한 측면에 관심을 집중하도록 요구하고 있다. 그것은 가르침의 실제라는 문제이다. 근본적인 문제들은 다음과 같다. 기독교적으로 가르친다는 것은 무엇을 의미하는가? 어떻게 기독교적으로 가르칠 수 있는가? 이러한 문제들에 대한 해답은 필연적으로 교육 과정의 맥락과 학습 이론을 포함하게 되는 것이 사실이다. 그럼에도 불구하고 초점은 교수 방법과 학급 전략, 즉 교수 방법론에 맞추게 될 것이다. 그러나 이 주제를 구체적으로 논의하기 전에 몇 가지 더 큰 문제들을 생각해 보아야 한다. 이제 이러한 문제들을 살펴보기로 하자.

The Craft of Christian Teaching ▶▶ 2

# 기독교적 가르침

무엇이라고 생각하는가?

김 선생: 홍 선생님, 요즘 거의 모든 아이들이 끼고 다니는 'WWJD'라는 예쁜 팔찌에 대해서 어떻게 생각하세요? "예수님이라면 어떻게 하실까?"(What would Jesus do?)라는 질문은 기독교적 가르침이 무엇인지를 이해하는 데도 도움이 되는 방법이라는 생각이 들어요. 그렇지 않아요?

홍 선생: 글쎄, 잘 모르겠어요. 그 팔찌가 요즘 아주 인기 있다는 것은 알고 있어요. 거기 쓰여 있는 질문은 아마도 아이들이 난처한 상황에서 생각할 때 도움을 줄 수도 있겠지요. 그러나 그런 질문이 우리 교사들에게 어떤 도움을 줄지는 잘 모르겠어요. "예수님이라면 어떻게 하실까?"라는 질문이 문제지를 나누어 줄지 아니면 조용히 책 읽는 시간을 가질지를 결정하는 데 도움을 줄 수 있다고 생각지는 않아요. "예수님이라면 무엇을 하지 **않으실까?**"라는 질문이 내게는 더 도움이 될 것 같네요. 예를 들면, 예수님은 잠시도 가만히 있지 못하는 은표를 대할 때 인내심을 잃지는 않으실 거예요. 또 수학 시험에 낙제했다고 해서 민경이에게 거부 반응을 보이지는 않을 거구요.

김 선생: 음, 한번 생각해 볼 만한 문제네요. 그러니까 선생님은 WWJD 공식에 완전히 매료된 것은 아니군요. 이것이 기독교적 가르침의 의미에 대해서 어떤 분명한 관점을 제공해 준다고 믿지는 않는군요, 그렇지요?

홍 선생: 그럼요!

### 교수 방법론을 소홀히 한 데 따른 몇 가지 결과

앞에 나오는 교사들의 대화는 기독교 교육에서 교수 방법에 대한 성찰이 결여되어 있음을 보여 주고 있다. 이러한 무관심은 적어도 세 가지 중대한 결과를 초래하게 된다. 첫째는 교사들로 하여금 자신들의 가르침의 실제를 비판적으로 검토하지 못하게 만드는 것이다. 실제로 어떤 교사들은 기독교적 가르침이란 진정 무엇을 의미하는가라는 문제를 단순히 비생산적인 것으로 치부해 버린다. 그것에 대해서는 관심을 가질 필요가 없다는 전제를 가지고 문제조차 제기하지 않는다. 관심을 가질 필요가 없는 문제를 성찰하는 데 왜 시간을 낭비하는가? 이곳 저곳에서 열리는 정규적인 연수와 교무실에 비치되어 있는 몇 편의 읽을거리만으로도 충분하지 않는가?

모든 연수회가 쓸데없다고 말하는 것이 아니다. 그렇다면 내가 먼저 연수회를 인도하는 일을 그만둘 것이다. 꼭 필요하지만 우리가 놓치고 있는 것은, 그리스도인 교사들로 하여금 자신들의 교수 방법을 분석하도록 도와주고 공동의 자기 평가를 격려해 주는 지속적인 프로그램들이다.

교수 방법을 비판적으로 성찰하지 않은 데 따른 두 번째 결과는 다수의 교활하고 인정할 수 없는 교육 철학이 당신의 학급을 포함해서 기독교 학교에 만연하도록 허용하는 것이다. 행동주의, 진보주의, 항존주의, 실용주의, 기타 열거할 수 없을 정도로 수많은 '주의(-ism)'가 잠복한 침략자들처럼 조용히 스며들어 와서 의구심을 갖지 않는 교사들의 학급 활동에 영향을 주기 시작한다. 주의 깊고 지속적인 성찰을 통해서 드러나는 이들 교활

한 철학들에 대한 인식만이 이들의 침투를 성공적으로 막아낼 수 있다.

셋째, 교수 방법론에 대한 무관심은 가르침의 본질에 관한 (종종 무언의) 다양한 견해가 무성하도록 만든다. 기독교적 가르침의 의미에 관한 공유된 개념이 없다. 각자의 견해만 있을 뿐이다. 물론 다양한 관점이 건전한 현상이라고 주장할 수도 있을 것이다. 이것은 강건한 개인주의(robust individualism)를 반영하는 것 아니냐는 것이다. 사도 바울도 기독교 공동체를 다양성의 결합으로 말하고 있지 않는가? 물론, 바울은 로마서 12장에서 은사, 소명, 기여의 다양성에 관해서 말하고 있다. 그러나 바울은 언제나 통일성의 테두리 안에서 다양성을 설명하고 있음을 주목해야 한다. 몸의 각 지체들이 비록 다르다고 할지라도 하나의 전체로서 연관성을 가지고 함께 작용한다.

내가 '강건한 개인주의'를 가정에 적용한다고 가정해 보자. 그래서 아내에게 말하기를, "나는 내 방식대로 아이들을 양육할 테니 당신은 당신 방식대로 양육하도록 해요!"라고 한다면, 어떤 일이 일어날 것이라고 생각하는가? 아이들은 부모가 편이 갈리는 사이 덕을 보는 방법을 재빨리 배우게 될 것이다. 아버지나 어머니 그 어느 편의 목적도 실현되지 않을 것이다. 이와 마찬가지로, 교회에서 목사와 부목사가 이러한 개인주의자가 되기로 결심하고, 핵심 교리에 관하여 다양하고 심지어 상충하는 입장을 취한다고 생각해 보자. 지도력이 이렇게 혼란스러운 상태에 빠지면 회중은 분명히 분열될 것이다.

교육도 마찬가지다. 물론 나는 경직된 획일주의를 옹호하는 것은 아니다. 우리 각자는 모두 특별한 재능을 부여받은 독특한 개인들이다. 그러나 **개인**(individual)과 **개인주의자**(individualist) 사이에는 아주 큰 차이가 있다. 개인들은 함께 전체를 이루고, 공동체를 구성하고 작용할 수 있다. 그러나 개인주의자들에게는 이것이 불가능하다. 이들은 무질서한 바위더미를 이루고 있는 돌들처럼 고립된 채 서로 연결되어 있지 않고, 자기 결정적인 실체들로 머물러 있다. 개인주의는 갈등과 대립을 낳는다.

이들 개인주의자들은 때로 소수의 추종자들을 중심으로 모여 도당과 파벌을 형성한다. 이와 같은 당파주의는 초기 고린도 교회의 심각한 문제 중 하나였다. 바울의 경고를 들어 보자. "형제들아, 내가 우리 주 예수 그리스도의 이름으로 너희를 권하노니 다 같은 말을 하고 너희 가운데 분쟁이 없이 같은 마음과 같은 뜻으로 온전히 합하라."[1]

기독교 학교의 교직원은 개인주의자들이나 경쟁적 도당들의 모임이 될 수 없다. 기독교 학교의 교직원들은 서로 다른 은사를 받았지만 **관점을 공유하고** 동역하는 사람들로 구성된 하나의 팀을 구성해야 한다. 이 공유된 관점에는 기독교적 가르침에 대한 관점이 포함된다. 이와 같은 관점의 통일성(바울이 말한 바, "같은 마음과 같은 뜻")이 없으면, 학교는 더 이상 진정한 유기적 공동체가 아니라 외적으로 강요된 규칙과 규율에 의해서 결집된 조직일 뿐이다.

같은 학교의 교직원들 사이에서도 기독교적 가르침에 대한 견해가 다양하다면, 그것은 혼란과 비전의 결여를 보여 주는 것이다. 이러한 상황은 설문에 응했던 많은 교사들이 도움을 요청한 사실에 의해서도 확증된다. 많은 교사들이, "나는 기독교적으로 가르친다는 것이 실제로 무엇을 의미하는지 잘 모른다. 분명하게 이해할 수 있도록 도와줄 수 있는가?"라는 반응을 보였다.

### '교육 사명 진술서'의 역할

'교육 사명 진술서'(mission statement)는 어떤 역할을 하는가? 명료하게 잘 작성된 교육 사명 진술서는 단일 학교 체제 내에 존재하는 이해의 다양성을 쉽게 통제해 주는 역할을 한다고 생각할 수 있다. 아마도 그럴 수 있을 것이다. 교육 방법과 교육 실제를 세밀하게 구체화해 놓은 교육 사명 진술서는 특별한 도움을 준다. 교회의 신조들도 여러 면에서 유용하기는 하지만 일반적으로 교육에 대한 산발적인 시각들을 막을 수가 없다. 교회의 신조들은 기독교 학교에서 사용해야 하는 구체적인 교수 유형이나 교육 과정에 대해서는 전혀 언급하지 않는다. 이 신조들은 교회를 위한 포괄적인 신학적 틀을 제공해 줄 수 있지만, 학교 내에서 생겨나는 상이한 관점들, 심지어는 세속적인 관점마저도 막을 수가 없다.

때로는 잘 작성된 '교육 사명 진술서'조차 교수 방법에 대해서는 적절한 지침을 제공해 주지 못한다. 교육 사명 진술서와 관련된 첫 번째 문제는 그것이 아무리 좋은 것이라 할지라도 종종 실질적인 기능을 발휘하지 못한다는 점이다. 학교를 방문할 기회가 있을 때마다 나는 교육 사명 진술서가 있는지를 교장 선생님께 묻곤 한다. 대부분 교육 사명 진술서를 가지고 있기는 하지만 교장실이나 교직원 휴게실의 먼지 덮인 선반 위 서류더미 속에 파묻혀 있다. 둘째로 교육 사명 진술서는 화려하고 이상적인 문체로 작성되어 있기는 하지만 교실에서 실제로 일어나는 현실을 전혀 반영하지 못하고 있다. 마지막으로 교육 사명 진술서는 너무 함축적이어서 심지어는 모순적이기조차 한 수많은 해석이 가능하다는 문제를 안고 있다.

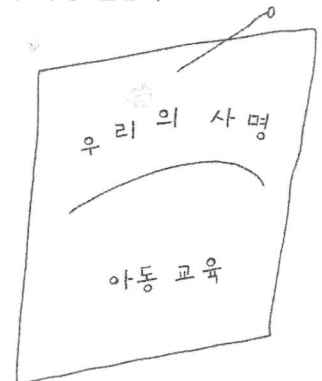

### 기독교적 가르침의 다양한 개념들

기독교적 가르침의 개념에 대한 다양한 견해는 무엇인가? 내가 아는 범위 내에서 다음과 같은 몇 가지 일반적인 견해가 있다.

기독교적 가르침 = 경건적 요소를 추가하는 것

하루가 시작되었다. 수업 시작종이 울리고 교사는 학생들에게 성경을 펴도록 한다. 교사가 성경 한 구절을 읽고 몇 가지 질문을 한다. 그리고 학급 전체가 한두 곡의 찬양을 하고 기도로 마무리한다. 이제 학생들에게 성경을 집어넣고 수학 책을 꺼내게 한다. 이제부터는 독특하게 기독교적으로 가르친다는 생각이 교사의 마음에서 사라지기 시작한다.

이런 시나리오를 본 적이 있는가? 이 방법은 기독교적 가르침의 특성을 기도, 성경 읽기, 찬양 등의 소위 경건 활동에 국한시킨다. 대개 경건 활동으로 하루를 시작하고 마감한다. 그러나 그 사이에 이루어지는 모든 활동은 일반 학교와 조금도 다른 점이 없다. 일단 기도, 성경 읽기, 찬양이 끝나면 나머지 모든 활동은 단지 일상적인 일에 불과할 따름이다.

나는 이러한 이원론적 개념을 '단순한 가르침'(simply teaching)이라고 부른다. 그리스도인 교사가 경건 활동을 인도한 후에는 단순히 교사 지침서를 따르고, 문제지를 배부하며, 과제를 부과하고, 점수를 매긴다. 그러나 다음과 같은 문제들에 대해서는 그리 많이 생각하지 않는다. 이 내용을 어떻게 독특하게 기독교적인 방법으로 가르칠 것인가? 기독교적 방법이라는 것이 과연 있는가? 그리스도인, 이슬람교도, 뉴에이지 운동가, 무신론 교사 등 모두가 똑같은 방법으로 가르치는가? 나의 요점은, 비록 '단순한 가르침' 역시 일종의 가르침이긴 하지만, 그것이 반드시 기독교적인 가르침과 동일한 것은 아니라는 것이다.

매우 신실한 그리스도인들마저도 이원론적 관점을 견지하고 있다. 때로는 학교 전체가 여기에 헌신되어 있다. 이런 학교에서는 경건회와 성경 과목을 필수 과목으로 생각한다. 이런 과목들이 없으면 학교는 아마도 기독교적 특성을 잃어버리게 될 것이다. 이런 학교는 일반적으로 훌륭한 윤리적 행동을 매우 강조하며, 엄격한 훈육 방침을 적용한다. 이러한 종류의 기독교 학교는 공립 학교를 상대주의의 소굴이나 비도덕적 기관으로 생각하는 학부모들에게 매우 인기가 높다.

이원론의 문제는 무엇인가? 먼저 내가 '이원론'이라는 용어를 사용하는 이유를 생각해 보자. 이원론은 두 개의 분리되고 독립된 영역이 있음을 암시한다. 하나는 거룩한(영적이며 종교적인) 영역이며, 다른 하나는 전형적으로 세속적인 소위 비종교적인 요소들로 구성된 영역이다. 이 거룩한 영역, 즉 기도, 경건 활동, 경건회 등은 학교 프로그램에서 **기독교적** 구성 요소이다. 교육 과정, 가르침, 채점, 시간표, 활동 계획표 등은 모두 세속적 영역에 속한다. 세속적 영역은 일반 학교의 그것과 실질적으로 조금도 차이가 없다.

무엇이 문제인가? 첫째, 이원론은 그리스도의 주되심을 소위 '영적인' 일이라는 가상 영역에 제한시킨다. 그러나 삶의 다른 차원과 병행되거나 그 위에 맴도는, '영적인 일들'의 분리된 영역과 같은 것은 존재하지 않는다. 우리는 그리스도가 만물의 주님이심을 알고 믿고 있다. 주님은 학교 생활의 모든 측면을 포함하여 삶의 모든 영역에 대하여 권위를 가지시는 만왕의 왕이시며 만주의 주이시다.²⁾ 예수님은 교육 과정, 교수 방법, 시간표, 활동 계획표는 물론 통학 버스와 학교 예산의 주님이시다.

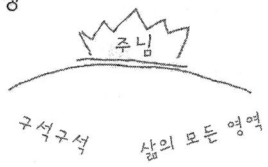

이원론의 두 번째 문제는 학교의 전체 영역을 복음과는 관계 없는 영역으로 방치한다는 점이다. 이원론은, 교과 내용은 본질상 객관적이며 중립적이라고 전제한다. 프랑스어는 프랑스어이며 수학은 수학이지 않느냐는 것이다. 결코 그렇지 않다! 삶의 일부 영역(또는 교육 과정)은 주님의 소유로부터 제외되어 있다고 믿는 것은 그리스도인들이 교과 내용을 어떻게 보아야 하며, 또 그것을 어떻게 그리스도를 존귀히 여기는 방법으로 가르쳐야 하는가와 같은 중요한 문제들을 보지 못하게 만든다.

이원론의 또 다른 문제는 '영성'의 성경적 개념에 대한 잘못된 해석을 가정하고 있다는 점이다. 성경에서 '영적'이라는 용어는 교수 및 학습과는 구별되는 삶의 어떤 특정 부분을 의미하는 것이 아니다. '경건적'(devotional)이라는 용어는 기도, 찬양, 성경 읽기와 같은 특별한 활동을 지칭한다. 그러나 '영적'(spiritual)이라는 용어는 "성령에 사로잡히고 인도함을 받는 것"을 의미한다. 경건 활동은 분명히 영적인 활동이다. 그러나 영적인 활동이 모두 경건 활동인 것은 아니다. 우리 삶 전체는 성령에 사로잡히고 그분의 인도를 받아야 한다. 기독교 학교에서 일어나는 모든 일을 포함하여 우리 삶 전체는 영적이어야 한다.

기독교적 가르침 = 기독교적 행동의 본을 보여 주는 것

또 다른 일반적 견해는 기독교적 가르침을 전적으로 좋은 모범을 설정하는 문제로 보는 관점이다. 기독교적 가르침은 기독교적 사랑과 도덕성을 학급에 도입하는 것을 의미한다. 교사는 학생들의 잘못된 행동을 관용하지는 않지만 그들에게 많은 관심을 보여 줄 것이다. 공정성, 온유한 단호함, 유쾌하고 긍정적인 태도, 자기 확신 등은 본받아야 할 몇 가지 중요한 특징이다. 기회가 있을 때마다 교사는 하나님에 대한 자신의 신앙을 언급할 것이다.

가르침에 대한 이와 같은 제한된 개념은 종종 교육 과정 내용을 그렇게 중요하게 생각하지 않는다. 그리스도인 교사가 가르치든지 아니면 무신론자인 교사가 가르치든지 간에 교과 내용은 어디까지나 교과 내용일 뿐이다. 결과적으로, 이러한 관점은 그리스도인 교사들로 하여금 일반 학교에서 자리를 찾도록 만들 것이다. 가르침은 본질상 모델링(modeling)이며, 따라서 다소 제한적이기는 하지만 기독교 학교에서는

물론 일반 학교에서도 수행될 수 있다. 기독교적 가르침에 대한 이와 같은 관점은 일반 학교와 분명하게 구별되는 기독교 학교 설립의 필요성을 근본적으로 제거한다.

　이러한 관점에 대해서 무엇을 말할 수 있을까? 물론 기독교적 행동의 모델링은 기독교적 가르침의 아주 중요한 구성 요소다. 교실에서 무례함, 속임, 욕설, 여러 가지 비행을 허용하는 그리스도인 교사를 상상하기는 어렵다. 그러나 모델링이 전부는 아니다. 교사는 좋은 모범을 보이는 것 이상의 역할을 수행한다. 교사는 실제로 가르친다! 교사는 학습 계획과 수업 활동을 설계한다. 교사는 학습 상황을 창출한다. 이 모든 활동 역시 주님의 뜻에 의식적으로 복종할 수 있게 해야 한다.

　기독교적 가르침 = 학생들을 전도하는 것

　가르침에 대한 이원론적 접근 방법 및 모델링의 접근 방법과 유사한 것은 그리스도인 교사들을 전도자로 생각하는 관점이다. 교사들의 주된 과업은 학생들로 하여금 다양한 주요 교과 내용을 학습하게 하는 것이 아니라, 예수 그리스도와 개인적인 관계를 맺도록 인도하는 것이다. 기독교적 가르침의 목적은 학생들의 입술로 신앙 고백을 하게 하는 것이다.

　이 접근 방법은 분명히 경건의 연습과 기독교적 행동의 모델링을 아주 진지하게 생각할 것이다. 교육을 통하여 학생들이 예수님을 삶의 주인으로 고백하도록 격려받을 것이라고 기대하는 것은 사실상 올바른 일이다. 그러나 앞의 두 경우와 같이, 가르침에 대한 이러한 관점 역시 교과 내용과 교수 방법론의 중요성을 소홀히 하는 경향이 있다. 이 관점에서는 교과 내용과 교수 방법론을 단지 회개와 기독교적 헌신에 이르는 통로 정도로 생각한다.

이 관점이 지니고 있는 문제는 이미 언급한 내용과 유사하다. 이 관점 역시 그리스도의 주되심을 제한하며, 전도자뿐만 아니라 교육자로 부름받은 우리의 소명을 경시한다. 학생들이 그리스도를 믿게 되었다고 해서 그리스도인 교사로서 당신의 과업이 끝나는 것은 아니다. 당신의 과업은 오히려 이제부터 시작이다. 이제는 그리스도를 믿는 신앙이 교과 내용과 기술을 학습하는 학생으로서의 활동에 대해서 갖는 의미가 무엇인지를 분명히 해야 할 필요가 있을 것이다.

기독교적 가르침 = 교재에 기독교적 관점을 제공하는 것

이 접근 방법의 주창자들은 대부분 기독교 학교를 강력하게 지지하는 자들인데, 기독교적 가르침의 본질을 교과 내용에 대한 기독교적 관점을 전달하는 데서 찾는다. 이들은 현대 사회를 통제하는 정신을 비판적으로 평가하는 데 필요한 도구와 기술을 학생들에게 제공해 주는 과목들을 강조한다. 따라서 기독교적 교육 과정이 교수 유형과 교수 전략보다 더 중요하다. 기독교적 가르침에 가장 필요한 것은 기독교적 교과서라고 말한다. 이 관점은 종종 수학이나 문법 교사들을 궁지에 처하게 한다. 수학이나 문법보다는 역사나 문학에 대해서 의미 있는 관점을 제공하기가 훨씬 더 쉬운 것처럼 보인다.

이 관점은 분명히 지금까지 고찰한 방법들보다는 가르침에 대해서 좀더 폭넓은 견해를 취하고 있다. 그럼에도 불구하고 이런 관점 역시 한계를 갖고 있다. 한 가지 문제는, 내용을 보는 관점에 대한 강

조는 학생들을 충분히 온전한 자리로 인도해 가지 못하고 있다는 점이다. 관점에 대한 강조는 지적이며 학문적인 이해에 만족하는 경향이 있으며, 이 관점을 실제에 어떻게 적용할 것인가라는 문제에 대해서는 충분한 관심을 기울이지 않는다. 그러나 성경적 지식관은 지식이 구체적인 행동으로 나타나지 않으면 아무런 의미가 없다고 가르친다.

행동의 기회가 없는 관점을 나는 '관점주의'(perspectivalism)라고 부른다. 브리티시 컬럼비아 기독교 학교 협회(the Society of Christian Schools in British Columbia)의 교육 자문위원이었던 존 반더훅은 자신이 수년 전에 가르쳤던 한 단원에 대해서 다음과 같은 이야기를 들려주었다. 주제는 '공동체'였다. 그는 공동체의 의미, 성격, 다양한 형태 등 공동체에 대해서 학생들이 알아야 할 모든 것을 말해 주었다. 학생들은 시험에서 정답을 제시했고 좋은 성적을 받았다. 이 모든 감동적인 학습의 문제점은 학생들이 그 학급에서 공동체적 **경험**을 실제로 한 번도 하지 못했다는 사실이다. 학생들이 비록 '공동체'의 개념을 기독교적 관점에서 완전하게 이해하기는 했지만, 그 개념은 실제 일상 생활과는 분리된 추상적 개념으로 남아 있었다.

기독교적 가르침 = 사회 봉사 활동을 하는 것

기독교적 가르침은 기본적으로 봉사의 기회를 제공해 주는 것이라고 주장하는 이들도 있다. 이런 관점을 가진 교사들은 먼저 학생들을 교실 밖으로 데리고 나가서, 외출이 어려운 환자 가정을 방문하거나 낡은 집에 페인트칠을 해주고, 길거리를 청소하는 등의 봉사 활동을 하게 한다.

봉사 활동 교육에 대한 현대 사회의 관심을 배경으로 이런 관점은 계속 인기를 얻고 있다. 이 관점은 학습을 행동으로 실천하려고 노력한다는 점에서 분명히 '관점주의'의 한계를 극복하려 하고 있다. 그러나 나의 관심은 다음과 같은 것이다. 이 방법은 기독교적 가르침의 핵심을 봉사 활동이라는 요소에 제한하는 것인가? 교실 수업을 봉사 활동보다 덜 중요한 것으로 보거나 관계가 없는 것으로 보지는 않는가? 사회 봉사 활동이 전체 교육 과정과 관계를 맺고 있는가? 아니면 교육 과정을 단순히 봉사 활동을 위한 도약대 정도로 격하시키고 있지는 않은가? 봉사 활동을 강조한 나머지 정규적인 학급 활동을 좀더 큰 일들을 수행하기 위한 수단 정도로 생각하는 기독교 학교들을 나는 알고 있다. 이런 태도가 자리잡게 되면 교수 방법론에 대한 기독교적 접근은 다시 한 번 사라지거나 퇴장당하고, 쓸모 없는 것이라고 생각하게 된다.

사회 봉사 활동의 기회는 가치 있고 좋은 것이다. 그러나 기독교적 가르침을 방해하는 것이 아니라 도움이 되어야 한다는 점을 분명히 해야 한다.

기독교적 가르침 = 엄격한 규율과 학문적 탁월성을 강요하는 것

한번은 규모가 아주 큰 기독교 학교의 교사와 학부모 모임에 연사로 초청을 받은 일이 있었다. 이사장이 나를 소개하는 기회를 이용해서 잠시 격려의 말을 했다. 그는 말하기를 "우리 학교를 기독교 학교로 만드는 것은, 우리가 유지하고 있는 탁월한 훈육과 우리가 설정한 높은 수준의 학문적 표준입니다. 우리는 저쪽 구석에 자리잡고 있는 공립 학교와는 다릅니다. 그 곳에서는 학생들이 놀이와 게임을 하면서 응석받이로 자라고 있으며, 규율과 규칙이 무시당하고, 졸업생들이 자기 이름도 쓸 줄 모릅니다"고 하였다.

다음 날 나는 이 학교의 교실을 방문하고 교사들과 이야기를 나누어 보았다. 놀랍게도 이사장의 말에 많은 교사들이 뜻을 같이하고 있었다. 이들도 말하기를, 교실에서의 적절한 훈육과 학문적 엄정성, 이것이 바

로 우리 기독교 학교의 모든 것이라고 하였다.

일부 교육자들이 기독교적 가르침의 핵심을 높은 수준의 학문적 엄정성을 유지하는 것과 함께 엄격한 훈육을 시행하는 데 두고 있다는 사실은 나를 놀라게 했다. 나는 이렇게 자문해 보았다. 어떻게 이런 주장을 할 수 있는가? 교실에서의 적절한 훈육과 학문적 탁월성은 그 어떤 세속 학교라도 특징으로 삼을 수 있는 요소들이 아닌가? 물론이다! 이 관점이 문제가 되는 것은 바로 이 점이다. 적절한 훈육과 학습에 대한 높은 표준은 분명히 중요하다. 그러나 이것이 기독교적 가르침의 본질을 규정해 주지는 않는다.

기독교적 가르침 = 감수성이 강한 마음에 성경적 진리를 각인시켜 주는 것

이 접근 방법은 협동 학습과 발견 학습의 최근 경향에 대해서는 모호한 관점을 취한다. 이런 관점은 집단 활동을 '무지의 모음'으로 본다(pooling ignorance: 그룹 활동에 대한 일반적인 비판으로서, 아무것도 알지 못하는 학생들, 즉 무지한 학생들이 그룹 활동을 통해서 자신들의 무지를 나눔으로써 결과적으로 더 많은 무지를 낳게 되는 상황을 의미한다. 그룹 활동에 대한 이런 비판은 학생들을 텅 빈 머리로 보기 때문에 그룹 활동을 통해서는 학습이 실제로 일어나지 않는다고 본다—역주). 학생들에게 진리를 '발견'하도록 장려해서는 안 된다. 그렇게 하는 것은 단지 상대주의로 인도할 뿐이라고 본다. 무엇보다도, 그리스도인 교사는 그들이 진리를 **소유하고** 있기 때문에 교사라는 것이다. 뿐만 아니라, 광범위한 강의와 직접적인 가르침을 통해서 진리를 각인시켜 주는 것이 **유일하게** 기독교적인 방법이라는 사실을 성경은 분명히 하고 있다고 본다. 신명기 6장과 구약 성경의 여러 곳에서 우리는 길에 행할 때든지 앉았을 때든지 자녀들에게 하나님의 전능하신 행위에 관한 이야기

를 가르치고 각인시켜 주어야 한다고 말하지 않는가?

　성경적이라고 하는 이 관점의 문제점은 무수히 지적할 수 있지만 몇 가지만 언급해 보고자 한다. 먼저 이 관점은, 아동은 자신의 학습에 대해서는 전혀 책임이 없는 수동적(심지어는 텅 빈 머리), 수납적 존재라고 전제하고 있다. 모든 책임은 교사의 손에 달려 있고, 아동들은 단순히 조작 가능한 객체로 축소된다. 이 관점은 단지 조잡한 행동주의에 가까울 뿐이다. 둘째로, 아동들이 어떻게 학습하는지에 관해서 우리가 지금 알고 있는 모든 것을 통해서 보면, 직접적인 가르침에 절대적으로 의존하는 것은 매우 비효과적이다. 하나님은 아동들을 '각인 철학'(imprint philosophy)이 제안하는 것과 같은 방법으로 창조하시지 않았다. 그와 반대로, 아동들은 재능 있고, 경험하며, 스스로 기여하는 하나님의 형상이다.

　마지막으로, 흔히 완전한 교사로 여겨지는 예수님 자신이 이런 직접적인 교수 방법을 거의 사용하지 않았다는 사실을 주목할 필요가 있다. 예수님이 선호하신 교수 방법이 있다고 한다면, 그것은 비유와 이야기 같은 간접적인 방법이었다. 비유가 무엇인가? 요점 1-2-3과 같은 일련의 노트인가? 기억해 두었다가 시험 때 반복하는 지식인가? 물론 아니다. 비유는 개인적 해석을 요구하는 이야기다. 예수님의 비유를 듣는 사람들은 그것을 자신의 삶에 적용해야 했다. 이와 더불어 예수님은 또한 제자들에게 그들의 지식을 확장시켜 주는 상황을 경험하도록 요청하였다. 요컨대, 예수님은 **경험** 학습의 확고한 신봉자였다.

　가르침은 각인이라는 관점을 지지하는 사람들이 성경을 아주 진지하게 대하고자 하는 것은 분명하다. 그러나 이들은 복음이 우리에게 보여 주는 것을 소홀히 해서는 안 된다. 결론은 무엇인가? 예수님이 가르치신 모범을 무시하지 않는 한, 기독교적 가르침은 단순히 '각인'으로 이해될 수 없다는 것이다.

**기독교적 가르침 = 완전한 교사이신 예수님을 모방하는 것**

이 장 처음에 제시한 간단한 대화는 기독교적 가르침에 대한 견해를 한 가지 더 검토해 보게 한다. 그것은 기독교적 가르침이란 완전한 교사이신 예수님을 모방하는 것이라는 관점이다. 예수님의 교수 방법에 대한 많은 연구물이 있다. 비유와 이야기 들려주기는 예수님이 정기적으로 사용하신 핵심 전략이다. 구체적인 예와 함께 보여 주신 시연 방법 역시 예수님이 사용하신 중요한 교육 방법이다. 예수님은 종종 (씨 뿌리는 비유에서와 같이) 주변 환경을 이용하거나 어린아이 하나를 무리 가운데 세워 놓으시는 방법으로 자신의 요점을 설명해 보여 주었다. 질문법 역시 예수님이 자주 사용하신 방법이다.

예수님을 완전한 교사로 간주하는 것은 적절하지 않다는 회의론을 제기할 수도 있다. 완전한 교사가 **효과적인** 교사는 아니지 않은가? 어떤 주제를 아주 명료하게 만들어 가장 느린 학습자마저도 이해할 수 있게 할 수 있는 교사? 그러나 문제를 정확하게 보자. 예수님도 아주 비효과적인 때가 있었다. 복음서는 종종 제자들이 예수님을 오해하거나 전혀 이해하지 못했다는 사실을 기록하고 있다. 심지어 하나님 나라의 성격이나 부활의 예언과 같은 핵심적인 주제들에 대해서도 제자들은 예수님이 자신들과 함께 계셨던 대부분의 시간 동안 혼란이나 완전히 무지한 가운데 있었다.

더 중요한 것은 예수님의 방법을 우리 자신들의 상황에 적용하려고 할 때 부딪히는 어려움이다. 예를 들면, 예수님은 땅에 손가락으로 글을 쓰셨다. 이것은 우리가 칠판과 OHP를 없애야 한다는 것을 의미하는가? 오늘날 우리가 직면하는 여러 가지 교육 문제에 대해서 예수님은 어떻게 생각하실까? 예수님은 읽기를 어떻게 가르치실까? 발음 중심의 어학 교수법을 사용하실 것인가, 아니면 전체적 언어 교수법(whole-language approach)을 사용하실 것인가? 수학을 가르치실 때 항상 실물을 이용해서 가르치실까? 평가와 성적 처리는 어떻게 하실까? 예수님의 교수 방법을 실례로 사용하기를 원한다면, 우리는 많은 해석과 사색을 해야 하고, 이 경우 그의 실제 교수 방법은 불확실한 구름 속으로 사라지기 시작한다. '예수님이라면 어떻게 하실까?'라는 질문은 교수 방법 결정에 도움을 주는 것처럼 보인다. 그러나 우리가 제시하는 대답들은 사실상 이미 우리의 (때로는 검증되지 않은) 개인적 편견과 견해의 보따리를 반영해 보여 주는 것이다. 우리는 자신이 행하기 원하는 것을 예수님이 하도록 만들기가 쉽다.

**평가**

기독교적 가르침은 무엇을 의미하는지에 관한 다양한 관점을 어떻게 평가해야 하는가? 이미 우리는 각각의 견해가 안고 있는 결함을 고찰해 보았다. 그러나 명심할 것은 가르침에 대한 이들 관점들은 모두 **그리스도인들**의 방법이며, 따라서 다소 공감을 갖고 취급하며 논의할 필요가 있다는 사실이다. 무조건 혹평만 해야 하는 것은 아니다. 완전히 세속적인 방법이 아닌 한 어떤 방법을 이해하며 실행하려고 노력하는 그리스도인들을 볼 때마다 우리는 고마움을 표현해야 한다. 그러므로 나는 앞에서 살펴본 그 어떤 방법에 대해서도 완전히 잘못된 것이라고 판단하기보다는 다소 부적절하거나 불완전하다고 판단한다. 이들 관점들은 기독교적 가르침의 한 측면을 기독교적 가르침의 전체와 동일시하는 경향이 있다. 전문 용어를 사용한다면, 이 방법들은 잘못되었다기보다는 **환원주의적**이다. 우리는 명백하게 의도적인 **세속적** 관점 즉, 하나님과 그분의 뜻을 의도적으로 배제하는 가르침만을 잘못되었다고 판단해야 한다. 이런 경우라 할지라도 주의해야 한다. 왜냐하면 우리 자신도 성령과 조화되지 않는 방법을 선택하고 행하면서 주님을 삶에서 제쳐놓는 잘못을 너무도 빈번히 범하고 있기 때문이다.

아마도 우리가 직면하는 어려움은 일차적으로 우리 교사들이 적절하지 못한 기독교적 가르침을 지지하느냐 하지 않느냐의 문제가 아닐 것이다. 문제는 오히려 기독교적 가르침의 문제가 당신에게 어느 정도 중요한가 하는 것이다. 당신은 가르침의 일부만이 아니라 가르침의 **전체** 실제를 하나님의 뜻에 종속시키기를 진정으로 원하는가? 확실하고 완전한 기독교적 가르침의 유형을 개발하기를 원하는가? 아니면 계속 불완전한 가르침에 만족하고 있는가?

참된 기독교적 가르침은 "모든 일을 하나님의 영광을 위하여 하라"는 극히 진부해진 표현을 새롭게 해석하고 헌신할 것을 요구한다. 아동 및 청소년들을 지혜의 길로 인도하도록 부름받은 그리스도인 교사들은 기독교적 가르침의 문제를 앞에 놓고, 자신과 동료들의 가르침의 실제를 비판적으로 성찰할 수 있도록 부단히 스스로를 강권해야 한다. 이것은 우리의 전략을 노출시키고, 교실을 개방하며, 고립과 방어를 지향하는 경향을 타파하고자 하는 자발적 의지를 필요로 한다. 이렇게 할 때 전문적 교사들인 우리는 우리가 행하고 있는 것이 무엇이며, 부적절한 것을 어떻게 제거할 수 있는지, 그리고 학교에서 하나의 팀으로 기독교적 효율성을 어떻게 고양시킬 수 있는지에 대해서 함께 검토할 수 있게 된다.

The Craft of Christian Teaching ▶▶ 3

# 기독교적 가르침
### 직업인가 소명인가, 아니면 무엇인가?

김 선생: 홍 선생님, 요즘 제 직장이 너무 편하다고 말하는 이웃집 아저씨 때문에 피곤할 정도예요. 오후 4시에 일과가 끝나고, 여름 방학이 두 달이나 되니 얼마나 편한 직장이냐는 거예요! 선생님은 이런 사람들에게 뭐라고 말하세요?

홍 선생: 무시해 버리세요! 아니면 아침 9시부터 오후 6시까지 일하는 그 사람들 직장보다도 우리가 학교에서 일하는 시간이 얼마나 더 많은지 종이와 연필을 가지고 구체적으로 설명해 주든지요.

김 선생: 그런 사실을 믿을지 모르겠어요. 그뿐만 아니라 그 사람은 교직을 그저 애들 돌봐주는 직업 정도로 생각하고 있어요.

홍 선생: 교직은 단순히 직업이 아니라, 좀 고상한 용어를 사용하면 '고귀한 소명'이라는 점을 우리가 사람들에게 설명해 주지 않는 것 역시 좀 문제라는 생각이 들어요.

김 선생: 아니면 적은 봉급을 받고, 사기를 저하시키는 여러 상황 속에서도 살아가는 법을 우리가 배워야 할 것 같아요.

### 우선 순위를 분명하게!

지금 부엌에서 당신의 특기인 맛있는 시금치 수플레(soufflé: 달걀 흰자에 거품을 일으켜 구운 부드러운 케이크—편집자 주)를 만든다고 가정해 보자. 앞치마를 두르고 재료들을 꺼내 놓고, 달걀을 깨고, 흰자와 노른자를 분리해서 거품을 낸다. 적당하게 부풀어 오른 계란 흰자 없이는 수플레를 만들 수가 없다.

기독교적 가르침에 대한 이해 과정 역시 시금치 수플레를 만드는 것과 같다. 다양한 재료가 필요한데, 이들 중 어떤 재료들은 중요한 기초 역할을 한다. 시금치가 가득 담긴 그릇에 계란을 그냥 집어넣는다고 해서 맛있는 시금치 수플레가 만들어지는 것은 아니다. 이와 마찬가지로 기독교적 가르침의 의미도 재치 있는 몇 마디 말이나 공허한 구호에 의해서 정의될 수 있는 것이 아니다.

또 다른 그림을 이용해서 설명해 보자. 기독교적 가르침을 이해하는 과정은 집을 짓는 것과 같다. 기초석이 필요하고, 작업 시간, 노력, 많은 건축 자재들이 필요하다. 기독교적 가르침에 대한 이해라는 집을 건축하는 데 꼭 필요한 기초석은 그리스도인 교사의 소명, 과업 그리고 직분이라는 중요한 주제이다.

이렇게 한번 자문해 보자. 가르침은 단지 생계 유지를 위한 직업에 불과한가? 글쎄, 어떤 면에서는 직업이라고 말할 수도 있을 것이다. 교사도 생계를 유지하기 위해서는 부엌에 쌀, 김치, 채소, 계란 등이 있어야 한다. 교직은 심지어 **좋은** 직업이라고 말할 수도 있다. 긴 방학, 개선되고 있는 임금 체계, 사회적 인식 등 모두가 좋은 혜택들이다. 그러나 이런 혜택들이 사실상 **부가** 급부일 뿐이라는 점을 당신은 잘 알 것이다.

그리스도인 교사들에게 가르침은 언제나 단순한 직업 이상이다.

나는 교육학을 수강하는 학생들에게 교사가 되고자 하는 이유를 언제나 질문해 본다. 교육대학원 강의실에서는 왜 그들이 교사가 **되었는지** 물어본다. 이들의 이유는 언제나 나를 당혹스럽게 만든다. 대답은 아주 다양하다. 아이들을 사랑하기 때문에, 또는 어떤 과목을 좋아하기 때문이라는 대답들이 많다. 때로는 긴 방학 때문에 교사가 되었다는 대답도 있다. 어떤 경우에는 그냥 무엇을 해야 할지 몰라서 교사가 되었다는 대답도 있다! 이들은, 말 그대로 달리 할 일이 없어서 교사가 된 것이다.

그러나 이들 모두에게 교직을 택하게 된 가장 중요한 한 가지 이유가 무엇이냐고 물었을 때는, 기쁘게도 교사로 부름받은 **소명**을 느꼈기 때문이라는 대답을 자주 듣는다.

### 소명

와우! 교사로 부름받은 **소명**(calling)! 이 문제에 대해서 잠시 생각해 보자. 소명을 받았다고 할 때 우리는 실제로 무엇을 말하고 있는가? 소명은 분명, 누군가가 당신을 불렀다는 사실을 의미한다. 누군가가 당신에게 말한 것이다. 누군가가 "네가 나를 위해서 어떤 일을 하기를 원한다!"라고 말한 것이다.

가능성이 전혀 없다고는 말할 수 없지만, 그래도 구름 가운데서 들려오는 음성을 듣지는 않았을 것이다. 그보다는 교사가 되고자 하는 소원이 싹트고 자라는 것을 의식하게 되고, 나아가 교사가 되기에 필요한 다양한 재능이 자신에게 있음을 인식하기 시작한 것이다.

나는 지금 하나님이 주신 소명에 관해서 말하고 있다. 우리를 교사로 부르신 분은 하나님이시다. 물론, 하나님의 부르심이 단지 교사들에게만, 또는 엘리트 부류의 '하나님 나라 전임 사역자들'에게만 적용된다는 오만한 생각을 해서는 안 된다. 사실상 모든 사람이 소명을 받았다. 아담과 하와가 동산을 거닐던 인류 역사의 시작부터 이미 하나님의 음성이 분명하게 들려왔다. "이봐, 너희들 둘! 주위를 한번 돌아보렴! 나무와 꽃과 새와 나비들, 이와 더불어 빛나는 태양, 푸른 하늘, 이따금씩 내리는 소나기를 볼 수 있지? 이제 너희들이 나를 도와서 내가 만든 이 세상을 보살펴 주기를 바란다. 온 우주에 숨겨놓은 엄청난 잠재력을 찾아내어 무엇인가 하기를 바란다!"

신학자들은 이 엄청난 과업을 때로 '문화 명령'이라고 부른다. 이것은 창세기 1:28에 분명하게 기록되어 있다. "하나님이 그들(즉, 남자와 여자)에게 복을 주시며 그들에게 이르시되 생육하고 번성하여 땅에 충만하라, 땅을 정복하라"고 하셨다. 그리고 조금 뒤인 창세기 2:15에는, "여호와 하나님이 그 사람을 이끌어 에덴 동산에 두사 그것을 다스리며 지키게 하시고…"라고 기록되어 있다. 물론, 에덴 동산은 우주 전체를 대표한다. 우리는 하나님의 세상에서 교사로 일하도록 부름받은 자들이다.

### 과업

어린 요셉이가 정원에서 놀다가 어머니가 자기를 부르는 소리를 들었을 때, 요셉이는 어머니가 단지 자기 이름을 부르는 연습을 하고 있는 것이 아니라는 사실을 안다. 그는 어머니가 자기가 무엇을 **하기** 원한다는 것을 안다. 인간을 향한 하나님의 부르심도 마찬가지다. 우리를 향한 하나님의 부르심도 우리가 무엇을 하기 원하시는 부르심이다. 우리에게는 수행해야 할 과업, 즉 기독교적 가르침의 과업이 있다.

여기서 핵심을 놓쳐서는 안 된다. 하나님은 우리를 단순히 가르치는 것이 아니라, **기독교적으로** 가르치도록 부르신다. 우리는 말로 표현할 수 없는 슬픈 현실을 모두 아주 잘 알고 있다. 죄는 어둡고 때묻고 냄새

## 3. 기독교적 가르침

나는 왜곡된 불신앙을 이 세상에 가져왔다. 그래서 하나님 나라를 어둡게 하고, 모든 것을 질식시키며 오염시키고 있다. 바울이 로마서 8:22에서 설명하는 것처럼, 창조 세계 전체가 이 냄새나는 죄악의 무게에 짓눌려 신음하고 있다. 교육, 교육 과정, 가르침도 마찬가지다. 죄의 발암 물질에서 벗어나 영향을 받지 않고 남아 있는 것은 온 세상에 아무것도 없다. 학급의 예쁜 게시판이나 수학 수업에서 사용하는 구체적인 실물들 역시 마찬가지다.

너무 낙심하기 전에, 바울이 골로새 교인들에게 보내는 편지에서 우리를 위해 기록한 놀라운 말씀을 보도록 하자. "아버지께서는 모든 충만으로 예수(그리스도, 즉 육신이 되신 말씀) 안에 거하게 하시고 그의 십자가의 피로 화평을 이루사 만물 곧 땅에 있는 것들이나 하늘에 있는 것들을 그로 말미암아 자기와 화목케 되기를 기뻐하심이라." 여기서 단 두 글자지만 모든 것을 포괄하는 '만물'이라는 단어를 주목했는가? 땅에 있는 것이나 하늘에 있는 것, 다음 시간 수업 계획을 위해서 책상에 있는 것이나 가르치는 교실에 있는 것, 그 모든 것을 포괄하고 있다. 이 모든 것을 죄가 더러운 손가락으로 억누르고 있지만, 놀라운 소식은 그리스도의 구속이 교사로서 당신이 행하는 모든 것에 절대적인 영향을 미친다는 점이다. 죄로 말미암아 억압당하고 있는 인간의 모든 활동과 마찬가지로 가르침도 구속을 애타게 기다린다. 이 책을 읽는 당신은 가르침을 구속하는 일에 조력하도록 부름받았다!

그리스도인 교사의 과업은 단순히 가르치는 것이 아니라 기독교적으로 가르치는 것이다. 그러므로 하나님의 부르심에 응답하여 교사로서의 당신의 활동을 구속적 활동으로 변혁시켜 나가야 한다.

요컨대, 가르침은 신성한 임무이며, 따라서 거룩한 반응을 요구한다. '임무'라고 하면 단조롭고 고된 일을 연상한다. 그러나 하나님이 주신

임무에 대한 교사의 반응은 열심과 열정으로 가득 찬 반응이 되어야 한다. 가르침의 과업에 대한 이와 같은 열정과 감흥을 느끼지 못한다면 당신은 소명 의식을 재고해 보아야 한다. 물론, 감정의 기복도 있고, 유쾌한 날과 그렇지 못한 날도 있다. 심지어 교사가 된 것이 정말 잘 선택한 일인지 때로는 의아할 때도 있을 것이다. 숙련된 교사도 주기적으로 이런 바닥 상태를 경험한다. 그러나 우울과 각성이 가르침에 대한 당신의 태도를 특징짓는 하나의 유형이 된다면, 소명 의식을 점검해 보아야 할 때임이 분명하다.

소명과 과업은 기회인 동시에 특권과도 같은 것이어야 한다. 나는 니콜라스 월터스토프 교수가 강조한 통찰을 기억하고 있다. 그는 문화 명령은 **사명**(mandate)이나 명령(command)일 뿐만 아니라 **초청**(invitation)이라고 주장했다. 1922년에 열린 토론토 국제 교육 대회(Toronto International Educational Conference)에서 행한 연설에서 월터스토프 박사는 심오한 말을 했다. "내가 사상을 섭취하고 자라난 전통에 의하면 문화 명령을 사명으로 보는데, 우리는 도리어 그것을 초청으로 보아야 하지 않습니까? 하늘과 바다를 창조하신 후, 다섯째 날에 하나님은 창조하신 모든 것을 좋게 보시고 '생육하고 번성하라…'는 말씀으로 모든 피조물을 축복하셨습니다." 월터스토프는 이 말씀이 명령이라기보다는 번성하라는 초청, 축복이라고 지적한다. 마찬가지로, 인간에게 주신 **사명**도 번성하라는 **초청**이다.

이 해석은 내게 신선하며, 자유로움을 준다. 아이를 집으로 부를 뿐만 아니라 집으로 들어오라고 초청하는 요셉의 어머니와 같이, 하나님

은 우리에게 명령하시고 **동시에** 초청하신다. 요셉이 어머니를 두려워하지 않는 한 적어도 그렇게 되어야 한다. 그는 어머니를 두려워할 필요가 없다. 마찬가지로 우리도 하늘에 계신 우리 아버지를 두려워할 필요가 없다.

요점은 다음과 같다. 하나님은 당신이 가르치기를 **원하실** 뿐만 아니라, 가르치도록 **초청하신다**. 한 걸음 더 나아가, 하나님은 당신이 가르치도록 **구비시켜 주신다**.

하나님은 당신을 어떻게 구비시켜 주시는가?

하나님은 당신을 감당할 수 없는 과업으로 부르지 않으신다. 모세를 생각해 보라. 그는 애굽으로 돌아가서 하나님의 백성들을 인도해 내라는 하나님의 부르심을 강하게 거부했다. "하나님, 저는 입술이 둔합니다…"라고 모세는 항변했다. 그러나 하나님은 바로의 모든 것을 다룰 수 있도록 그를 구비시켜 주시겠다는 약속과 함께 그를 보내셨다.

그렇다면 당신은 교사로서의 소명을 어떻게 인식했는가? 불타는 떨기 나무와 하늘에서 들려오는 음성, 기적의 막대기가 지금은 과거의 일이 된 것 같은데, 주님은 어떻게 가르침을 위해서 당신을 계속 구비시켜 주시는가? 이런 질문은 교사 교육 과정을 시작해서 공부하면서도 교직이 실제로 자신에게 맞는지 확신이 없는 학부 학생들에게 중요할 뿐만 아니라, 교직에서 한두 해 정도의 좌절감을 맛본 후 교직이 올바른 선택인지 의구심을 갖고 있는 교사들에게도 중요하다.

교사로서 당신의 소명은 주님이 당신을 구비시켜 주시는 방법과 밀접하게 관련되어 있다. 하나님은 당신을 어떻게 구비시켜 주시는가? 나는 적어도 네 가지 방법을 언급하고자 한다. 첫째, 하나님은 재능을 주셔서 당신을 구비시켜 주신다. 하나님은 당신에게 은사를 주신다. 그러므로 예비 교사이든 숙련된 교사이든 간에 다음과 같은 질문을 제기해야 한다. 나의 재능은 무엇인가? 나는 어떤 은사를 가지고 있는가? 이런 은사는 나로 하여금 교사가 되거나 교직을 계속할 수 있도록 구비시켜 주는가? 이런 질문들은 어떤 직업을 고려하고 있거나 계속하고 있는 모든 사람들에게 중요한 의미가 있다. 배관공, 정비사, 정치인, 예술가들 역시 자신의 재능이 무엇인지를 물어보아야 한다. 이러한 질문을 제기하지 못하면 잘못된 선택을 하기 쉽다. 이런 질문을 제기하지 못하는 것은 당신의 재능을 인식하지 못한다는 의미이며, 결과적으로 당신의 소명을 인식하지 못하게 된다는 의미다.

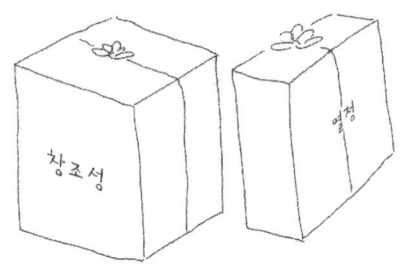

둘째, 하나님은 당신에게 흥미를 제공해 주신다. 재능과 흥미는 동일한 것이 아님을 주목해야 한다. 나는 피아노 연주자가 될 수 있는 재능이 있지만 목수직에 흥미가 있을 수도 있다. 반대로, 목수가 되는 데 흥미가 있지만 망치로 못 하나 박지 못하거나 목공일에 전혀 재능이 없을 수도 있다. 그러므로 예비 교사나 현직 교사 모두 이런 질문을 해 보아야 한다. 나는 아이들에게 **정말로** 관심을 갖고 있는가? 가르칠 교재에 대한 열정을 가지고 있는가? 교실과 학교에 있기를 **좋아하는가** 아니면 건설 현장이나 병원, 또는 은행에 있기를 더 좋아하는가?

개인의 흥미에 관한 질문은 부적절하다고 생각하는 사람도 있다. 이들은 흥미를 고려하는 것은 사실상 이기심의 표현이라고 믿는다. 자기 마음은 무대 예술에 있지만 목사가 되기로 결심했다고 눈물어린 고백을 하면서 연구실로 찾아온 한 학생을 나는 기억하고 있다. "나는 연기자가 되고 싶습니다. 그러나 주님을 섬기기 위해서 그런 이기적인 흥미는 제쳐두어야 한다고 생각합니다. 연기자가 되면 나는 내 자신만을 섬기게 될 것입니다. 그러나 목사가 되면 전적으로 하나님을 섬길 수 있습니다"라고 그는 털어놓았다. 우리는 성(聖)과 속(俗)의 잘못된 구분에 관해서, 그리고 소위 하나님 나라를 위한 '전임' 사역과 '시간제' 사역의 잘못된 구분에 관해서 잠시 이야기를 나누었다. 물론, 이런 구분은 잘못된 것이다. 연기자든, 목사, 점원, 미용사든 간에 우리의 **모든** 삶과, 하루 24시간이 모두 하나님 앞에서 그분을 섬기는 삶이 되어야 하기 때문이다. 나는 혼란스러워하는 학생에게, 흥미는 하나님이 주신 좋은 선물이라고 설명해 주었다. 당신에게는 하나님이 주신 흥미를 무시할 권리가 없다. 흥미를 무시하는 것은 다음과 같이 말하는 것과도 같다. "보십시오, 주님, 주님이 저를 이렇게 만드셨다는 것을 저는 압니다. 하지만 주님의 솜씨를 무시해 버리고 제 자신의 결정을 내리려고 합니다." 흥미는 무시해 버릴 수 없는 것이다. 흥미는 하나님이 당신을 인도하시는 방향을 보여 주는 강력한 지표이다.

　물론, 흥미가 순전한 이기주의로 바뀔 **가능성**도 있다. 이 경우 당신은 흥미를 충분히 진지하게 생각지 않는 것이다. 만약 당신의 흥미가 자신을 섬기는 것 외에는 다른 목적이 없다면, 자신도 모르는 사이에 당신의 소명을 왜곡시킬 수 있다. 그러므로, 흥미가 유일한 지침이 될 수는 없다. 흥미는 다른 모든 것과 함께 고려해야 한다. 당신의 흥미는 **지식을 갖춘**(informed) 흥미가 되어야 한다. 흥미를 발전시키는 것 역시 때때로 시간이 소요되는 일이다. 요컨대, 우리는 흥미를 진지하게 고려해야 하지만 동시에 주의해서 다루어야 한다.

　셋째, 하나님은 당신에게 주신 특별한 성격을 통해서 맡겨 주신 과업을 수행할 수 있도록 구비시켜 주신다. 어떤 이는 교사로서 적합하지 않다는 것을 우리는 안다. 때로는 "누구 누구는 타고난 교사야! 교직에 꼭 맞는 성격을 갖고 있어!"라고 말하기도 한다. 성격은 재능이나 흥미와 구별할 수 있다. 교사로서의 재능과 흥미는 있지만 성격 때문에 좋은 교사가 될 수 없는 사람도 있다. 예를 들면, 어려운 개념들을 설명하는 데는 유능할지 모르나 사람보다는 컴퓨터를 더 좋아하는 사람도 있다.

마지막으로, 하나님은 당신에게 기회를 주시고 필요를 느끼게 하신다. 하나님은 어떤 문은 열고 어떤 문은 닫기도 하신다. 이와 같은 인도는 하나님이 우리를 준비시키고 구비시키는 또 다른 방법이기 때문에 우리는 하나님의 이런 인도하심에도 아주 민감해야 한다. 그러므로 다음과 같은 질문을 해 보아야 한다. 내 재능, 흥미, 성격을 고려해 볼 때 내가 주님을 가장 잘 섬길 수 있는 곳은 어디인가? 하나님 나라에서 내가 제공할 수 있는 종류의 섬김을 필요로 하는 곳이 어디인가? 주님, 제가 교육 행정 분야에서 봉사하기를 원하십니까 아니면 상담 분야에서 봉사하기를 원하십니까? 저를 어디에 배치하기를 원하십니까? 이 같은 질문들을 의식적이며 지속적으로 제기하는 것은 그리스도인 교사로서의 행보에 특징이 되어야 하는 하나님에 대한 깊은 신앙과 신뢰를 보여 주는 증거다. 이런 신앙과 신뢰는 또한 당신의 소명과 과업이 갖는 **종교적** 성격을 이해하고 있음을 보여 주는 것이다.

**종교**

역사 수업에서 사용하는 일반 교과서의 내용을 기억하는가? 이 교과서들은 고대 헬라와 여타 문명을 정치적, 사회적, 지성적, **그리고** 종교적 구조의 관점에서 다루고 있다. 이런 접근은 종교가 삶의 다른 영역과 관련 없이 분리될 수 있는 별개의 구성 요소인 것처럼 보이게 한다. 실제로 종교는 일반적으로 정치, 경제, 예술과 같은 다른 차원들과 함께 인생의 한 독특한 측면으로 규정되고 있다. 예를 들면, 교회와 국가의 전통적 구분은 이와 유사한 종교와 정치의 구분을 반영해 보여 준다. 이런 전통과는 반대로 우리는 **모든** 인간 활동, 참으로 삶의 **모든** 영역이 본질상 종교적이라는 사실을 확고하게 주장해야 한다. 교육도 예외가 아니다.

그러나 이런 주장은 구체적으로 무엇을 의미하는가? 내가 단지 진부한 슬로건을 말하고 있을 뿐이라는 결론을 내리지 않도록 좀더 구체적으로 설명해 보자. 우리 삶이 종교적이라고 말하는 것은 우리 모든 활동이 (1) 신앙의 헌신에 의해서 움직이며, (2) 어떤 일정한 방향을 지향하고, (3) (예배적) 섬김으로 수행된다는 사실을 의미한다. 교사의 활동도 이와 같은 세 가지 요소를 분명하게 예증해 보여 준다.

첫째, 당신의 가르침은 당신이 무엇을 믿는가에 의해서, 또 당신이 중요하고 가치 있다고 생각하는 것이 무엇인가에 의해서 움직인다. 이것은 그리스도인이냐, 무신론자냐, 이슬람교도냐 아니면 다른 무엇이냐에 관계없이 모든 가르침에 해당된다. 그리스도인 교사인 우리를 이끄는 신앙은 하나님에 대한 신앙이다. 이 신앙은 추상적이며 멀리 떨어져 있는, 신학적 개념으로 구성된 하나님이 아니라, 우리를 사랑하고 돌보며, 계속해서 우리와 함께 계시고, 우리로 하여금 교실에서 하나님 나라를 구현하도록 초청하시는 하늘에 계신 인격적인 하나님에 대한 신앙이다. 어린아이 같은 신앙 안에서 우리는 우리 자신이 전적으로 하나님께 의존하고 있음을 보게 된다. 우리는 자신의 능력, 전문성, 창의성, 카리스마, 또는 학생들과 친화하는 능력을 신뢰하지 않고 주님을 신뢰한다. 사실, 우리는 가르침을 협력적 업무로 본다. 우리는 우리편에 계시는 하나님과 **더불어**, 말하자면 하나님과 팔짱을 끼고, 성령님과 동행하면서 가르친다. "나는 오늘 가르칠 것이다"라고 생각하는 대신에, "하나님과 나, **우리가** 오늘 가르칠 것이다"라고 말하는 법을 배워야 한다. 우리는 하나님과 함께 학급에서 사랑과 의와 능력의 하나님 나라가 구현되게 할 것이다.

둘째, 모든 가르침은 어떤 일정한 방향을 지향한다. 가르침은 목적이 있는 활동이다. 교육의 방향은 모범 시민, 일련의 감명 깊은 도덕의 터득, 세상에서 성공할 수 있는 능력을 지향할 수도 있다. 그리스도인 교사들은 지식과 능력을 겸비한 제자도를 위해 학생들을 구비시키는 것을 목적으로 삼는다. 이 중요한 문제는 뒤에서 좀더 상세하게 다룰 것이다.

셋째, 가르침은 섬김의 활동으로 수행된다. 삶은, 왕 중 왕 혹은 우상에 대한 예배적 섬김의 삶이다. 인간은 자신이 경배하고 섬기는 신에 따라 자신의 삶에 어떤 질서를 세운다. 예를 들면, 만약 우리가 물질적 부의 축적이라는 신을 지고의 선으로 수용하면, 우리 삶과 우선 순위를 그렇게 배열해서 개인적 이익에 최대의 우선권을 부여할 것이다. 그러한 물질의 우상이 우리 삶을 통제할 것이다. 교사는 순전히 봉급에 근거해서 직장을 선택할 것이다. 물론, 하나님은 우상을 용인하는 우리의 습관적 경향에 대해서 매우 분노하신다. 하나님은 우리가 자신의 삶에서 우상을 던져 버리고 파괴하기를 원하신다. 하나님은 우리가 **하나님**을 모든 의미와 가치의 근원으로 받아들이고 그에 따라 삶(가르침을 포함하여)에 질서를 세워야 한다고 단호하게 주장하신다.

종교에 대해서 이 모든 말을 하는 이유가 무엇인가? 내 요점은, 교사의 소명은 **종교적** 소명이며, 가르침의 과업은 **종교적** 과업이라는 것이다. 이것은 그리스도인 교사로서 당신이 유지하고 있는 직분에 대해서도 마찬가지다.

## 직분

당신이 교직을 고려하던 때를 회상할 수 있는가? 옛날 필름을 머리 속에서 한번 돌려보자. 당신은 가르치는 과업으로 부르시는 하나님의 소명을 감지했다. 자신의 재능도 검토했고, 교직에 필요한 기술도 많이 갖고 있다고 결론을 내렸다. 올바른 판단이라 믿는다! 당신은 어린이나 청소년들과 관계를 잘 맺는다. 교과목의 내용을 명료하게 이해할 만큼 충분히 합리적이며 지적이다. 훌륭한 기획력과 조직력도 갖고 있다. 그 외에도 여러 가지 능력을 갖추고 있다. 당신은 많은 시간을 투자하여 자신의 흥미가 어디에 있는지 알아보기도 했다. 스스로에게 이렇게 말하기도 했다. "그럼! 나는 학급에서 가르치는 일에 대해 생각만 해도 흥분되는걸! 앉아서 교안을 작성하고, 교과 내용을 의미 있는 학습 경험으로 실행하는 것을 얼마나 좋아하는데!" 뿐만 아니라, 당신은 친절, 온유, 단호함, 근면 등 성공적인 교사가 되는 데 필요한 성격을 가지고 있다고 확신하기도 했다. 당신은 소명에 대한 확신을 가지고 대학에 입학해서 교사 교육 과정을 졸업하였다. 4년 동안의 힘겨운 과정을 마치고 교사 지망생이 되었고 마침내 채용 면접에도 성공했다.

이렇게 해서 계약서를 작성하게 되었다! 당신은 기도하면서 이것을 수용할 것인지 말 것인지를 심사숙고했다. 그리고 나서 결정을 내리고 계약서에 서명했다.

지금까지 진행된 것이 무엇인가? 당신은 하나님의 부르심을 인식하게 되었다. 하나님이 가르치는 과업을 위해 당신을 부르시고, 초대하시며, 구비시키신다는 사실을 인식하였다. 당신은 이 부르심에 주의를 기울였고, 하나님 나라에서 그리스도인 교사로서 일하도록 부르시는 초청을 받아들였다. 그리고 몇 년 동안의 준비 끝에 이제 학교에서 교사로서 섬기도록 공식적으로 제안해 온 요청을 수락했다.

당신이 한 일은 **실제로** 무엇인가? 계약서에 서명함으로써 단지 직장의 제의를 수락한 것에 불과한가? 물론, 이 서명은 당신이 소정의 봉급을 받고 어떤 임무를 수행한다는 조건에 동의한다는 표시다. 그러나 더 중요한 것은 계약서의 서명이 상징하는 의미다. 그것은 하나님이 임명하신 특별한 직분, 즉 구속적인 교육 활동에 종사할 수 있는 하나님 나라의 특별한 전략적 위치를 당신이 떠맡는다는 의미다.

그렇다면 직분(office)은 무엇인가? 직분은 본질상 하나님이 임명하신 지위를 말한다. 그것은 '위치적'(locational) 개념이다. 그것은 공적 지위, 즉 하나님 백성들의 공동체 내에서 어떤 위치를 지칭한다. 축구팀의 선수들이 각각 구체적인 기능을 가지고 구장에서 다양한 위치를 맡고 있는 것과 같이, 그리스도인 교사로서 우리도 주님의 군단에서 특별한 위치에 배치된 것이다. 이 각각의 위치가 바로 직분을 나타낸다. 각각의 위치는 '직분자'(officebearer)가 맡고 있다. 교사로서 우리는 '직분자'이다.

우리는 때로 아주 제한된 직분 개념을 접한다. 예를 들면, 자연과 은혜, 평신도와 성직자, 성과 속이라는 중세 시대 구분의 영향으로 제도 교회의 장로, 집사, 목사들만 직분자라고 믿기도 한다. 이런 생각을 강화하기 위하여, 우리는 종종 손을 얹어 안수하는 특별한 행위나 임직식을 통해 이들 직분자들을 '임명'한다. 종교 개혁은 이런 생각을 바로잡기 위해 많은 노력을 기울였지만, 개신교와 가톨릭 모두 여전히 직분의 개념을 제도 교회의 맥락에 제한시키고 있다.

직분에 대한 이와 같은 제한적인 관점은 잘못된 것이다. 하나님은 우리 각자를 다양한 과업을 수행하도록 부르신다. 각각의 과업은 직분과 관계되어 있다. 우리는 대부분 다양한 과업을 수행하고 있으며, 따라서 다양한 직분을 가지고 있다. 예를 들면, 나는 교사인 동시에 남편이며, 아버지다. 이 각각의 역할, 즉 직분은 사실상 다양한 과업을 의미하며, 각각의 과업은 하나님이 내게 맡기신 것이다. 이것은 모두 신앙에 의해서 움직이며, 일정한 방향을 지향하며, 일종의 섬김으로 수행되는 종교적 과업이다.

우리는 다양한 방법을 통해서 직분을 받는다. 교사는 계약서에 서명을 함으로써 직분을 받는다. 정치인은 선거를 통해 직분을 받는다. 아버지는 생물학적 과정이나 입양을 통해 직분자가 된다. 때로는, 고대 세계의 경우와 같이, 제비뽑기를 통해서 누가 어떤 지위를 차지할 것인지를 결정하기도 한다.

직분의 의미를 인식하는 것 역시 중요하다. 예를 들면, 초대교회에서는 장로의 직분을 특별히 중요한 직분으로 인식하였다. 한편, 직분에 수반되는 책임감의 중요성이 때로는 인식되지 않기도 한다. 예를 들면, 부모의 직분을 맡기에는 아직 충분히 성숙하지 못했거나 준비도 되지 않은 상태에서 부모가 되는 젊은이들을 생각해 보자. 교사는 많은 젊은이들의 삶에 선악간 엄청난 영향을 주기 때문에 교사의 직분은 특별히 중요하다. 야고보 사도는 선생 된 자의 책임이 얼마나 중요한지를 우리에게 상기시켜 주고 있다.<sup>4)</sup> 교직의 중요성을 인식하고 확인하기 위하여, 기독교 학교에서 신임 교사들을 위해 특별한 취임식이나 임직식을 거행하는 것이 부적절하다고 생각하지 않

는다. 신임 교사들이 과업을 시작할 때 그들에게 손을 얹고 주님이 복 주시기를 간구하는 것은 전적으로 타당한 일일 것이다. 실제로 어떤 학교들은 이것을 실행에 옮기고 있다.

## 직분 의식

자신의 직분을 인식하는 것은 매우 중요하다. 그리스도인 교사로서 당신은 **직분 의식**을 계발해야 한다. 그러한 직분 의식은 가르침을 단지 봉급을 받기 위한 단조롭고 권태로운 일상 과업으로 여기지 않게 해준다. 직분 의식은 교사로서의 활동을 하나님의 소명과 관계 지우며, 따라서 하나님의 사역으로 연결시키는 데 도움을 줄 것이다. 직분 의식은 당신이 매일 아침 들어가는 교실을 하나님 나라가 표현되어야 할 장소로 새롭게 볼 수 있도록 구비시켜 준다. 직분 의식은 다른 사람들과 협동하는 가운데 하나님의 뜻을 이루기 위해 당신이 노력해야 한다는 점을 상기시켜 준다.

소명, 과업 그리고 직분은 교사로서 우리의 사역을 좀더 큰 하나님 나라의 관점에서 볼 수 있도록 자리매김 해주는 아름다운 개념들이다. 이것이 바로 기독교적 가르침의 의미를 탐구할 때 기억해야 할 개념들인가? 그렇다! 꼭 필요한 개념들이다! 그러나 직분 의식에 관해서 단순히 말하는 것만으로는 충분하지 않다. 이 직분 의식이 매일의 학급 활동에 의미하는 바가 무엇인지를 계속해서 생각해 보도록 하자.

The Craft of Christian Teaching ▶▶ 4

# 무슨 권위로 가르치는가?
### 가르치는 직분의 몇 가지 함의점

홍 선생: 은혜구나, 잘 있었어? 이 선생님 반에서 재미있게 잘 지내고 있니? 작년 우리 반에서처럼 모범 학생이겠지?

김 은혜: 네, 선생님! 잘 지내고 있어요. 그런데, 이 선생님은 선생님보다 훨씬 더 엄하신 것 같아요. 이 선생님은 선생님처럼 우리가 무슨 생각을 하는지에 대해서는 잘 묻지 않으세요. 이 선생님은 우리에게 무엇을 하라고 말씀하시는 걸 좋아하시는 것 같아요. 그리고 우리가 곧바로 하지 않으면 막 화를 내시곤 해요! 때로는 우리에게 심술궂게 대하는 것을 좋아하신다는 생각까지 들어요.

홍 선생: 그래? 너희들이 못되게 굴어서 이 선생님이 엄하신 것은 아닐까?

김 은혜: 아니에요, 선생님! 이 선생님은 우리보다 훨씬 더 키가 크기 때문에 우리를 마음대로 괴롭힐 수 있어요.···그분은 선생님이 아니라 경찰이 되시는 게 나을 뻔했다는 생각이 들 때도 있다구요.

### 가상의 이야기

교사로 부임하는 첫해 첫날이다. 다소 긴장되고 불안한 마음으로 교실에 들어간다. 다행스럽게도 첫날은 무사히 잘 지나간다. "반 다이크 교수님이 말씀하신 것처럼 교직이 그렇게 고된 일은 아니구나"라고 생각하며 스스로 위로한다.

그러나 그 다음날, 당신은 무언가 골치 아픈 일이 벌어질 낌새를 챈다. 동급생들보다 덩치가 훨씬 커서 청년 같은 은표는 당신의 의지와 권위를 시험하는 데 타고난 소질을 갖고 있는 것같이 보인다. 칠판이 있는 앞자리에서도 당신은 저 뒤에 있는 은표가 옆자리의 애들과 떠드는 것을 눈치챘고, 입을 가리고 킬킬거리는 모습을 보며 이들에게 더 이상 학습에 대한 흥미가 없다는 결론을 내린다. 판서를 하려고 돌아서면 고무줄 총으로 쏘아댄 클립들이 쌩쌩 소리를 내면서 칠판에 부딪힌다. 돌아서면 어느새 고무줄은 은표의 책상 속으로 재빨리 사라진다.

학급 운영에 관한 교과서에 나오는 사례 연구인가? 그럴 수도 있다. 때로는 더 순박할 수도 있고, 때로는 더 골치 아플 수도 있지만 이런 이야기는 학년을 불문하고 모든 교사들에게 매우 현실적인 이야기다. 다행스럽게도, 대부분 교사 초년병들에게 가하는 학생들의 교활한 장난은 그렇게 심각하지도 않고, 오히려 긍정적인 교사-학생 관계로 이끄는 경우도 자주 있다. 그러나 대부분의 경우 핵심적인 문제는 당신이 교실에서 행사해야 하는 권위에 관한 것이다. 이 장난꾸러기들이 품고 있는 계획은 다음 사항을 간파하려는 것같이 보인다. 새로 온 선생님은 어떤 부류의 사람인가? 쉽게 흥분하는 사람일까? 질서를 잡을 수 있을까? 학급에서 권위를 지킬 수 있을까? 해를 거듭할수록 우리는 '은표 같은 아이들'을 더 잘 다룰 수 있게 된다. 그러나 학급에서의 권위 문제는 여전히 핵심적인 문제로 남는다. 그리고 이 문제는 다시 직분에 대한 우리의 생각이나 현실과 직결된다.

### 권위

교사로 하여금 학급에서 권위를 행사할 수 있게 해주는 것은 무엇인가? 교사가 대부분의 학생들보다 몸집이 더 크고 강하기 때문인가? 때로는 교사의 덩치와 힘이 도움이 될 수도 있다고 생각한다. 나는 서부 브리티시 컬럼비아의 벌목 캠프에서 나와서 바로 고등학교 교사로서의 첫 해를 시작했다. 마구 자라난 텁수룩한 수염을 깎기는 했지만, 크고 힘센 벌목꾼이라는 명성 때문에 학급 운영이 훨씬 쉬웠다. 그러나 이것이 과연 내게 교사로서 필요한 권위를 제공해 주었는가? 그렇다고는 생각하지 않는다.

그렇다면 실제로 가르치는 권위를 부여해 주는 것은 무엇인가? 더 많이 알기 때문인가? 아니면, 은표 같은 아이들이 도저히 걷잡을 수 없게 될 때 교장이 당신을 지원해 줄 것을 확신할 수 있기 때문인가? 물론, 이런 요인들도 어느 정도 역할을 한다. 그러나 이런 요인들 역시 가르침의 권위를 정당화해 주지는 않는다. 학급에서의 권위는 오히려 직분의 직접적 결과이다. 권위를 행사하는 능력은 교사라는 직분이 내포하는 첫 번째 의미다.

권위는 직분과 아주 밀접하게 관련되어 있다. 이것은 모든 형태의 직분도 마찬가지다. 예를 들면, 아버지로서의 내 권위는 나의 몸집이나 연령, 또는 축적된 지혜보다는 아버지로서의 **직분**에 기인해야 한다. 권위를 직분과 분리시켜서 개인으로서의 우리 자신에게 연결시키게 되면, 우리는 합당한 권위를 조잡한 권력으로 바꾸게 된다. 물론, 권위는 권력을 수반한다. 모든 권위는 권력을 갖고 있다. 사실상, 권위는 **반드시** 권력을 가져야 한다. 학교에서는, 가르치는 권위의 부여는 가르치는 **권력의 부여**(empowerment)를 필요로 한다는 사실을 망각할 때가 있다. 학교 이사회가 교사를 임용한 후, 문제아투성이인 학급을 맡기면서, 필요한 자원을 억제하거나 가르치는 과업을 자유롭게 수행하지 못하도록 한다면 교사의 직분이 갖는 권위는 심각하게 타격을 받거나 심지어 파기되기도 한다.

동시에 분명한 것은 모든 권력이 정당한 권위의 맥락 안에서 행사되는 것은 아니라는 사실이다. 권위 없는, 그리고 직분 의식이 없는 권력은 폭력으로 변질된다. 황제와 독재자들의 정치사는 이런 예들로 점철되어 있다. 교사인 우리에게 교실에서의 권위는 직분 의식의 필요성을 항상 수반하고 있다. 따라서 교사라는 직분이 내포하는 두 번째 의미는 책임성 문제와 직결된다.

### 책임성

권위는 직분과 더불어 오며, 직분은 하나님이 임명하신 위치다. 소명과 과업에 의해서 규정되는 교실의 권위는 책임성과 더불어 행사되어야 한다. 우리는 권위를 막무가내로, 임의적으로, 무책임하게 행사할 수 없다. 그러나 권위의 한계를 무책임하게 넘어서는 일이 있다.

예를 들면, 은표의 문제를 보자. 고무 밴드로 클립을 날렸다고 해서 아이의 목덜미를 잡고 법정으로 데려가 유치장에서 콩밥을 먹도록 24시간 동안 집어넣었다고 가정해 보자. 이런 행동은, 비록 정당화될 수 있는 일면이 있다고 하더라도, 교사로서 당신이 가진 권위의 한계를 분명히 벗어나는 것이다. 무엇보다도, 교사로서의 소명과 과업은 가르침과 학급 운영에 국한된다. 거기에 구류 기간까지 정하는 권한이 포함되는 것은 아니다.

또 다른 예를 들어 보자. 당신이 은표는 계속 싫어하고, 연갈색 머리와 맑은 눈을 가진 미정이는 좋아한다고 가정해 보자. 더 나아가 두 학생 모두 시험을 똑같이 잘 치렀는데도 은표에게는 70점을 주고 미정이에게는 90점을 준다고 생각해 보자. 기술적으로 당신은 그렇게 할 수 있는 권위를 가지고 있다. 시험과 채점은 교사로서의 과업에 아주 중요한 구성 요소다. 교사의 직분을 잘 감당하기 위해서 당신은 합당한 판단을 할 수 있는 자유와 권위를 필요로 한다. 그러나 성취도에 근거하기보다는 개인적인 감정에 따라 은표와 미정이를 평가하는 것은 분명히 교사의 권위를 무책임한 방법으로 행사하는 경우다.

그러면, 직분자는 누구에게 책임을 지는가? 물론, 궁극적으로는 먼저 우리를 가르치도록 부르시고, **초청하시고**, 임명하신 하나님께 책임을 진다. 그러나 하나님은 학교장과 이사들과 같은 다른 직분자들도 임명하셨다. 교사들은 이들에 대해서도 책임을 진다. 나아가 교사들은 학부모와 학생들, 심지어 자신들이 가르치는 교과 내용에 대해서도 책임을 진다. 예를 들면, 정치적 선전이나 정당하지 못한 목적을 위해서 역사적 사실을 왜곡하는 것은 무책임한 방법으로 가르치는 것이다. 따라서 여기에는 가르치는 과업을 포함하는 복잡한 책임 구조가 있다. 모든 교사들이 알아야 할 중요한 문제는 교사에 대한 기대, 임무, 책임이 정확하게 무엇이냐는 것이다. 명료하고 구체적인 직무 내용 설명서는 교사들이 직분자로서 자신들의 권위를 책임 있게 행사할 수 있도록 도와준다.

### 영역 주권의 문제

고등학교 교사일 때 내가 가르쳤던 과목 중 하나는 독일어였다. 내가 특별히 잘 가르친 날이라고 생각했던 어느 화창한 오후에 어떤 학부모로부터 전화를 받았다. 날카로운 목소리가 수화기에서 들려왔다. "반 다이크 선생님, 독일어 시간에 학생들에게 내주는 엄청나게 많은 분량의 숙제 때문에 기분이 매우 좋지 않아요! 선생님도 아시다시피 우리 애는 다른 과목도 공부해야 합니다. 그리고 운동도 하고, 용돈도 벌고, 텔레비전 볼 시간도 필요하잖아요! 선생님께 쉬운 **우리말**로 경고하고 싶어요. 독일어 부담을 줄이세요! 그렇지 않으면 학교 이사회에서 이 문제를 다루도록 할 거예요!" 뿌듯한 하루와 조용한 저녁을 맞기에는 너무 벅찬 대화였다! 다행스럽게도 나는 지원을 아끼지 않는 교장 선생님의 도움으로 이 문제를 해결할 수 있었다.

여기서 논란이 되는 것은 분명히 '영역 주권'(sphere sovereignty)의 문제였다. 영역 주권이란 무엇인가? '영역 권위'(sphere authority)가 더 나은 용어라고 생각하지만, 영역 주권은 다양한 직분의 권위와 책임이 하나님에 의해서 직분자에게 **직접적으로** 위임되었다고 설명한다. 예를 들면, 직분자로 임명받은 교사로서의 권위는 교장이나 이사회, 또는 앞에 나온 아이의 아버지가 아니라 하나님으로부터 온 것이다. 바울은 **모든** 권위는 하나님으로부터 온다고 로마서 13:1에서 말한다. 필요한 능력, 흥미, 성격을 타고났고, 합법적인 학교 당국으로부터 정당하게 임명된 교사로서, 나는 책임 있게 권위를 행사할 수 있는 **자유**가 있다.

물론, 나의 경우와 같이 때로는 학부모와 교사들 간에 갈등이 생긴다. 기독교 학교를 지지하는 학부모들은 때로 소위 '부모의 대리자'(*in loco parentis*) 원리에 근거하여 이 갈등을 해결하려고 한다. 생각컨대, 교사는 단순히 부모를 대신하는 사람들이며, 따라서 교사의 권위는 부모의 권위에 종속된다고 생각한다. 그러나 영역 주권은 '부모의 대리자' 원리에 문제가 있음을 시사한다. 부모들은 자녀들이 주님 안에서 양육되고 있는지 확인하는 책임을 가지고 있는 것이 사실이지만, 부모들이 반드시 가르침의 권위를 교사들에게 위임해 주는 것은 아니다. 이것은 자녀들이 수술을 받아야 할 때 의사의 권위를 부모들이 **위임**해 주는 것이 아닌 것과 마찬가지다. 부모들은 어떤 메스를 사용할지에 대한 외과 의사의 결정에 권위를 가지지 못하는 것과 같이 교사의 교안 작성에 대해서도 권위를 갖지 못한다. 유능한 교사와 유능한 의사는 교육과 의료 영역에서 각각 직분자들이며, 이들의 직분은 하나님이 맡겨 주신 그 자체의 독특한 권위와 책임을 수반한다. 물론 부모는 교사와 의사의 권위로부터 자녀를 **철수**시킬 수 있다. 특히 교사나 의사가 무능하거나 권위를 임의로 사용할 때는 반드시 말해야 한다. 그러나 이 때에도 단순히 한 권위가 다른 권위에 대항하여 싸우는 방법이 아니라 올바른 통로를 통해서 해야 한다.

흥미 있는 사실은, 교사나 학교를 '부모의 대리자'로 보게 될 때, 우리는 학교가 부모로부터 모든 의무를 위임**받을 수 있고** 또 위임**받아야 한다**는 주장을 지지하게 된다. '부모의 대리자' 원리는 학교의 권위와 책임이 가정의 권위와 책임과 근본적으로 다르지 않다고 주장한다. 차이가 없다고 한다면, 학교는 부모가 하는 것은 무엇이나 할 수 있어야 한다. 가정의 계속적인 붕괴 현상으로 말미암아 오늘날 학교가 사실상 부모의 임무를 자꾸만 더 많이 떠맡아 가고 있다는 사실에는 동의하지만, **학교가 그렇게 해서는 안 된다.** 학교는 이런 일을 하도록 설계되거나 의도된 것이 아니다.

### 섬김의 도

권위와 책임을 부여받은 직분자로서 당신은 가르치는 과업을 자기희생의 섬김으로 수행해야 한다. 여기서 또다시 직분 의식이 매우 중요하다. 직분 의식이 없으면 자신의 일이 개인적 만족감을 주는 한 그 일을 아주 잘 하고 있다고 믿게 된다. 직분 의식이 없으면 당신은, 자신의 전문직을 지도자가 되거나, 책임자의 자리에 앉거나, 아니면 스스로를 중요한 사람으로 느끼고 싶어하는 욕구를 표현하는 기회로 볼 수도 있다. 이런 생각들은 본질적으로 자기를 섬기는 것이다. 그러나 "하나님과 네 이웃을 사랑하라"는 큰 계명이 그리스도인 교사로서 우리의 지침이 되어야 한다. 바울은 갈라디아서 5장에서 이 명령을 "하나님과 네 이웃을 섬기라"는 말로 바꾸어 쓰고 있다. 그러므로, 가르침과 관련해 내리는 교사의 모든 결정은 다음과 같은 물음에 대한 응답이 되어야 한다. 이 일은 주님을 어떻게 섬기게 될 것인가? 이것은 내가 가르치는 학생들을 어떻게 섬길 것인가?

이것은 쉬운 문제가 아니다. 물론, "나는 주님을 섬기기 위해 가르친다"고 말하기는 쉽다. 그러나 사실상 우리는 자기를 섬기는 방법으로 가르칠 때가 자주 있다. 예를 들면, 우리 교사들이 얼마나 방어적인 경향이 있는지 생각해 보라. 정당한 비판을 수용하여 적용하는 것이 때로 얼마나 어려운지, 그리고 학생들의 실패를 보고 우리 자신의 형편없는 교수 방법을 탓하기보다는 얼마나 재빨리 학생들을 비난하고 있는지 생각해 보라. 어떤 학생을 사랑하기가 정말 어렵다는 사실을 깨달았을 때나 은표 같은 아이들은 다른 학교로 전학이나 갔으면 하는 마음이 생기는 때를 생각해 보라. 자기를 희생하는 사랑의 섬김을 날마다 실천하는 일은 성취하기 어려운 목표다. 어떤 의미에서 우리는 이 목표를 결코 성취하지 못한다. 그러나 우리는 항상 이 목표를 위해서 노력해야 할 필요가 있다. 교사로서 우리는 섬김의 도를 어느 정도로 성공적으로 실천하고 있는지 정기적으로 성찰해 보는 시간을 가져야 한다.

가르침에서 섬김의 도를 특별한 종류의 사역으로 생각하는 것이 당신에게 도움이 될 것이다. 사역이란 무엇을 의미하는가? 일반적으로 우리는 사역을 상처받은 사람을 도와주는 일로 생각한다. 그래서 사역을 치유 사역에 국한시킨다. 가르침은 '구비 사역'으로 규정될 수 있다. 이 사역은 치유 사역을 포함한다. 교사로서 당신은 아동들의 필요를 이해하고 충족시켜 주어야 하며, 상처를 치유해 주어야 한다. 이들을 용서하고 격려해 주어야 한다. 동시에 학생들의 재능을 칭찬해 주고, 섬길 수 있도록 구비시켜 주어야 한다. 이렇게 함으로써 당신은 학생 사역을 하고 있는 것이다. 즉 당신은 학생들의 필요와 재능에 관심을 기울이고, 학생들로 하여금 자신들의 소명과 과업과 직분을 인식할 수 있게 한다. 그렇게 함으로써, 그들이 지식과 능력을 겸비한 주님의 제자로서 섬기고자 하는 욕구와 능력을 발전시키는 일을 도와주는 사역을 감당하고 있는 것이다.

### 또다시 종교 문제로

당신은 내일 광합성에 관한 흥미 있는 내용을 가르칠 계획을 세운다. 목적과 목표를 구체화했고, 학습 활동도 적절하게 마련했다. 그리고는 잠시 펜을 놓고 의자에 등을 기댄다. 잠시 생각에 잠겨서 당신은 교사가 된 특권과 기쁨을 다시 한 번 인식하게 된다. 하나님이 당신을 교사로 부르시고 초대하셨다는 사실을 **알고** 감사한다. 계약서에 서명을 하고,

그 곳에서 가르쳐 달라는 학교의 제안을 받아들였을 때 당신은 자신이 올바른 결정을 내렸다는 사실을 안다. 요컨대, 당신은 자신의 직분을 알고 있다. 당신은 직분 의식을 경험한다. 더 나아가 직분자로서 당신은 자신을 하나님 나라의 사역자로 본다. 학급, 수업, 단원, 학생들과 더불어 행하는 모든 것 가운데 나타나는 왜곡에 적극적으로 대처하며 그리스도의 치유하시는 구속 사역을 실천하려고 노력한다.

이런 성찰은 다시금 광합성에 관한 수업으로 당신을 인도한다. 자신의 직분을 의식하면서, 당신은 광합성에 관한 수업의 **종교적** 기초를 인식하는 것이 얼마나 중요한지를 상기한다. '종교적 기초'라는 표현은 가르침의 활동이 신앙의 헌신에 의해서 이끌리고, 일정한 방향을 지향하며, 섬김 활동으로 수행된다는 의미임을 다시금 생각한다. 그래서 이렇게 자문해 본다. 어떤 신앙이 광합성에 관한 수업을 움직이는가? 우주의 창조주며 유지자이신 하나님에 대한 신앙인가? 혹 부지중에 자연 법칙과 과학적 분석에 대한 신앙의 잔재를 진리의 최종 권위자로 포함시키고 있지는 않는가? 수업은 어떤 방향으로 나아가고 있는가? 당신은 교육 목적과 목표를 다시 한 번 검토한다. 경외심과 경탄, 그리고 주님에 대한 사랑과 헌신을 심화시키는 목적을 포함하고 있는가? 아니면, 학생들이 시험을 치면서 광합성에 관한 전문 지식들을 단순히 기억할 수만 있다면 만족할 것인가? 그리고 최종적으로 다음과 같은 질문을 해 본다. 내 수업은 실제로 학생 사역인가? 모든 학생들의 필요를 만족시키며 그들의 재능을 칭찬해 주고 있는가? 그들이 주님의 사랑하는 종으로 성장하는 데 도움이 될 것인가? 나는 이 수업을 '봉사 활동'으로 가르치고 있는가?"

이런 생각에 잠기는 것을 소중한 시간을 낭비하는 것이라고 여길지도 모르겠다. 그것은 어리석은 생각이다! 이 질문들은 그리스도인 교사로서의 활동에 꼭 필요한 것이다. 교사가 가르침의 종교적 특성을 계속 인식하지 않으면 심각한 위험에 직면하게 된다. 첫째, 가르침을 지배하는 기독교 신앙에 대한 시각을 상실하고, 그럼으로써 다른 신앙과 관점들의 침입에 취약해지는 위험성이 있다. 둘째, 방향 감각을 상실할 수도 있다. 원하지 않는 철학적 영향으로 말미암아 궤도를 이탈하여 실제로 가서는 안 될 곳으로 결국 가게 될 수도 있다. 예를 들면, 광합성에 관한 수업이 학생들로 하여금 하나님의 임재를 경험하지 못하게 하는 과학적 사실들의 늪에 빠지도록 할 수도 있다. 마지막으로, 수업의 종교적 특성을 놓치게 되면 봉사자로서의 소명에 대한 안목을 상실하게 되고, 따라서 학생 사역을 한다는 사실을 잊어버릴 수도 있다. 수업이 단순히 자기를 만족시키는 일이 되거나 표준화된 시험이 부과하는 요구를 충족시키는 정도에 머물 수 있다.

## 결어

기독교적 가르침의 기예에 대한 고찰은 종교의 역할과 직분의 개념에 대한 이해와 더불어 시작해야 한다. 직분은 항상 우리의 관심을 하나님 나라로 향하게 한다. 직분 의식은 우리로 하여금 기독교적 가르침이 하나님 나라의 활동임을 알도록 도와준다. 이것은 기독교적 가르침이 하나님 나라 안에서 일어난다는 사실을 의미한다. 물론 이 나라는 왕이 통치하는 영역이다. 이 나라는 창조 세계 전체를 포함한다. 왜냐하면 하나님이 아무 말씀도 하시지 않거나 권위를 갖지 않으시는 실재의 부분은 그 어디에도 존재하지 않기 때문이다. 교실은 하나님 나라의 영토다.

그러나 인간의 죄로 말미암아 하나님 나라는 잘 보이지 않게 되었다. 우리의 과업은 이 나라를 다시금 볼 수 있게 하는 것이다. 하나님 나라가 어디인가라는 물음에 대해서 우리는 모든 곳이라고 말할 수 있다. 그러나 하나님 나라는 하나님의 뜻이 이루어지는 곳에서 보이게 된다. 하나님의 뜻은 교실 생활을 포함하여 삶의 모든 곳에 적용된다. 직분 의식은 우리의 과업을 하나님 나라의 활동으로 보도록 격려하며, 학급 활동의 모든 측면에 대해서 다음과 같은 어려운 질문을 제기하도록 격려해 줄 것이다. 내 교육 과정은 하나님의 뜻을 어떻게 반영하는가? 학급 운영은 하나님의 뜻을 어떻게 반영하는가? 수업 계획, 목적과 목표, 교수 전략은 하나님의 뜻에 어떻게 반응하는가? 직분 의식은 우리로 하여금 하나님 나라를 먼저 구할 수 있도록 해준다.

하나님의 뜻은 의와 사랑의 나라, 즉 평안(샬롬), 기쁨, 즐거움이 지배하는 나라를 위한 것이다. 먼저 이 나라를 구하는 일은 교실에서 날마다 표현되어야 한다. 하루의 가르침을 통하여 당신은 이 나라를 드러내고 보여 주어야 한다. 당신은 음성을 가다듬고, 그 날의 학습 활동과 관련된 의미 있는 경건 활동과 더불어 하루를 시작한다. 하나님 나라는 교사인 당신과 학생들, 그리고 학생과 학생 간의 보살핌을 통해서 보이게 된다. 진희가 기분 나쁜 하루를 보내고 분수 곱셈에 정신을 집중할 수 없는 날, 당신이 인내심, 일관성, 이해심을 가지고 진희를 격려해 준다면 하나님 나라가 보이게 된다. 사회 시간에 신애가, 해답을 직접 말해 주는 것이 아니라, 신목이가 과제의 개요를 파악하려 애쓰는 것은 조용하게 도와줄 때 하나님 나라가 보이게 된다. 당신이 신애의 이런 섬김을 알아줄 때 하나님 나라는 더욱더 분명하게 보인다. 주원이가 지혜를 뒤뚱거리며 걷는 못난 아기 오리 모습으로 그린 심술궂은 쪽지를 지혜에게 건네는 것을 보고, 호된 벌을 주는 대신에 온유하면서도 엄한 훈계로 갈등을 해결할 때 평화의 나라가 드러난다. 주원이를 지혜와 함께 그룹 활동에 배정하여 불화를 치유하는 기회를 주원이에게 마련해 줄 수도 있다.

때로는 사소하게 보이기도 하고, 눈에 띄지 않고 우발적인 방식으로 이루어지는 것 같기도 하지만, 이 모든 방법을 통해 하나님 나라는 나타나서 약하고 천박한 세상에 그 능력을 발휘한다. 가르치는 활동의 모든 구성 요소들은 반드시 하나님 나라를 가리켜 보여 주어야 한다. "보라, 하나님 나라가 여기 있다! 여기에도! 또 여기에도!" 다시 말해서, 기독교적 가르침은 하나님 나라의 이정표다. 기독교적 가르침은 '돌더미를 세우는 활동'이다. 이스라엘 백성들이 요단을 건넌 사실을 기념하기 위하여 돌더미를 세운 것과 같이,[2] 그리스도인 교사의 활동도 하나님의 구속적 사역을 끊임없이 상기시켜 주기 위해 돌더미를 세우는 일과 같은 것이다.

그리스도인 교사들은 기도에 부요한 자가 되어야 한다. 날마다 새롭게 자신의 특별한 소명, 과업, 직분에 대한 의식을 가질 수 있도록 주님께 간구해야 한다. 실제로 직분 의식은 '성령으로 행하며'[3] 하나님과 긴밀하게 동행할 것을 요구한다. 이미 앞에서 언급했지만 나는 이 점을 강조하지 않을 수 없다. 왜냐하면 학급 생활의 현실은 직분 의식을 주변화시키는 경향이 있기 때문이다. 가르침에 따르는 각종 요구 사항과 스트레스는 직분의 관념과 의미를 우리의 의식 밖으로 재빨리 밀쳐낸다. 나는 그리스도인 교사들에게 주위 환경을 직분 의식을 상기시켜 주는 환경으로 꾸미도록 제안한다. "네 직분을 기억하라!"와 같은 작은 쪽지를 책상에 붙여 놓는 것도 도움이 될 수 있을 것이다. 아니면 평범한 작은 돌더미와 같은 장식도 좋다. 이런 환경에 자주 변화를 주어 직분 의식을 새롭게 하고 작용하도록 만들어야 한다.

그러나 당신은 아마 다소 좌절감을 느끼면서, 아직도 내가 말하는 기독교적 가르침의 의미가 무엇인지 모르겠다고 질문을 제기할 수 있다. 맞는 말이다. 나는 아직 이 질문에 대해 완벽하게 설명하지 않았다. 하지만 최종 설명이 무엇이든지 간에 한 가지 분명한 요점은, 기독교적 가르침은 살아 있고 생동하는 직분 의식을 요구한다는 사실이다. 기독교적 가르침의 두 번째 구성 요소는 분명한 목적 의식이다. 계속해서 다음 내용을 읽어 보길 바란다.

The Craft of Christian Teaching ▶▶ 5

# 교실에서 무엇을 하고자 하는가?
#### 기독교적 가르침의 목적

윤 선생: 우리 학교는 아직 학문적 탁월성에 대해 충분한 관심을 보이지 않고 있어요. 쉽고 편안한 내용들이 너무 많아요! 현실 세계를 대비해서 학생들을 준비시키지 않는다면 이들이 어떻게 성공할 수 있겠어요?

홍 선생: 그럼요, 우리는 현실 세계를 대비해서 학생들을 준비시켜야 할 필요가 있어요. 그러나 현실 세계에는 학문적인 것보다 더 많은 것이 있다고 생각하지 않으세요?

윤 선생: 물론 그렇죠! 하지만 우리가 핵심적인 교과 내용에 대한 잘 훈련된 탐구를 강조하지 않는다면, 제자도나 하나님 나라를 위한 봉사 같은 고상한 말들은 정말 하찮은 것에 불과하게 될 거예요.

### 논란을 불러일으키는 질문

교실에 들어오는 한 교사를 머리속에 그려보자. 학생들에게 "자, 6학년 여러분, 교과서를 잠시 동안 잘 살펴보세요. 아니면 교실 뒤에 있는 잡지를 쭉 뒤적거려 보고, 배울 것이 있는지 한번 찾아보세요. 원한다면 하루 종일 그렇게 해도 좋아요!"라고 말한다. 이런 가르침을 어떻게 평가하겠는가? 아마 당신은 "구조도 없고, 구체적인 목적도 없고, 분명한 방향도 없군. 근년에 이야기되는 열린 교실처럼 미심쩍게 들릴 뿐이야" 하고 말할 것이다.

이것이 열린 교실의 철학을 대표하는가 아닌가의 문제와 상관없이, 분명한 것은 이런 가르침의 방식에는 무언가 문제가 있다는 사실이다. 다른 모든 활동과 마찬가지로 가르침도 목적이 있다. 가르침에도 방향이 있으며, 어딘가를 지향하고 있고, 어떤 결과를 위해 노력한다.

비록 가르침의 목적이 언제나 분명하게 구체화될 수 있는 것은 아니지만, 학급의 가르침이 언제나 특정 목적을 지향하는 이유를 최소한 세 가지 생각해 볼 수 있다. 첫째, 가르침은 종교적 활동이며, 이미 살펴본 바와 같이 모든 종교적 활동은 어딘가를 지향한다는 것이다. 둘째, 학급에서 당신이 행하는 활동은 학교라는 테두리 안에서 하는 활동이며, 학교는 명시적이든 암시적이든 사명을 갖고 있다는 것이다. 학교의 교사로서 당신은 학교의 제도적 사명을 구체적인 학급 목적과 목표로 드러내야 한다. 일반적으로 단원의 계획과 수업 계획이 그런 목적과 목표를 명료하게 표현한다. 셋째, 목적 없는 가르침은 본질상 모순적인 개념이라는 것이다. 가르침은 항상 배움을 추구한다. 물론 어떤 **종류의** 학습을 목표로 하느냐는 논란의 여지가 있다. 그러나 목적지가 없는 가르침은 전혀 가르침이라고 할 수 없다.

그렇다면, 무엇이 가르침의 목적이 **되어야** 하는가? 여러 가지 제안은 많지만, 합의점을 찾기는 어렵다. 심지어 기독교 교육자들 사이에서도 이에 대한 합의를 기대하는 것은 사막에서 해초를 찾는 것만큼이나 어렵다. 높은 수준의 성취를 가져오는 학문적 엄밀성과 탁월성은 일반적으로 언급되는 목적이다. 또 다른 목적은 직업 시장을 대비해 학생들을 준비시키는 것이다. 각자 고유한 삶의 방식에 참여하도록 하는 것 역시 또 다른 목적이다. 그밖에도 민주 시민 양성, 행복한 삶의 영위 등의 목적을 열거할 수 있다.

### 목적과 목표

학교가 무엇을 성취해야 하는지에 관한 논의는 분명 새로운 현상이 아니다. 지난 반세기 동안 교육자들은 교육 목적과 목표에 관한 논의에 많은 시간을 바쳤다. 예를 들면, 현재 당신이 사용하는 표준 수업 계획은 거의 50여 년 전에 랄프 타일러(Ralph Tyler)가 제안한 것과 아직도 거의 유사하다. 교실에서 성취하고자 하는 교육 목적과 목표를 먼저 진술하고, 다음에 그것을 성취할 수 있는 방법을 계획하며, 마지막으로 그것을 성취한 정도를 평가한다.[1]

그러나 목적과 목표를 어떻게 결정하는가? 학급에서 무엇을 성취하려고 노력해야 하는가? 타일러는 몇 가지 유용한 기준을 제시한다.[2] 예를 들면, 그는 교사들에게 일반적인 사회 환경을 고려할 것을 촉구한다. 타일러가 오늘날 살아 있다면, 그는 분명 과학 기술적으로 숙련된 사람들을 필요로 하는 오늘날의 시대적 요구를 강조할 것이다. "여러분의 수업 계획에 과학 기술적인 목적을 반드시 포함시켜야 한다"고 그는 말할 것이다.

　교육 목표를 설정할 때는 학생들의 발달 단계를 또한 고려해야 한다. 예를 들면, 초등학교 2학년 학생들을 위한 수업 계획에서 제곱근을 이해시키는 목표를 설정하는 것은 적합하지 않다. 학습 자원 역시 성취하고자 하는 목표 설정에 영향을 미친다. 근처에 동물원이 없다면, 아동들로 하여금 펭귄을 쓰다듬는 즐거움을 경험하도록 하는 목표를 설정하기가 어려울 것이다. 물론 그 기관의 목적도 고려해야 한다. 그것은 구체적인 수업 계획에서 통제 역할을 하지 않을 수 없다. 만약 학교 전체가 비판적 사고 기술의 개발을 목표로 삼는다면, 교장과 학부모들은 사실의 암기와 반복만을 요구하는 수업 계획을 좋아하지 않을 것이다.

　1950년대와 1960년대의 행동주의자들은, 학습이란 "관찰 가능하고 측정할 수 있는 행동의 변화"에 불과하다고 믿도록 교육자들을 설득했다. 이들은 학생들이 바람직한 행동의 변화를 보일 때만 학습이 일어났음을 확신할 수 있다고 주장했다. 따라서 수업 목표는 자세하게 규정되고 엄격하게 검증할 수 있는 '행동 목표' 또는 '수행 목표'로 나타나야 한다. 행동 목표에 대한 교과서의 정의는 다음과 같다. "행동 (또는 수행) 목표는 의도적이며 측정 가능한, 또는 관찰 가능한 교수-학습 활동의 산물에 대한 기술(記述)이다."[3] 예를 들면, 과학 교사는 다음과 같은 수행 목표를 설정할 수 있다. "35개의 화학 원소 목록을 주고 적어도 30개 이상의 원자가를 기억하여 적을 수 있게 한다." 효율적이고, 목적 있으며, 생산적인 가르침은 이와 같은 수행 목표를 얼마나 잘 사용할 수 있는지에 달려 있다고 행동주의자들은 주장하였다.

　수행 목표에 갈채를 보내며, 내일 수업을 위해 목표를 설정하려고 연필과 종이를 꺼내기 전에 오늘날 널리 인정받는 비평가인 엘리어트 아이즈너(Elliot Eisner)의 소리에 귀를 기울여 보자. 그는 수행 목표에 지나치게 의존하는 것은 좋지 않다고 말한다.[4] 한 가지 예를 들면, 이런 목표는 예측 가능한 결과를 지나치게 강조한다는 것이다. 당신은 이미 모든 학생들이 적어도 30개 이상의 원자가를 기록할 수 있게 될 것이라는 사실을 안다. 그래서 당신은 이 측정 가능한 결과를 이루어 내기 위해 엄격하게 가르칠 것이다. 그렇게 되면 가르칠 만한 순간, 예기치 못한 접촉, 학생의 창의력은 어디에 자리잡게 되는가? 이 모든 것은, 의도된 것은 아니지만 가치 있는 학습을 이끌어 낼 수 있지 않은가? 수행 목표는 이런 가능성을 거의 허용하지 않을 것이다.

아마도 아이즈너가 제기한 가장 중요한 비판은 수행 목표에 대한 지나친, 또는 배타적 의존은 교사로 하여금 교수와 학습의 측정할 수 없는 측면들을 보지 못하게 한다는 점이다. 수행 목표는 본질상 기쁨, 감상, 태도, 헌신 등과 같은 미묘한 목표들을 제외시킨다. 이런 목표들은 평가하기가 어렵기 때문에 수업 계획에서 중요한 역할을 해서는 안 되며, 회피하는 것이 오히려 더 낫다고 행동주의자들은 말할 것이다.

아이즈너가 수행 목표를 완전히 거부하지는 않는다는 사실에 주목하라. 오히려 그는 자신이 '표현 목표'(expressive objective)라고 지칭하는 것에 더 많은 관심을 기울이도록 권장한다. 수행 목표와 달리 '표현 목표'는 측정해야 하는 구체적인 학습 결과를 일일이 열거하지 않는다. 그보다는 이 목표는 '교육적 만남'을 기술한다. 그래서 목표는 상이한 학생들에 따라 각각 다른 수 있다. 예를 들면, "학생들은 마크 트웨인(Mark Twain)의 「허클베리 핀」(*Huckleberry Finn*)을 해석할 줄 알게 될 것이다"라는 것은 표현 목표다. 이런 목표는 다양한 해석을 허용한다. 그것은 수행 목표와는 달리 질식할 것 같은 획일주의가 아니라 결과의 다양성을 장려한다. 그러므로 표현 목표는 학생들의 개성을 고려하며, 그들의 다양한 재능과 필요에 관심을 보인다. 이와는 대조적으로, 행동 목표는 '교육의 평등주의'를 조장하는데, 이 관점은 모든 학생들은 기본적으로 동일하며, 유사한 목표들을 성취할 수 있어야 하고, 동일한 기준으로 평가할 수 있다고 가정하는 관점이다. 요컨대, 행동 목표의 과용은 아동이 하나님의 독특한 형상이라는 우리의 고백을 무력하게 만든다. 앞으로 고찰하게 될 것이지만, 이런 목표의 의존하는 것은 기독교적 가르침을 사실상 불가능하게 만든다.

### 목적 분류법

그러므로 우리는, 아이즈너가 우리로 하여금 다양한 형태의 목표가 있음을 볼 수 있도록 도와준다고 말하기도 한다. 그러나 나는 아직도 이 목표들이 무엇을 지향해야 하는지 알지 못한다. 수행 목표든, 표현 목표든, 아니면 다른 무엇이든지 간에, 나의 목표는 어떤 학습 결과를 지향해야 하는가? **그렇게** 하는 데 누가 도움을 줄 수 있는가?

벤자민 블룸(Benjamin Bloom)의 유명한 '교육 목적 분류'로 돌아가 시작해 보자.[5] 블룸은 세 가지 질문을 제기했다. 학생들은 무엇을 알아야 하는가? 그들은 어떤 종류의 감정과 신념을 가져야 하는가? 그들은 신체적으로 무엇을 할 수 있어야 하는가? 블룸은 이 세 가지 질문들을 세 개의 목적군으로 바꾸었다. 그것은 '인지적', '정의적', '정신 운동적' 영역의 목적들이다. 블룸은 정의적 영역과 정신 운동적 영역에 대한 구체화는 다른 사람들에게 맡기고, 자신은 인지적 영역을 상술하였다.

인지적 영역은 점차적으로 복잡해지는 일련의 목적 단계로 구성된다고 블룸은 제안하였다. 기초 단계는 단순히 사실적 정보를 기억하고 회상하는 능력을 가르치는 단계이다. 다음은 이해 단계이다. 학생들은 기억할 수 있어야 할 뿐만 아니라, 요점을 설명하고 부연함으로써 이해력을 보여 줄 수 있어야 한다. 인지적 영역의 다음 단계는 적용, 분석, 종합, 평가하는 능력을 기술하고 있다.

　책꽂이 어딘가에 간직해 둔 대학 시절의 노트를 꺼내 블룸의 목적 분류에 관한 내용을 다시 한 번 찾아보기를 제안한다. 인지적 영역의 여섯 단계를 다시 살펴보라. 그러고 나서 몇 가지 어려운 질문들을 자문해 보라. 나의 교수 전략은 학생들로 하여금 인지적 영역의 여섯 단계를 모두 거치게 하는가? 나는 단순히 사실에 관한 질문만이 아니라 좀더 높은 수준의 질문들을 일상적으로 제기하고 있는가? 나는 진호에게 내가 가르치는 통찰을 다양한 상황에 적용하도록 요구하는가? 나는 문제를 분석하도록 헌수를 격려하는가? 나는 진희가 잘 추론된 어떤 판단을 제시하도록 이끄는가? 그렇지 않으면 나는 단지 사실, 암기, 회상, 반복 등 블룸의 교육 목적 분류의 기본 단계에서만 교수와 학습 활동을 하는 데 만족하고 있는 교사인가?

　이 때 블룸의 목적 분류는 당신이 교실에서 무엇을 성취하고자 하는지를 한 번 더 생각하는 데 도움을 줄 수 있다. 인지적 영역의 단계들은 간편한 기초 점검 사항을 제공해 준다. 블룸의 총체적 분류는 정의적 영역과 정신 운동적 영역을 고려해 넣을 것을 우리에게 상기시켜 준다. 그러므로 블룸은 교육의 목적을 학문적 탐구 영역에만 제한시키는 환원주의적 주지주의에 빠지지 않도록 도와준다. 그리고 블룸의 분류, 특히 그의 인지적 영역은 가르침을 계열화하는 데 많은 도움을 줄 수 있다. 당신은 기초 단계인 사실적 정보로 한 단원을 시작하여 위계 조직을 통해 종합과 평가의 높은 단계로 나아가서 학생들에게 점점 더 복잡한 탐구 활동을 수행하도록 요구할 수 있다. 예를 들면, 샤를르마뉴 대제에 관한 단원을 가르친다고 가정해 보자. 먼저 학생들로 하여금 그의 생애와 업적에 관한 필수적인 세부 항목들을 알도록 지도한다. 그리고 나서 블룸의 인지적 영역의 상위 단계로 지도해 간다. 학생들에게 이 이야기를 재해석하게 하여 그것을 확실하게 이해하도록 요구한다. 그리고 촌극을 만들거나 연극 대본을 쓰게 함으로 그들이 이해한 것을 적용하게 한다. 샤를르마뉴 대제의 생애에 대해 "만일 —였다면"이라는 질문을 제기하여 분석과 종합을 할 수 있는 기회를 제공한다. 마지막으로 증거와 건전한 논쟁을 기초로 학생들로 하여금 샤를르마뉴 대제가 내렸던 결정들에 대해 평가하도록 요구한다.

이러한 장점들에도 불구하고 블룸의 분류는 몇 가지 심각한 결함도 드러내고 있다. 그 중 네 가지를 언급하고자 한다. 첫째, 그의 분류는 지적인 문제가 '정의적' 문제와 구별된다고 생각하게 한다. 이것은 마치 지식이 신앙이나 감정과 관련이 없다고 보는 관점과 같다. 인지적 영역과 정의적 영역의 구분은 지식이 하나의 독립된 내용이라는 암시를 준다. 따라서 이런 구분은 지식은 객관적이며, 어떤 전제나 편견 그리고 종교적 신념에 의해서 영향을 받지 않는다는 해묵은 실증주의적 관념을 조장한다. 블룸의 분류는 이원론을 조장한다. 그러나 기독교적인 총체적 관점에서 볼 때, 우리는 종교적 문제, 신념, 헌신 그리고 삶의 모든 영역에서 그리스도인으로 존재하라는 부르심을 소위 '정의적'이라는 막연한 영역으로 격하시키거나 제한시킬 수 없다.

둘째, '인지적 영역'에 대한 블룸의 이해는 지나치게 제한적인 것 같아 보인다. 그가 말하는 '인지적'이란 하워드 가드너(Howard Gardner)가 '논리적인 지능과 언어적인 지능'이라고 부르는 것을 의미하는 것 같다.[9] 그러나 인지는 논리와 언어보다 훨씬 더 많은 것을 의미한다. 인간은 여러 가지 다양한 방법을 통해 알아간다. 지식에 대한 이런 폭넓은 이해를 블룸은 무시하고 있다.

셋째, 블룸이 제안한 영역들은 분명하게 구분하기가 아주 어렵다. 이런 모호함은 목표를 분명하게 진술하는 데 어려움을 준다. 블룸이 인지적 영역과 정의적 영역이라고 부르는 것은 사실 이음새 없는 하나의 천과도 같다. 인간의 삶은 한 조각의 천과도 같다. 우리의 사고, 신념, 감정은 모두 분리할 수 없게 뒤섞여 짜여져 있다.

마지막으로, 블룸의 분류는 비록 그것이 인지적인 영역을 넘어서고 있기는 하지만, 여전히 너무 협의적이다. 그것은 사회적 기술과 의사 소통 기술, 그리고 일반적으로 창의성을 포함하지 않고 있다. 그것은 '전인적 아동'에 대해서 충분히 말해 주지 않는다. 아동에게는 블룸이 제안한 세 가지 영역보다도 훨씬 많은 것들이 있다. 기독교적 가르침의 목적은 블룸이 제안한 것보다 훨씬 더 광범위해야 한다.

기독교적 반응

당신이 기독교 학교의 교장이라고 생각해 보자. 당신은 교사들이 기본적인 성경적 관점을 반영하는 교육 목적과 목표를 진술하기를 원할 것이다. 블룸에 의해 범주화된 수행 목표만을 고집하겠는가? 물론 아닐 것이다. 그래서 당신은 먼저 기독교 교육자들이 발전시킨 목적 분류를 고찰할 것이다. 예를 들면, 북미 기독교 학교 연합회(Christian Schools International)를 위해서 활동한 헨리 베버슬루이스(Henry Beversluis)가 제안한 것을 살펴볼 수 있다.

블룸과 마찬가지로, 베버슬루이스도 지적, 판단적, 창의적인 세 가지 범주의 목적 분류를 제안하였다. 그의 '지적' 영역은 블룸의 분류에서 '인지적' 영역과 아주 유사하다는 것을 즉각 느끼게 될 것이다. 판단적 영역은 학생들이 선택의 문제에 직면해야 한다는 사실을 암시한다. 학생들은 올바른 결정을 할 수 있도록 가르침을 받아야 할 필요가 있는데, 이것은 실제로 중요한 목적이다. 그러나 베버슬루이스가 제안한 세 번째 영역인 창조적 영역이 정확하게 무엇을 의미하는지는 다소 수수께끼처럼 보일 것이다. 그것은 학생들이 자신들의 잠재력을 완전히 계발할 수 있도록 도와주는 교육의 기회를 제공해 주려는 의도로 보인다. 그러나 이런 잠재력이 어떻게 지적인 영역이나 판단적 영역과 구별되는지는 분명하지 않다. 최근 북미 기독교 학교 연합회(CSI)는 자존감과 자신감 같은 요인들이 무시되지 않도록 하기 위해서 네 번째 범주인 정서적 영역을 추가하였다.

다음으로, 오랫동안 칼빈 대학의 교육학 교수로 봉직했던 도날드 오프왈(Donald Oppewal)의 연구를 고찰할 수 있을 것이다.[8] 그는 북미 기독교 학교 연합회의 분류를 흥미 있게 번안하여, 3단계 '3C 분류'를 제안한다. 교육 과정과 가르침은 학생들이, (1) 고찰하고(consider), (2) 선택하고(choose), (3) 헌신하도록(commit) 인도해야 한다는 것이다. 그는 "첫 번째 단계인 고찰 단계는 지적 영역과 가장 잘 부합하며, 선택 단계는 판단적 영역과 부합하고, 최고의 단계인 헌신 단계는 학습 목적의 창의적 영역과 부합한다"고 설명한다.

아직도 확신이 없으면, 니콜라스 월터스토프가 제안한 또 다른 기독교적 목적 분류를 검토해 볼 수 있다.[9] 학교는 지식, 능력, 경향성이라는 세 가지 학습 유형을 목표로 삼아야 한다고 그는 말했다. 졸업생들은 폭넓은 내용(지식)에 친숙해야 하며, 다방면의 기술(능력)로 구비되어야 하고, 제자도(경향성)의 길에 확고하게 서 있어야 한다고 그는 주장하였다. 북미 기독교 학교 연합회에 속한 일부 지역에서는 교육 과정을 작성할 때 월터스토프의 분류 방식을 따르고 있다.

교육 목적 분류에 대한 개관을 마무리하기 전에, 해로 반 브루멜른의 분류를 살펴보자.[10] 그는 기독교 학교를 위한 구체적 목적들을 제시하는 다양한 시도를 긍정적으로 평가한다. 그럼에도 불구하고, 그는 방금 고찰한 제안들에 대해서 근본적으로 비판적인 태도를 취하고 있다. 블룸의 분류와 마찬가지로, 북미 기독교 학교 연합회의 분류도 지적인 영역과 나머지 다른 영역들을 철저하게 구분하고 있다는 것이다. 이런 구분은 마치 지식이 정의적, 성향적, 또는 판단적 영역과 관련이 없는 별개의 객관적인 범주인 것처럼 보이게 한다. 반 브루멜른에 의하면, 앞에서 제안된 분류들은 "삶에 대한 이원론적 관점에 여전히 뿌리를 두고 있는데, 그 내용에 도덕적, 정의적, 혹은 판단적 차원을 추가할 수 있는 중립적인 지식이 존재한다고 가정한다."[11] 이런 비판에 대한 반응으로 북미 기독교 학교 연합회는 지적 영역이 판단적 영역과 창의적 영역으로 통해야 한다는 사실을 분명히 하려고 노력해 왔다.

반 브루멜른은 좀더 총체적이며 통합적인 분류를 제안한다. 그는 세 가지 구분되는 범주를 사용하지 않고, 위계적 분류 방식을 고안했다. 기독교 교육의 궁극적 목적은 책임 있는 (최근의 용어로는, 반응하는) 제자도라고 그는 말한다. 그러나 이런 제자도는 헌신으로 인도하는 올바른 성향(월터스토프의 경향성)이 없이는 실현될 수 없다. 그리고 이런 성향은 좀더 기본적인 교육 과정 및 교수 목적으로부터 나와야 한다. 반 브루멜른은 이 기본 단계에서 적어도 세 가지 유형의 목적을 제시하고 있다. 그것은 명제적 지식(내용), 방법적 지식(기술) 그리고 창의적이며 문제 해결적 지식이라는 목적이다.

반 브루멜른의 모형은 의미 있는 공헌을 한 것으로 보인다. 잠시 후 언급하겠지만, 책임 있는 제자도는 기독교 교육을 위한 모든 노력의 포괄적이며 궁극적인 목적이 되어야 하는 것이 분명하다. 만약 우리가 시장성 있는 기술, 학문적 탁월성, 훌륭한 도덕적 행동을 위해서만 훈련하고, 기독교적 제자도의 차원 높은 목적을 소홀히 한다면, 우리는 기독교 교육자로서의 독특성을 잃어버리게 된다. 많은 일반 학교와 세속 대학들 역시 시장성 있는 기술과 학문적 전문 지식을 가르칠 뿐만 아니라 훌륭한 도덕적 행동을 격려하고 있다.

**기독교적 가르침의 궁극적 목적**

이 주제를 고찰하기 위해서 다음과 같은 질문을 제기해 보자. 환원주의적 함정을 피하기 위해서 복잡한 목적 분류가 실제로 필요한가? 아마도 아닐 것이다. 나는 좀더 간단하게, 기독교적 가르침의 활동은 다음 두 단계의 목적을 지향해야 한다고 제안한다. 그것은 (1) '궁극적' 목적과 (2) 일련의 중간적, 보조적 '목적 영역'이다. 이들 각 단계에 대해서 간략하게 고찰해 보자.

모든 기독교적 가르침의 궁극적 목적은 학생들을 지식과 능력을 겸비한 제자도로 인도하는 것이 되어야 한다. 이 목적은 개별적인 교사뿐만 아니라, 기관 전체의 핵심적이며 지배적인 목적이 되어야 한다. 이 목적을 되새기기 위해 당신의 책상 위에 에베소서 4:11-12을 풀어 놓은 말씀을 붙여 놓을 것을 제안한다. "나는 봉사의 일을 위해 하나님의 백성들을 구비시키는 교사로 부르심을 받았다."

'봉사의 일'이라는 바울의 표현은 지식과 능력을 겸비한 제자도에 대한 약칭이다. 어떤 점에서, 기독교 학교뿐만 아니라 모든 기독교 기관은 제자도 실천을 목적으로 삼아야 한다. 그럼에도 불구하고 각 기관마다 초점이 다르다. 가정에서는, 자녀들이 믿음이 있고 정서적으로 안정된 형태의 제자도로 인도함을 받는다. 교회에서는 예배와 믿음, 교제에 초점을 둔다. 그러나 기독교 학교는 **지식과 능력을 겸비한** 제자도를 목적으로 삼는다. 오늘날 복잡한 세상에서 그리스도의 제자로서 기능을 발휘하는 일은 분명히 많은 양의 지식과 폭넓은 기술을 요구한다는 사실을 생각해 보라.

나는 신구약 성경에서 '지혜'라고 묘사하는 것을 현대적인 용어로 표현하기 위해 **지식 있는**(knowledgeable)과 **능력 있는**(competent)이라는 형용사를 사용했다. 지혜란 무엇인가? 시편 111편은 다음과 같이 요약하고 있다. "여호와를 경외함이 곧 지혜의 근본이라. 그 계명을 지키는 자는 다 좋은 지각이 있나니…." 그렇다면 지혜는 하나님의 뜻을 행하려는 소원을 떠나서는 이해할 수 없는 것이다. 추상적이고, 낱낱이 떨어진, 관련이 없는 지식은 사실상 전혀 지식이 아니다. 궁극적으로 그런 지식은 어리석음일 따름이다.[12]

지혜와 제자도는 새의 양날개처럼 함께 존재한다. 한쪽을 잃으면 다른 쪽도 소용이 없게 된다. 그렇다면 제자도란 정확히 무엇인가? 간단히 말해서 제자도란 들음(hearing)과 행함(doing) 간의 상호 관계이다. 성경은 실제로 인간의 모든 삶을 이런 관점에서 묘사하고 있다. 우리는 하나님의 말씀을 듣고 행해야 한다. 행함 없는 들음은 아무 의미가 없다.[13]

들음과 행함의 상호 관계는 지식과 행함을 구분하는 전통적인 헬라적 구분과는 다르다는 사실에 주목하라. 지식인을 숭배하던 헬라인들에게 지식은 행함보다 우월하고 행함을 통제하는 차원에 있다. 이런 관점은 정신적인 일을 하는 사람이 손으로 노동을 하는 사람보다 더 고귀하다고 보는 엘리트주의를 낳았다. 그러나 성경은 이런 구분을 알지 못한다. 성경적인 관점에서 볼 때, 지식은 그 자체가 행함의 한 형태이고, 들음에 대한 한 반응이다. 들음과 행함은 함께 지혜의 본질을 이룬다.[14]

그러므로 제자도는 무엇보다도 먼저 하나님의 뜻을 들을 것을 요구한다. '들음'은 하나님의 계명의 언어를 단순히 이해하는 것을 의미하지 않는다. 그것은 우리 삶 가운데 하나님의 임재를 경험하는 것을 포함한다. 종종 학교에서는 주지주의적 경향으로 인해서 학생들이 실제로 하나님을 경험적으로 만나는 일도 없이 하나님에 **관해서** 많은 것을 배운다. 제자도를 교육 목적으로 삼을 때, 우리는 학생들이 권위적이면서도 위로를 주는 하나님의 임재를 실제로 경험할 수 있는 학급 환경을 창출하는 것을 목표로 삼게 된다.

이와 같은 들음에 대한 반응으로 당신은 학생들에게 **행하도록** 가르쳐야 한다. 나는 지금 어떤 종류의 행함에 대해서 말하고 있는가? 여기서 행함이란 사랑의 섬김을 의미한다. 하나님과 이웃을 사랑하는 것은 하나님과 이웃을 **섬기는** 것을 의미한다.[15] 이 핵심적인 명령 외에 그 어떤 것도 실제로 중요하지 않다. 이 율법의 요약을 떠나서는 모든 것이 왜곡될 것이다. 당신의 가르침이 기독교적 가르침이 되게 하려면, 교과 내용이나 기술에 관계없이 당신의 가르침은 궁극적으로 학생들의 섬기는 능력을 기르는 데 공헌해야 한다.

섬김의 도는 두 가지 차원으로 구성된다는 점을 또한 주목해야 한다. 첫째는 청지기직 혹은 보살핌(돌봄)이다. 우리는 우리 자신과 상호간, 그리고 주변의 전체 창조 세계를 보살펴야 한다. 당신의 학급은 이런 청지기직을 예증하고, 모범적으로 실천하는 장소가 되어야 한다. 청지기직은 사실상 창조 세계 속에 세워져 있는 것이지만 죄로 인해 왜곡되었다. 우리는 관리자로 지음받았다. 우리가 범죄하지 않았다면, "동산을 관리하고 다스리라"는 위대한 명령에 규범적으로 반응하는 선하고 생산적인 청지기로서의 기능을 여전히 수행하고 있었을 것이다. 그러나 죄가 세상에 들어왔기 때문에 치유, 화목, 화해와 같은 섬김의 도의 부가적인 영역이 필요하게 되었다. 왜곡과 깨어짐은 우리의 개인적 삶, 인간 상호 관계, 창조 세계 등 어디에나 있다. 제자도는 이제 우리가 어디에 있든지 간에 이런 깨어짐을 치유할 준비를 갖추도록 요구한다. 이렇게 자문해 보자. 내 학급은 이러한 섬김의 도를 예증하고 실천하는 장소인가?

### '목적 영역'을 수단으로

나는 지식과 능력을 겸비한 제자도라는 포괄적인 교육 목적이 다른 모든 교육 목적과 목표들을 위한 무대 장치가 되어야 한다고 확신한다. 전통적인 목표 분류를 다시 살피기보다 몇 가지 '목적 영역'(goal area)을 고찰해 보자. 나는 당신이 다음의 목적 영역을 가지고 활동하기를 제안한다. 이 모든 영역은 함께 가르침의 노력을 올바른 방향으로 인도하며 포괄적인 목적을 성취하도록 도와줄 것이다.

- **내용/ 기술**: 이 목적 영역은 전통적으로 표준적인 교육 과정의 학문적 필수 과목이라고 일컫는 것들로 구성된다. 분명 이 영역은 교육 목적 진술의 대부분을 차지한다. 학생들은 소위 '기초 학습'을 포함하여 많은 기술을 습득해야 하며, 계속 범위가 확대되어 가는 교과 내용에 대한 통찰력을 발전시켜 나가야 한다. 학생들은 모든 종류의 중요한 문제들을 기억, 조사, 정의, 기술, 설명, 표현할 수 있어야 한다.

- **비판적 사고 기술**: 이 목적 영역은 방금 살펴본 목적과 밀접하게 관련되어 있다. 왜냐하면 이 목적 영역은 모든 학생들이 배워야만 하는 한 가지 중요한 기술, 즉 비판적 사고 기술에 초점을 맞추고 있기 때문이다. 혼란스러운 세상에 사는 그리스도인으로서, 학생들은 설득력 있는 사고, 예리한 분별, 철저한 분석, 올바른 판단을 할 수 있어야 한다. 이 영역을 앞에서 고찰한 내용과 기술 영역에 포함시킬 수도 있다. 특히

비판적 사고를 '기초 학습'에 포함시키고자 하면 더욱더 그러하다. 그러나 이 목적 영역만을 구별하여 특별히 강조하는 것도 잘못된 것은 아니다. 당신의 가르침은 교육을 단순히 내용의 전달로 보는 근시안적 환원주의의 수렁에 빠져서는 안 된다. 그러므로 비판적 사고의 목표를, 성취해야 할 다른 목표들보다 더 높이 설정하기를 주저해서는 안 된다.

비판적 사고의 목적은 어떤 형태를 띠는가? 수업 계획서를 다시 한 번 살펴보고, 그 다음에 분석하다, 평가하다, 비교하다, 대조하다, 정당화하다와 같은 동사들을 사용하여 목표를 진술해 보라. 예를 들면, "학생들은 동남 아시아와 멕시코의 생활 방식을 비교할 수 있다"와 같은 목표다.

- **정신 운동적 또는 신체적 영역**: 이 문제를 보자. 교사로서 우리는 사색적이며 지적인 문제에만 가르침을 제한시키는 경향이 있다. 그래서 학생들이 직접 체험하는 학습(hands-on learning)에 참여해야 할 필요성을 외면한다. 학생들은 만들고 구성하고 신체적으로 활동할 기회를 필요로 한다. '책상에서 하는 활동 학습'(seat work)만을 지나치게 강조하는 학급에서는 특히 더 그러하다. 그러므로 "학생들은 구성하고, 만들고, 조작하고, 실험하고, 제작한다"와 같은 목표들을 고려해야 한다.

- **창의성**: 네 번째 영역은 창의적 능력에 초점을 맞춘다. 모든 학생들은 창의적이고 상상력이 풍부한 재능을 가지고 있다. 그러므로 교사들은 학생들의 상상과 예술적이며 극적인 능력의 발달을 지향하는 목적과 목표를 단원 계획에 포함시켜야 할 필요가 있다. 너무나 빈번하게도 진정한 창의성이 단지 미술과 음악 수업에서만 권장되고 있다는 사실이 안타깝다.

- **감정/ 정서**: 학생들이 어떻게 느끼느냐의 문제는 그들이 어떻게 학습하느냐의 문제와 절대적인 관계가 있다. 대니얼 골만(Daniel

Goleman)의 최근 저서는 이 점을 설득력 있게 강조하고 있다.[16] 그리스도인으로서 우리는 전인적 인간학을 고백한다. 아동은 통합적이고 통일된 존재다. 그러므로 우리가 수업을 즐겁게 만들려고 하면, 학생들은 더 잘 학습할 것이다. 따라서, "학생들이 수업을 즐긴다"와 같은 목표를 수업 계획에 포함시켜야 한다. 학습의 즐거움을 정당한 학습 목표로 수용하게 되면, 좀더 창의적이고 효과적인 가르침을 위한 단계를 설정하는 셈이 된다. 이 목적 영역의 다른 목표들은 정당한 분노나 즐거운 축하와 같은 정서와 관계되어 있다. 예를 들면, 열대 우림에 관한 단원을 가르치면서 설정해야 할 한 가지 목표는 학생들에게 거룩한 분노를 일깨우는 것이다. 하나님의 선한 창조 세계를 무자비하게 파괴한 인간의 탐욕과 착취와 불의를 대하게 될 때 학생들은 분노할 줄 알아야 한다. 이런 의분은 그 문제에 대해서 뭔가를 하겠다는 결의로 이어져야 한다. 의분은 행동으로 나타나야 한다.

• **제자도의 기술**: 이 목적 영역은 지식과 능력을 겸비한 제자도라는 포괄적인 목적을 성취하기 위하여 요구되는 기술을 증진시키기 위해 고안되었다. 단원과 수업 계획은 인내심, 상호 존중과 경청 의지, 격려하고 조력하려는 열망을 계발하려는 목표들을 포함해야 한다. 요컨대, 단원과 수업 계획은 학생들이 성령의 열매를 맺을 수 있도록 구비시켜 주려고 해야 한다. 그리스도인 교사로서 우리는 학생들이 이런 기술을 학습하기를 원하지만, 그것을 구체적인 목표로 명백하게 진술하는 경우는 거의 없다.

모든 수업에서 이 목적 영역들을 구체적으로 전부 추구할 수는 없다. 그러나 전체 단원 과정에서는 여섯 가지 목적 영역을 모두 언급해야 한다.

어떤 교사들은 단원에 이 모든 목적 영

역을 포함시키는 데 반대할 것이다. 그 이유는, 학생들이 이런 목적에 도달했는지 못했는지를 항상 평가할 수는 없기 때문이라는 것이다. 학생들이 수업을 실제로 즐기는지 그렇지 않은지 어떻게 평가할 수 있는가? 의로운 분노의 감정이 실제로 일어났다는 것을 어떻게 평가할 수 있는가? 더욱이 이런 영역에서 어떻게 등급을 매길 수 있는가? 그러나 이런 반대 논리들은 사실 행동주의적 사고를 반영하고 있다. 이런 논리들은 평가할 수 있는 것만을 가르쳐야 한다고 가정한다.

그리스도인 교사들은 이런 행동주의를 거절해야 한다. 그리고 실제로 거절한다. 예를 들면, 학생들은 어떤 본보기로부터 배우기 때문에 그리스도인 교사들은 자신들이 기독교적 삶의 양식을 본으로 보여 주는 것이 중요하다는 사실을 알고 있다. 교사들은 이런 모범을 본받는 학생들과 그렇지 않은 학생들을 쉽게 구분할 수 있다. 여기에는 그 어떤 형식적인 평가 절차가 필요하지 않다. 아이즈너가 상기시켜 주는 바와 같이, 가르침의 대부분은 사실 이러한 성격을 가지고 있다.

당신의 최근 단원 계획들을 다시 한 번 살펴보고, 이 여섯 가지 각각의 목적 영역들에 속해 있는 목표들이 실제로 계열을 따라 진술되어 있는지 확인해 볼 것을 제안한다. 다음과 같이 자문해 보라. 사실을 가르치고 기술을 발전시키기 위해서 계획하는 일 외에 학생들로 하여금 분석하고, 평가하며, 그 날의 학습과 다음 학습과의 연결점을 탐구해 보도록 가르치고 있는가? 처음에는 좀 부적절한 것같이 보이지만, 학급에서 체험 학습과 신체적 활동을 할 수 있는 기회를 학생들에게 제공해 주는가, 그렇지 않으면 이런 활동은 단지 초등학교 저학년에서만 적합한 활동이라고 결론짓고 있지 않는가? 학급에서 학생들의 창의성을 격려하고 있는가? 자신감과 좋은 감정을 촉진하며, 두려움 없이 적절한 웃음과 의분을 갖도록 학생들을 돕고 있는가? 지식과 능력을 겸비한 주님의 제자로서의 직분을 감당하는 데 필요한 섬김의 도의 기술을 학생들에게 가르치는 데 부지런한가?

  이런 목적들은 유동성이 있음을 분명히 해야 한다. 이들은 별개의 분리된 영역들을 대표하는 것이 아니라, 가르치는 과업의 여러 측면을 보여 주는 것이다. 이 목적들이 돌에 새겨져 있는 것도 아니다. 이들 목적은 기관의 우선 순위와 지역적 필요에 따라 쉽게 재구성될 수 있다. 추가될 수 있는 다른 목표 영역들도 있다는 사실은 의심의 여지가 없다.

  이상에서 제안한 목적 영역들은 하나의 체크 리스트를 제공해 준다. 이것은 당신이 강조하고 있는 것과 간과하고 있는 것을 확인할 수 있도록 도와준다. 특히, 당신의 가르침이 한두 개의 목적 영역을 향하여 지나치게 편중되었음을 드러내 보여 줄 때는 당신의 시각을 교정할 수 있도록 도와준다.

  기독교적 가르침의 목적은 무엇인가? 봉사의 일을 위해 학생들을 구비시키는 것이다. 다시 말하면, 학생들로 하여금 하나님의 뜻을 듣고 그들이 있는 곳 어디에서나 그 뜻을 실천함으로써 하나님 나라의 과업을 실행하는, 지식과 능력을 겸비한 주님의 제자로서의 직분을 감당할 수 있게 해주는 것이다. 당신의 목적은 학생들이 지혜의 길로 행하도록 가르치는 것이다. 나가서 이 일을 잘 감당하자![17]

*The Craft of Christian Teaching* ▶▶ 6

# 가르치는 방식을 표현하는 은유 찾기
: 당신의 교수 스타일은?

홍 선생: 안녕, 은혜야! 아직 집에 안 갔니?

김 은혜: 네, 아직 안 갔어요. 그런데 선생님, 지금 바쁘세요? 잠시 드릴 말씀이 있어서요.

홍 선생: 그럼, 은혜야. 뭐 고민스러운 일이라도 있니?

김 은혜: 이 선생님 때문에 그래요. 저는 학급에서 할 수 있는 한 최선을 다하고 있어요. 그런데 이 선생님은 우리에게 계속 고함만 치세요. 그분은 군대를 지휘하고 있다고 생각하시는 게 분명해요. 홍 선생님이 다시 저희 담임 선생님이 되셨으면 좋겠어요.

### 가르침과 교실의 은유

최근 나는, '교육 과정과 교수'라는 과목의 강의 시간에 학생들에게 자신이 다닌 초등학교나 고등학교 선생님 중 한 분의 스타일을 한 마디로 묘사해 보라고 했다. 학생들은 그 제안에 즉각적으로 대답했다. 어떤 학생이 "우리 선생님은 곰"이라고 대답했다. 다른 학생은 "우리 선생님은 어릿광대!"라고 했고, 또 다른 학생들은 엄한 교관, 귀찮게 하는 사람, 스파이, 설교자, 로보트, 재판관으로 묘사했다. 어떤 학생들은 어머니, 친구, 누나, 형님 같은 다소 우호적인 은유를 제시하기도 했다.

이런 종류의 은유는 가르침의 지배적인 스타일을 설명하는 지름길이다. 은유는 교사의 스타일에서 한두 가지 핵심적인 특징을 포착한다. 가르침의 은유를 지나친 단순화의 오류에 빠뜨리고 신뢰할 수 없게 만드는 것이 바로 이런 점이다. 한두 개의 단어로 가르치는 스타일의 복잡성을 감히 기술하지는 못한다. 그럼에도 불구하고 은유 사용은 당신의 스타일을 이해하려는 노력에 아주 유용하며, 자기 성찰을 촉구해 준다. 당신의 학생들이 지금부터 10년 후에 당신을 어떻게 생각하고 어떻게 묘사할 것인지 스스로에게 물어보라. 당신은 학생들에게 어떤 교사로 기억되기를 원하는가?

각각의 은유를 좀더 세밀하게 확대해서 묘사해 볼 수 있다. 예를 들면, 엄한 교관이라는 은유는 권위주의적이고, 목소리가 크고, 완고하며, 무감각하고, 공격적인 교사를 암시한다. 반면, 어머니라는 은유는 부드럽고, 사랑 많으며, 잘 보살피고, 희생하며, 때로는 엄격하고 많은 것을 요구하는 교사를 의미한다. 교육 과정 강의 시간에 한 예비 교사는 자신을 한 그루의 나무로 생각한다고 했다. 삶에 대한 기독교적 관점의 지식에 확고하게 깊이 뿌리내리고, 학급을 안락하게 유지하기 위해 가지를 뻗고, 학습해야 할 수많은 흥미 있는 피조물들을 감추고 있는 잔 가지들과 잎이 무성한 나무로 생각한다는 것이다. 은유를 이런 방식으로 확대해 보는 것은 확실히 유용하며 성찰적인 연습이 된다. 당신이 자신이 가르치는 스타일을 확인해 준다고 생각하는 은유를 찾고, 그것을 일련의 서술적인 형용사로 확장해 보는 시간을 가져볼 수도 있다. 아니면 학생들에게 그렇게 하도록 용감하게 요구해 볼 수도 있을 것이다.

    가르침의 스타일뿐만 아니라 학급 분위기도 종종 은유를 통해서 파악할 수 있다. 예를 들면, '엄한 교관'이라는 은유가 당신의 가르치는 스타일을 묘사한다면, 당신이 맡은 학급은 '신병 훈련소'와 같을 것이다. 학생들이 당신을 어릿광대로 본다면, 그들은 아마도 학급 환경 전체를 곡마단으로 인식할 것이다. 당신에 대한 은유가 '코치'라면, 당신의 학급은 라커 룸 분위기나 야구장과 같을 수 있다. 나는 영락없이 동물원을 연상케 하는 학급을 방문한 적이 있다. 어떤 때는 내가 압력 밥솥 안으로 걸어 들어왔다고 생각한 적도 있었다!

    마지막으로 은유를 통해서 교사가 학생을 보는 방법을 파악할 수 있다. 학생은 길들여야 할 동물인가? 채워야 할 빈 그릇인가? 교화해야 할 야만인인가? 조작할 수 있는 대상인가? 모양을 빚어야 할 점토인가? 가꾸어야 할 화초인가? 그렇지 않으면 또 무엇인가? 당신은 학생을 '하나님의 형상'으로 생각할 수도 있다. 이것은 또 다른 은유이다! 그렇다면 하나님의 형상이란 실제로 무엇을 의미하는가? '형상'에 대한 이해는 가르침과 학급 운영 방법에 어떻게 영향을 주는가?

## 긍정적 은유와 부정적 은유

학생들이 제시하는 여러 가지 은유가 보여 주는 바와 같이 은유는 긍정적이거나 부정적인 가르침의 스타일을 의미할 수도 있다. 당신을 엄한 교관이나 어릿광대로 묘사하고, 학급을 신병 훈련소나 곡마단으로 묘사하는 것은 분명 우호적인 것은 아니다. 이런 은유들은 모두 우리가 피해야 할 가르침의 스타일과 교실 분위기를 묘사해 주고 있다. 특히 이런 은유들이 일관되게 적용되는 경우에는 더욱더 그러하다. 우리가 기독교적으로 가르치기를 원한다면 확실히 이런 스타일을 피해야 한다. 교사가 학급에서 엄한 교관으로 나타나는 것이 매우 적절할 때도 있다. 그러나 학생들이 무엇보다도 먼저, 그리고 거의 항상 당신을 엄한 교관으로 본다면 이런 은유는 결코 바람직하지 않다.

군대의 은유는 학교와 학급을 현실적으로, 그러나 많은 경우 약간은 부정적으로 묘사하기 위해 일반적으로 사용되는 은유다. 학교는 '전쟁 지역'으로, 학급은 '전쟁터', 교사는 '참호 속'에 있고, 학생들은 '병력'으로, 권위 관계는 '지휘 계통'으로 묘사된다. 때때로 기독교 교육 진영에서도 이런 용어들이 들리고 있다. 이런 은유들이 적절하고 유익한 것인지 스스로에게 물어보라. 물론 가장 좋은 학교라 할지라도 전쟁 지역을 닮는 경우가 있다. 그러나 이런 은유들이 하나의 유형이 된다면 우리는 관심을 가져야 한다. 기독교 학교는 전쟁 지역이 되어서는 안 된다. 기독교 학교는 모든 활동과 관계 속에 그리스도의 사랑이 스며들고, 인내와 친절과 온유함이 지배하는 곳이 되어야 한다. 군대의 은유는 심각하게 왜곡된 것일 수 있는 것을 그럴듯하게 얼버무린다.

물론, 사도 바울도 그리스도인의 삶을 묘사하면서 군사적인 은유를 사용한다. 그는 흉배와 투구와 다른 종류의 전쟁 무기들에 대해서 이야기한다.[1] 그러나 성경에서 사용하는 군사 용어들은 앞에서 말하는 것과는 다른 종류의 전쟁터를 상정하고 있다. 바울은 선과 악, 죄와 구속 간의 우주적 투쟁에 대해서 이야기한다. 사도 바울은 우리가 어디에 있든지 간에 우리가 직면하는 모든 종류의 다양한 악과 더불어 싸우도록 격려한다. 이 전쟁에 참여하기 위해서는 온갖 종류의 '병기', 곧 의의 흉배, 믿음의 방패, 구원의 투구, 성령의 검이 있어야 한다.

그러나 교육에 적용되는 군사적 은유는 일반적으로 아주 다른 상황을 묘사한다. 그것은 학급과 학교라는 공동체 **안에서** 일어나는 갈등과 투쟁을 암시한다. 이런 은유는 학생 상호간, 학생과 교사 간, 교사와 직원들 간의 불건전하며 적대적인 긴장 관계를 묘사하고 있다. 기독교 학교에 이런 불화와 분열이 있어서는 안 된다. 학급과 학교는 교육자들이 외부의 대적을 무찌르기 위해서 조화와 협력 속에서 일하는 공동체가 되어야 한다. 누가 그 대적인가? 교사, 학생, 교장, 부모들이 아니라, 기독교적으로 가르치려는 최선의 노력에 대항하는 시대 정신이다.

다행스럽게도, 우리가 계발할 수 있는 긍정적인 은유들이 있다. 친구나 형과 같은 은유들은 기독교적 가르침과 매우 조화를 잘 이루는 스타일을 반영하는 경우가 많다. 이런 은유들은 대체로 그리스도인의 삶에 적용될 수 있는 다양한 성경적 은유를 반영한다. 우정과 형제애는 '성령의 열매', '그리스도의 몸', '진리 안에 행하는 것'과 같은 성경적 은유들과 완전한 조화를 이룬다. 이런 긍정적 은유들이 내가 가르치는 스타일과 맞아 들어가는지, 전체적으로 학급 분위기와 어울리는지 자문해 보라.

### 일반적인 세속적 은유들

교직에서 아직도 널리 조장되고 있는 지배적 은유는 교사를 전문가, 의사 결정자, 관리자, 과학 기술자로 보는 것이다. 이 은유들은 소위 '효과적 가르침' 운동의 중요한 주제로 작용해 왔는데, 이 운동은 대학의 교사 양성 과정에서 일반적으로 가르치고 조장했던 교수 방법을 대표적으로 보여 주고 있다. '효과적 가르침'은 특히 1950년대와 1960년대에 행해진 연구에 의해 촉발된 슬로건이다. 연구자들은 성공적인 학습으로 인도하는 것처럼 보이는 소위 숙련된 교사들의 행동 특성, 특징, 능력, 행동 등을 확인하기 위한 시도로 이들의 '행동'을 주의 깊게 기록했다.[2]

최근에 와서는 이런 효과적 가르침의 접근 방법과 더불어 전문가, 의사 결정자, 관리자, 과학 기술자라는 은유들에 대한 비판이 점차 증가하고 있다.[3] 기독교적 관점에서 볼 때도 이 은유들을 주의 깊게 평가해야 한다. 이들 각각의 은유에서 생각해 볼 수 있는 부정적인 의미들은 무엇인가? 전문가로서의 교사라는 은유는 학생들은 '바보'이며, 따라서 이들의 경험과 통찰을 진지하게 고려할 필요가 없음을 시사한다. 의사 결정자와 관리자로서의 교사는 학생들이란 수동적으로 조작될 수 있는 존재이며, 따라서 의논의 대상으로 볼 필요가 없다는 의미를 내포하고 있다. 교사를 과학 기술자로 본다면, 가르침의 실제는 단지 연구 결과의 적용으로 구성되며, 따라서 개인적이고 인간적이며 예측 불가능한 요소들을 가르침에서 제거하게 된다.

과학적이며 효과적인 가르침의 접근 방법에 대한 반작용으로 소위 대안 학교 교육을 제안하는 철학들이 등장했다.[4] 이들 철학은 지나치게 '아동 중심주의적'인 경향이 있고, 정원사와 간호사 같은 은유를 즐겨 사용한다. 아동은 적량의 햇빛과 온기와 물을 공급해 주면 자연스럽게 성장하고 꽃이 피는 식물과 같다는 것이다. 그러므로 교사는 아동이 풍성한 결실을 맺을 수 있는 환경을 조성해 주어야 한다. 아동을, 기본적으로 건강하지만 한두 가지 감염으로 쉽게 앓아 누울 수 있는 존재로 보기도 한다. 그래서 교사는 간호사와 같이 아동이 건강을 회복하고 활기를 되찾을 수 있도록 도와주기 위해 건강한 환경과 때로는 약품도 제공해 주어야 한다. 예를 들어, 아동이 만약 짓궂게 행동하는 경향을 보이면 부드럽게 교정해 주는 간호사와 같은 행동이 필요하다.

### 다른 종류의 은유들

많은 교육 철학자들은 그 나름대로 선호하는 은유들을 지지한다. 예를 들어, 당신이 지난 시대의 고전적 지혜를 전수해 주는 것을 주된 목표로 삼는 충실한 항존주의자라고 가정해 보자. 그렇다면, 적절한 은유는 무엇일까? 그것은 아동의 텅 빈 머리에 많은 지식들을 쏟아부어 넣는 사람, 즉 파울로 프레이리(Paulo Freire)의 은유를 사용한다면 은행 통장에 돈을 저축하는 사람일 것이다.[5] 이런 지식 전달 방법을 좋아한다면 엄격한 교관과 같은 은유가 아주 매력적으로 느껴지게 될 것이다. 반면, 철저한 진보주의자라면, 교사를 촉진자(facilitator)와 코치로 보게 될 것이다. 교육자들에게 자신들이 선호하는 가르침의 은유를 진술해 보라고 요구하면 흔히 자신들의 철학적 경향성을 드러내 보여 준다.

그리스도인들 역시 다양한 은유를 사용한다. 예를 들면, 헨리 나우웬 (Henry Nouwen)은 가르침을 폭력적 과정이 아니면 구속적 과정으로 말한다.[6] 이것은 매우 강력한 은유다. 일방적이고 소외적이며 경쟁적인 학급 전략에 의해서 교사가 폭력적인 방법으로 가르칠 수 있다는 사실을 인식하면, 잠시 멈추어 성찰하면서 선생 된 자가 더 큰 심판을 받을 수 있다는 야고보 사도의 경고를 진지하게 생각해 보아야 한다. 파커 팔머(Parker Palmer)는, 가르침은 진리가 나타날 수 있는 공간을 창출하는 것이라고 주장한다.[7] 이런 은유는 매우 시사적이며, 곡마단이나 신병 훈련소와는 전혀 다른 학급을 구현하도록 우리를 촉구한다.

다른 은유들도 논의해 볼 필요가 있다. 최근 알폰소 몬투오리(Alfonso

Montuori)는 이상적인 학급을 재즈 밴드에 유추하여 묘사했다.⁸⁾ 학급과 재즈 밴드는 창의성, 학습, 협동, 사회 조직이라는 점에서 유사하다고 그는 말했다. 이런 학급에서 교사와 학생들은 상호간 조율을 하고, 교육 과정을 통해 자기들의 악기를 연주한다. 키렌 에건(Kieran Egan)은 가르침을 이야기 들려주기(story telling)라고 제안한다.⁹⁾ 그는 교육 과정 내용을 구성, 서스펜스, 해소의 요소

를 갖춘, 아동들에게 들려주는 이야기로 각색해 내는 방법을 계발하였다. 앨런 톰(Alan Tom)은 가르침을 도덕적 기예로 묘사하고 있다.¹⁰⁾ 이 접근 방법은 해로 반 브루멜른으로 하여금 가르침을 종교적 기예로 보도록 하였다.¹¹⁾ 가르침은 기술적인 노하우와 개인적인 직관 모두를 포함한다는 점에서 기예다. 그러나 가르침의 기예는 단지 도덕적인 것만이 아니고, 반 브루멜른이 상기시켜 주는 바와 같이 종교적인 기예다.

파커 팔머는 최근 저서「가르칠 수 있는 용기」(*The Courage to Teach*, 한문화)에서 자신이 가르치는 스타일에 적용할 수 있는 은유에 대해 상세히 설명하고 있다. 좋은 학급은 "교사와 학생들이 함께 진리를 탐구할 수 있는 공간"이 되어야 한다고 설명한 후에, 그는 자신의 은유를 다음과 같이 묘사한다.

나는 내 자신의 은유를 제시하면서 그 위험과 효과를 설명해 보겠다. 이 은유가 떠오른 것은 20여 년 전인데 구체적인 상황은 기억나지 않는다. 나는 최선을 다하여 가르칠 때 내가 양치기개 같다는 생각이 든다. 덩치가 크고 털이 많은 애완견 종류가 아니라, 양털 산지에서

양떼들을 이끌고 다니는 보더 콜리견이 떠오른다.

나는 스코틀랜드의 바위가 많은 들판에서 그런 개들을 본 적이 있다. 아마 그 때 이 이미지가 내 마음속에 들어와 박혔을 것이다. 하지만 당시 나는 교사가 되겠다는 생각은 하지 않고 있었다. 나는 이 은유의 의미를 천천히 풀어 나가면서…양치기개의 이미지가 교사로서 나의 정체성과 성실성에 어떤 단서를 제공해 주는지 이해하게 되었다.

내 상상 속에서…양치기개는 네 가지 중요한 기능을 담당한다. 첫째, 양들을 방목할 수 있는 공간을 확보한다. 둘째, 옆으로 새어 나가려는 양들에게 주의를 줌으로써 양들을 그 공간 속에 잡아 둔다. 셋째, 위험한 침입자들을 물리치기 위해 그 공간의 테두리를 지킨다. 넷째, 방목지의 풀을 다 뜯었을 때 양들과 함께 풀이 많은 다른 공간으로 이동한다.[12]

요컨대, 은유는 교사가 학급에 어떻게 접근하고 있는지를 탐구할 수 있는 중요한 통로를 제공해 준다.

### 기독교적 가르침을 위한 은유

나는 두 개의 은유를 사용해서 기독교적 가르침의 개념을 소개하고자 한다. 즉 장인(craftsperson)으로서의 교사와 안내자(guide)로서의 교사다.

### 장인

이 점에서 나는 앨런 톰과 해로 반 브루멜른에 동의한다. 기예란 무엇인가? 중세의 구두 수선공을 생각해 보자. 이들은 기예를 갖고 있었

다. 이들은 규격화된 신발을 만
들었으나 구두에 개인의 직인
을 남겼다. 중세 구두를 보면 그것
을 어디서 만들었고, 누가 만들었는지 감
별할 수 있는 학자를 나는 알고 있다. 그 신
발은 다른 모든 신발과 같은 신발일 뿐이지

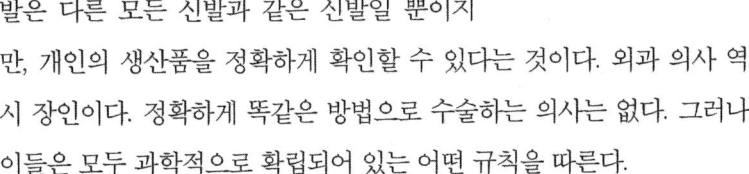

만, 개인의 생산품을 정확하게 확인할 수 있다는 것이다. 외과 의사 역시 장인이다. 정확하게 똑같은 방법으로 수술하는 의사는 없다. 그러나 이들은 모두 과학적으로 확립되어 있는 어떤 규칙을 따른다.

이런 점에서 볼 때, 기예는 두 가지 차원을 가지고 있다. (1) 보편적 차원으로서, 모든 훌륭한 장인들이 알고 실천하는 공통 요소들로 구성되는 차원이다. (2) 개인적 차원으로서, 장인들이 자신들의 작업에 개인적이며 직관적인 특성을 드러내는 차원이다. 이런 방식으로 우리는 구두 수선공이나 외과 의사와 같이 가르침을 기예로 생각할 수 있다. 가르침에도, (1) 모든 훌륭한 교사들이 알아야 할 보편적 요소가 있다. 이 요소들은 흔히 교육 연구를 통해서 발견된다. (2) 각각의 교사를 독특하게 구별시켜 주는 인성이나 재능과 같은 개별 교사의 개인적이며 직관적인 요인들이 있다.

기독교적으로 가르치기를 원한다면, 스스로를 장인으로 보도록 하라. 한편으로 당신은 모든 훌륭한 교사들이 실천하는 기본적인 전문 기술을 알아야 한다. 교사 교육 과정에서 아마 이 기술들을 배웠을 것이다. 아동들이 어떻게 학습하는지에 대한 이해와 더불어 교과 내용을 교수 방법적 지식으로 어떻게 바꿀 수 있는지에 대한 이해,[13] 그리고 효율적인 학급 운영의 기본 규칙이 이런 기본적인 기술에 포함된다. 다른 한편으로, 당신은 자신의 가르침의 실제에서 구현하고자 하는 자신의 특별한 개인적 은사에 대해 깊이 성찰해 보아야 한다. 자신의 장점을 인식하여 극대화하고, 약점은 극소화할 필요가 있다. 당신이 이상적으로 생각했던 선생님의 모델을 기계적으로 모방하려고 하지 말고, 당신 자신의 개인적 은유와 스타일을 계발해야 한다.

가장 중요한 것은 가르침이라는 기예의 보편적인 차원과 개인적인 차원 모두를 하나님의 뜻에 항상 복종시키려고 해야 한다. 어떻게 이것을 할 수 있는가? 그것은 계속적인 연구, 토론, 성찰, 묵상, 성경 읽기, 기도를 통해서이다. 보편적 차원은 교육 연구에 의해서 제기되는 경우가 많다. 그러므로 전문 교사로서 우리는 이런 연구들을 알아야 하고, 그것을 기독교적 관점에서 평가할 수 있어야 한다. 이와 같은 분석과 평가는 그 시금석으로 정교한 기독교 교육 철학을 필요로 한다.

우리의 개인적 요소들 역시 하나님의 말씀의 빛에 비추어 잘 검토해야 한다. 이런 종류의 자기 성찰은 여기 저기에서 조금 남는 여가 시간에 할 수 있는 쉬운 문제가 아니다. 그러므로 우리는 교사들이 이와 같은 중요한 평가 유형을 파악하도록 도와주기 위해 고안된 의미 있는 교사 계발 과정을 격려하고 권장할 필요가 있다. 교장 선생님과 동료 교사들에게 자기 성찰, 학급 상호 관찰, 의미 있는 연수 과정을 육성하도록 촉구해야 한다. 이와 같이 정말 있어야 할 종류의 활동에 더 많은 시간을 제공하도록 학교 지도부를 격려해 주어야 한다.

## 안내자

그리스도인 교사로서 우리는 장인일 뿐만 아니라 안내자다. 이 은유를 온전히 명백하게 설명하기 위해서 우리는 그 개념을 전체 학급을 포함하는 데까지 확대해야 한다. 기독교적인 학급 상황을 묘사하기 위해 우리가 사용할 수 있는 은유는 무엇인가? 나는 교사 자신과 학생들을 여행 동료, 즉 중세 사람들이 자신들을 생각한 것처럼 '그 길의 여행 동료들'(*viatores*)로 볼 것을 제안한다.¹⁴⁾ 우리는 때로 그리스도인의 삶을 순례자의 삶으로, 그리고 그리스도인을 순례자라고 말한다. 그러나 나는 '여행자'가 더 나은 용어가 아닐까 생각한다.

순례자는 자신들이 지금 있는 곳과는 다른 장소에 도달하는 데 지나치게 많은 초점을 둔다. 그러나 여행자는—그들이 만약 나와 같은 여행자라면!—현재의 여행지에도 의미를 둔다. 그들은 여행길의 가는 곳마다 멈추어 새들을 관찰하고 야생화들을 찾아보기도 한다.

학급을 모험 가득한 여행길의 동반자들로 보는 것은 몇 가지 중요한 주제를 함축한다. 첫째, 여행은 분명히 어떤 목적지로 인도해야 한다. '그 길의 여행 동료들'은 결코 목적 없이 방황하지 않는다. 우회로도 있고 샛길도 있지만 여행자는 어디론가 목적지를 향해서 간다. 그러므로 학생들과 함께 여행하는 그리스도인 교사로서 우리는 종종 멈추어 서서 물어보아야 한다. 우리는 오늘 얼마나 여행했는가? 어제보다 오늘 목적지에 더 가까이 와 있는가? 내일은 어떻게 진보를 보일 수 있을까? 나는 지금 올바른 목적지를 지향하고 있는가? 나침반은 올바로 설정되어 있는가? 우리 반의 여행 동료들은 지식과 능력을 겸비한 제자도의 성취를 향해 나아가고 있는가?

둘째, 여행은 어떤 지역을 통과하게 한다. 당신의 학급 일행들에게 이 지역은 많은 교육 과정으로 구성되어 있다. 여기에는 고려해야 할 지형이 있다. 어떤 때는 여행길이 평탄하고, 어떤 때는 공사장을 통과하며 여행하는 것과 같은 때도 있다. 그러나 분명한 것은 여행길에서 앞으로 나아가기 위해서 누군가는 반드시 지도를 가지고 있어야 하고, 여행 지역을 통과해 갈 수 있어야 한다는 점이다. 누군가가 어디로 여행할지를 정확하게 알아야 하고, 불가피하게 부딪히게 될 다양한 장애물을 극복하거나 피해갈 수 있는 방법을 알아야 한다. 이와 같은 필요들은 세 번째 주제에 이르게 한다. 동료 여행자 중에 누군가는 반드시 안내자 역할을 해야 한다는 점이다. 안내자가 누구인가? 교사인 당신이 바로 안내자이다.

교사로서 당신은 지식이 있고(지도를 이해하고), 유능한(여행 지역을 통과해 갈 수 있는) 안내자 역할을 감당해야 한다. 지도에 대한 지식은 한 걸음 더 나아가 당신이 목적지를 알고 있다는 의미를 내포한다. 우리가 춘천으로 낚시 여행을 가기로 계획하고 좋은 낚시터로 일행을 인도해 줄 안내자를 고용한다고 생각해 보자. 그런데 안내자가 강과 호수를 몇 시간 동안 돌아본 후, "자, 여기서 낚시를 합시다! 여기가 어딘지, 어디서 대어를 낚을 수 있는지 전혀 모르겠습니다. 그렇지만 여기가 아주 멋진 장소인 것 같군요"라고 말한다면 나는 정말 화가 나서 안내자를 해고하려는 생각을 하게 될 것이다. 왜냐하면 이 안내자는 우리를 어디로 안내해야 할지를 모르는 안내자이기 때문이다.

안내는 그것이 정말 '안내'가 되려면 목적이 있어야 한다. 안내는 방향성을 가져야 한다. 이것은 아무리 강조해도 지나치지 않다. 당신이 정말로 진정한 그리스도인 교사가 될 수 있기 위해서는 자주 멈추어서 다음과 같은 질문들을 제기해 보아야 한다. 우리는 지금 올바른 길을 가고 있는가? 목적지를 향해 나아가고 있는가? 계속해서 지식과 능력을 겸비한 제자도를 목적으로 삼고 있는가?

명심해야 할 또 한 가지 중요한 사실은, 우리는 이들 학생들과 평생의 여행길을 함께하지 않는다는 사실이다. 우리 교사들은 학급에서 학생들과 고작 1년 정도 잠시 함께 있을 뿐이다. 그 다음에는 새로운 일행과 더불어 새로운 여행을 시작한다. 따라서 우리가 도착해야 하는 목적지는 아득한 먼 미래에 있는 것이 아니라 비교적 가깝게 있다. 우리가 학생들과 더불어 단지 잠깐 동안 함께 여행한다는 사실은, 목적지에 대해서 동의하는 학교와 각 여행 구간을 안내하는 교사의 중요성을 강조하고 있다. 학부모들 역시 이 목적지에 대해서 분명히 알아야 하고 동의해야 한다.

### 결어

장인과 안내자라는 두 가지 은유를 서로 연결시키기 위해서 우리는 이상에서 고찰한 내용으로 잠시 돌아가 볼 필요가 있다. 즉 안내자는 반드시 지식과 능력을 겸비해야 한다는 점이다. 사실상, 안내 자체를 기예로 생각할 수 있다. 안내 역시 보편적인 차원과 개인적인 차원을 모두 드러내 보여 준다. 좋은 안내자라면 누구나 반드시 알아야 하고 행할 수 있어야 하는 것들이 있다. 그러나 유능한 안내자는 이것을 자신의 독특하고 개성적인 방법으로 수행한다. 다시 말해서 안내는 결코 아무렇게나 정처없이 배회하는 것이 아니다. 안내는 오히려 건전한 지식에 기초하고 적절한 개인적 직관이 좌우하는 장인 정신의 방식으로 수행되어야 한다.

다음 장에서 나는 이 은유를 안내, 전개 그리고 능력 부여로서의 가르침에 대한 좀더 구체적인 묘사와 관련시키고자 한다. 교사로서 당신은 어떤 목적지를 향해서 학생들을 인도한다. 즉 앞장에서 기술한 교육 목적을 성취하기 위한 목적지를 향해서 인도한다. 교사는 지형, 통과해야 할 지역, 학습해야 할 다양한 기술과 내용을 펼쳐 보여 주는 방법을 통해서 목적지를 향해 학생들을 인도한다. 안내와 전개를 통해서 당신은 학생들이 지식과 능력을 겸비한 주님의 제자 역할을 감당할 수 있게 능력을 부여해 준다. 이 문제를 좀더 주의 깊게 살펴보기로 하자.

The Craft of Christian Teaching ▷▷ **7**

# 기독교적 가르침
: 개략적 모습 그리기

조 선생: 홍 선생님, 저 오늘 정말 힘들었어요! 애들이 시간을 낭비하기로 결심을 한 것 같았어요. 얼마나 낙심되던지, 통제 불능이라는 생각이 들더라고요!

홍 선생: 글쎄요, 꼭 '과업 시간 계획표'대로 수업을 운영할 필요는 없다고 생각하지 않으세요?

조 선생: 홍 선생님, 과업 시간 계획표를 지키는 것은 기독교의 기본적인 원리에요! 성경도 세월을 아끼라고 가르치고 있잖아요. 그래서 저는 학생들에게 한눈팔지 말고 열심히 하라고 항상 다그칩니다. 이것이 학생들로 하여금 생산적이며 효율적인 사람이 되도록 가르칠 수 있는 유일한 길이지요.

홍 선생: 글쎄요, 조 선생님, 그럼 한나에 대해서는 어떻게 생각하세요? 한나는 자기 능력을 잘 발휘하려면 좀더 느긋한 분위기가 필요한 학생이잖아요. 과업 시간 계획표는 한나를 얼어붙게 만들 수도 있고 그 애의 호기심을 말살시킬 수도 있어요.

## 가르침이란 무엇인가?

퀴즈를 풀 준비가 되었는가? 여기 세 개의 문제가 있다. 정확하게 답할 수 있는지 보자. 설득력 있는 논거로 당신의 대답을 뒷받침할 수 있어야 한다!

1. '가르침'이라는 단어의 뜻은 무엇인가?
2. 가르치는 행위와 인간의 다른 행위 간의 본질적 차이는 무엇인가?
3. 가르침과 훈련의 차이는 무엇인가?

보너스 점수를 주기 위해 또 하나의 과제를 제시하고자 한다.

다음의 용어들을 정확하게 구별해 보라. 가르침(teaching), 교수(instruction), 정보 제공(informing), 개인 지도(tutoring), 연습(drilling), 교화(indoctrination), 학교 교육(schooling), 일반적 의미의 교육(education in general).

어떻게 답했는가? 분명 쉬운 퀴즈는 아니라는 데 동의할 것이다. 이런 문제에 답하는 것은 쉬운 일이 아니다. 교육자들과 철학자들은 수세기 동안 이 문제에 대해서 논쟁을 해 왔다. 오죽하면 어떤 지혜로운 사람이 제안하기를, 당신이 어떤 일을 직접 **할 수 없을 때에는** 그것을 **가르치라고 했겠는가!**[1] 가르침에 관해서 지금까지 제안된 많은 진지한 정의들 중 두 가지 정의가 비교적 오랜 세월의 검증을 거쳐 왔다. 그 중 하나는 가르침의 핵심적 의미를 '지식의 전달이나 전수'로 보는 정의다. 다른 하나는 가르침을 "어떤 기술(읽기, 쓰기, 비판적 사고, 문제 해결 등)을 수행하도록 다른 사람들을 훈련하는 행위"로 보는 정의다.

가르침은 무엇인가라는 문제에 대한 진지한 과학적 탐구가 60년 전에 시작되었는데 아직도 완성되지 않은 과제로 남아 있다.[2] 이 연구의 관심사는 가르침의 본질에 대한 정의로부터 유능한 교사의 특성, 능력, 학급 행동의 기술(記述)에 이르기까지 다양했다. 가르침과 배움의 관계와 같은 문제들도 이 연구에 포함되어 있었다. 예를 들면, 중요한 문제는 다음과 같은 것이었다. 가르침은 곧 배움을 의미하는가? 학생들이 배우지 않았을 때에 우리는 가르쳤다고 할 수 있는가? 다시 말하면, 가르침은 그 결과의 관점에서 규정되어야 하는가? 이 연구의 목적은 상당 부분, 유능한 교사와 그렇지 못한 교사를 구분해 주는 것은 무엇인지를 밝혀 내려는 것이었다. 그러나 우리는 이 매력적인 문제를 접어두고자 한다. 교수 방법론의 역사에 관한 책이 이 문제에 도움이 될 것이 분명하다. 나는 다음에 언젠가 이런 책을 저술할 생각을 갖고 있다.

### 세 가지 방식

가르침에 대한 정의가 어떠하든지 간에 당신은 적어도 세 가지 상이한 방식으로 가르칠 수 있다. 먼저, 손 선생님의 경우를 보자. 손 선생님은 아침에 교실에 들어가서 하루 종일 자신감 있게 가르치고, 오후 4시 30분이 되면 퇴근한다. 헌신적인 교사라고 말할 수 있는가? 분명 그렇다. 그러나 한 가지 문제가 있다. 손 선생님은 자신이 학급에서 하고 있는 일에 대해서 하나님이 무엇이라고 말씀하실지에 대해서는 하루 중단 한순간도 생각지 않는다. 사실상 손 선생님은 하나님과 하나님의 뜻에 관한 문제는 가르침과는 전혀 상관이 없다고 믿고 있다. 요컨대, 손 선생님의 가르침은 본질상 세속적 가르침이다. 세속적 가르침은 하나님을 무시하고 하나님이 원하시는 바를 제쳐두는 가르침이다. 당신이 이런 가르침의 방식을 선택할 수 없는 것은 분명하다.

    이제 두 번째 교사를 만나 보자. 박 선생님은 기독교 고등학교에서 1학년을 가르친다. 박 선생님은 습관적인 기도와 말씀 묵상으로 하루를 시작한다. 때로는 기도를 부탁하기도 한다. 그러나 성경책과 찬송가를 덮고 나면 일반 학교의 비그리스도인 교사들과 똑같은 방식으로 교과 내용을 가르친다. 이러한 유형의 가르침을 나는 '단순한 가르침'이라고 부른다. 앞장에서 살펴본 바와 같이 '단순한 가르침'은 이원론적 접근을 시사한다. 가르침의 '기독교적' 차원은 일반적으로 하루의 시작과 끝에 할당된 경건 활동 시간에 국한된다. 나머지 수업 시간은 그저 일상 업무에 불과하다.

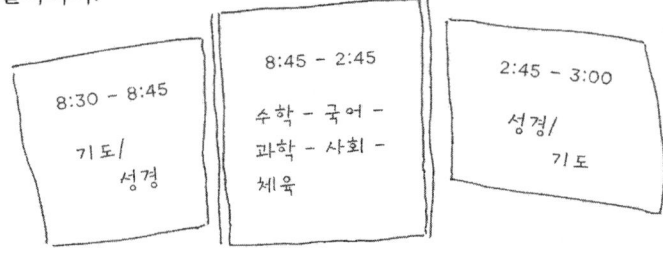

    그러나 세 번째 방식이 있다. 이 방식은 이 책이 말하고자 하는 종류의 가르침이며, 진정한 기독교적 가르침의 방식이다. 이 방식은 총체적이며 삶을 포괄하는 성경적 세계관에 바탕을 둔 교육 철학으로부터 나오는 가르침의 방식이다. 물론, 당신이 그것을 어떻게 보든 상관없이, 세계관은 가르침의 정의와 학급 활동을 모두 결정한다. 예를 들면, 앞에서 언급한 손 선생님의 경우는 하나님이 관계 없는 세상을 가정한다. 반면, 박 선생님은 아마도 성경을 믿는 그리스도인일 것이지만, 삶을 분명하게 구분된 두 영역으로 분리하는 철학을 지지한다. 이들 두 영역이란 학교 생활의 하루를 시작하고 마치는 시간에 실천하는 거룩한 영역과, 자신이 가르치는 교과 내용을 구성하고 있는 세속적 영역이다.

## 가르침과 세계관

세계관이 가르침에 대한 정의와 교수 방법에 대한 이해에 어떻게 영향을 미치는지 자세히 살펴보기로 하자. 세계관은 하나님과 인간에 관한 일반적 개념이나 일련의 신학적 진리에 제한되는 것이 아님을 기억하자. 교사로서 당신의 세계관은 이와 같은 큰 그림에 대한 신념뿐만 아니라 교과 내용, 아동, 교실에서 당신이 기울이는 노력의 목적에 관한 신념도 통제한다.

충실한 항존주의자인 엄 선생님의 예를 들어 보자. 교직 과정에서, 오랜 역사적 전통을 가지고 있는 교육 철학인 항존주의에 대해서 배웠을 것이다. 항존주의 관점을 따라 엄 선생님은 세계를 다소 정적인 장소로 본다. "해 아래 새 것이 없다"는 것이 엄 선생님의 표어다. 변화와 발전은 사물의 항존적인 현상의 변형일 뿐이다. 이런 전제로부터 학교에서 가르치는 교과 내용은 반드시 고전 저자들의 불변하는 지혜를 반영해야 한다고 주장한다. 엄 선생님은 서구의 인문 교양 교육의 전통에서 강조하는 '명작들'에 강도 높게 집중하는 교육 과정을 수용한다. 옛날에 유익했던 것은 오늘날의 젊은이들에게도 변함없이 유익하다고 엄 선생님은 강조한다. 이 젊은이들은 누구인가? 엄 선생님에 의하면 이들은 빈손으로, 사실은 빈 머리로 교사에게 나와서 옛 시대의 지혜를 채워야 하는 자들이다. 그렇다면 교육의 목적은 무엇인가? 교육 목적은 학생들로 하여금 고전적 지혜를 획득하게 하는 것이다. 이와 같은 주제들이 가르침에 대한 관점을 결정한다는 사실을 주목해야 한다. 항존주의자의 관점에서 볼 때 가르침은 지식의 전달로 규정될 수 있다. 교사는 과거의 위대한 고전과 교실에서 만나는 텅 빈 머리들 사이에 중재자로서 작용한다.[3]

기독교적 가르침을 설명하려면 우리는 그 기저를 이루는 세계관을 명료하게 인식해야 하며, 그 다음에는 가르침에 대한 정의가 우리의 교육 철학과 일치하는지를 점검해야 할 필요가 있다. 진정한 기독교 세계관을 엄 선생님의 항존주의 입장과 대조해 보라. 성경적 관점은 고전적 지혜가 넘치는 불변하는 세계라는 관념으로부터 시작하지 않는다. 그와 반대로, 말씀과 성령의 조망을 받아, 역동적이며 놀랄 만큼 복잡한 하나님의 선한 창조 세계에 대한 관점과 더불어 시작한다. 하나님의 찬란하고 놀라운 작품을 배경으로, 성경은 구속을 기다리며 고통하고 신음하는 창조 세계 전체에 미친 인간의 죄에 대해서 기술하고 있다. 성경은 모든 이야기 중에서 가장 위대한 이야기, 즉 만물의 화해에 관한 이야기를 들려줌으로써 예수 그리스도의 사역을 향해 우리의 눈과 귀를 열어준다.[4] 성경은 지식이 일차적으로 인문 교양이나 과학적 탐구의 문제가 아니라, 이 세계가 무엇이고, 우리는 누구이며, 그리스도의 화목의 대리자들로서 우리가 해야 할 일이 무엇인지에 관한 심오한 이해와 관계되는 문제라는 사실을 우리에게 확신시켜 주고 있다. 우리 학생들은 엄 선생님이 우리에게 믿게 하려는 관점처럼 빈 그릇이 아니라, 독특하고 재능 있고 기여하는 바가 있는 하나님의 형상이며, 하나님 보시기에 존귀하고, 최대의 존경심을 가지고 다루어야 할 존재들이다. 그러므로 학급 활동의 목적은 단지 고전적인 지적 통찰의 전달이 아니라, 상처를 주는 이 세상 속에서 지식 있고 유능한 제자도를 갖추도록 학생들을 전인격적으로 구비시켜 주는 것이 되어야 한다.

### 가르침의 정의

간략하게 제시한 이 교육 철학을 견지하면서, 나는 가르침을 안내, 전개, 능력 부여로 구성된 다차원적인 형성적 활동으로 정의하고자 한다. 이 정의는 다차원적, 형성적 그리고 안내/전개/능력 부여라는 세 가지 핵심 개념을 포함하고 있다. 이제 이 각각의 주제를 좀더 상세하게 고찰해 보고자 한다. 처음 두 가지 개념에 대해서는 이 장에서 살펴보고, 세 번째 개념은 다음 장에서 살펴볼 것이다.

### 다차원적 활동

가르침은 매우 복잡한 활동이다. 그럼에도 불구하고 잘 검토해 보면 다양한 차원을 분간할 수 있다.[5] 이 차원들을 기능들로 생각할 수도 있다. 이들 각각의 기능은 삶의 다른 기능들과 같이 규범적인 특성을 가지고 있다. 다시 말하면, 이들 각 차원은 가르침의 활동에서 규범적인 방법으로 **나타나야** 한다. 여기서 '규범적'이란 '주님의 뜻과 초청에 따르는 것'을 의미한다. 물론, 이 각각의 경우에서 주님의 뜻이 무엇인지를 결정하는 것이 항상 쉬운 일은 아니다. 이와 같은 결정은 계속적인 기도와 성령과의 긴밀한 동행, 그리고 많은 공동체적 성찰과 논의를 필요로 한다.

가르치는 행위의 각 기능이 규범적 특성을 나타내야 하는 것과 같이, 그 각 기능이 반(反)규범적, 불순종적, 왜곡된 방법으로 표현될 수 있는 가능성도 얼마든지 있다. 학급에서 이런 왜곡을 목격할 때 당신은 직관적으로 무엇인가 잘못되었다는 것을 느끼게 된다. 이런 '반규범성'(anti-normativity)은 주님의 의도에 합당하지 않으며, 하나님이 창조 세계를 설계하신 방법과 우리로 하여금 살아가도록 초청하시는 방법에 대한 올바른 반응이 아니라는 사실을 당신은 느끼게 된다.

그러나 이런 추상적인 고찰은 이 정도로 충분하다! 이제 이들 각 기능들이 매일의 교실 현장에서 나타나는 상황을 고찰하면서 규범적인 표현과 반 규범적인 표현을 모두 확인해 보도록 하자.

신앙

모든 가르침은 교사가 믿고 있는 바가 무엇인지 메시지를 전달한다. 실제로 이 측면은 방향 설정 기능으로 간주할 수 있다. 가르침의 종교적 특성을 논할 때 살펴본 바와 같이, 신앙은 삶에 질서를 부여하고, 삶을 영위하는 방법을 결정한다. 우리의 신앙은 우리 마음이 헌신하고 있는 바를 직접적으로 표현해 준다. 마음에 살아 있는 것이 삶의 모든 활동에서 표현되어 나오게 된다. 고대의 현자가 갈파한 바와 같이, "마음에서부터 삶의 모든 것이 나온다."⁶ 그렇다면 신앙이 어떻게 우리를 규범적인 방법으로 인도해야 하는가? 우리 모두 이에 대한 답을 잘 알고 있다. 우리는 만왕의 왕이며 만주의 주가 되시는 하나님께 헌신해야 한다. 이것은 가르치는 활동의 모든 부분에서 그리스도의 주되심을 **인정할** 뿐만 아니라, 학급 활동 전체를 하나님의 뜻에 **맞추도록** 진지하게 노력해야 함을 의미한다. 하나님과 세계와 인간에 대해서 우리가 **믿는** 것은 교육과정과 교수 방법을 결정하는 우리의 모습을 다듬어 갈 것이다.

가르침의 신앙적 차원이 반 규범적 방향을 취하기는 아주 쉽다. 예를 들면, 최 선생님의 이원론적이고 '단순한 가르침'의 접근에 대해서 생각해 보자. 고전적 지혜의 확고한 가치에 대한 엄 선생님의 신앙을 생각해 보자. 아니면 손 선생님과 같이, 가르치는 활동에 대한 사실상 세속적 접근 방법을 취할 수도 있다.

신뢰

기독교적 가르침은 학급에서 신뢰 관계의 배양을 요구한다. 학생들은 자신들이 신뢰하지 않는 교사들로부터 잘 배우려 하지 않을 것이다. 신뢰 관계의 형성과 유지는 가르침의 신뢰 차원에 대한 규범적 반응이다. 신뢰 관계는 학생과 교사, 학생과 학생, 학생과 교장, 그리고 이 모든 구성원과 하나님 사이에 반드시 존재해야 한다. 신뢰는 우리가 서로 실패하게 만들거나 저버리지 않을 것이라는 확신을 의미한다. 신뢰는 우리의 문제와 어려움을 확신 가운데 서로 나눌 수 있음을 의미한다.

불행하게도, 어떤 학급에서는 가르침의 신뢰 차원이 반 규범적으로 표현된다. 우리는 때때로 학생들이 교사를 신뢰하지 않는 상황에 직면하기도 하는데, 이 때 학생들은 교사를 '자기들을 곤란하게 만들려고' 애쓰는 존재로 생각한다. 너무나도 빈번하게 학생들은 서로 신뢰하지 않는다. 때로는 학급 전체가 불신과 의심의 분위기를 노출하여, 결국에는 심각한 훈육 문제를 야기하기도 한다. 가혹한 훈육은 이런 문제들을 억누를 수도 있지만, 그런 방법은 본질상 불건전하고 비기독교적인 상황의 반 규범성을 강화할 뿐이다.

공정성

고등학생들에게 최고의 교사와 최악의 교사의 특성을 열거해 보라고 했을 때, 공정성 개념이 곧 토론 대상이 되었다. 가르침의 공정성 차원은 당신이 학생들을 모든 점에서 공정하게 대할 때 규범적인 방법으로 나타난다. 다시 말해서, 당신은 과제 부과, 학생 활동 평가, 훈육 시행에 공정해야 한다. 학생들은 일반적으로 공정성 문제에 매우 민감하다. 교사가 편애하거나 일관성이 없을 때 학생들은 이를 재빨리 감지한다.

공정성은 반드시 교사가 모든 학생들에게 동일한 정도의 관심을 보여 주어야 한다는 의미는 아니다. 그렇게 하는 것이 공정하게 보일 수도 있으나 실제로는 매우 불공정하다. 어떤 학생들은 다른 학생들보다 더 많은 관심을 필요로 한다. 공정성은 수학 공식에 의해 결정될 수 있는 것이 아니다. 참된 공의는 언제나 자비에 의해서, 그리고 학생들의 필요에 대한 예민한 민감성에 의해서 조율된다.

### 창의성과 상상력

가르침은 예술인가 아니면 과학인가? 이 문제는 오랜 논란의 역사를 가지고 있는 또 다른 문제다.[7] 다소 개략적이기는 하지만 이 논의는 앞에서 고찰한 기예로서의 가르침에 대한 논의와 결부시킬 수 있다. 어떤 점에서, 가르침의 과학적 특성은 보편적인 기예적 측면과 결부될 수 있고, 예술적 측면은 교사가 자신의 활동을 통해 보여 주는 개인적 취향에서 특별히 나타난다.

가르침은 쾌활하며 상상력이 풍부한 정신을 반영해야 한다.[8] 수업은 창의적으로 설계되어야 한다. 교실 환경 자체가 학습을 유도하는 미학적 즐거움과 동기 유발의 특성을 보여 주어야 한다. 일반적으로 초등학교 교사들이 중등학교 교사들보다 교실 환경에 더 많은 관심을 기울인다는 사실이 흥미롭다. 상이한 교과 영역들도 교사의 미학적 상상력에 상이한 영향을 미치는 것처럼 보인다. 냉담하고 무감각한 과학 기술을 반영하기라도 하듯이 메마르고 황량해 보이는 컴퓨터 교실이 있는가 하면, 과학 기술은 살아 숨쉬는 창조 세계와 결코 유리될 수 없다는 사실을 학생들에게 상기시켜 주기 위해서 교실 한 구석에 녹색 식물과 수족관으로 장식해 놓은 컴퓨터 교실도 있다.

우리 가르침이 활기 없고 황량하거나 기계적이 될 때, 우리는 상상력이 풍부한 교사가 되도록 부르시는 소명에 반 규범적으로 반응하고 있는 것이다. 마찬가지로, 우리가 교실 환경을 무시할 때, 우리는 가르치는 과업의 미학적 차원에 공의를 행하지 못하고 있는 것이다.

보조 맞추기

가르침의 보조 맞추기(pacing) 기능은 시간과 자원에 대한 선한 청지기 의식과, 이와 대조되는 낭비 문제에 초점을 맞춘다. 당신은 수업을 효율적으로 진행하는가, 아니면 귀중한 시간을 낭비하고 있는가? 당신은 학생들이 최선의 활동을 할 수 있도록 충분한 시간을 제공해 주는가, 아니면 '교과 내용을 전부 가르칠' 시간이 부족할까 걱정하면서 학생들을 재촉하며 여하간 그들을 무시하고 있지는 않는가?

가르침의 보조 맞추기 차원은 우리로 하여금 심각한 어려움에 직면하게 할 수 있다. 예컨대, 대부분의 교사들은 한꺼번에 너무 많은 학생들을 책임지고 있다. 한 학급에 30명 이상의 학생들을 마주하게 되면 교사는 결국 중간 정도의 능력 수준에 맞추어 가르칠 수밖에 없다고 생각한다. 따라서 우수한 학생들은 지루해서 수업에 무관심하게 되고, 성취도가 낮은 학생들도 동시에 놓쳐 버리게 된다. 제16장에서 살펴보겠지만, 이런 상황에 대처할 수 있는 적절한 방법이 있다. 그러나 일반적으로 대규모 학급에서는 가르치는 과업의 청지기적 차원에 규범적으로 반응하기가 어렵다.

중요한 문제는, 교실에서 시간을 낭비한다는 것이 실제로 무엇을 의미하는가 하는 것이다. 여기에 다시, 교사의 교육 철학이 영향을 미친다. 앞에서 언급한 바 있는 '효과적 가르침' 운동은 관리자로서의 교사라는 은유를 채택하고, 따라서 교실에 기업과 같은 성격을 부여한다. 이런 철학에 의하면 교사는 수업 시작 시간에 즉시 가르치기 시작해서 수업이 마치는 마지막 순간까지 가르쳐야 한다. 학생들은 허튼 행동을 하지 않고 교과서를 즉각 꺼내어 자신들의 활동을 사무적으로 재빠르게 수행한다. 이런 접근 방법에서는 '과업 시간 계획표'가 최우선이다. 과업을 벗어난 행동은 심각한 죄로 간주된다.

그리스도인 교사로서 우리는 이런 접근 방법에 대해 큰 의구심을 가져야 한다. 학급은 사업 조직이 아니다. 많은 학생들은 학습하기 위해서 여유 있고 재촉하지 않는 환경을 요구하는 학습 방식을 가지고 있다. 그럼으로 '과업 시간 계획표'는 이런 학생들에게는 최악의 상황이 될 수 있고, 심지어는 교사에게서 받을 수 있는 가장 불공정한 대우가 될 수도 있다. 가르침은 "공간을 제공해 주는 것"이라고 주장하는 파커 팔머는 교사가 상당한 정도의 침묵 시간을 학급에 도입할 것을 제안한다. 아무것도 하지 않는 이런 침묵은 때때로 가장 생산적인 수업 진행 방식이 될 수도 있다.

훌륭하고 규범적인 보조 맞추기는 많은 경험 그리고 학생들의 필요에 대한 민감성을 요구한다. 여기에는 그 어떤 엄격하고 신속한 규율도 적용되지 않는다.

### 사회적 관계

교실 활동의 사회적 관계 측면은 교실에서 공동체를 조성하는 데 필요한 기초석 하나를 제공해 주기 때문에 매우 중요하다. 공동체에 대해서는 나중에 살펴보게 될 텐데, 그 의미가 광범하고 풍부한 개념이다. 현재의 맥락에서는 공동체의 의미를 인간 상호 관계에 제한하고자 한다.

가르침의 사회적 차원에 대한 규범적인 반응은 학생들로 하여금 상호 연합하고, 친밀한 우정 관계를 확립하고, 일반적으로 다른 학생들과 더불어 도움이 되고, 긍정적이며, 격려하는 방법으로 상호 관계를 맺도록 장려하는 활동으로 이루어진다. 학생들이 상호 배타적이며 도당과 당파를 형성하기 시작할 때는 문제가 나타난다. 학생들의 삶에 중요한 역할을 하는 부정적인 또래의 압력에 대해서는 교사가 특별한 관심을 가져야 한다. 그리스도인 교사는 아동 및 청소년 심리학에 충분한 지식을 갖고, 학급에서 작용하고 있는 사회적 역학 관계를 잘 이해해야 한다. 교사는 부정적인 또래 압력을 긍정적인 인간 관계로 바꿀 수 있는 능력의 확대를 목표로 삼아야 한다. 어떤 교사는 다음과 같은 이야기를 들려주었다. "여섯 살 된 한 소년이 최근 내게, 누군가를 향해서 엄지와 검지를 'L' 모양으로 만들면 그것은 그 사람이 패자(Loser)라고 말하는 것이라고 가르쳐 주었어요. 그래서 나는 이 황금 같은 기회를 이용해서, 창조주 하나님의 형상으로 지음받은 모든 인간의 가치에 대해서 생각해 보도록 도전을 주고, 긍정적인 인간 관계를 맺도록 격려해 주었답니다."

의사 소통

가르치는 활동은 대부분 언어를 사용한다. 그러므로 교사가 분명하고 정확한 용어를 사용해야 한다는 점에 대해서는 상기시킬 필요가 없다. 모든 사회 활동에서와 마찬가지로 의사 소통이 단절되면 관계도 단절된다. 모호함과 막연함은 피해야 한다.

교사가 분명하고 정확하며, 문법적으로 올바르고 문체상으로 용인되는 언어를 사용하는 것은 학생들에게 좋은 본이 된다. 교사가 칠판에 맞춤법을 잘못 쓰거나 적절한 어법을 무시하면 학생들은 자신들도 그런 엉성한, 심지어 잘못된 언어까지도 사용할 수 있다고 믿게 된다. 교사는 또한 말은 힘과 함축적 의미를 갖고 있다는 사실을 학생들에게 모범으로 보여 주어야 한다. 예를 들면, 양성(兩性)을 모두 포함하는 단어를 사용함으로써 교사는 학생들에게 남성과 여성을 모두 **존중**하고 **고려**하고 있다는 의미를 전달해 주게 된다. 오늘날 언어를 잘 사용하는 일은 많은 도전을 받고 있다. 그러므로 가르침의 의사 소통 차원을 진지하게 생각하는 것이 중요하다.

### 계획과 평가

이 주제는 단원과 수업의 주의 깊은 계획, 학습 활동의 조직적인 계열화, 교실에서 이루어지는 명료한 사고 개진 등에서 나타난다. '즉흥적'이며 명료하지 못한 분석은 그리스도인 교사의 효율성을 저해한다.

물론, 당신이 교실에서 행하는 모든 것을 항상 미리 주의 깊게 계획해야 하는 것은 아니다. 이런 전제는 기술주의의 방향으로 교사를 인도하며, 과학과 기술이 우리 삶을 규율하는 열쇠라는 신념을 조장하는 접근 방법이다. 앞서 언급한 '효과적 가르침' 운동의 대부분이 이런 전제에 기초해 있다. 가르침이 자발성의 여지 없이 단지 기술적인 노하우로 축소되면 기독교적 가르침의 완전하고 풍요한 의미를 훼손하게 된다. 그러나 융통성은 결코 엉성한 계획에 대한 변명이 될 수 없다. 교사는 자신이 가르치는 각 과목에 맞는 최선의 교수 방법을 선택하는 데 시간과 정력을 투자해야 할 필요가 있다. 그리고 자신의 가르침을 성찰하는 시간을 갖는 데 소홀해서는 안 된다. 하루 일과를 마치면서 어떤 점이 좋았으며 어떤 점이 개선되어야 할지 간단하게라도 기록하는 것이 좋다. 무엇보다도, 지식과 능력을 겸비한 제자도의 목적을 위해서 당신이 어느 정도 노력했는지에 대해 성찰하는 시간을 가져야 한다.

### 감정

플라톤적인 주지주의 전통으로 말미암아 감정과 정서는 흔히 교실에서 억제되고 있다. 그러나 감정을 표현하도록 격려하기를 주저해서는 안 된다. 교실에서는 기뻐할 때가 있고, 슬퍼할 때가 있으며, 정당하게 분노해야 할 때가 있다. 이와 같은 감정 표현은 주의 깊게 함양되어야 한다. 하나님은 인간을 감정적인 존재로 창조하셨다. 그러므로 이런 측면에 관심이 없거나, 심지어 감정이 존재하지 않는 것처럼 행동하는 것은 하나님에 대한 모독이다. 교사가 스스로 자신의 감정을 다스리는 방법을 현명하게 보여 준다면 이 차원에서 효과적인 본보기가 될 수 있다.

정서적 차원은 교사가 학생들에게 보여 주는 민감성에서 규범적으로, 아니면 반 규범적으로 나타난다. 냉담하며 가혹한 태도, 또는 경박하거나 방종한 태도는 그 어느 것도 기독교적인 학급에서 허용될 여지가 없다.

교사의 감정이 그의 가르침에 영향을 준다는 사실을 인식하면 정서적 차원의 중요성을 깨닫게 된다. 가르치는 일만큼 감정이 심각하게 영향을 끼치는 직업도 아마 없을 것이다. 이런 이유로 인해서 교사는 정서적으로나 신체적으로 건강해야 한다. 그렇지 못하면 학생들이 고통받게 될 것이다. 직원, 교장, 교사, 부모들은 모두 한 공동체로서 어려울 때 서로 격려하고 지지해 줄 수 있다.

몇 가지 다른 측면들

생동감과 열정 역시 교사의 관심을 요구하는 자질들이다. 교실은 무미 건조하고 생기 없는 좁은 우리가 아니라, 활기가 넘치는 장소가 되어야 한다. 학생들이 수업이 지루하다고 불평하면, 그런 비판을 무지하고 무책임한 허튼소리로 치부해서는 안 된다. 오히려 다음과 같이 진지하게 자문해 보아야 한다. 내 가르침은 '생기'가 있는가? 나는 최선을 다해 역동적이며, 열성적으로, 생동감 있게 교과 내용을 제시하고 있는가? 물론, 날마다 그리고 하루 종일 활기차고 열정적으로 최선을 다하기를 기대할 수는 없을 것이다. 삶이란 그런 것이 아니다.

그러나 생동감과 열정은 계발할 수 있는 자질이라고 나는 확신한다.

마지막으로, 가르침의 '상황적 차원'에 대해서 생각해 보고자 한다. 이것은 단순히 가르침이 일어나는 장소, 즉 적절한 환경이나 적절한 시설뿐만 아니라, 적절한 교육 과정과 제도적인 상황까지도 의미한다. 기독교적 가르침은 적합한 교육 과정, 지지해 주는 동료, 학교의 비전을 공유하는 후원 집단을 필요로 한다. 이 같은 맥락은 저절로 생겨나는 것이 아니라, 효율적이며 기도를 많이 하는 지도력을 통해서 주의 깊게 양육되어야 하는 것이다.

### 형성적

가르침에 대한 정의의 두 번째 핵심적 구성 요소는 '형성적'(formative)이라는 개념이다.[10] 가르침을 우리가 할 수 있는 다른 다차원적 활동, 예를 들면 기도, 그림 그리기, 사업 경영, 구기 운동 등과 구별시켜 주는 어떤 본질적 특징을 확인할 수 있는가?

'형성적'이라는 용어 사용은 교사는 토기장이이고 학생들은 진흙이라는 생각을 하게 한다. 왜냐하면 흔히 교사는 학생을 '형성하고', '주조하며', '모양을 만든다'고 생각하기 때문이다. 그러나 이런 은유는 너무 강한 느낌을 준다. 왜냐하면 실제로 우리는 다른 사람을 형성하거나 주조할 수 없기 때문이다. 오직 말씀과 성령만이 이 일을 할 수 있다. 자신은 심고 아볼로는 물을 주지만 자라게 하시는 이는 하나님이시라는 바울의 가르침을 생각해 보라.[11] 따라서 '형성적'이라는 용어는 '형성하는 활동'(forming)을 의미하는 것이 아니라 단지 '형성시키는 영향력을 행사하는 것'을 의미한다. 그것은 변화와 발달을 가져오도록 의도된 행동을 암시한다. '형성적' 차원은 온갖 종류의 인간 활동의 한 차원이기는 하지만, 가르침에서는 중추적인 역할을 감당한다. 그것은 우리가 가르침을 통해서 성취하고자 하는 본질적 변화, 즉 학습을 가리킨다.

형성적이라는 개념은 가르침의 목적과 관련시키지 않고 동떨어져 이해할 수 없다. 교육의 목적을 어떻게 설정하든지 간에 교육 목적은 우리가 말하고 있는 형성의 종류를 결정할 것이다. 나는 기독교적 가르침의 목적은 지식과 능력을 겸비한 제자도를 위해 학생을 구비시키는 것이라고 주장해 왔다. 따라서, 이런 의미에서 형성적이라는 개념은 학생들이 제자도를 향해 가도록 영향력을 행사하는 것을 의미한다.

그렇다고 해서 '형성적인' 활동은 미리 정해진 목표로 인도한다고 말하려는 것은 아니다. 학생들을 조작할 수 있고, 학생은 교사의 기술적 전문성에 종속되는 대상일 뿐이라는 생각을 버려야 한다. 우리의 '형성적' 측면은 학생들이 하나님의 뜻에 따라 자기를 지도할 수 있도록 구비시켜 주는 활동이 되어야 한다.

가르침의 형성적 특성은 그리스도인 교사가 교실에 들어갈 때마다 져야 하는 엄숙한 책임을 다시 한 번 보여 준다. 가르침은 결코 단순한 재미나 놀이일 수 없으며, 재미있는 이야기를 들려주거나 다양한 기술을 훈련시키는 행위이기만 한 것도 아니다. 물론 이것들도 확실히 정당하게 가르치는 방법들이다. 그러나 명심해야 할 사실은, 가르침의 모든 형태는 필연적으로 학생들에게 어떤 형성적인 영향력을 행사하게 된다는 사실이다. 그렇다면 가장 중요하고 진지한 질문은 **"어떤 종류의 형성적 영향인가?"** 하는 것이다.

형성적 활동은 가르침의 세 번째 구성 요소인 안내, 전개, 능력 부여의 기능에서 드러난다. 이제 이런 문제들을 살펴보기로 하자.

The Craft of Christian Teaching ▶▶ 8

# 기독 교적 가르침
: 이미지 다듬기

정 선생: 우리 학교에 성경 담당 선생님이 한 분 더 오신다는 이야기를 들었는데 아주 잘 된 일인 것 같아요!

홍 선생: 정말이에요? 드디어 오시는군요! 이제 성경 공부를 제대로 감당할 수 있겠군요. 그런데, 정 선생님은 성경 선생님을 한 분 더 모시는 것이 왜 좋은 일이라고 생각하세요?

정 선생: 교장 선생님이 우리 모두에게 학생들을 그리스도의 사랑스런 작은 제자로 변화시키라고 항상 잔소리를 하시잖아요. 그런데 저는 제 과목의 교재를 준비하고 가르치는 데도 시간이 모자랄 지경이거든요. 성경 선생님이 한 분 더 오시면 제자 삼는 부담을 좀 덜어 줄 수 있을 것 같아서요!

홍 선생: 그렇게 말씀하실 줄 알았어요.

## 또다시 은유

앞장에서는 가르침을 '동반 여행'으로 묘사하였다. 그리고 이 은유에서 비롯되는 세 가지 핵심 주제에 대해서 고찰했다. 첫째는 안내나 인도, 방향 설정의 기능이며, 둘째는 넓거나 협착한 도로, 또는 우회 도로 등과 같이 '우리가 여행하는 길'이다. 셋째는 우리가 도착하기 원하는 장소인 종착점이다. 이제 교실에 있는 자신의 모습을 그려 보자. 자신을 안내자로 볼 수 있는가? 다시 말하면, 당신이 교실에 들어갈 때마다 학생들은 어떤 일정한 방향으로 향하도록 격려받게 될 것이라는 사실을 당신은 의식적으로 인식하고 있는가? 당신은 어떤 방향을 선택했으며, 어떤 방법으로 학생들을 그 곳까지 인도하려고 하는가? 당신은 어떤 길을 따라갈 것인가? 여행길에서 학생들에게 무엇을 보여 주기를 원하는가? 학기가 끝나는 시점에서 당신은 학생들이 어느 지점에 있기를 바라는가?

나는 당신이 교육 과정이라는 영역을 통해서 학생들을 인도하고, 이들이 주님이 원하시는 종류의 사람이 될 수 있도록 하는 안내자로 자신을 볼 것을 제안한다. 이 세 가지 주제는 안내, 전개, 능력 부여라는 개념들로 표현할 수 있다.

**안내**

당신은 교실에서 교수-학습 과정을 안내한다. 나는 '인도'(leading)

보다 '안내'(guiding)라는 용어를 선호한다. 그 이유는 '안내'라는 용어는 교사가 학생들에게 함양시켜 줄 필요가 있는 자질인 자기 지도(self-directedness)와 책임성을 더 많이 허용해 주기 때문이다. '인도'는 '코를 꿰어 황소를 인도하는 이미지', 즉 소에게는 전혀 선택의 여지를 주지 않고 소는 줄곧 저항하면서 코로 땅을 파고 있는 상황을 더 많이 상기시킨다. '인도'는 '저 길이 아니라 이 길, 저 쪽이 아니라 이 쪽이라고 주의를 환기시키는 활동'으로 묘사할 수 있다. 이것은 부드럽게 어떤 방향을 강요하거나, 동행을 부추기는 초청 양쪽 모두를 포함하고 있다.

그러므로 안내는 가르침의 방향 설정 측면으로 이해할 수 있다. 이 측면은 학생들에게 지식과 능력을 겸비한 제자도를 위한 구비라는 높은 목적을 가리키며 그 종착점을 향해 함께 가도록 촉구한다. 교실에서 이루어지는 이 안내는 다음과 같은 방법들을 통해 일어난다.

### 모델링

모범을 설정하는 모델링(modeling)은 안내의 매우 중요한 한 기능이다. 교사가 어떤 특정한 삶의 방식과 행동을 모범으로 보여 줄 때 그것은 실제로 "내 모범을 따르고, 내가 걷고 있는 길을 걸으라"고 말하는 것이다. 많은 연구들은 이 같은 모델링이 얼마나 효과적인지를 보여 준다.[1] 모델링은 흔히 교사가 학생에게 미치는 가장 중요한 형성적 영향이기도 하다.

내가 인도하는 여름 교사 연수회에서, 나는 종종 참석자들에게 교사로서 자신의 성공담(또는 실패담)을 작성해 보도록 권한다. 교사들은 이런 이야기들을 서로 나눌 수도 있고, 혼자만 간직할 수도 있다. 이런 과정에서 나는 종종 모델링의 긍정적인 효과가 성공담의 한 주제로 등장하는 것을 보고 놀라곤 한다. 브리티시 컬럼비아 주의 한 고등학교 교사는 학대받고 범죄 생활로 빠져들던 한 소년에 관한 흥미 있는 이야기를 들려주었다. 이 소년에게 전환점이 있었는데, 그것은 그가 자기 선생님에게 "나도 선생님과 같이 되고 싶어요!"라고 말했을 때였다. 그 뒷이야기는 사람들이 예상할 수 있는 대로였다. 많은 교사들도 아마 너무 겸손해서 이야기를 하지 않을 뿐이지, 모두 이와 비슷한 경험들을 회상할 수 있을 것이다. 모델링은 학생들을 올바른 방향으로 향하게 하는 온유하면서도 강력한 방법이다.

그렇다면 무엇이 본이 되어야 하는가? 그것은 물론 기독교적 삶의 방식, 특히 바울이 갈라디아서 5장에서 기술하는 성령의 열매들이다. 사랑, 희락, 화평, 오래 참음, 자비, 양선, 충성, 온유, 절제는 모두 학급에서 실천해야 할 덕목이다. 동시에, 우리는 자신의 삶 속에서 죄와 더불어 투쟁하고 있는 불완전한 인간임을 인식하고 있다. 우리는 이러한 현실 역시 본을 보여 주어야 한다. 학생들은 교사도 깨지기 쉬운 연약한 자들임을 이해해야 한다. 학생들은 교사가 실패감과 무능하다는 느낌을 어떻게 수습하는지를 보아야 할 필요가 있다. 따라서 교사는 학생들과 함께 기쁨과 고통을 공유할 수 있는 교실 분위기를 창출하는 데 주저해서는 안 된다. 때때로 교사들은 균형잡히고 스스로를 잘 통제하는 전문가로 보이기를 원한다. 그러나 이런 시도는 대부분의 학생들이 쉽게 꿰뚫어보는 허구를 드러내는 것에 불과하다. 이런 시도는 오히려 교사와 학생들 사이에 불건전한 거리감을 만들어 내며, 진정한 기독교적 가르침을 방해한다.

모델링은 공립 학교의 그리스도인 교사들에게 특별히 중요한 역할을 하는 안내의 한 유형이다. 때로 모델링은, 공립 학교 교실에서 법적으로 허용되어 있는 기독교적 가르침의 유일한 표현이기도 하다.

### 동기 유발

교생들을 위한 세미나에서 나는 그들이 가르치면서 직면하는 문제들이 무엇인지를 물어본다. 학생들의 '동기 결여'의 문제가 항상 고려해야 할 중요한 문제로 등장한다. 그 다음에 우리는 학생들의 동기 유발을 방해하는 요인은 무엇이며, 이들의 동기를 유발할 수 있는 전략은 무엇인지를 검토하는 데 시간을 보낸다. 물론 이런 문제들은 교육 심리학에서 다루는 중요한 문제들이지만 안내의 한 기능으로서 동기 문제를 바라보는 것도 도움이 된다. 학생들을 올바른 방향으로 안내하기 위해서는 동기 유발이 필요하다. 당신이 원하는 곳으로 가기 원치 않는 사람을 안내한다는 것은 어려운 일이다. 그러므로 학생의 동기를 유발하는 것이 무엇인지를 연구하는 것은 중요하다.

동기 유발을 안내의 한 형태로 보는 이유가 여기에 있다. 학생의 동기를 유발하면 그것은 곧 우리가 그를 계속해서 안내할 수 있는 어떤 궤도에 올려놓는다는 것을 의미한다. 그러므로 동기 유발은 올바른 길로 들어서는 최초의 단계라고 말할 수 있다.

교사 교육 과정에서 가르치는 몇 가지 방법들은 특히 중요하다. '예기 장면'(anticipatory set)과 '초점 사건'(focusing event)은 정기적으로 검토해 보아야 할 용어들이다. 교사가 하루를 어떻게 시작하고, 또 수업을 어떻게 시작하느냐 하는 것은 그 하루가 어떻게 진행되는지와 밀접한 관계가 있다. 학기 첫 수업의 시작이 그 학기의 나머지 모든 수업에서 학생들을 어느 정도나 안내할 수 있을지 결정하는 경우도 있을 수 있다.

### 훈육

여기서 그리스도인 교사가 학급에서 행해야 하는 훈육의 종류에 관해서 길게 논의할 수는 없다. 훈육에 사용할 수 있는 여러 가지 방법들은 일반적으로 교육 심리학이 검토하고 평가한다. 그러므로 여기서는 단지, 훈육은 비행을 교정하기보다는 가능하면 예방하는 활동이 되어야 하며, 학생을 징계하기보다는 회복시켜 주는 활동이 되어야 한다는 점을 상기시켜 주는 것으로 충분하다.

훈육 시행을 안내의 한 기능으로 보는 것은 도움이 된다. 훈육은 언제나 "나는 네가 저 길이 아니라 이 길로 가기 원한다"는 방식으로 주의를 환기시키는 활동이 되어야 한다. 훈육 방책이 학생들로 하여금 제자도의 궁극적인 목적지를 향하도록 방향을 재조정하는 데 실패한다면 그것은 잘못된 것이다. 그러므로 교사는 상황에 대한 공정한 평가를 바탕으로 관련된 학생의 필요에 최대한 민감성을 가지고 기도하면서 훈육 방책을 주의 깊게 결정할 수 있도록 해야 한다.

훈육 시행과 모델링 간의 연관성을 간과해서는 안 된다. 교사의 훈육 방식은 엄청난 의미를 갖고 있다. 분노에 찬 말, 비꿈, 부당한 징계 그리고 학생에게 '보복'하거나 '대갚음'하려는 시도들은 역효과를 초래한다. 이런 행동들은 학생들에게 흥분하는 것쯤이야 괜찮다고 가르쳐 주는 것과 같다. 모델링 문제는 교사에게 체벌을 허용해야 하는지 하지 말아야 하는지에 관한 논의에 중요한 역할을 한다. 학생들이 교사의 체벌 행동을 모방하고픈 유혹을 받아 갈등 상황에서 폭력이 용인될 수 있다고 믿을 수도 있다.

### 경건 활동

학급의 경건 활동은 하루 일과에 고정적으로 따라오는 활동에 불과한 경우가 너무나 많다. 경건 활동은 판에 박히고 아무 의미도 없는 경향이 있다. 학교 생활의 하루를 경건 활동으로 시작하는 것이 무슨 효과가 있느냐고 불평하는 교사와 학생들도 많이 있다. 우리가 할 수 있는 일이 무엇인가? 우리들 대부분이 믿는 바와 같이 경건 활동이 중요하다면, 우리는 이것을 올바로 시행하기 위해서 더 많은 주의를 기울여야 한다. 여름철에 일단의 창의적인 교사들이 팀을 형성해서 경건 활동의 전략을 새롭게 할 수 있는 방안을 찾아보는 것도 좋은 방법이다.

무엇보다도, 나는 경건 활동을 안내의 최적 활동으로 생각할 수 있다고 제안한다. 경건 활동은 주의를 환기시키는 활동이다. 경건 활동은 하루 전체의 분위기와 방향을 설정하도록 고안되어야 한다. 하루를 마무리하면서 경건 활동을 갖는 기회가 있다면, 모든 안내 활동에서 본질적인 한 가지 중요한 질문을 성찰해 보는 것이 도움이 될 것이다. 오늘 우리는 올바른 방향으로 향하고 있었는가? 비록 우회 도로에 있는 것처럼 보인다 할지라도 여전히 올바른 길에 있다고 볼 수 있는가?

경건 활동이 안내 기능을 효과적으로 발휘하기 위해서는 추상적이거나 분리된 활동이 되어서는 안 된다. 경건 활동은 학생들의 생활과 활동에 구체적으로 연결되어야 한다. 교육 과정과의 연관성 역시 경건 활동을 계획하는 데 고려해야 할 중요한 기준이 되어야 한다. 경건 활동으로부터 정규 학습 활동으로 나아가는 원활하고 자연스러운 이행이 있어야 한다. 내가 알고 있는 어느 4학년 담임은, 학생들에게 예수님이 귀머거리라고 가정해 보도록 하는 경건 활동을 통해 감각 기관에 관한 단원을 소개하였다. 예수님이 잘 듣지 못하신다면 우리가 그분을 사랑한다는 사실을 어떻게 보여 줄 수 있는가? 학생들은 무릎을 꿇고, 두 손을 올리고, 손짓으로 부르는 모습을 취하는 방법을 제안했다. 어떤 아동은 하나님의 고막을 뚫고 소리가 들릴 수 있도록 학급 전체가 '진짜 큰 소리'로 외치자고 제안하기도 했다. 경건 활동을 교육 과정에 연결하는 것이 항상 이와 같이 복잡하고 극적이어야 하는 것은 아니다. 이웃에 관한 단원에서 교사는 선한 사마리아인의 이야기를 간략하게 이용할 수도 있다.

### 격려

사도 바울은 초대교회의 성도들에게 서로 격려하라고 자주 교훈했다. 우리 모두는 격려받아야 할 필요가 있다. 우리는 긍정적인 말을 듣지 못하면, 자신의 삶의 가치에 대해서는 아니라고 할지라도 곧장 자신의 활동 가치에 대해서 의문을 제기하기 시작한다. 교사들도 아동들이 가지고 있는 이런 욕구에 특별한 주의를 기울여야 한다. 그러므로 교사는 학생들을 격려하고 있는지 자문해 보아야 한다.

격려는 분명히 안내의 한 기능이다. 왜냐하면 격려는 주의를 환기시키는 한 형태이기 때문이다. 그것은 아동들이 올바른 길에 서 있다는 사실을 인정해 준다. 학생을 격려할 때 나는 본질상 다음과 같이 말하고 있는 것이다. "너는 올바른 길에 서 있는 거야! 그 방향으로 계속 나아가렴!" 이런 격려는 두 가지 상황의 유형으로 베풀 수 있다. 과제를 성취했을 때 ("한나야, 정말 생각이 깊은 대답이로구나!")와 과제들을 수행해 갈 수 있도록 하는 격려("자, 요셉아! 넌 할 수 있단다!")가 그것이다.

격려가 효과를 내기 위해서는 반드시 진실되고 받을 만한 가치가 있어야 한다. 교사는 격려가 아무 의미가 없어지고, 나중에는 학생들이 진정한 격려를 경험하는 것이 더욱 어렵게 될 정도로 단순히 "잘 했어!" 또는 "맞아!"와 같은 표현을 상투적으로 사용하기가 쉽다. 그러므로 교사가 정확하게 무엇을 장려하고 있는지를 학생들이 알 수 있도록, 가능하면 아주 구체적으로 격려할 수 있도록 해야 한다. 예를 들면, "진호가 이야기를 잘 듣네!"라고 말하는 대신에 "진호야! 민주가 말할 때 네가 민주를 보고 있었던 것은, 민주가 말하고 있는 것에 주의를 기울이고 있다는 것을 보여 준 거야!"라고 말한다면 더 효과적이다.

### 설비화/구조화

이 용어들은 교사가 수업을 조직하고 진행하는 방법을 지칭한다. 이 주제에 대해서는 구체적인 교수 전략, 즉 학습을 위해 학급을 구조화하는 구체적인 방법을 논의할 때 다시 다루고자 한다. 지금은 우리가 구조화(structuring)를 안내의 중요한 기능으로 인식하기만 하면 된다.[2]

학습을 위해 학급을 구조화할 때, 당신은 실제로 학생들이 어떤 방향을 지향하게 하며, 이들에게 주의를 환기시키는 단계를 설정하고 있는 것이다. 그러므로 교사는 언제나 다음과 같이 자문해 보아야 한다. 학년이나 교재에 관계 없이, 내 교수 전략은 학급이—제5장에서 논의한 바 있는—궁극적인 목적과 다양한 목표 영역을 향해 나아가도록 하고 있는가? 아니면 근시안적으로 즉각적인 학습 결과만을 목적으로 삼고, 기독교적 가르침의 의미에 대한 관심과는 동떨어진 것이 아닌가?

안내자로서의 자신의 역할에 대한 인식은 기독교적 가르침에 필수불가결한 것이다. 그러므로 다양한 방법으로 이런 인식을 계발할 수 있는 시간을 만들어야 한다. 이런 인식을 상기시켜 주는 다양한 분위기를 만들어 보라. 예를 들면, 개척자들을 안내하는 나무꾼의 그림이나 다양한 방향을 가리키는 화살 그림을 사용하거나, 책상에 '안내'(GUIDE)라는 단어를 써 놓을 수도 있을 것이다.

### 전개

전개(unfolding)는 "학생들이 아직 알지 못하거나 할 수 없는 것을 그들에게 열어 보여 주는 행위"라고 정의할 수 있다. 여행이라는 은유를 다시 사용해 보면, 전개는 통과해야 하고, 이해해야 하며, 항해해 가야 하는 영역과 관계가 있다. 이 모든 것은 지식과 기술을 필요로 한다. 요컨대, 전개는 교육 과정을 필요로 한다.

교육 과정을 전개하는 것은 마치 지도를 펼쳐 보이는 것과도 같다. 처음에 우리는 지도의 아주 작은 부분만 본다. 그러나 지도를 더 펼치면 더 많이 보게 되고, 마침내는 땅의 지형과 큰 그림을 볼 수 있게 된다. 교육 과정의 내용도 이와 마찬가지다. 초급 학년에서 아동들은 수학, 언어, 사회 과목의 아주 기본적인 요소만을 보도록 배운다. 학년을 올라가면서 이들은 더 많은 것을 본다. 교사들은 계속하여 더 넓고 종합적인 광경을 볼 수 있도록 지도를 펼쳐서 학생들로 하여금 좀더 상세하게 지각하고, 점점 더해져 가는 복잡성을 이해할 수 있도록 격려한다.

전개의 핵심적인 한 가지 구성 요소는 '드러내기'(disclosing)이다. 교사는 학생들이 그 영역을 통과해 여행해야 하는 방법을 드러내 보여 준다. 뒤에서 살펴볼 것이지만, 드러내기는 모든 활동을 교사가 하는 직접 교수(direct instruction)와 연관되는 경향이 있다. 이런 이유로 인해서, 기독교적 가르침은 교사와 학생들이 전개 활동에 공동으로 참여하는 가르침의 유형 즉, 교사와 학생 모두가 교육 과정 내용을 열어 가는 가르침의 유형을 나타낸다는 사실을 인식하는 것이 중요하다. 따라서 전개는 드러내는 활동을 포함하지만, 이런 수준을 넘어서는 활동이다.

그렇다면 무엇을 전개해야 하는가? 이런 문제 제기는 우리를 끝없는 교육 과정 논쟁의 중심으로 몰고간다. 무엇이 가르칠 만한 가치가 있는 지식인가? 무엇이 배울 만한 가치가 있는 기술인가? 이와 같은 질문에 대해서는 먼저 또 하나의 질문을 제기할 때에만 만족하게 대답할 수 있다. 학생들이 복잡한 세계 속에서 지식과 능력을 겸비한 제자로서 기능을 발휘하기 위해서는 무엇을 알아야 하며, 무엇을 할 수 있어야 하는가? 이런 질문을 앞장에서 고찰한 내용과 관련지어 말한다면, 어떤 교육 과정 내용이 기독교적 가르침의 포괄적인 목적과 다양한 목표 영역을 성취하는 데 최선의 기여를 할 것인가와 같은 질문들이다.

의심할 여지없이 학생들은 이 세계와 그 가운데 살아가는 인생을 이해하고 평가할 수 있도록 배워야 한다. 창조, 타락, 구속이라는 위대한 성경의 주제들은 확실히 지도적 역할을 감당해야 한다. 학생들은 이 세계를 향한 하나님의 설계와 의도를 깨달아야 한다. 이들은 또한 죄가 어떻게 하나님의 선한 창조 세계를 왜곡시켰는지, 어떻게 하나님 나라를 가리웠는지를 보아야 한다. 이와 같은 지식을 철저히 다지면서 학생들은 섬김의 도와 청지기직 그리고 화목자로 제자도를 실천하면서 부지런히 구속적으로 활동하는 방법을 배워야 한다.

이런 내용을 다시 한 번 강조하는 것은, 아직도 너무나 일반적으로 가르침이 사실적인 내용에 사로잡혀 있다는 사실이 부적합함을 보여 준다. 창조, 타락, 구속이라는 좀더 큰 맥락이 없는 단순한 사실들을 학습하는 것은 많은 가르침을 피상적이고 무의미하게 만든다. 관점 없는 사실을 가르치는 것은 많은 경우 시간 낭비일 뿐이다.

### 다시 관점으로

그러므로, 전개에 대해서 논할 때 우리는 교과 내용에 대한 기독교적 관점에 대해서 논한다. 많은 기독교 학교들은 이런 관점을 강조하며, 그것을 자기들 프로그램의 독특한 특징으로 간주한다. 그러나 기독교적 관점이 가르침을 완전히 기독교적으로 만든다고 보는 관점 즉, '관점주의'를 경계해야 한다. 물론 기독교적 관점을 제공하지 않고 기독교적으로 가르칠 수 있는 방법을 찾기는 어려운 일이다. 이런 동반자적 관계가 바로 공립 학교에서의 가르침을 문제거리로 만들고 있다. 창조, 타락,

구속의 관점에서 학습 내용을 공식적으로 전개하는 활동은 공립 학교에서는 법으로 금지되어 있다. 그래서 기독교적 가르침의 방법을 모델링과 여타 형태의 안내에 제한한다.

그럼에도 불구하고, 관점에 대한 가르침이 비록 필수 불가결한 요소이기는 하지만 그것으로 충분하지는 않다고 생각한다. 학생들이 올바른 관점을 표현할 수 있다고 할지라도 여전히 불순종하는 삶을 사는 것이 분명히 가능하다. 그러므로 전개는 관점을 넘어 주님을 섬기고자 하는 의지를 포함해야 한다. 이런 이유로 인해서 기독교 학교의 교사들은 학생들에게 관점을 실천할 수 있는 기회를 제공하기 위해 가능한 한 모든 방책을 강구해야 한다. 우리는 지금 또다시 주지주의라는 끈질긴 도깨비를 다루고 있다. 행함 없는 지식은 진정한 지식이 아니다. 모든 지식이 참되기 위해서는 반드시 헌신된 행동으로 이어져야 한다. 그러므로 당신의 전개 활동에 '구속적 행동 단계'(redemptive action steps)를 고안하기 위한 충분한 기회들을 포함시키도록 해야 한다. 일단 학생들이 무엇인가 잘못되어 있다는 사실을 인식하게 되면, 그 문제에 대해서 그들이 무엇을 할 작정인지 도전해야 한다.

흥미롭게도, 의미 있는 전개 활동은 아동 스스로의 '전개'로 인도해 간다. 그것은 학생들로 하여금 주님의 일을 할 수 있도록 구비된 주님의 참된 제자들로 꽃피우도록 격려한다. 바로 이 점에서 전개는 곧 고찰하게 될 기독교적 가르침의 한 측면인 능력 부여와 만나기 시작한다.

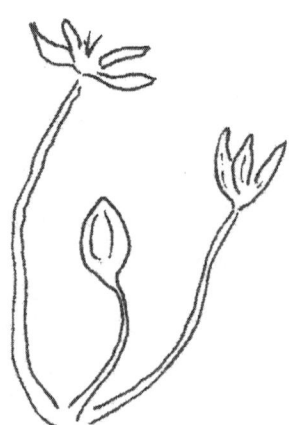

### 적절성

교육 과정 내용을 전개하는 활동은 분명

히 학습자의 적절한 발달 단계를 겨냥해야 한다. 최근 '발달상으로 적절한'(developmentally appropriate)이라는 용어가 유행하고 있다. 나는 이런 용어를 긍정적으로 평가한다. 항존주의 교육의 교과 중심 유형은 너무나 오랫동안, 교과의 모든 내용을 전달받는 아동에 관하여 질문하는 일을 소홀히 했다. 교실을 관찰해 보면, 흔히 교사가 가르치는 내용이 아동들에게 발달상으로 적절하지 않기 때문에 아동들을 놓치고 있는 교사들을 아직도 볼 수 있다.

나는 '발달상으로 적절한'이라는 용어에 '경험상으로 적절한'(experientially appropriate)이라는 개념을 추가할 것을 제안한다. 나는 종종 고등학교 학생들을 면담하는 시간을 갖는다. 방금 화학 수업을 마치고 나오던 한 학생이 기억난다. 이 학생은 자기가 배우고 있는 것에 대해서 열정과 활기가 넘쳐나고 있지 않은 것이 분명했다. 나는 그에게 "네가 이 내용을 왜 배우고 있는지에 대해서 말해 줄 수 있니?"라고 물어보았다. 그는 한숨을 쉬면서 대답했다. "솔직히 말해서 모릅니다. 아마 가르치는 선생님도 모르실 거라고 생각합니다!" "왜 우리가 이런 것을 배워야 하는데요?"라는 소리를 들어보지 못한 교사들은 아마 없을 것이다. 당신은 이런 질문에 어떻게 대답하는가?

다음의 내용은 이런 질문에 대한 일반적인 반응들이다. 당신이 주로 보이는 반응은 어떠한지 표시해 보라.

　___ 대학에 진학하기 위해 꼭 필요하단다!
　___ 이 내용은 아주 중요하기 때문이지.
　___ 언젠가는 이해하게 될 거야.
　___ 교양 있는 사람이라면 이 정도는 알아야지!
　___ 시험에 나올 것이기 때문이지!
　___ 내가 그렇게 말하면 그런 줄 알아!

__ 그런 바보 같은 질문은 하지 마라!

교사들은 교육의 적절성에 관한 질문을 너무 쉽게 생각해 버린다. 그러나 나는 "왜 내가 이것을 배워야 하는가?"라는 문제를 정말, 정말 진지하게 고려하라고 권한다. 만약 이 질문에 대답할 수 없거나 앞에서 말한 것 중 한 가지 대답을 해 왔다면 당신은 자신의 전개를 재고해야 할 필요가 있다. 내용과 기술을 펼쳐 보이는 활동은 '경험상으로 적절해야' 한다. 다시 말하면, 전개는 연관짓기(connectedness)라는 특징을 가져야 한다. 즉 교사가 가르치는 내용은 아동의 이전 경험, 현재 상황 그리고 미래 생활과 연관되어야 한다. 이러한 연관을 맺을 수 없다면 자신이 가르치는 내용의 필요성에 관해서 의문을 제기해 보아야 한다.

물론 어떤 교과 영역들은 다른 것들보다도 '연관짓기'가 더 어렵다. 문학은 모든 사람이 공통적으로 경험하는 문제들을 다루기 때문에 연관짓기가 쉬운 것처럼 보인다. 그러나 수학은 어떤가? 수학도 흔히 생각하는 것보다 훨씬 더 경험적으로 만들 수 있다. 수학 연산은 아동의 구체적인 경험과, 그들이 이미 알고 있고 또 할 수 있는 내용 그리고 특히 자신들이 배우는 내용이 생활 속에서 어떤 차이를 만들 수 있는가 하는 것과 연관지워져야 한다. 수학에서 사용하는 실물과 실생활의 구체적인 실례는 연관성을 확립하는 데 분명히 필수적인 것이다. 물론 이보다 더 큰 그림 역시 소홀히 다루어서는 안 된다. 수학은 선 혹은 악을 위한 일에 사용되는 인간 활동으로서 가르쳐야 한다. 수학은 약품 제조에도, 폭탄 제조에도 사용된다. 연관짓기는 소위 '수학 불안감'을 많이 감소시켜 줄 것이다.

### 능력 부여하기

마지막으로, 안내/전개/능력 부여의 세 번째 구성 요소를 살펴보기로 하자. 능력 부여(enabling)란 무엇인가? 이것은 본질상 "섬김의 활동을 위해 학생들을 구비시키는 것"을 의미한다. 능력 부여는 기독교적 가르침의 궁극적인 결과를 말한다.

능력 부여는 안내와 전개의 특징으로 볼 수 있다. 안내와 전개는 본질상 무능력하게 하는 것이 아니라, 할 수 있도록 능력을 부여하는 것이다. 그러므로 능력 부여는 안내와 전개에 추가되는 별개의 기능이 아니다. 능력 부여는 안내와 전개의 모든 활동 위에 계속 머물러 있어야 하는 기능이다. 계속 제기되어야 하는 질문은 이것이다. 나의 안내와 전개는 학생들에게 제자도를 위한 **능력을 부여하는가** 아니면 그들을 **무능력하게 하는가**?

여기서 능력 부여의 개념이 기독교적 가르침의 핵심적인 한 가지 구성 요소가 되어야 하는 이유를 분명하게 볼 수 있다. 가르침은 제자도를 위한 구비라는 목적 외의 다른 목적에 종종 사로잡히곤 한다. 우리의 가르침은 흔히 능력을 부여하지만, 그것은 기독교적 섬김을 위한 것이 아니다. 얼마나 많은 방법으로 우리가 자아, 돈, 성공이나 그와 유사한 것들을 섬기도록 가르치는지 생각해 보자. 이런 가르침은 성적 우수상, 불건전하고 흔히 불균형적인 경쟁, 대규모 가르침, 표준화 평가와 채점의 실제, 개인주의적 학급 등과 같은 방법을 통해 기독교적 덕목으로 위장하고 일어난다.

우리는 지금 기독교 학교의 주요 문제를 다루고 있다. 그것은 우리의 가르침이 내포하는 수많은 모순적 특성이다. 우리는 한편으로는 사랑과 온유에 대해서 설교하면서, 다른 한편으로는 "최고의 사람이 승리하기를 기원하는" 정신을 조장한다. 다른 사람들을 나보다 더 낫게 여기라고 말하면서도 자화자찬으로 인도하기 쉬운 경쟁을 조장한다. 개개의 학생들은 모두 하나님의 독특한 형상이라고 고백하면서도 우리는 계속해서 학교와 학급이 숨막히는 획일성을 갖도록 구조화한다. 능력 부여에 관해 이야기하면서도 우리는 무능력하게 만드는 실천을 계속하고 있다. 물론 이런 말들이 지나치게 가혹한 비판으로 해석될 수도 있을 것이다. 그러나 우리의 관심은 항상 "모든 것을 하나님의 영광을 위해 하기를 원한다고 말할 때 진실로 그렇게 할 작정을 하고 있는가?" 하는 데 있어야 한다.

기독교적 가르침의 능력 부여 기능을 강조하는 것은 한가하고 사치스러운 종교적 담론이 결코 아니다. 기독교적 가르침이 무엇을 의미하는가 하는 논의의 핵심에 있는 것이 바로 이 능력 부여의 단계이다. 이 구성 요소를 무시하거나 그것이 단지 입에 발린 말이 되는 경우에, 우리는 기독교적 가르침의 궁극적 목적에 모순되고, 그것을 박탈하며, 궤도를 벗어나게 하는 온갖 종류의 철학에 우리 자신을 개방하게 된다.

능력 부여는 모든 교실에서 모든 교사들의 관심사가 되어야 한다. 나는 간혹 교사들이 다음과 같이 말하는 것을 들을 때가 있다. "나는 수학을 가르치는데, 능력 부여에 투자할 시간이 없어요. 교과서를 다 끝마쳐줘야 해요. 뿐만 아니라, 학교의 종교적인 목적에 대해 일차적인 책임을 지고 있는 성경 교사와 상담 교사들도 있어요." 그러나 기독교 학교에서 이런 소리가 나와서는 안 된다. 교과 내용이나 학년 수준에 관계없이, 능력을 부여하는 방법으로 안내하고 전개하는 것은 모든 교사들의 책임이다.

능력 부여는 또한 장기적인 프로그램과 관계되는 어떤 것이 아니라 매일의 관심사가 되어야 한다. 학생들은 언젠가 먼 미래의 '현실 세계'에서가 아니라, 바로 오늘 제자들이 되어야 한다. 오늘의 교실이 현실 세계이다. 오늘이 섬김의 도를 위한 날이다. 오늘 교실에 있던 학생이 내일 그 곳에 없을지도 모른다는 사실을 명심해야 한다. 갑작스런 사고가 학생의 생명을 앗아가더라도, "나는 그의 짧은 생애 동안 매일 그에게 능력을 부여하기 위해 최선을 다했다"고 말할 수 있어야 한다.

마지막으로, 우리가 어떤 사람에게 완전하게 능력을 부여해 줄 수는 없다는 사실을 인식해야 한다. 능력 부여는 궁극적으로 성령님과 하나님의 말씀의 역사이다. 이런 이유 때문에 교사들은 능력 부여에 대해서 관심을 가질 필요가 없다고 생각하기도 한다. 물론 말을 물가에 끌고 갈 수는 있어도 억지로 물을 먹일 수는 없다. 그러나 이것이 맞는 말인가? 우리는 말로 하여금 호수 주위를 돌고 또 돌게 하여 목이 마르게 만들 수 있다고 생각한다. 교실에서도 마찬가지다. 교사는 능력 부여를 위한 분위기를 조성하기 위해 여러 가지 일을 할 수 있다. 우리는 성령으로 인도하는 교실 분위기를 창출해야 한다. 우리는 앞장에서 고찰한 바와 같이 가르침의 다양한 차원에 대한 규범적인 반응을 통해서 부분적으로 이 일을 실천할 수 있다. 공포, 긴장, 분노, 의심, 불공정이 있는 교실은 능력 부여의 장소가 될 수 없다. 이런 교실에 능력을 부여해 주는 안내와 전개의 활동은 찾아갈 수가 없다. 그 곳은 성령이 환영받지 못하는 장소다.

그러므로 능력 부여는, 하나님의 영이 교실에 임재하도록 교사가 분명하게 초청할 것을 요구한다. 교실 바깥에 다음과 같은 현수막을 붙이는 방법을 생각해 보라. "성령님, 이 교실에 오심을 환영합니다. 오셔서 능력을 부여하는 역사를 이루어 주옵소서. 우리 교실에서 당신이 원하시는 환경을 발견할 수 있기를 소망합니다." 이런 현수막은 교실에서 행하는 당신의 모든 결정과 가르침의 실제를 다시 생각해 보는 데 도움을 줄 것이다. 이것은 당신이 기독교적 가르침의 길에 서도록 해줄 것이다.

The Craft of Christian Teaching ▶▶ 9

# 어디서 가르치고 있는가?
#### 기독교적 가르침의 맥락

김 선생: 홍 선생님, 교실이 격리되어서는 안 된다는 것은 알아요. 하지만 이건 정말 너무 심해요! 오늘 오후만 해도 정확하게 말해서 무려 일곱 번이나 수업이 중단되었어요! 인터폰 메시지가 네 번이나 왔는데, 그것도 제게 오거나 우리 반 학생에게 온 것이 아니었어요. 초청도 하지 않은 사람들이 두 번이나 교실에 들어와서 어슬렁거렸고, 그 다음에는 소방 훈련이 있었어요. 얼마나 많은 시간을 낭비했는지 아시겠어요, 홍 선생님?

홍 선생: 김 선생님, 그것은 단지 교실이 우주에 떠 있는 밀폐된 별실이 아니라는 사실을 보여 주는 거예요. 하지만 불필요한 방해가 너무 많다는 점에 대해서는 저도 동의해요. 저를 괴롭히는 것은 신기하게도 어떤 것을 가르칠 만한 적절한 기회가 생겼을 때나, 아니면 은표 같은 학생들이 마음을 잡고 수업에 주의를 집중하기 시작하는 순간에 이런 방해물이 불쑥 나타난다는 거예요!

김 선생: 그렇다면, 우리가 잘 가르칠 수 있도록 교실의 사적인 권리를 어느 정도 유지하고, 또 부지중에 교실에 들어오는 방해 요소들을 막기 위해서 할 수 있는 일이 무엇일까요?

홍 선생: 글쎄요, 저희 같은 신임 교사들로서는 다음 교직원 회의 때 문제를 제기할 수 있는 정도겠지요.

## 하나의 망

안내, 전개, 능력 부여는 마치 우주 공간에 떠 있는 것과 같은 진공 상태에서 일어나지 않는다. 오히려 기독교적 가르침은 복잡하고 상호 연관된 맥락 속에서 진행된다. 교실 활동은 고립되고 독립적이며 분리된 실체가 아니라, 좀더 큰 망으로 연결된 상호 관계적인 전체이다. 어떤 종류의 망인가? 우리가 얽힌 것들을 어느 정도 풀 수 있을지 살펴보기로 하자.

## 세 개의 세계

교사로서 우리는 세 개의 세계에서 동시에 활동하고 있다. 가장 직접적으로는 교실이라는 세계가 있다. 여기에는 깔끔하게 정돈된 책상, 힘들이지 않고도 당신의 엄청난 주의와 에너지를 필요로 하는 은표 같은 아이들을 포함한 학생들, 주의 깊게 작성한 수업 계획, 칠판, 수업 기자재, 책장 등이 있다. 잠시 후 교실의 '세계'를 좀더 세밀하게 검토해 보고자 한다.

교실은 그보다 더 큰 세계인 학교 안에 존재한다. 나는 복도, 운동장, 교장실, 교무실 등이 있는 건물을 생각하고 있다. 학교라는 세계는 교실에서 하는 교사의 활동에 직접적인 영향을 준다. 예를 들면, 당신이 활동하고 있는 학교의 제도적 목적을 생각해 보라. 학교의 교육 이념은 교실에서 당신이 행하는 활동의 성격과 방향을 설정할 것이다. 뿐만 아니라 학교의 일정과 시간표, 앞의 시나리오에서 김 선생님이 불평한

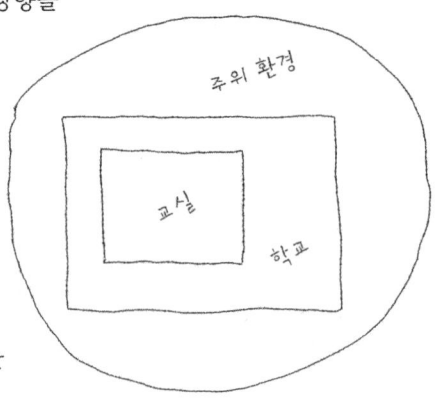

것과 같은 다양한 방해 요인이 모두 교실에 영향을 준다.

교실이라는 세계를 둘러싸고 있는 학교 세계는, 학교를 둘러싼 학교 밖 주위 환경이라는 더 큰 세계로부터 많은 영향을 받는다. 학교 밖 세계는 당신의 가르침이 행해지는 가장 넓은 맥락인 최종 환경을 구성한다. 이 세계는 학부모와 그들의 기대, 정부의 법과 규제, 텔레비전, 비디오, 대중 문화, 학생들의 행동과 학습 능력에 영향을 주는 사회적 배경 등을 포함한다. 특히 간과할 수 없는 것은 교실에 침투하여 소리 없이 교실을 압도할 채비를 갖추고 우리 사회에 잠복해 있는 수많은 철학 정신이다. 이 정신들은 가르침의 능력 부여란 측면을 소홀히 할 때 특히 매혹적이며 효과적으로 침투해 들어온다. 다음 장에서 우리는 이 악한 정신들 중에서 가장 치명적인 것을 폭로하는 데 시간을 다소 할애할 것이다.

상호 연관된 세 개의 세계 속에서 동시에 활동해야 하는 상황은 확실히 교사의 과업을 복잡하게 만든다. 학급 활동을 학교와 학교 바깥의 좀 더 큰 환경에서 일어나고 있는 것으로부터 분명하게 떼어놓을 수 없기 때문에, 교사는 단순히 학급 활동만 생각할 수가 없다. 당신은 자신의 가르침과 학교, 운동장과 주차장을 넘어 좀더 큰 바깥 세계와의 상호 작용에 대해서 생각할 필요가 있다. 그러므로 그리스도인 교사는 기독교적으로 가르치기 위한 자신의 노력에 영향을 미치는 좀더 광범위한 문제들을 감지할 수 있도록 자신의 기독교적 안테나를 조율해야 한다.

내가 엄청난 과업을 제안하고 있다는 사실을 나도 알고 있다. 당신이 곤혹감을 억누르면서 이렇게 묻는 소리가 들린다. "학급뿐 아니라 학교 밖 세상에서도 일어나고 있고, 또 일어나야 하는 일들을 검토하고 분석할 시간과 정력이 도대체 어디에 있단 말인가?" 물론, 좀더 큰 그림을 무시해 버리고 책상 앞에만 머물고 싶은 유혹이 있다. 이런 유혹을 어떻게 물리칠 수 있는가? 그 대답은 동료 교사, 교장, 이사회, 학부모들이 협력해야 한다는 것이다. 풍성한 은사와 통찰력의 축복을 받은 전체 학교 사회는 교육을 향한 하나님의 뜻을 진지하게, 열심을 다해, 기도하면서 추구해야 한다. 그렇게 하기 위해서 우리는 성경이 거듭 우리에게 가르치는 바와 같이 날마다 서로 격려해야 한다.[1]

### 학급의 구성 요소

세 개의 세계 사이의 상호 연관성은 교실 자체에 대한 집중적인 탐구를 배제한다는 의미가 물론 아니다. 보잉 747기의 날개나 동체와는 별도로 제트 엔진을 검토할 수 있는 것과 같이, 우리도 교실 내부를 들여다보면서 그 곳에서 무슨 일이 일어나고 있는지 물어볼 수 있다.

지금 내 구체적인 관심은 제도로서의 학교나 학교 밖 세계에서 일어나는 문제들이 아니다. 교사가 기독교적으로 가르쳐야 하는 장소인 교실 자체에 관심의 초점을 맞추어 보고자 한다.

교실과 그 구성원에 대해서 우리가 단순히 개관하기만 해도 여러 가지 독특한 구성 요소가 있음을 볼 수 있다. 우리는 이것을 가르침의 주체, 대상, 내용, 이유, 장소, 방법으로 규정할 수 있다. 이들 중 몇몇 요소들은 앞장에서 이미 고찰했다. 특히 가르침의 이유에 대해서는 상세하게 고찰하였으므로 여기서는 다른 요소들만 간략하게 개관해 보고자 한다.

### 가르침의 주체

교실을 방문할 때 내 주의를 끄는 첫 번째 실체는 한 인간으로서의 교사다. 진정으로 생동감 있는 교사 없이는 의미 있고 지속적인 교실의 가르침이 있을 수 없다. 이미 살펴본 바와 같이 교사를 재능, 개성, 권위, 책임을 가지고 있는 직분자로 보는 것이 중요하다. 교사로서 나는 누구이며, 직분 의식을 어느 정도 갖고 있는지는 그리스도인답게 가르치는 교사의 능력과 깊은 관계가 있다.

가르침의 **주체** 문제를 파악하기 위해서 우리는 다음과 같은 어려운 질문들을 스스로에게 제기해야 한다. 그리스도인 교사로서 나는 성경에서 가르치고 있는 경건한 삶을 보여 주고 있는가? 나는 기도하고 사랑하며 온유하고 인내하는 교사로서 다른 모든 성령의 열매를 맺고 있는가? 나는 그리스도에게 열정적으로 헌신하고 있으며, 그의 뜻을 준행하고 그의 나라를 확장하는 데 열심을 다하고 있는가? 나는 지도력과 관리 기술 그리고 교과 내용에 대한 지식과 효과적인 수업을 준비하고 실행하는 능력 등 좋은 가르침에 필요한 다양한 능력을 보여 주고 있는가? 우리가 진정으로 기독교적으로 가르치기를 원한다면, 이상의 모든 문제에 대한 부단한 자기 평가가 필수 불가결하다.

가르침의 대상

교실을 방문할 때 내가 주목하게 되는 두 번째 실체는 학생들이다. 공간에 비해서 학생들이 너무 많은 경우가 자주 있다. 그렇지만, 학생들은 교실의 중요한 하나의 구성 요소를 형성한다. 교실에 학생이 없다면 교사가 무엇을 할 수 있는가?

앞에서 우리가 고찰한 교실의 은유를 상기해 보자. 교사가 학생들을 보는 관점은 교사의 가르치는 방법과 깊은 관계가 있다. 그러므로 다음과 같은 좀더 어려운 질문들이 끊임없이 떠오른다. 나는 정말 아동들, 심지어 은표 같은 장난꾸러기들도 하나님의 형상으로 보는가? 나는 이들 속에서 예수님을 보는가? 나는 아동들을, 지식과 능력을 겸비한 제자도를 향해 나아가는 여정에서 교육 과정을 통해 기쁨으로 함께 여행하는 동료 여행자로 보는가?

가르치는 아동들에 대한 우리의 지식을 증진시키기 위해서는 교육 심리학에 대한 지식이 필수적이다. 교육 심리학은 아동의 본질, 성장과 발달, 학습 방법 등에 특별히 관심을 가지고 있는 탐구 영역이다.

교육 심리학은 많은 논의와 상호 대립적인 연구를 보이는 영역이기는 하지만, 그리스도인 교사는 학습 유형에 관한 문제 등 교육 심리학의 최신 이론에 항상 관심을 가져야 한다. 특히 다음과 같은 탐구 영역에 지속적인 관심을 가져야 한다.

- **아동 발달**: 다양한 발달 단계에 있는 아동들로부터 우리가 무엇을 기대할 수 있는가? 아동 발달에 대한 교사의 관심이 지적 발달에만 국한되어서는 안 된다. 신체적, 정서적, 사회적, 도덕적, 신앙적 발달이 모두 중요하게 고려해야 할 측면들이다.
- **전통적 학습 유형 이론**: 상이한 학습 유형과 그 특징을 확인하는 훌륭한 연구들이 많이 있었다. 비록 완전하지는 않지만 버니스 맥카시(Bernice McCarthy)와 앤소니 그레고르(Anthony Gregorc) 같은 전문가들이 제안하는 결과들은 주목할 만한 가치가 있다.[2] 해로 반 브루멜른은 맥카시의 연구를 자신의 4단계 수업 계획 방법에 적용하였다.[3] 이와 더불어 리타(Rita)와 케네스 던(Kenneth Dunn) 부부가 실시한 환경적 요인에 관한 연구는 학습 환경이 지금까지 생각했던 것보다도 훨씬 더 중요하다는 사실을 인식하는 데 도움을 준다.[4] 예를 들면 조명, 온도, 음향 등과 같은 요인들은 학생들의 학습에 큰 차이를 가져올 수 있다. 조명의 변화는 아동들의 독서 능력에 중대한 영향을 줄 수 있다.
- **하워드 가드너(Howard Gardner)의 다중 지능 이론**: 가드너는 학

생들이 적어도 8개의 상이한 방식으로 재능을 나타낸다고 제안하였다.[5] 실제로는 이보다 더 많다고 나는 생각한다. 어쨌든 그의 접근 방법은 맥카시와 그레고르의 사분법적 모델보다는 더 다양한 범주를 제공해 주고 있다. 가드너의 이론에 관한 연구 문헌은 급속도로 늘어나고 있다. 우리가 그 모든 연구 결과들을 다 읽을 수는 없지만, 적어도 이런 연구의 기본적인 것에 대해서는 알아야 한다.

다양하고 심지어는 서로 모순되기까지 한 이론들을 가지고 서투르게 종합하는 절충적 접근을 옹호하려는 것은 아니다. 분명히 우리가 필요로 하는 것은 학습이 어떻게 일어나는지에 대한 일관된 기독교적 이해이다. 이와 같이 일반적으로 수용되는 어떤 포괄적인 틀이 없는 상황에서 우리가 할 수 있는 최선은 연구들이 제공해 주는 것을 검토하고, 그 결과들을 분명하게 표현된 기독교적인 틀 안에서 재해석하는 데 모든 노력을 다하는 것이다. 이런 점에서 많은 연구들이 기독교 교육 공동체의 활동을 기다리고 있다.

가르침의 내용

이 구성 요소는 다시금 교육 과정의 문제로 우리를 인도해 간다. 교사는 항상 어떤 사람에게 무엇을 가르친다. 그러나 이 '무엇'이 무엇이며, 또 무엇이 되어야 하는지는 여전히 논의의 주제로 남아 있다. 이 문제에 대답하는 방식은 우리의 교육 철학, 우선 순위와 가치 체계, 내용과 기술과 지식 자체에 대한 이해 그리고 교육 목적에 대한 우리의 관점에 달려 있다. 교사는 가르쳐야 할 내용이 무엇이든지 간에, 앞장에서 이미 제안한 방법으로 전개해 보이려고 노력해야 한다. 가르침의 내용은 그것이 하나님의 규범을 어떻게 반영하고 있는지를 보여 주어야 한

다. 그리고 인간이 그것을 어떻게 왜곡시켰으며, 그
것을 다시금 바로잡기 위해서 어떤 구속적 행동
단계들이 필요한지를 보여 주어야 한다.
그리고 '연관짓기'에 대해서 잊지 않아
야 한다! "왜 이 내용을 배워야 하는가?"
의 문제에 대답할 수 없다면 아마도 훈
련된 성찰과 철저한 교정 활동이 필요한
때라는 사실을 명심해야 한다.

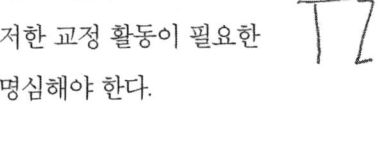

가르침의 장소

가르침의 장소와 방법은 이 책의 나머지 부분에서 주된 관심사가 될
것이다. 이 두 주제는 모두, 가르치는 환경과 기독교적으로 가르치기 위
해서 사용하는 전략을 구체적으로 언급한다. 먼저, 가르침의 '장소'라는
주제에 대한 탐구로 시작해 보자.

어떤 종류의 교실 환경과 분위기가 교사로 하여금 기독교적 가르침
을 허용해 줄 수 있을까? 이 질문에 의미 있게 답하기 위해서 우리는 교
실 환경을 조직하는 데 사용할 수 있는 네 가지 방법을 최소한 생각해
볼 필요가 있다.[6]

개인주의적 학급

개인주의적 학급은 개인주의에 빠져 있는 북미 대륙에서 일반적으로
볼 수 있는 학급이다. 이런 학급에서는 각각의 학생들이 직접적으로 교
사에게 책임을 지며, 다른 어떤 사람에게도 책임을 지지 않는다. 학생들
은 오로지 자기 자신의 학습에만 관심을 가지며 다른 학생들의 학습에
는 관심을 갖지 않는다. 요컨대, 개인주의적 학급에서는 한 학생의 학습

이 다른 학생의 학습에 영향을 미치지 않는다. 예를 들면, 지혜의 문제는 다른 어떤 학생에게도 영향을 주지 않는다. 지혜가 낙제했는가? 그것 참 딱한 일이다. 그러나 지혜는 원래 좀 뒤떨어지지 않는가? 따라서 지혜의 낙제는 예상했던 일이고, 학급의 다른 어떤 학생에게도 번거로움을 주어서는 안 된다. 마찬가지로, 수많은 노력 끝에 요셉이 성공했다고 하더라도 그저 평범한 성공일 뿐인데 학급의 다른 학생들에게 무슨 영향을 주는가? 전혀 없다. 모든 학생은 그저 자기 자신에게만 책임을 질 뿐이다.

개인주의적 학급에서는, 공동체라는 것이 단지 진부한 현학적 용어가 될 수 있다는 점에 주목하라. 여기에는 상호적이며 공동체적인 보살핌을 위한 여지가 없다. 개인주의적 학급은 조력, 보살핌, 격려, 함께 울고, 함께 대처하고, 함께 기뻐하는 것과 같은 제자도 기술을 위한 여지가 없는 곳이다. 이런 기술들은 부적절할 뿐이다. 제자도 기술은 개인주의적 학급의 교수-학습 상황과는 아무런 관계가 없다.

### 경쟁적 학급

경쟁적 학급 유형에서는 한 학생의 학습이 다른 학생들의 학습에 영향을 주기는 하지만, 부정적인 방법으로 영향을 준다. 즉, 요셉의 성공은 지혜의 실패에 달려 있다. 지혜가 실패하면 실패할수록 요셉은 더 크게 성공할 것이다. 곡선 평가는 경쟁적 학급 유형을 보여 주는 좋은 예이다. 이런 등급 매김은 어떤 학생이 실패해야만 다른 학생이 성공한다는 것을 미리 결정해 버린다.

이와 같은 종류의 경쟁은 교활한 형태로 나타날 수 있음을 주의해야 한다! 예를 들면, 질문법의 기술에 대해서 뒷장에서 살펴보겠지만, 수업에서 질문법을 자주 사용하는 교사를 생각해 보자. 교사가 질문을 던지면 모든 학생이, 특히 초등학교 저학년에서는, 인정과 승인을 받기 위해 적극적으로 서로 경쟁한다. 지혜와 요셉도 손을 들고 선생님의 질문에 정답을 말하려고 애를 쓴다. 그러나 요셉이는 내심 지혜의 대답이 틀리고, 자신이 **정답**을 제시하여 돋보이는 좋은 기회를 가질 수 있기를 은근히 바란다. 경쟁적인 학급에서 집단 활동은 실패하기가 쉽다. 왜냐하면 개별 학생들, 특히 야심 있고 공격적인 성향을 가지고 있는 학생들은 자기보다 성취도가 낮은 급우  들과 함께 활동하는 기회를 갖지 않으려고 하기 때문이다.

경쟁적 학급은 개인주의적 학급을 기초로 삼는다. 실제로 개인주의적 학급의 기초가 없으면 경쟁적 학급이 불가능하다. 이런 이유 때문에 우리는 교실에서 부지중에 개인주의를 어느 정도로 조장하는지 부단히 점검해야 할 필요가 있다. 개인주의적 학급과 경쟁적 학급은 종이 한 장 차이다. 경쟁적 학급은 기독교적 가르침을 배나 어렵게 만든다.

### '단순한 집단 활동'

교실 참관을 위해 학교를 방문하게 되면 나는 진정한 협동 학습의 방법을 사용하는 교사들이 있는지 교장 선생님께 항상 물어본다. 교장 선생님들은 한결같이 협동 학습의 방법을 정규적이고 효과적으로 사용하고 있다고 생각하는 교사들을 소개한다. 그러나 막상 교실에 들어가 보면, 어떤 장면을 목격하게 되는가? 물론, 학생들이 그룹을 지어 책상 주위에 둘러앉아서 할당받은 과제에 대해서 열심히 협동하는 모습을 본다. 그러나 이것이 정말 협동 학습인가? 자세히 관찰해 보면 흔히 각 그룹에서 한 학생이 모든 활동을 하고 다른 학생들은 단지 '편승'하거나

'남의 덕'을 보는 경우가 많음을 볼 수 있다. 그렇지 않으면, 개개의 학생들이 서로 가까이 앉아서 각자 독립적으로 활동하면서 급우들과는 전혀 상호 작용을 하지 않는 모습을 보게 된다. 이런 상황을 나는 '단순한 집단 활동'이라고 부른다. 겉모습과는 달리, 교사의 과제는 사실상 실제적인 협동이 전혀 필요하지 않은 방법으로 부과된다.

단순한 집단 활동은 일반적으로 개인주의적이며 경쟁적인 학급에서 분위기 전환용으로 실시하는 경우가 가장 흔하다. 이것은 기만적인 전략이다. 왜냐하면 단순한 집단 활동은 교실에 진정한 공동체가 있는 것처럼 보이게 만들지만, 실제로는 협력이라는 미명 아래 개인주의와 경쟁심을 숨기고 있기 때문이다.

### 협력 학급

이 네 번째 방법이 올바른 방법이다. 협력 학급은 기독교적 가르침을 위한 필수적인 환경이라고 나는 믿고 있다. 다시 말하면, 협력 학급은 우리 그리스도인 교사들이 확립하고 유지하려고 노력해야 하는 종류의 구조이다. 공동체라는 주제는 성경에서 눈에 띄게, 월등하다고 할 정도로 나타난다. 신구약 성경에서 하나님의 백성은 하나님과 서로를 향한 공동의 섬김으로 연합하고 결합되어 하나를 이룬 사람들로 묘사되고 있다. 구약 성경에서는 이스라엘이 이 공동체를 대표하였다. 신약 성경에서 이 공동체는 이방인들도 포함하여 그리스도의 몸이라는 새롭고 더 포괄적이며 보편적인 공동체로 확대되었다.

성경에는 우리가 분명하게 이해하기 어려운 내용들이 있다. 그러나 많은 주제들은 새로 맞춘 안경의 렌즈처럼 분명하다. 이 분명한 성경적 진리 중 하나는, 한 몸이 되고, 한 공동체를 이루며, 서로에게 지체가 되고, 서로 섬기며, 그리스도와 동역자가 되라고 하시는 부르심이다.[7] 불행하게도 그리스도의 몸은 종종 제도 교회의 구조에 국한되고 있다. 공동체와 교제는 제도 교회에만 속하는 것으로 흔히들 생각하고 있다. 그리스도인들이 주일에 함께 예배당에 모일 때는 아마 공동체가 가시적이 되지만, 일단 교회를 나서는 순간부터 이들은 개인주의적 생활 방식으로 되돌아가 버릴 수 있다. 이런 종류의 이원론은 아직도 많은 그리스도인들에게 고착되어 있다. 얼마 전에 내 연구실을 찾아온 한 학생이 기억난다. 그는 내게 자신의 가정과 교회 생활에 대해서 이야기했다. "제 아버지는 사업가입니다. 주일이 되면 아버지는 교회에서 그리스도인 형제자매들과 함께 손잡고 '주 믿는 형제들' 하고 찬송을 부릅니다. 그리고 월요일이 되면 아버지는 황금 만능주의를 좇아 치열한 경쟁 세계로 돌아갑니다."

'교회'('에클레시아')를 지칭하는 신약의 단어는 문자적으로 '불러냄을 받은 자'를 의미한다. 주후 1세기의 '에클레시아'는 주일에 찬송을 부르기 위해서 모인 사람들이 아니라, 좀더 넓은 헬라와 로마 이교 사회 속의 한 공동체를 일컫는 말이었다. 교회는 일차적으로 삶의 **모든** 영역에서 공동체적으로 활동하고 봉사하는 하나님의 백성들을 지칭한다. 제도 교회, 기독교 가정, 기독교 교육은 물론, 정치와 경제 영역에도 하나님 백성의 모임인 교회가 있다. 그러나 슬프게도 주일 교회 이외의 영역은 대부분 개인주의가 지배하게 되었다.[8]

교실은 그리스도의 몸을 표현해야 한다고 나는 확신한다. 그리스도의 몸에서 교실의 학생들이 제외된다고 생각할 하등의 이유가 없다.[9] 오히려 교실은, 연령에 관계없이 우리 모두를 하나님의 백성으로 부르시고 교회나 가정이나 학교에서 사랑과 목적으로 연합하게 하시는 성령의 임재를 나타내 보여 주어야 한다. 우리의 교실은 서로 보완하며 능력을 부여해 주는 공동체적이고 구속적인 실습실이 되어야 한다.

### 협력 학급의 특징

협력 학급의 특징은 무엇인가? 협력 학급을 개인주의적이거나 경쟁적인 학급 또는 단순한 집단 활동 상황과 어떻게 구분할 수 있는가? 다음은 협력 학급의 몇 가지 주요한 특징이다.

- 한 학생의 학습이 다른 학생들의 학습과 **관계가 있다**. 지혜가 실패하면 다른 모든 학생들이 고통을 느낀다. 지혜가 성공하면, 특히 정직한 시도를 여러 차례 거듭한 끝에 성공하면 모두가 기쁨을 나눈다. 협력 교실에서는 학생들이 급우의 성공과 고충을 알기 위해 노력한다. 이들은 성취를 함께 축하하고 상처를 함께 수습한다. 이들은 함께 웃고 함께 짐을 진다.[10]
- 학생들이 서로의 학습에 **책임을 진다**. 지혜가 실패하면 모든 학급 학생이 함께 고통을 느낄 뿐 아니라, 지혜가 성공하도록 도우려고 함께 노력한다. 지혜가 실패하는 것은 어떤 면에서 다른 모든 학생의 실패이다. 그러므로 선생님의 도움만 받으면서 혼자 애쓰도록 지혜를 버려 두지 않는다.
- 모든 학생이 소속감을 경험하는 '우리 교실'이라는 분명한 느낌이 있다. 교실은 너무나 많은 경우에 사실상 교사가 학생들을 잠시 초청해서 학습하게 하는 교사의 영역이다. 그런데 협력 교실은 교사와 학생 모두가 함께 이 학급에 속해 있기 때문에 '와서 우리와 함께하자!'는 방식의, 아주 다른 종류의 초청을 한다. 교육 과정이 분화되고 학생들이 교실에서 교실로 옮겨다니는 고등학교 단계에서는 이와 같은 소유 의식을 갖기가 어렵다(미국에서는 고등학교에서부터 교과목을 따라 교실을 이동한다-역주). 그러나 '홈룸'을 위한 적절한 공간과 시간이 있으면 많은 것을 할 수 있다. 우리는 중등학교의 구조 변

화를 촉진해야 할 필요가 있다(이제 때가 되었다! 오늘의 고등학교는 100년 전의 모습과 조금도 달라지지 않았다!). 한 교사의 단위 수업 시간을 늘리고 통합 교육 과정을 시행하는 것은 중등학교에서 협력 교실을 발전시키는 데 도움이 될 것이다(예를 들면, 미국 고등학교에서 하루에 40분씩 7과목을 가르치기보다는 70분씩 4과목을 가르치는 블럭 수업 제도를 도입한다는 의미다 — 역주). 학급의 학생들이 소속감을 발전시키지 않는다면 이들은 분산되어 상호 적대적인 무리와 동료 집단으로 뭉치게 될 것이라는 사실을 잊어서는 안 된다.

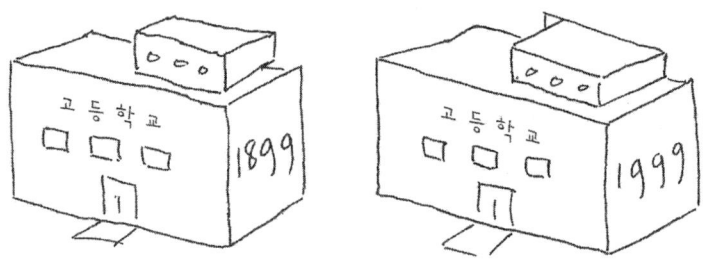

- 협력 학급은 확실하고 안전하며 수용적인 그리고 서로 돕는 분위기를 제공한다. 개인주의적이고 경쟁적인 학급은 일반적으로 실패에 대한 두려움, 교사에 대한 두려움, 서로에 대한 두려움 등 만연해 있는 두려움을 발산한다.[11] 그러나 사랑은 두려움을 내어쫓는다. 두려움으로 가득 차 있는 교실에는 성령이 역사하실 수 없다. 물론, 안전은 많은 학교에서 가장 우선적인 관심사가 되고 있다. 폭력, 총기, 마약, 기타 수많은 범죄 형태가 전례 없는 두려움을 교실에 끌어들였다. 그러나 많은 학교에서 이런 물리적인 폭력은 문제가 아니다. 실제 문제는 급우나 교사를 존경하지 않는 학생들이거나, 아니면 교실을 두려움과 경쟁의 요새로 바꾸어 놓는 교사들이다. 금속 탐지기로 감지할 수 없는 이런 폭력은 총기나 칼의 위험보다도 더 염려스러운

것일 수 있다.

- 은사, 재능, 흥미, 차이를 서로 격려하고 축하해 준다. 여기서도 협력 학급과 개인주의적이며 경쟁적인 학급 간의 대조는 선명하게 나타난다. 경쟁적인 학급에서는 차이를, 서로 격려하고 축하할 이유가 아니라 위협으로 간주한다. 반면, 협력 학급에서는 문화적 다양성, 상이한 학습 유형, 재능의 차이를 문제가 아니라 은사로 간주한다.
- 협력 학급은 제자도의 기술을 계발하고 실천할 수 있는 환경을 제공해 준다. 협력 학급은 지식과 능력을 겸비한 섬김의 기술을 실천하도록 격려한다. 이런 기술은 학생들이 세상 속에서 자신의 역할을 감당하기 위해 구비하는 데 필요한 종류의 기술이다. 특히, 상호 경청, 상호 격려, 상호 조력, 친구를 나보다 더 낫게 여기는 등의 기술이 필요하다.
- 마지막으로 협력 학급은 그리스도의 몸을 보여 준다. 교사와 학생들은 분명하게 주님께 속한 공동체를 형성하고, 주님의 제자로서 봉사하기를 열망한다. 기독교적 협력 학급은 그 자체로서 하나님의 은혜에 대한 증거이다. 이런 종류의 학급은 요단 강가에 쌓은 돌더미와 같이 주님의 확실한 인도에 대한 상징을 보여 준다.

### 전제 요건

만약 당신이 개인주의적인 전통에서 교육받아 왔다면 협력 학급을 확립하는 일이 엄청난 과업처럼 보일 것이다. 실제로 이것은 학급에 대한 근본적인 태도 변화를 요구한다. 이 변화는 적어도 다음과 같은 네 가지 영역에서 나타난다.

- **패러다임의 변화.** 현재의 패러다임은 교사는 가르치고 학생은 학

습할 것을 요구한다. 그러나 협력 학급은 교사도 학습자로 보고, 학생들도 교사로 볼 것을 요구한다. 교수와 학습은 일방적인 활동이 아니라 협력적인 활동이 된다. 물론, 이것은 진부한 듀이식 민주주의로 복귀하는 것을 의미하지는 않는다. 교사는 여전히 우리가 살펴본 바와 같이 권위와 책임을 부여받은 특별한 직분자인 **교사**로 남아 있다. 교사는 여전히 안내자이다.

교사 ⇌ 학생

이 시점에서 상기해 보아야 할 중요한 것은 '인도'와 '안내'의 차이다. 안내는 인도보다 훨씬 더 많은 자기 지도와 개인적 책임을 장려한다.

• **은유의 변화**. 앞의 요점과 밀접하게 관련하여, 은유의 변화는 특별히 교실에서 교사의 가르침의 스타일을 바꾸는 데 관심을 갖는다. 협력 학급에서는 일방적이거나 권위주의적인 교사-학생 관계를 지지하는 엄격한 교관이나 총사령관과 같은 은유를 버리고, 가르침을 우리 하나님 아버지의 세상을 함께 여행하는 여정으로 보는 관점을 계발한다.

• **교사의 한계에 대한 인식**. 능률적 가르침에 대한 전통적 견해는 교사를 전지(全知)한 전문가이며 정확한 재판관으로 보는 은유를 조장한다. 아동을 머리가 비어 있는 존재로 보고, 교사는 모든 것을 알고 있다고 가정한다. 이런 태도는 너무나 깊이 뿌리박혀 있어서, 때로 교사는 학생들의 질문에 자신도 해답을 모른다고 인정하기를 주저한다. 무지를 고백하는 것은 교사로서 고통스럽고 당혹스럽기까지 한 경험이다. 이렇게 되는 이유가 무엇인가? 모델링에 대해서 다시 생각해 보자. 교사는 자신의 약점과 실패를 수습하는 방법을 본으로 보여 주어야 할 필요가 있다. 이렇게 하기 위해서는 교사 자신의 한계와 결함을 공적으로 인정해야 한다. 덧붙여 말하자면, 어떤 연구들은 모든 것을 알지는 못한다는 사실을 기꺼이 인정하는 교사가 어학 천재이며 마법사인 체하는 교사들보다도 훨씬 더 건강한 교실 분위기를 창출한다고 밝히고 있다.[12]

• **학습자의 가치, 재능, 지식, 경험을 축하하고자 하는 새로운 욕구와 헌신.** 협력 학급은 학생들이 교실에 가지고 오는 많은 경험과 재능을 확인하고, 그것을 가지고 활동하며, 축하하려고 모든 사람이 노력하는 장소이다. 그러나 이것을 실천하는 것이 언제나 그렇게 간단한 것은 아니다. 노력과 헌신적인 인내심이 요구되지만, 그에 대한 보상도 상당하다. 예를 들면, 초등학교 1학년 교사들은 어린 아동들의 지혜에 종종 깜짝 놀라곤 한다. 아동들로부터 배우는 데 열려 있는 교사들은 종종 이들의 통찰에 즐겁게 놀라는 경험을 하게 된다. 이런 경험은 교사와 학생 모두가 효과적인 교수-학습 상황을 구축하기 위해 함께 노력해 가면서 학생들의 경험을 고려하고자 하는 우리의 헌신을 새롭게 해준다.

### 중요한 구분

협력 학급과 협동 학습을 분명히 구분해야 한다. 협력 학급은 협동 학습이 유용하게 활용될 수 있는 좀더 넓은 환경이다. 뒷장에서 상세하게 고찰하게 될 전략인 협동 학습은 교사가 협력 학급에서 사용할 수 있는 많은 교수 방법들 중 하나다. 협력 학급은 계속적인 협동 학습의 전략만을 요구하는 것은 아니다. 협동 학습이나 여타 다른 교수 방법과 같이 직접 교수의 방법도 중요하다.

### 결어

이 장에서는 기독교적 가르침의 맥락을 검토했다. 우리는 세 개의 세계를 고찰하고, 학급 상황을 구성하는 요인들을 확인하고, 협력 학급이라는 개념을 탐구하였다. 이제 필연적으로 따르는 한 가지 문제를 고찰해 보고자 한다. 이런 학급을 어떻게 확립할 수 있는가? 이제 이 문제를 고찰해 보기로 하자.

The Craft of Christian Teaching ▶▶ 10

# 원하는 곳에 도달하기
### 협력 교실의 구축

최 선생: 홍 선생님, 저는 협력 학급이나 협동 학습 같은 것을 포기해야 할 것 같아요! 어제 가정 통신문을 보내면서, 학생들이 숙제 분량을 일부 선택할 수 있게 하고, 학급 운영 방식에도 학생들의 의견을 더 많이 존중할 계획이라고 설명했어요. 그런데, 문제가 생겼어요. 무슨 일인지 한번 맞춰 보세요, 선생님!

홍 선생: 글쎄요! 최 선생님, 무슨 일이에요? 학생들에게 숙제를 좀더 합리적으로 개인에 맞게 부과하기 위해서 학생들이 선생님과 공동으로 결정을 내리도록 제안하셨군요. 제가 보기에 선생님의 제안은 아무 문제가 없는 것 같아요. 뿐만 아니라, 학급 운영에 학생들의 의견을 더 많이 존중하는 것은 그들에게 책임성을 가르치는 데도 도움이 된다고 생각해요, 그렇지 않아요?

최 선생: 그럼요, 저도 그렇게 생각했어요. 그런데 한 학부모로부터 전화가 왔어요. 얼마나 화가 나셨는지 교사직을 그만두게 할 것 같았어요. "선생님들은 가르치고 봉급 받는 것 아니에요?" 하고 따지더라구요. 그 어머니는 마구 질문을 퍼부어댔어요. "학생들은 경험이 없고 미숙하고 아무것도 모르지만, 선생님은 전문가잖아요? 학생들에게 기본적인 기술들을 훈련시켜 주어야 한다고 생각하지 않으세요? 오늘날 이런 시시한 협력 학급이니 협동 학습이니 하는 것 때문에 수많은 학생들이 한 가지도 제대로 배우지 못하고 있어요!" 정말 막무가내였어요.

홍 선생: 어머, 정말이에요? 우리가 학부모들과 의사 소통을 할 때 좀더 노련해야 할 것 같다는 생각이 드네요.

### 한 가지 관심사

최 선생님의 이야기는 협력 학급이 외국에서 현지어를 배우는 것과 같이 교사와 학부모 모두에게 겁을 주고, 마음을 편치 못하게 하며, 심지어는 위협적일 수도 있다는 사실을 암시한다. 어쨌든 앞의 이야기에서 학부모가 노발대발하며 말한 것처럼 교사는 봉급을 받고 가르치는 사람들이지 않은가? 학생들은 교사의 가르침을 순종적인 자세로 들어야 하며, 교사가 시키는 대로 해야 하지 않는가?

이런 문제들은 아주 중요하며 제기해야 할 필요가 있는 문제들이다. 학부모들은 자녀들이 정말 학습하고 있는지에 대해서 타당한 염려들을 하고 있다. 왜냐하면 현재의 학교 제도가 삐걱거리고 붕괴하는 것처럼 보이기 때문인데, 적어도 북미에서는 그렇다. 언론은 끊임없이 공교육의 실패를 애도하는 보도를 하고 있다. 다른 나라들과 비교해 볼 때, 많은 학생들이 제대로 배우지 않고 있으며, 고등학교 졸업생 중에는 형편없이 무지한 문맹자들도 많이 있다. 도대체 문제가 무엇인가? 협력 학급이 잘못인가? 그렇지는 않은 것 같아 보인다. 왜냐하면, 객관적인 관점에서 볼 때 지난 20년 동안 학교는 의미 있는 협력 학급이나 협동 학습의 훌륭한 모델이 되지 못했기 때문이다.[1]

오히려 엄격한 훈육, 기초 학습 훈련, 엄정한 학문성을 강조하는 중핵 교육 과정(core curriculum)을 강조하는 교육관에 대해서 비판적으로 평가해 보아야 한다. 너무나 자주, 이런 접근 방법은 학생들이 학급에 갖고 들어오는 풍부한 경험과 지식을 인식하지 못하고 있다. 이것은 교사는 모든 것을 알고, 학생은 아무것도 모르거나 적어도 많이 알지는 못한다는 관점을 전제한다. 또한 이런 관점은 학생들로 하여금 자신들의 삶에 책임을 지는 학습을 방해하며, 진정한 협력을 위한 가능성을 막아 버린다.

### 협력 학급 구축

협력 학급을 구축하려면 어떤 마법이 필요하겠는가? 협력 학급은 진정으로 성취 가능한 것인가, 아니면 현실 세계에 대한 감각을 상실한 환상 속의 교육자들이 만들어 낸 이상적인 몽상에 불과한 것인가?

여기에 대한 대답은 간단하고 분명하다. **물론**, 그것은 가능하다! 어떻게 아는가? 나는 미국, 캐나다, 호주, 한국 등에서 이런 학급을 직접 보았기 때문이다. 물론 이 중 그 어떤 학급도 모든 조건을 완전하게 충족시켜 준다고 생각하지는 않는다. 그러나 완전이란 이 세상에서는 찾아볼 수 없는 것이 아닌가? 중요한 것은 이런 이상을 추구하는 데 회의적이 되어서는 안 된다는 사실이다.

### 기본 원리 몇 가지

분명, 협력 학급을 구축할 수 있는 능력은 교사가 어떤 사람이며, 어떤 종류의 관계를 구축할 수 있는지에 상당 부분 달려 있다. 교사가 성격상 불안정하고, 학생들은 사악해서 교사를 제압하려 한다는 생각을 갖고 있다면, 또는 교사가 매우 자기 중심적이고 권력이나 전문성의 이미지를 교실에 투영하기를 원한다면, 협력 학급은 이미 선택 사항으로서의 효력을 상실해 버린다. 교사인 당신이 학생들에게 귀를 기울이려고 하지 않는다거나, 학생들의 생각은 실제로 들어줄 만한 가치가 없다고 단정한다면 지금 당장 이 책을 덮고 소설을 읽는 편이 나을 것이다. 앞장의 마지막 부분에 요약해서 제시한 전제 요건을 다시 한 번 살펴보자. 당신은 정말 학급의 패러다임을 변화시키고자 하는 의도를 가지고 있는가?

학생들의 복지를 가장 우선적으로 생각하는 교사라면 그리고 모든 학생들 가운데서 예수 그리스도를 보기 원한다면, 협력 학급을 구축하기 위해 무엇을 할 수 있는가? 이제 '일 단계 접근 방법'(the first-step approach)에 대해 생각해 보기로 하자.

### 일 단계 접근 방법

'일 단계 접근 방법'이란 무엇인가? 나는 이 용어를 "협력 학급을 구축하고 유지하는 데 학생들이 참여하도록 초청하는 방법"에 대한 약칭으로 사용한다. 이 용어를 이해하는 가장 쉬운 방법은 아마도 좀더 흔히 사용되는 소위 '다림줄 접근 방법'(plummet-right-in approach)과 비교해서 생각해 보는 것이다. 다림줄 접근 방법을 사

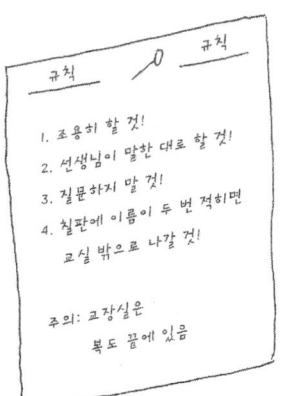

용하는 교사는 학기 초에 학급 활동을 시작하면서 전형적으로 다음과 같이 공표한다. "자, 학생 여러분, 여기 내가 가르치려고 하는 내용이 있습니다. 여러분이 좋아하든 그렇지 않든 간에 이번 학기에 여러분들이 학습해야 할 내용입니다! 그리고 이것이 내가 사용하고자 하는 평가 방법입니다. 규칙에 관해서는 학급 게시판에 잘 붙여 놓았습니다. 여기 보이지요? 규칙을 잘 따르면 문제가 없겠지만, 규칙을 지키지 않으면 심각한 문제가 생기게 될 것입니다!" 이것이 '다림줄 접근 방법'이다. 이 접근 방법은 초청으로부터 시작해서 참여로 확대해 가는 첫 단계를 고려하지 않았기 때문에 비약이 있다. 이 방법은 처음부터 협력 학급의 구축을 방해한다. 왜냐하면 학생들은 처음부터 침묵을 지키게 되기 때문이다. 뿐만 아니라, 여기에는 일방적으로 교사가 통제하는 가르침만이 있을 뿐이다. 학생들은 단지 수용자이며 반응자로서 작용할 수 있을 뿐이다. 학생이 주도하고 책임성을 학습하는 기회가 전혀 없다. 이런 방법은 수동성과 권태로움, 점수만을 위한 학습을 조장하는 교실 분위기를

만들 뿐이다.

대부분의 교사들에게 '일 단계 접근 방법'은 전혀 새로운 것이 아니다. 교실 운영을 도와줄 아동을 지명하는 초등학교 교사도 있고, 학생들에게 작문을 상호 평가하고 개선하도록 도움을 요청하는 중학교 교사도 있고, 시험 문제를 출제하는 데 학생들의 조력을 구하는 고등학교 교사도 있다. 이런 실천들은 모두 일 단계 접근 방법을 반영하고 있다.

### 몇 가지 구성 요소

일부 학부모들이 이따금씩 걱정을 표시하기는 하지만 최 선생님은 협력 학급을 구성하는 방법을 공부한 교사이다. 협력 학급을 구축하기 위해서 최 선생님은 기본적으로 두 가지 계획을 실행한다. 첫째는 자신의 학생들이 실제로 어떤 아동들인지 알기 위해서 학기 초에 폭넓은 자료 목록(inventory work)을 만드는 일에 헌신하기로 해마다 새롭게 결심한다. 그는 학생들에 대해서 가능한 한 많은 것을 알기를 원한다. 학생들에 대해서 더 많이 알면 알수록 적절한 교실 활동을 더 잘 설계할 수 있기 때문이다. 둘째로 최 선생님은 가능하면 학생들이 학급 운영에 더 많이 참여할 수 있게 해준다. 최 선생님의 접근 방법을 좀더 세밀하게 살펴보기로 하자.

### 자료 목록

'일 단계 접근 방법'의 첫 번째 가닥은 학기 초에 폭넓은 자료 목록을 만드는 일이다. 자료 목록에는 다음과 같은 내용을 포함한다. 이들 학생들은 누구인가? 이들은 어떤 종류의 사람들인가? 이들의 재능은 무엇인가? 이들의 필요는 무엇인가? 이들은 어떤 관심사와 흥미를 가지고 있는가? 이들은 어떤 경험을 해 왔는가? 물론 학기 초 한두 주 안에 교사가 알고 싶어하는 모든 것을 다 알아낼 수 있다는 말은 아니다. 학생들은 우리와 마찬가지로 믿기 어려울 정도로 복잡한 피조물들이다. 그러므로 평생을 바쳐도 이들을 실제로 알기에 충분하지는 않을 것이다. 오직 주님만이 우리를 완전하게 아신다. 그럼에도 불구하고 교사가 의식적으로 이런 자료 목록을 만들려고 하는가 그렇지 않은가는 큰 차이를 만들어 낸다. 교사의 자세가 단순히 '교과 내용을 마치는 것'이거나, 학생들로 하여금 어떤 수준의 점수를 얻도록 하는 것이라면 협력 학급의 목표는 비현실적인 것으로 사라져 버릴 것이다. 아무리 불완전하다고 할지라도 학생을 알려고 헌신하는 교사는 협력 학급을 가능하게 만들 것이다.

최 선생님은 초등학교 교사이기 때문에 고등학교에서 봉직하는 교사들보다도 성공적인 자료 목록을 만들 수 있는 유리한 위치에 있었다. 보통 하루에 대여섯 학급에서 수업을 하고, 100명 이상의 학생들과 더불어 활동해야 하는 중등학교 단계에서는 폭넓은 자료 목록을 작성하는 것이 매우 어려운 과업이다. 그럼에도 불구하고, 고등학교에서 의미 있는 자료 목록을 작성하는 문제에 대한 해결책이 있을 것이다. 예를 들면, 3년 동안 특정 그룹의 학생들을 책임지는 특활 교사들에게 학생들을 할당해서 도움을 구할 수도 있다. 아니면 하루에 가르치는 교과목 수를 줄이고 과목당 시간을 더 늘여서 가르치는 블럭 수업 방식을 채택하는 것도 한 가지 대안이 될 수 있다.

그러면 자료 목록에 무엇을 포함시켜야 하며, 그것을 어떻게 작성할 수 있는가? 이를 위해서 광범위하고 개략적인 범주들을 살펴보고자 한다. 어떤 부분에서는 겹치는 내용이 있기도 하다.

- **이전의 생활 경험들**: 우리는 학교가 속해 있는 지역 사회의 모든

가정을 교사가 다 알고 있는 '한 학급 학교'(one-room schoolhouse) 시대에 살고 있지 않다. 지금은 교사가 학생들의 배경에 민감해지려면 특별히 노력해야 한다. 몇 가지 제안을 해 보면, 가정 방문, 학부모 대상 설문 조사(학부모의 목표나 기대, 가정의 가치와 우선 순위들을 평가하는 데 도움을 얻기 위한 설문 조사), 학생들 대상 설문 조사, 관찰 일기, 대화 등의 방법을 활용하는 것이다. 학교는 교사들에게 이와 같은 자료 목록 작성 활동을 하도록 요구하고 **동시에** 그런 기회(예를 들면, 학기가 시작되기 전에 가족 야유회나 유용한 여타 프로그램들)를 제공하는 일을 장려해 주어야 한다. 여기서 유의할 점은 조사 방법과 설문 조사의 방법을 사용할 때 개인의 사생활권을 침해하지 않도록 해야 한다는 점이다. 조사 방법을 사용할 때는 그것이 학부모나 학생들의 자발적인 활동이 되도록 해야 한다. 학부모들에게 교사의 의도를 잘 알려 주고, 개인의 사생활을 침해하거나 이용하려 한다는 오해를 주지 않도록 해야 한다.

- **인성과 성격**: 교사는 학생들 개개인과 한 인간으로서 친숙해질 수 있도록 노력해야 한다. 이 학생의 관심사는 무엇인가? 저 학생은 어디에 우선 순위를 두고 있는가? 간단히 말하자면 학생들 각자는 어떤 종류의 사람인가? 교사로서 각각의 학생들에게 어떻게 반응할 것인가? 누구에게 매력을 느끼고 있는가? 어떤 학생들에게 배척당하고 있는가? 이유는 무엇인가? 여기서 교사는 예리한 관찰 기술과, 학생들을 파악하고 비판적인 자기 성찰을 할 수 있는 능력을 필요로 한다.

- **재능과 필요**: 학생들의 재능과 필요를 확인하기 위해서는 앞의 두 단계가 전제 요건이다. 교사가 학생을 발달하고 있는 전인으로 볼 수 있을 때, 이들의 재능과 필요에 대한 이야기가 의미를 갖게 된다. 뒷

장에서 모든 학생들의 재능을 축하하며 필요를 충족시켜 줄 방법을 탐구할 때 이 문제를 더 상세하게 고찰하게 될 것이다. 우선 여기서는, 다음과 같은 질문들을 자료 목록에 포함시킬 것을 제안한다.

─학생과 주님의 관계는 어떠한가? 신앙의 필요성을 느끼고 있는가?

─학생과 학부모, 형제 자매 그리고 급우들과의 관계는 어떠한가? 교실에서 서로 어울리는 데 사교적인 문제는 없는가? 학생이 가지고 있는 사회성의 기술은 무엇인가? 사회성이 결여되어 있는 것은 아닌가?

─신체적 강점과 약점은 무엇인가? 시력, 청력 또는 언어 능력에 장애가 있는가?

─학생은 어떤 자아 개념을 갖고 있는가? 학생의 생활을 지배하는 공포나 희망은 무엇인가? 학생에게서 자기 확신의 은사나 필요를 볼 수 있는가?

─학생은 어떤 종류의 학습자인가? 학생의 학습에 영향을 주는 환경적 요인은 무엇인가? 학습의 어떤 영역에서 강점과 약점을 보여 주는가?

─학생이 보여 주는 '학문적' 재능이나 필요는 무엇인가? 학생의 독서, 작문, 사고, 컴퓨터, 의사 소통 기술은 무엇인가?

이와 같은 재능이나 필요를 어떻게 판단할 수 있는가? 교사는 학기 초에 적어도 두 주 이상의 시간을 할애해야 한다. 학생들이 이 각각의 범주에서 어느 수준에 있는지를 판단하기 위해 다양한 활동을 기획하여 학생들이 참여하게 해야 한다. 여기에는 작문, 문학 작품에 대한 반응, 예술 작품이나 기타 학생들이 직접 만든 작품의 구성, 게임이나 모의 상황 연출, 기술 시연, 음악 평가 등 다양한 활동을 포함시킬 수 있다. 교사는 이런 활동들을 일반 교육 과정 가운데서 할 수도 있고, 아니면 그에 맞추어 병행할 수도 있다. 뿐만 아니라, 중요한 단서를 관찰하고 해석하기 위해 운동장이나 소풍, 현장 견학, 기타 교외 활동을 통해서 가능한 한 학생들과 더불어 많은 상호 작용을 하려고 해야 한다.

교사는 이렇게 해서 축적된 파일을 주의 깊게 다루어야 한다. 이런 파일은 교사에게 본질적인 정보를 제공해 줄 수도 있지만 편견을 갖게 할 수도 있다. 교사는 자료 목록에 근거해서 어떤 학생을 학습 불가능자 또는 문제 행동에 고착된 자, 아니면 유치원부터 계속 실패만을 거듭해 온 문제 학생으로 낙인찍어서는 안 된다. 이런 편견에서 벗어나는 것은 종종 불가능할 정도로 어려운 일이기도 하다.

### 학급 운영에 학생을 참여시키기

최 선생님의 두 가지 계획 중 첫 번째는 자료 목록을 만드는 일이다. 물론, 그는 단순히 학생들의 취미가 무엇인지 말할 수 있는 정도에서 만족하지 않을 것이다. 최 선생님이 목표로 삼는 것은 좀더 큰 목적인 두 번째 계획이다. 그것은 학생이 자기 자신의 학습과 상호간의 학습에 대해 책임을 갖는 공동체를 구축하는 것이다. 이를 위해서는 학생들 서로가 잘 알도록 해줄 필요가 있다. 물론, 대부분의 학생들은 서로 잘 알고 있다. 그러나 많은 학급에서, 일부 학생들은 서로 서먹하거나 아니면 피상적인 관계만 맺고 있다. 학생들이 서로 잘 알도록 해주기 위해서 최 선생님은 다양한 협동 학습 전략을 사용할 계획을 세운다. 그러나 협동 학습은 구체적인 교수 전략이기 때문에 다음 장에서 구체적인 사용 방법을 설명하고자 한다.

학생들이 서로 잘 알도록 해줄 뿐만 아니라, 최 선생님은 협력 학급이 어떠해야 하는지를 결정하는 데 학생들이 참여하도록 유도한다. 맨 처음부터 최 선생님은 협력 학급이 어떠한 것이며, 학생들에게 무엇을 기대하는지를 학생들이 알기를 원한다. 그러나 최 선생님은 이런 기대를 다림줄 접근 방법이 아니라 일 단계 접근 방법으로 제시할 것이다. 최 선생님은 어떤 교실이 되어야 할지를 설명하는 데 학생들이 기여하도록 하며, 어떤 종류의 기대를 설정해야 할지에 대해서 학생들이 교사와 함께 결정하도록 요구한다.

최 선생님은 일반적으로 학급 토론이나 브레인 스토밍(brain storming)의 방법을 통해서 이 일을 한다. 어떤 종류의 행동이 이 학급을 좋은 학급으로 만들 것인가? 어떤 종류의 행동을 피해야 할 것인가? 기대할 수 있는 것이 무엇인가? 학생들은 교사로부터 무엇을 기대할 수 있는가? 교사는 학생들로부터 무엇을 기대할 수 있는가? 어떤 종류의 규칙이 안전하고, 유익하며, 격려가 되고 재미있는 학급을 만드는 데 필요한가?

때때로 최 선생님은 학생들이 자신의 제안을 진지하게 수용하지 않는다는 사실을 발견한다. 이런 학생들은 교사가 모든 결정을 내려 주기를 기대하고 있다. 이들은 명령을 따르도록 프로그램화 되어 있는 것 같은 학생들이다. 이런 경우에 최 선생님은 인내심을 발휘한다. 최 선생님은 온유하면서도 끈질기게 학생들을 설득해서, 교실에서 진행되는 모든 일에 학생들이 참여하기를 자신이 정말 바란다는 사실을 그들이 알게 한다. 물론 최 선생님은 교사의 권위에 의존할 수 있는 대안을 가지고 있다. "학생들이 교사의 권유를 진지하게 받아들이지 않는다면 할 수 없이 교사인 내가 결정하는 수밖에 없다"고 말할 수 있다. 그러나 이러한 시점까지 오기 전에 최 선생님은 학생들에게 참여해야 할 책임에 대해서 확신시켜 주기 위해 가능한 모든 방책을 강구한다. 어떤 경우에는 시간이 흘러가야 교사와 학생들 간에 신뢰 관계가 충분히 강하게 구축되고, 이 신뢰 관계를 기초로 교사 자신이 원하는 종류의 학생 참여가 가능해진다는 사실을 발견한다.

최 선생님은 또한 자리 배열이나 환경 정리와 같이 교실 환경을 결정하는 데도 학생들이 참여하도록 한다. 어떤 초등학교 교사들은 될 수 있는 한 마음이 끌리고 친근한 교실을 만들기 위해서 학기 첫날이 되기 전에 교실 게시판을 화려하게 단장한다는 사실을 최 선생님은 알고 있다. 그러나 최 선생님은 언제나 학생들이 참여할 수 있도록 게시판의 많은 공간을 남겨 둔다. 협력 학급은 교사의 학급이 아니라 '우리 학급'이라는 느낌이 스며 나오는 학급이라고 최 선생님은 믿는다.

최 선생님은 올바른 길에 서 있다. 그는 학생들이 학급 운영에 참여하도록 지속적이며 끈기 있게 활동한다. 그는 학생들에게 발언권을 주며, 소유 의식을 갖게 하고, 자신과 다른 학생들의 학습에 대해서 책임을 느낄 수 있게 해준다. 최 선생님은 학생들에게 "우리는 서로 깎아내리기를 원하지 않는다"는 느낌을 심어 준다.[2]

### 추가 제안

나는 앞에서 '교사의 조력자들'을 임명하는 일에 대해서 언급하였다. 여기서 가능한 일의 종류는 교사의 상상력에 달려 있다. 나는 학생들 하나 하나가 학급을 위해서 할 일이 무엇인지를 찾는 교사들을 알고 있다. 이런 일은 잡부금을 거두는 일, 출결 정리, 칠판 청소, 달력 교체, 교실 청소, 금붕어 먹이 주기, 시청각 교구 준비에 이르기까지 다양하다.

일 단계 접근 방법을 위한 또 다른 영역은 교육 과정과 평가이다. 학생들에게 교과 내용을 선택하게 하고, 흥미와 관심사를 따라갈 수 있는 자유를 주는 것은 진정한 학습을 권장하는 좋은 방법이다. 초등학교 1학년을 맡고 있는 한 교사는 돈을 셈하는 학습과 시간을 말하는 학습 중 어느 것을 먼저 학습할 것인지 학생들이 선택할 수 있게 해준다. 초등학교 3학년 학생이 적절한 현장 학습을 제안하

면 교사는 그 제안을 따른다. 기후에 관한 단원을 학습할 때 학생들은 매일 아침 지역 방송국의 기상 뉴스를 청취한다. 한 학생이 말하기를, "나는 일기 예보 아나운서를 만나서 자기가 무엇을 말해야 할지 어떻게 아는지 물어보고 싶다"고 한다. 그러면 학급은 함께 방송국 현장 학습을 계획하고, 질문을 위한 브레인 스토밍을 하고 최선의 질문들을 고른다. 나와 함께 활동한 한 중학교 교사는 생물과 물리 과목에서 주제 배열을 학생들이 선택하게 한다.

평가 과정에도 학생들이 참여해야 한다. 평가 항목을 구성할 때, 평가를 기록할 때, 학생들의 합격과 낙제를 판단할 때, 또는 공정한 평가 방법에 포함되어야 할 것이 무엇인지에 대해서 학생들의 참여를 요구한다. 학생들에게 복습, 시험, 평가 도구의 틀을 만들어 보도록 한다. 이런 활동은 모두 좋은 협력 교실을 만드는 데 기여한다.

아이오와(Iowa) 고등학교에서 한 학기 동안 나와 함께 활동한 한 국어 교사는 일 단계 접근 방법을 사용하기로 결심하였다. 우리는 학생들이 평가 과정을 논의하도록 하는 데 몇 시간을 보냈다. 이 때는 땅의 가치가 하락하고 많은 농장이 파산하는 농장 위기가 고조되던 때였다. 학

급의 많은 학생들이 이런 농장에서 오는 학생들이었다. 학생들은 농장이 파산하지 않도록 일을 돕기 위해 밤낮으로 일해야 했다. 이들에게는 방과후 숙제할 수 있는 시간이 없었다. 이 같은 상황을 고려해서, 다른 학생들은 10권의 책을 읽어도 B를 받을 수 있지만 어떤 학생들은 5권을 읽고 A를 받을 수도 있다는 평가 방법에 학생들이 동의했다. 다시 말하면, 학생들은 서로 다르며, 자신이 처해 있는 상황도 다양하기 때문에 총괄적인 등급 매김이나 학급 전체에 통용되는 평가 기준이 반드시 적절한 것은 아니라는 사실을 이해했다.

### 일 단계 접근 방법의 기독교적 특성

일 단계 접근 방법은 기독교적 가르침과 완전히 조화를 이룬다. 다음의 특징들은 이러한 점을 분명히 하는 데 도움을 준다.

- 일 단계 접근 방법은 학생들을 재능 있고 책임을 지는 하나님의 형상으로 간주한다. 학생들은 단지 머리가 텅 빈 바보나 꼭두각시 인형이 아니다. 이들은 자신의 재능을 펼치고 자신의 통찰을 표현하도록 부름받은 하나님의 특별한 피조물이다. 뿐만 아니라, 교사는 학생을 이런 방식으로 대함으로써 자신 역시 한계를 가진 실수할 수 있는 인간임을 인정한다.

- 일 단계 접근 방법은 개인의 생활에서 죄를 심각하게 생각한다. 자료 목록은 교사와 학생들이 여정을 함께하면서 학생들의 삶에서 청산해야 할 문제점과 왜곡된 부분들이 무엇인지를 드러내 준다. 죄의 문제를 이런 방식으로 진지하게 고려하는 것은 단순히 전적 부패의 교리를 재확인하는 것 이상의 의미가 있다. 죄는 정말로 비극적이며 강력한 실재다. 그러나 단순히 아동들이 타락한 존재라고 선언하고 엄격한 징계 규정을 교실에 도입하는 것과, 죄의 파괴적인 영향이 아

동에게 어떻게 영향을 미치는지를 발견하려고 노력하는 것 사이에는 엄청난 차이가 있다. 죄에 대하여 그저 거드름을 피우면서 이야기하는 것은 죄를 단절하고, 정면으로 마주치며, 진정한 구속적 활동에 참여하는 일을 방해한다. 나는 종종 우리 사회의 타락한 현실을 수용하려고 하는 우리의 의지에 놀라곤 한다. "학생들은 우수한 경쟁자와 우수한 승리자가 되거나 그렇지 않으면 실패자가 되는 방법을 배워야 한다. 학생들이 '현실'에서 직면하게 될 세상이 그러하기 때문이다"라고 교사들이 말하는 소리를 나는 듣고 있다. 나에게는 이 말이, "학생들은 어차피 '현실' 세상에서 포르노그라피에 접하게 될 것이기 때문에 이들에게 포르노그라피와 익숙하게 해주는 것이 좋다"라고 말하는 것과도 같다. 언젠가 알피 칸(Alfie Kohn)이 말한 바와 같이, "이 세상에 발암 물질이 있다는 이유로 우리 학교의 학생들을 이 발암 물질에 노출시키는 것이 정당한가?"[3)]

• 일 단계 접근 방법은 그리스도의 몸을 예증하는 기회를 제공해 준다. 학생들은 자신들의 학급에 대한 책임을 감당하기 위해 함께 활동한다. 이와 같은 협력으로부터 '이 세상과 대면해 스스로의 힘으로 살아가는 나' 중심의 태도를 대신해 주는 '우리 됨'의 의식이 나타난다.

• 일 단계 접근 방법은 책임에 대해서 가르쳐 준다. 학생들은 학급 규칙, 자리 배열, 교과 내용 결정 등에 대한 책임을 진다. 물론, 이미 언급한 바와 같이 학생들이 이런 책임을 감당할 수 없을 때는 교사가 이 모든 일을 감당하는 권위를 가진다.

• 일 단계 접근 방법은 서로 사랑하며, 존중하고, 보살피는 제자도의 기술을 격려한다. 학생들은 교실 활동의 결정에 참여하면서 서로 경청하고 보살펴야 할 것이다. 앞에서 언급한 아이오와 농장 학생들의 예는 이 점을 분명히 하는 데 도움을 준다.

- 마지막으로, 일 단계 접근 방법은 학생들에게 자신들의 학습에 대한 주인 의식을 제공해 준다. 이러한 주인 의식은 책임성을 장려하며 학생들의 재능을 펼치고 약점을 돌보고자 하는 의욕을 증대시킨다.

## 일 단계 접근 방법: 현실적인가?

한 가지 집요한 문제가 남아 있다. 그것은 이 모든 협력적인 활동이 현실적인가 하는 것이다. 나는 이미 앞장에서 성공적인 협력 학급이라고 부를 수 있는 학급들을 내 눈으로 분명히 관찰했다고 보고할 때 이 문제에 대답하려고 노력했다. 물론 학급에는 종종 다루기 어려운 학생들이 많이 있다는 사실을 알고 있다. 때로는 단 한 명의 학생이 교사의 모든 선한 의도를 깨뜨릴 수도 있다. 때로는 교사를 정말로 절망하게 만드는 학급도 있다. 그러므로 우리는 현실에 직면해야 한다. 모든 학급은 서로 다르며, 학급의 역동성도 해마다 다르고 학년마다 다르기 때문에, 우리가 실제로 원하는 학급을 구축할 수 있는 가능성도 해마다 다르고 학급마다 다르다. 그럼에도 불구하고, 나는 교사는 어떤 한 학생도, 어떤 한 학급도 포기해서는 안 된다는 조언을 계속 하고자 한다. **'당위성'** (진정한 협력 학급)과 **'현실성'** (어려운 학급) 사이에 차이가 있음을 명심해야 한다. 현실의 학급을 불가피하고 불변하는 상황으로 받아들여서는 안 된다. '현실'(what is)을 '당위'(what ought to be)로 바꾸려고 노력해야 한다. 이렇게 노력하면 때때로 즐겁게 놀라는 일이 생길 것이다.

교사는 언제나 학생들 각자를 위해서뿐만 아니라 학급 전체를 위해서도 기도를 많이 해야 한다. 그리고 시편 133편 말씀을 기억하며 믿어야 한다. "형제가 연합하여 동거함이 어찌 그리 선하고 아름다운고!…거기서 여호와께서 복을 명하셨나니!…"

# '교수 전략'이란 무엇인가?

#### 교수 방법에 대한 세밀한 검토

김 선생: 홍 선생님, 저는 '교수 전략'에 관한 이 모든 논의가 정말 도움이 되는지 잘 모르겠어요. 학생들에게 무엇을 가르칠지 알고 있고, 또 가르치는 내용에 대해 상당한 관점을 갖고 있는 한 가르치는 **방법**은 그렇게 문제가 되지 않는다고 생각해요.

홍 선생: 그래요? 저는 문제가 **된다**고 생각해요. 학생들끼리 서로 내용을 토의하면서 배우는 학생들과, 교사가 하는 말을 받아 적기만 하는 학생들은 각기 다르게 배울 거라고 생각하지 않으세요? 친구에게 설명을 하다 보면 선생님이 가르쳐 주려고 했던 내용을 갑자기 분명하게 이해하게 되는 경험을 한 적이 없으세요? 손으로 직접 무엇을 만들며 배우는 학습에 대해서는 어떻게 생각하세요? 과학이나 수학 선생님은 학생들이 직접 해 보기 전에는 학습하지 못한다고 항상 말씀하시잖아요?

김 선생: 음, 아직도 확신이 들지 않는데요. 반 다이크 교수님은 이 모든 문제들에 대해서 어떻게 생각하시는지 한번 봅시다.

## 개관

　대학의 교직 과정을 통해서 교사는 우수한 단원 계획이나 수업 계획에는 몇 가지 핵심적인 구성 요소가 반드시 포함되어야 한다고 배웠을 것이다. 제트 여객기가 비행하기 위해서는 두 개의 날개와 꼬리, 몇 개의 엔진이 필요한 것과 같이, 수업 계획에도 목표, 가르칠 내용, 교수 및 학습 활동, 평가 절차 등이 필요하다. 이와 같은 구성 요소들은 교사가 어떤 수업 계획 양식을 사용하든지 간에 반드시 필요한 요소들이다. 그러므로 교장 선생님이 교사의 주간 수업 계획을 요청하든지 하지 않든지 간에, 교사는 이런 문제에 대해서 전문가적인 관심을 계속하여 기울여야 할 필요가 있다.

　그러나 수업 계획을 교실로 옮기는 도중에 이상한 일이 생겼다. 교실로 가는 마차에서 교수 전략이 미끄러져 나가 버렸다. 다시 말하면, 교수 전략에 대해서는 **계속해서** 별다른 관심을 기울이지 않는다. 예를 들면, 나는 교수 전략과 학습 활동을 주변적인 것으로 취급해 버리거나 부가적 '제안', '요령' 또는 단지 '요술 주머니' 정도로만 취급하는 패키지 교육 과정 단원을 아직도 많이 보고 있다. 전형적으로 교과서의 단원들은 적절한 교수 방법에 대한 논의 없이 가르칠 내용을 제시하고, 그 다음에 '제안 활동'을 추가한다. 흔히 이 제안들은 추후 활동이나 적용 또는 연장 및 심화 활동을 단순히 부각시켜 주는 데 그치고 있다. 이러한 교수 요령은, 응집되고 일관성 있는 틀과는 분리된 채, 마치 재활용품 판매를 위해 집 뜰 앞에 흩어놓은 잡동사니 물건처럼 상호 연관성 없는 여러 가지 활동을 느슨하고 절충적인 형태의 모음으로 제시되고 있다.

　역설적으로, 학습 활동과 요령이 비록 임의적으로 제안되기는 하지만 거기에는 어떤 공통점이 있다. 그것은 이런 학습 활동과 요령이 모두 **실제적**이라는 점이다! 거의 모든 제안의 기초를 이루는 공통 분모는 한 가지 단일 기준으로 구성되어 있는데, 그것은 **이것들이 효과가 있다**는 것이다. 제안된 활동들은 교사가 가르치려고 하는 내용과 기술을 학생들이 잘 소화할 수 있도록 도와준다.

### 실제적이어야 할 필요성

교사 연차 대회에 참석할 기회가 있으면 출판사들이 설치한 진열대를 찾아가 보라. 거기서 진열된 책들을 살펴보는 대신 고객들의 모습을 관찰해 보라. 교사들의 마음을 끌도록 꾸며놓은 자료더미들을 헤집고 탐색하는 교사들을 주시해 보라. 교사들이 찾고 있는 것이 무엇인가? 물론, 이들은 자료를 찾고 있다. 자료의 역할은 무엇인가? 자료는 효과 있는 새로운 아이디어와 요령을 제공해 주는 역할을 한다. 이 자료들은 교사의 가르침을 좀더 효율적이며 흥미롭게 만드는 데 도움을 주는 실제적인 것들을 공급해 준다. 교사들은 자신의 교실에 가지고 가서 때로는 권태로운 일상 활동이 될 수도 있는 가르침을 흥미롭게 만들어 줄 수 있는 어떤 유용한 자료들을 찾고 있다.

교사 계발 연수회에서도, 제시되는 내용이 자신들이 교실에서 하는 일과 관계가 없거나 적용점이 없다고 생각되면 교사들은 별 관심을 갖지 않는다. 이들은 자신의 가르침에 도움을 주는 '실제적인 제안'과 지침에 대해서 듣기 원하며, 유용한 교수 전략을 찾고 있다.

교사들의 이런 태도를 어떻게 평가해야 하는가? 단순히 '공리주의적 비법 추구'라고 비웃을 수 있는가? 실제적인 요령을 추구하는 교사의 욕구를 조잡한 실용주의라고 손가락질하며 무시해야 하는가?

교수 전략과 학습 활동은 분명히 효과가 있어야 한다. 예를 들어, 어떤 사람이 말하기를, "보라, 나는 놀랍고 창의적인 교수 방법을 갖고 있다. 그러나 불행히도 그것은 효력은 없다!"라고 하면, 당신은 어떤 반응을 보이겠는가? 아마도 채식주의자가 두꺼운 석판에 올려놓은 기름진 돼지 불고기를 향해서 보이는 반응과 동일한 반응을 보일 것이다. 요점은 분명한 것 같다. 교실에서 교사의 활동은 매우 실제적이다. 교수 전략도 매우 실제적이다. 당신의 교수 방법과 학습 활동은 반드시 작용해야 한다. 그러므로 교사 연차 대회나 교사 계발 연수회에서 교사가 실제적이고 유용한 자료를 찾는 행동은 전적으로 정당하다. 그렇지 않은가?

### 문제점

"이 전략이 효과가 있겠는가?"와 같은 질문은 실제로 핵심적인 질문이다. 그러나 그것이 유일한 질문이 될 수는 없으며, **근본적인** 질문은 확실히 아니다. 이런 주장을 하는 이유를 최소한 네 가지로 생각해 볼 수 있다. 첫째, 단순히 실행 가능성(workability)을 기초로 교수 전략이나 학습 활동을 선택하면, 하나님의 뜻이라는 좀더 큰 요구에 대한 시각을 잃어버리기 쉽다. 효과가 있는 것이 항상 올바른 것은 아니라는 것이 사실이다. 예를 들어, 학급의 어떤 학생이 심각한 문제를 저질렀다면, 어둡고 침침한 벽장 안에 가두어 버리는 것이 효과적인 해결책일 수도 있지만 올바른 해결책은 아니다. 둘째, 오늘 효과가 있는 것이 내일은 효과가 없을 수도 있다. 오늘 올바른 것이 내일 틀린 것이 될 수도 있다. 실행 가능성의 원리는 상대주의로 전락하기가 쉽다.

셋째, 교수 방법을 실행 가능성의 기초에서만 판단하는 것은, "무엇을 위해서 실행 가능한 것인가?"라는 좀더 큰 질문을 제기하게 한다. 그 방법을 통해 성취하는 학습 결과가 무엇인가? 그 실천적 활동은 단지 교과서나 교사 지침서에 진술된 제한적인 목표만을 성취하고 있는가? 아니면 실제로 안내, 전개, 능력 부여라는 포괄적인 과업에 기여하는가? 예를 들면, 게임과 같은 교수 전략은 경쟁에서 승리하고자 하는 자기 섬김의 욕구를 조장하는 데 탁월한 역할을 한다. 학생들이 공격적이고, 야망이 있고, 성공 지향적인 개인이 되도록 가르치려고 하면 이 방법이 실제로 유용하다. 그러나 이 동일한 전략이 기독교적 섬김의 정신을 함양하는 데는 전적으로 무용할 수도 있다.

마지막으로, "이것이 효과가 있을 것인가?"라는 질문이, 교수 방법이나 학습 전략에 관해서 교사가 제기하는 유일한 질문이라고 한다면, 그는 교수 전략의 본질을 오해하고 있으며, 심지어는 왜곡시키고 있다. 이 문제를 명료히 하기 위해서, 우리의 영역에 초점을 모으고 좀더 세밀하게 고찰해 보기로 하자.

### 개념 정의

교수 전략이란 무엇인가? 교수 전략에 대한 조작적 정의를 다음과 같이 내릴 수 있다. 교수 전략은 학생들의 학습을 돕기 위하여 학급과 학급 활동을 의도적으로 정렬하고 조직하는 방법이다. 이 정의에서 몇 가지 핵심 요소들을 논의할 필요가 있다.

첫째, 교수 방법 또는 교수 전략은 '하나의 방법'이다. 그것은 교육과정의 영역을 통과하여 목적지를 향해 나아가는 통로이다. 그렇다면 어떤 목적지인가? 앞의 정의는 '학생들의 학습을 돕기 위한 것'이라고 선언한다. 학생의 학습은 교수 전략의 **결과**이다. 여기서 '결과'라는 용어의 의미를 분명히 해야 한다! **결과**라는 용어는, 앞장에서 살펴본 바와 같이 내용 숙지, 비판적 사고 능력, 창의성 발달 등과 같은 다양한 목적 영역만을 포함하는 것이 아니라, 지식과 능력을 겸비한 제자도를 위해서 구비시키는 궁극적이며 포괄적인 목적까지도 포함한다는 점을 명심해야 한다.

그러나 전략은 교육 과정 영역을 통해 나아가는 단순한 통로 이상이다. 교수 전략은 단순히 그것이 효과가 있는지 없는지 그냥 되는 대로 한번 보자는 식이 아니라, 교사 자신이 주의 깊게 설계한 **의도적인** 통로이다. 교사는 학급과 학급 활동을 **정렬**하고 **조직**하는 과정을 통해서 통로를 구성한다. '정렬'(ordering)과 '조직'(organizing)의 차이가 무엇인가? **정렬**은 여러 단편들을 적절한 순서로 정리하는 것을 의미한다. 정렬은 마치 도로를 건설하는 것과도 같다. 처음에는 표면을 고르고, 그 다음에는 표면을 매끄럽게 하고, 마지막으로 콘크리트를 붓는다. 이와 마찬가지로 교수 전략도 철학적 관점과 더불어 시작해서, 목적과 목표를 고찰하고, 학습 결과와 더불어 끝이 난다. 반면 **조직**은, 이렇게 정렬된 순서를 다른 관련 요인들과 함께 일관된 전체로 통합하는 것을 의미한다. 도로를 건설하기 위해서는 노반과 시멘트뿐 아니라, 필요한 장비와 소요되는 시간 그리고 필요한 에너지까지도 고려해야 한다. 마찬가지로 교수 전략도 여러 가지 다양한 관련 요인, 즉 바람직한 교실 환경, 수업 내용, 학생 수와 성격, 필요한 자료와 도구 등을 일관된 전체로 조직해야 한다. 교사가 학습 계획에서 이 모든 요인을 고려하고, 정렬하며 조직할 때, 교사는 학습을 위해 학급을 '구조화'하는 것이다.

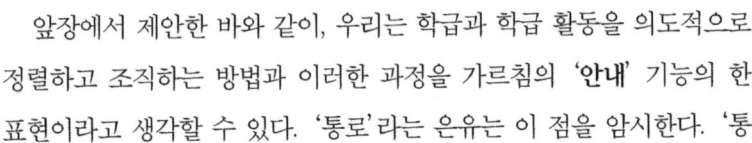

앞장에서 제안한 바와 같이, 우리는 학급과 학급 활동을 의도적으로 정렬하고 조직하는 방법과 이러한 과정을 가르침의 **'안내'** 기능의 한 표현이라고 생각할 수 있다. '통로'라는 은유는 이 점을 암시한다. '통로'를 만드는 것은 그것이 '따라가야 할 길' 즉, 추구하는 방향의 틀을 만들고 있음을 의미하는 것이다. 교사는 아무 목적지도 없는 막다른 골목을 만들지는 않을 것이다. 학습을 위해 학급을 구조화하는 바로 이 활동에서 교사는 기독교적 제자도의 목적을 향해 학생들의 주의를 환기시키며, 그들을 안내하고 있는 것이다.

교수 전략과 학습 활동을 구분할 수 있는가? 구분할 수는 있지만, 분리하려고 해서는 안 된다! 가르침은 언제나 학습을 이끌어내야 한다. 교실에서 가르침과 학습은 항상 병행한다. 교수 활동과 학습 활동은 동전의 양면과도 같다. 엄밀히 말해서, 한 쪽이 없으면 다른 쪽을 가질 수가 없다. 교실에서의 가르침과 학습도 이와 마찬가지다.

물론, 우리는 학생들이 학습하지 않는 방법으로 가르칠 수도 있다. 최근에 나는 어떤 교사가 비디오를 보여 주고 있는 교실을 들여다본 적이 있다. 세어 보니 어림잡아 75% 정도의 학생들이 자고 있었다! 이 경우 가르침이 진행되고 있었는가? 물론이다. 그러나 학습은 일어나지 않고 있었다. 교실에서는 교수 활동과 적절한 학습 활동이 마치 공기와 바람처럼 밀접하게 연결되어야 한다.

### 교수 전략의 모습

교수 방법은 '중립적'인가? 다시 말해서, 교수 방법은 어떤 교사에 의해서든 똑같은 방법으로 사용될 수 있는 것인가? 아니면, 기독교적 교수 방법과 비기독교적 교수 방법을 구분할 필요가 있는가? 어떤 교수 방법은 본질상 기독교적이고, 어떤 교수 방법은 비기독교적인 방법인가?

교수 방법은 사실상 중립적이라고 주장하는 소리를 많이 들어 왔다. 믿거나 말거나, 기독교적 교수 방법 같은 것은 없다고 분명하게 말하는 소리도 들어 왔다. 이런 주장의 근거로 혹자는 기독교 학교 교사들과 일반 학교 교사들 모두 강의법이나 협동 학습 방법 같은 어떤 특정한 교수 방법을 똑같은 방식으로 사용할 수 있다는 점을 제시한다. 방법은 그리스도인이나 비그리스도인들에게 공히 동일하다는 것이다.

그러나 이런 관점은 분명히 환원주의적이다. 그것은 교수 방법을 상황이나 맥락과 관계없이 실행할 수 있는 단순한 기계적 절차로 본다. 이런 접근 방법은 앞에서 우리가 비판한 '효과적 가르침'이라는 태도나 철학과 사실상 부합한다. '효과적 가르침'에 대한 연구는 상황과 관계없이 바람직한 학습 결과를 보장하는 일련의 보편적이며 핵심적인 '교사의 행동들'을 확인하고 기술하고자 시도했다. 이런 접근은 가르침을 과학적으로 증명되고 보편적으로 적용 가능한 일련의 기술로 환원시키고 있다. 이것은 고도로 기술주의적인 접근이다. 좀더 간단히 표현하자면, 이런 접근은 교수 전략 목록을 조리법 보관 상자 정도로 바꾸어 버린다.

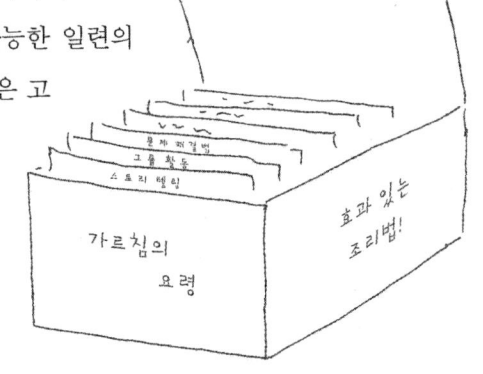

실제로 앞에서 규정한 정의가 제안하는 바와 같이, 교수 방법은 결코 단순히 기술이거나 표준적인 방법일 수가 없다. 교수 방법은 언제나 현실 학급이라는 좀더 큰 망의 한 부분이다. 모든 교수 전략은 종교적 시각에 의해서 통제되며, 철학적 관점에 의해서 추진되고, 목적과 목표에 의해서 인도되며, 학습 활동을 일으키고, 특정한 학습 결과를 목표로 하며, 교사로 불리는 엄청나게 복잡한 실체에 의해서 수행된다. 교수 전략은 철학, 목적의 우선 순위, 다차원적 학급 상황 그리고 무한히 다양한 살아 있는 사람이라는 복합적 요인들과 별도로 존재하지 않는다.

　교수 방법은 마치 단어와도 같다. 우리는 사전에서 어떤 단어와 그 의미를 찾아볼 수 있다. 그러나 단어는 오직 인간이 하는 말 속에서 생명력을 얻고 참된 의미를 획득하게 된다. 동일한 단어라고 할지라도 실제 의사 소통에서는 완전히 다른 의미를 가질 수 있다. 동일한 단어를 사랑으로 말할 수도 있고 증오심으로 말할 수도 있다. 동일한 말이 사람을 치유할 수도 있고 상하게 할 수도 있다. 말의 의미는 말하는 사람과 상황, 듣는 사람, 말하는 사람의 의도에 달려 있다. 교수 전략도 마찬가지다. 어느 정도까지는 교수 전략에 대해서 객관적으로 기술하거나 정의할 수도 있겠지만, 실제 학급에서는 살아 있고, 숨쉬며, 느끼고, 믿는 각각의 독특한 사람들에 의해서, 상이한 목적을 위해, 상이한 맥락에서, 상이한 방법으로 교수 전략이 수행된다.

　교수 전략을 일반적인 용어로 기술하면서, 동시에 그 독특성을 어떻게 유지할 수 있는가? 그 핵심은 가르침이 기예라는 점을 명심하는 것이다. 모든 교수 전략은 개인적·인성적 특성과 보편적·표준적 기술이라는 두 가지 차원으로 구성된다. 교수 전략은 본질상 중립적이라고 주장하는 사람들은 교수 전략의 보편적, 기술적 측면만을 본다. 이들은 교수 전략을 기술하거나 정의할 수 있게 해주는 표준 방법을 구성하는 기술적인 노하우의 측면만을 본다. 이들은 교수 전략에서 보편적 측면과 동일하게 중요한 다른 요소를 무시한다. 즉, 교사가 어떤 목적을 달성하려고 노력하면서 자신의 가르침에 가져와서, 교수 전략을 개인적인 것으로 만드는 '인성적 특성'을 무시한다. 이러한 인성적 특성은 교사가 인간의 삶과 교육에서 중요하다고 믿는 것에 대한 관점이나 교사의 독특한 수업 방식, 창의성, 수업의 구체적 장면 그리고 교사가 목표로 삼는 학습 결과와 같은 개인적인 요인들을 지칭하는 것이다.

다음의 도식은 지금까지의 논의를 잘 요약해 준다.

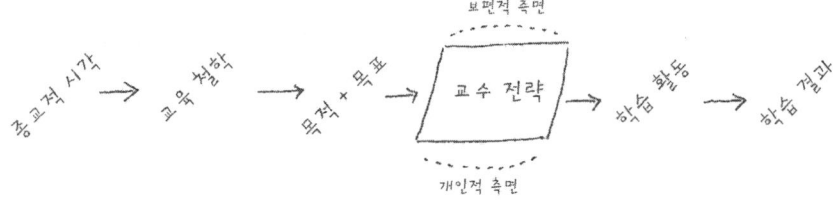

이와 같은 도식은 교수 전략이 교사의 배경과 지향하는 목적에 영향을 받지 않는 객관적이거나 중립적인 방법이 아니라는 사실을 잘 표현해 준다. 이것은 가르침이 단순히 수많은 요령을 기술적으로 실행하는 것이 아님을 보여 준다. 이 도식은 오히려 모든 교수 방법의 특징은 적어도 대여섯 가지 변인에 의해서 결정된다는 사실을 보여 준다.

요점을 분명히 하기 위해 몇 가지 예를 살펴보자. 강의법의 경우를 예로 들어보자. 강의법은 모든 사람에게 동일한 중립적 교수 전략인가? 나는 그렇지 않다고 생각한다. 그 이유는 무엇보다도, 개인적인 성향이 결정적인 역할을 할 것이기 때문이다. 개인적인 성향이 다르기 때문에 강의 전략도 다를 것이다. '강의법'이라는 일반적인 범주에 대해서 추상적으로 이야기할 수는 있지만, 정확하게 똑같은 강의는 있을 수가 없다.

나는 예배에서 설교가 핵심이 되는 교회 전통에서 성장하였다. 지난 1950년대에는 캐나다에 많은 이민 교회가 생겨났다. 이 모든 교회를 섬길 설교자가 충분하지 않았다. 그래서 '설교 대독'의 관습이 보편화되었다. 설교자가 없을 때는 장로가, 안수받은 성직자가 작성해서 출판한 설교를 읽었다. 그런데 설교를 형편없이 읽는 사람이 훌륭한 설교의 효과를 얼마나 쉽게 파괴할 수 있는지를 주시해 보는 것은 매우 흥미 있는 일이었다.

강의를 강의하는 것이 강의인가? 이 문제를 또 다른 방법으로 살펴보자. 개인주의적 학급에서의 강의법은 협력 학급에서와는 다른 효과를 가져올 것이다. 개인주의적 학급에서 강의법은, 학생과 학생 간의 접촉이 없고, 개인적인 필기와 '각자가 자신만을 위하는' 개인주의를 더욱 강화시킬 것이다. 반면, 협력 교실에서는 동일한 강의법이 더 나은 협력을 위한 준비로 사용될 것이다. 이런 상황에서 강의법의 기술은 완전히 다른 모양으로 나타나게 된다. 협력 학급에서는 강의법도 아마 상호 작용적인 방법이 될 것이며, 학생들이 반응할 수 있는 기회를 빈번히 허용하며, 사고하거나 필기할 수 있는 시간도 포함할 것이다.

두 번째 예로, 협동 학습을 들어보자. 협동 학습은 중립적이며, 탈가치적인 기술인가? 물론 아니다. 개인주의적 학급에서 협동 학습은 학생들이 좀더 크고 험한 세상에 나왔을 때 **개인**으로서 필요한 기술인 협동 기술을 학생들에게 가르치기 위해 사용될 것이다. 이런 접근 방법은 협력 학급을 조장하고 제자도와 섬김의 기술을 가르치고자 하는 협동 학습과는 완전히 다르다. 외관상으로는 동일한 교수 전략인 것처럼 보이지만 실제로는 근본적으로 상이한 방법으로 작용한다.

### 일반 논평

교수 전략은 매우 다양한 색깔과 모양으로 나타난다. 이런 다양성을 분류하는 방법을 고찰하기 전에 몇 가지 일반적인 원리를 먼저 생각해 보고자 한다.

- **교수 전략은 교사의 모든 수업이나 단원 계획에서 중요한 역할을 해야 한다.** 교사는 교실에 들어가기 전에 교수 전략을 주의 깊게 잘 생각해야 한다. 교사는 교수 전략을 진지하게 계획해야 할 필요가 있다. 이런 과정에서 언제나 다음과 같은 문제들을 제기해 보아야 한다. 무엇이

학생들의 학습에 가장 도움이 될 것인가? 그 교수 전략은 어떤 문제를 야기하는가? 그 교수 전략은 예기치 못했던 어떤 결정을 하도록 요청하지는 않을까? 교사가 자신의 가르침에 대해서 생산적인 성찰을 하려고 한다면 이와 같은 문제들을 제기해야 한다. 물론 이와 같은 성찰을 결코 소홀히 해서는 안 된다. 교실에서 행하는 우리의 활동을 끊임없이 분석하고 평가할 때에만 우리는 **그리스도인** 교사로서 성장할 수 있다.

• **유일한 '최선의 교수 전략'은 존재하지 않는다.** 교육의 세계는, 자신의 학급 활동 방법이 수세기에 걸쳐 교사들이 찾아 온 만병 통치약이라고 주장하는 설득력 있는 목소리들로 가득 차 있다. 그러나 누군가가 이처럼 완전한 해결책이 있다고 주장하는 목소리를 들을 때, 교사는 가장 회의적인 태도를 취해야 한다. '유일한 최선의 전략'은 항상 환원주의적이다. 가르침은 결코 한 가지 최선의 전략으로 환원될 수 없다. 이와 같은 이유로 인해서 우리는 발음 중심 교수법, 총체적 교수법, 협동 학습 등에 대해서도 매우 비판적인 태도를 취해야 한다. 나는 이와 같은 주제들에 관한 연수 모임이 흔히 종교적이며, 때로는 전체주의적 특성을 보이고 있음을 보곤 한다. 이런 모임에서 승인된 교육 방법은 마치 전제 군주처럼 등장한다. 그러나 교육이 무엇인지를 **진실로** 아는 사람들은 이 방법을 사용할까 아니면 다른 방법을 사용할까와 같은 태도를 취하지 않는다. 나는 협동 학습에 관한 전국 학술 모임에서 강의를 하기로 결정했을 때 직접 경험했던 어려움을 기억하고 있다. 이 모임에서 내가 그룹 활동 방법을 사용하지 않았다는 사실은 용서받을 수 없는 죄가 되었다!

• **모든 교수 전략은 남용될 위험성이 있다.** 그 어떤 교수 전략도 교실에서 사용 가능한 시간의 60% 이상을 차지해서는 안 된다는 제안을 들은 적이 있다. 만약 그 이상 사용하게 되면 문제에 부딪히게 된다. 이러한 판단에 우리는 직관적으로 동의할 수 있다. 이와 관련해서 우리는 교사의 '안전 지대'를 고려할 필요가 있다. 교사 자신의 학습 방식에 따라서, 교사는 안락한 교수 방법에 자연스럽게 이끌리고, 거기에 집착하는 경향이 있다. 그러나 학습 방식과 마찬가지로, 우리는 항상 한두 가지 전략만을 사용하지 않도록 교수 방식을 유연하게 할 수 있는 능력을 개발해야 할 필요가 있다. 교수 방식의 유연성을 유지하려면 위험을 감수해야 한다. 이 때 우리는 동료들의 후원과 행정적 후원을 필요로 한다. 교사가 교수 방식을 유연하게 할 수 있고, 비록 어떤 방법에 실패했다고 하더라도 그것이 자신에게 불리하게 작용하지 않는다는 확신이 있다면, 좀더 효과적이며 창의적인 가르침을 향한 문이 열리게 된다.

• **효과적인 교사는 폭넓은 교수 전략을 사용한다.** 이 원리는 앞의 원리에서 유래한다는 점을 유의하자. 효과적인 교사는 단지 몇 가지 확실하고 신뢰할 만한 방법에 집착하지 않는다. 효과적인 교사는 학생들이 매우 상이한 여러 방법으로 학습하며, 여러 다른 방법으로 동기를 부여받는다는 사실을 인식한다. 요컨대, 교수 전략은 아동 발달과 아동의 학습 방법에 관한 교사의 지식과 분리될 수 없다. 그러면 아동들이 보여주는 다양성을 어떻게 모두 공평하게 고려할 수 있는가? 그 한 가지 방법은 자신의 교수 전략 목록을 확대하는 것이다. 이런 추가적 노력과 모험의 감수는 가르침의 과업을 학생들의 학습이라는 맥락에서 더욱 재미있고, 활기차고, 생산적이 되도록 만들어 준다.

• **대부분의 교수 전략은 모든 교과 영역과 모든 학년 단계에서 사용할 수 있다.** 새로운 교수 전략을 위한 내 제안에 반대하는 소리를 들으면

서 나는 이 원리를 인식하게 되었다. 나는 협동 학습에 대한 연수를 자주 갖는다. 거기서 꼭 듣게 되는 일각의 반응은 다음과 같은 것들이다. "하지만 당신은 내가 가르쳐야 하는 학생들을 알아야 합니다! 이들은 함께 활동하지 않으려고 해요. 뿐만 아니라, 나는 교과목을 가르쳐야 합니다. 협동 학습은 이런 상황에서는 효과가 없을 거예요…" 등등. 이런 반대는 새로운 방법에 대해서 두려움을 감추고 있는 것에 불과하다. 우리는 항상 해 오던 기존의 방법을 편하게 느낀다. 특히 그것이 효과가 있는 경우에는 더욱 그러하다! 그럼에도 불구하고, 학생들의 다양한 욕구를 충족시켜 줄 수 있는 다양한 방법을 찾기 위하여 교수 방식을 유연하게 하도록 상호 격려한다면, 우리는 이런 반대를 거절해야 하고 가르침에 관해 표준 교과서에서 논의하고 있는 모든 교수 전략을 모든 종류의 학급과 연령 단계에 있는 학생들에게 사용할 수 있다는 점을 주장해야 한다.

- **모든 교수 전략은 분명하게 구분되는 것이 아니라, 중복될 수 있고 '혼합될' 수 있다.** 가르침의 실제를 주의 깊게 관찰하는 사람이라면 좋은 교사들이 다양한 교수 전략들을 재빨리 대치하고 통합하는 방법에 주목하게 될 것이다. 예를 들면, 훌륭한 강사는 갑작스럽게 학생들에게 자신이 가르치는 요점이 무엇이냐고 물어보기도 하는데, 이럴 경우 학급은 교사가 인식하기도 전에 이미 수동적인 청중에서 생기 있고 참여적이며 브레인 스토밍을 하는 집단으로 바뀌게 된다. 교수 전략은 결코 정적인 절차가 아니다. 그것은 학생들의 반응과 변화하는 학급 분위기에 따라 알맞게 적용되는 역동적인 것이다. 이런 현실은 특별히 주의 깊은 계획을 요구한다. 우리는 교수 전략을 설계하고 구성할 뿐만 아니라, 상황이 허용될 때마다 사용할 수 있는 여러 가지 대안을 수업 계획에 포함시킨다.

교수 전략의 혼합성과 중복성은 앞에서 언급한 원리, 즉 유일한 '최선의 교수 전략'은 존재하지 않는다는 원리를 확증해 준다. 소위 모든 '최선의 교수 전략'은 실제로 여러 교수 전략을 종합한 것이다.

• **교수 전략을 선택할 때, 제자도의 문제는 제일 중요한 역할을 해야 한다.** 안내와 전개는 능력 부여의 특성을 가져야 한다. 학급의 결정과 관련하여 계속 제기해야 할 궁극적인 질문은 간단하게 말해서 다음과 같은 것이다. 그 교수 전략은 '능력 부여'라는 말의 의미 그대로 정말 능력을 부여하고 있는가? 그 교수 전략은 성도들, 다시 말하면 내 학급의 학생들을 섬김의 도를 위해서 구비하는 데 공헌하는가?

### 분류 제안

그러면 이렇게 당혹스러울 정도로 다양한 전략 가능성을 어떻게 의미 있게 분류할 수 있는가? 무작위적인 요령들이 가득 담겨 있는 상자를 과연 분류할 수 있는가? 중고품 판매를 위해 아무렇게나 흩어 놓은 물건들을 분류할 수 있는가? 많은 저자들이 흥미 있고 때로는 유용한, 다양한 범주들을 제안하고 있다.[1] 이들 범주들은 확실히 관심을 기울여 볼 만한 가치가 있다.

교수 방법을 분류하기 위해서는, 한 범주를 다른 범주와 구분할 수 있는 기초에 관한 원리, 즉 어떤 기준이 필요하다. 학급의 교수 방법을 분류하기 위해서 어떤 기준을 사용할 수 있는가? 나는 기독교적 가르침에 대한 이해에 필수적인 두 가지 주제의 상호 작용에 근거하여 이 구분을 할 것을 제안한다. 그것은 안내자로서의 교사라는 은유와 협력 학급에 대한 비전이라는 두 주제이다. 직분자로서 교사는 방향을 설정하고 길을 보여 줌으로써 안내하는 역할을 한다. 학생들은 교사와 협력하는 여행 동료가 되어, 기독교적 지혜를 계속적으로 함께 추구하는 발걸음을 향해 여행한다.

이러한 모습은 한편으로는 교사가 안내하는 직접 교수법과, 다른 한편으로는 학생들이 협력하면서 학급의 교수-학습 상황을 구성하는 참여 교수-학습법 간의 연속성을 암시하고 있다. 이 두 가지 방법 사이에서, 우리는 간접 교수법이라는 중간 범주를 설정할 수 있다. 이런 방법으로 우리는 직접 교수법에서 간접 교수법으로, 그리고 참여 교수 형태에 이르는 하나의 스펙트럼을 구성할 수 있다.

앞에서 살펴본 세 가지 범주 중에서 첫 번째 범주인 직접 교수법은, 교사가 안내자로서 학습 내용을 형성하고 주도하며 통제하는 종류의 학급 활동이다. 예를 들면, 강의법, 교사의 설명과 예시, 프로그램 학습, 어떤 목적을 위해서 필름이나 비디오를 사용하는 방법이다. 이 모든 경우에서 교과 내용을 '검토하는' 사람은 교사이다.

한편, 간접 교수법은 상당 부분 학생의 참여를 요청한다. 이 범주에서도 교사가 내용을 주도하고 한계를 설정하지만, 학생들에게 이것을 확대하고 설명하도록 요구한다. 이야기 들려주기와 비유의 사용은 이 범주의 좋은 예들이다. 비유는 직설적인 메시지를 제시하지 않는다. 비유는 그 비유를 듣는 사람의 해석과 확대, 적용이 필요하다. 안내에 의한 탐구와 발견 학습 역시 간접 교수법의 형태로 생각할 수 있다. 교사는 발견해야 할 필요가 있는 것이 무엇인지에 대해 매우 분명한 아이디어를 가지고 있지만, 학생들이 실제로 발견하는 과정을 통해 찾아내도록 권유한다.

마지막으로, 참여 교수법의 범주를 생각할 수 있다. 이것은 학생들이 내용의 구성과 습득에 참여자가 되게 하는 종류의 가르침이다. 학생들에게 상당히 큰 자발성을 허용하고 학습에 대한 책임을 부여한다면 협동 학습은 이와 같은 방식으로 작용할 수 있다. 브레인 스토밍은 모든 종류의 새로운 사고를 검토하는 참여적 학급 활동이다. 나중에 살펴보겠지만, 실천 공유 전략도 일반적으로 결정된 내용을 숙고하는 것이 아니라, 참여적이고 개인적이며, 때로는 예측 불가능한 방식으로 일반적인 주제를 발전시킨다. 드라마와 시뮬레이션 역시 학생들을 내용의 형성과 구성에 참여하게 하는 효과적인 방법이 될 수 있다.

다음 장에서 나는 이 세 가지 범주를 좀더 상세하게 고찰하고자 한다. 그러나 명심할 것은 이 범주들 중 그 어느 것도 칼로 자르듯이 분명하게 구분되는 범주가 아니라는 점이다. 상호 중복되고 혼합적인 면이 많이 있다. 그러므로 나의 의도는 다양한 교수 전략을 특정한 부류로 나누는 놀이를 하려는 것이 아니다. 유용한 교수 전략 분류법을 구성하려면, 다양한 전략을 포괄하는 몇 가지 핵심적인 요점을 살펴볼 필요가 있다.

뿐만 아니라, 이들 세 가지 범주 중 그 어느 것도 나머지 다른 범주들보다 더 우월하거나 효과적인 것은 아니다. 직접 교수법에 대한 비판이 유행처럼 점증하고 있는 것에 비추어, 교수 전략에 대한 우리의 선호는 그것이 어떤 특정한 범주에 속하느냐 그렇지 않느냐에 근거할 수는 없음을 주장해야 할 필요가 있다. 오히려 여러 가지 교수 방법을 어떻게 결합하는 것이 지식과 능력을 겸비한 제자도를 가장 잘 촉진시켜 줄 수 있는가 하는 판단에 근거하여야 한다. 동시에, 우리가 다른 범주들을 배제하고 어떤 한 가지 범주에만 집착하게 되면, 그 때는 우리의 교수 방법을 재고해 보아야 하는 때이다.

The Craft of Christian Teaching ▶▶ 12

# 직접 말해 줄 것인가? 스스로 발견케 할 것인가?
### 직접 교수법과 간접 교수법

권 선생: 홍 선생님, 선생님이 항상 말씀하시는 협동 학습 같은 걸 시도해 보았는데요, 남는 건 문제뿐이에요. 한번 들어보세요! 학생들은 과제를 수행하지 않고, 시끄럽고, 실제로 학습하지 않아요. 다시 제가 열심히 가르치고 평가하는 방법으로 돌아갈까 해요. 내가 학생들에게 가르치려고 하는 것이 무엇인지를 말해주고, 다음에 그것을 가르치고, 그 다음에는 내가 가르친 것이 무엇인지를 학생들에게 말해 주는 방법 말이에요. 이 방법만이 학생들이 배워야 할 내용을 확실히 알게 해주고, 또 모든 훈육 문제도 일시에 제거할 수 있을 것 같아요. 아이들은 찍 소리 못하고, 고분고분 공부하죠.

홍 선생: 와! 선생님 학급은 우리 학교에서 가장 조용하고 평온한 학급이 되겠군요! 그런데 학생들이 과연 그 학습을 즐길 수 있을까요?

### 말하고 싶은 욕구

솔직히 말해서 나는 강의하기를 좋아한다. 말하고 싶어하는 욕구가 아마도 나를 교직으로 인도하지 않았을까 생각한다. 다른 사람들이 듣고 싶어하든 하지 않든 간에, 다른 사람들이 귀담아 들어야 할 많은 것을 내가 갖고 있다고 생각하면 마음이 편해지곤 한다. 대부분의 교사들도 아마 이럴 것이라는 생각이 든다.

교직을 생각하기 전에는 설교자가 되려고 생각했다. 설교는 매우 만족스러운 놀이인 것처럼 보였다. 나는 말하고, 수많은 청중은 조용하게 듣고, 목사로서의 직무는 하나님의 권위를 행사할 수 있을 것이다!

지난 몇 년 동안 나는 이런 태도에 의문을 갖기 시작했다. 의구심이 점점 더 커지게 된 한 가지 이유는, 나이가 들어 보니 내가 한때 많이 안다고 생각했던 것보다 실제로는 훨씬 적게 안다는 사실을 깨닫게 되었기 때문이다. 과거의 진주 같은 지혜가 어쩌면 별 가치도 없고 쉽게 부서지는 사암 자갈에 불과하다는 사실이 드러난 것이다.

또한 말하고 싶어하는 욕구가 어느 정도 오만함을 반영하는 것이라는 점도 깨닫기 시작했다. 나는 말해야 하고, 교회에 가득 모인 교인들이나 교실의 모든 학생들은 나의 말을 경청해야 한다고 생각했다. 나는 모든 것을 잘 알고 있기 때문에 다른 사람들로부터 들을 필요가 없다. 또는 그렇게 보였다. 그러나 아뿔싸! 그런 것이 아니었다. 내가 전혀 **모르고** 있고, 따라서 다른 많은 사람들로부터, 특히 내 학생들로부터 들어야 할 **필요가 있다**. 이들의 지혜는 쉽게 내 지혜를 능가할 수 있다. 무엇보다도 나는 주님의 가르침을 아주 주의 깊게 경청해야 할 필요가 있다.

일부 교사들이 가르치는 것을 관찰해 보면 이와 유사한 점들을 볼 때가 있다. 말하고 싶어하는 욕구, 지배하려는 욕구, 중앙 무대를 차지하려는 욕구 등이다. 때로는 짐짓 겸손한 체하는 교사의 어조, 권위주의적 태도, 무지를 인정하지 않으려는 모습에서도 오만함을 간파한다.

### 과장적 표현 피하기

그러나 내가 모든 강사는 잘난 체하는 사람이고, 오만한 병적 자부심을 가진 사람이라고 생각한다고 당신이 결론을 내리기 전에, 고등학교 교사인 황 선생님에 대해서 설명하고자 한다. 황 선생님은 말하기를 좋아한다. 그러나 황 선생님은 권력을 잡기 위해서 말하는 것이 아니다. 그와 정반대로, 황 선생님은 말하고, 설명하고, 강의하고, 심지어는 부추기기도 하는데, 학생들의 삶을 나누고, 가르치며, 풍요하게 하고자 하는 열정과 간절한 욕구가 자신의 마음 깊은 곳에 있기 때문이다. 황 선생님은 말할 뿐 아니라 듣기도 한다. 그의 말은 자기를 섬기는 것이 아니라 다른 사람을 섬기려는 동기에서 나오는 말이다.

대부분의 직접 교수는 교사가 말을 하는 방식으로 진행된다. 교사가 말하는 동기가 무엇인가? 말하기를 좋아하기 때문인가, 아니면 말하는 것이 학생들에게 유익할 것이라고 진심으로 믿기 때문인가? 만약 무의식적이라고 할지라도 전자가 동기라면, 우리는 기독교적 가르침의 가능성으로부터 스스로를 단절시키는 셈이 된다. 그런 동기로 말하는 것은 더 이상 참된 섬김이나 능력을 부여해 주는 일이 되지 못한다. 오히려 학생들을 무능하게 만들고, 결국은 교사 자신마저 무능하게 만든다.

### 직접 교수

직접 교수는 교사가 학생들이 배우기 원하는 내용을 제시하고 통제할 때 교실에서 일어나는 일이다.[1] 이 말의 의미를 좀더 폭넓게 해석해야 한다. 직접 교수는 오직 교사가 말하는 활동으로 구성된다는 의미가 아니다. 교과서 과제, 연습 문제지, 비디오, 컴퓨터 프로그램도 직접 교수를 지원할 수 있다. 내가 말하는 '내용'이란, 단지 일련의 사실들만을 의미하는 것이 아니다. 내용은 매우 구체적인 정보와 기술로부터 비판적 사고 능력과 예술적 감상력에 이르기까지 엄청나게 다양한 학습 결과를 포함한다.

본질상, 직접 교수법은 전수라는 수단에 많이 의존한다. 직접 교수 전략을 사용할 때, 교사는 가르칠 내용을 선정해서 그것을 학습자에게 전수한다. 직접 교수법이 악명을 갖게 되고, '빈 그릇 채우기'나 '정보 쏟아 붓기'와 같은 은유를 낳게 된 것은 바로 이 전수 과정 때문이다. 그러나 이런 은유들이 항상 정당한 것은 아니다. 교수 전략은 무엇보다도 학습 활동을 이끌어낸다. 직접 교수에서도 학생들은 어떤 방식으로 반응할 것을 요구받는다. 학생들은 아마도 듣고 생각하거나, 노트 필기, 교사가 제시한 요점을 다시 생각하고 반복하기, 연습 문제지 풀기와 같은 방식으로 반응할 것이다. 요컨대, 직접 교수법은 언제나 첫눈에 보기보다는 훨씬 더 복잡한 과정이다. 직접 교수법을 사용할 때는 여기에 수반되는 학생의 학습 활동에 관한 문제들을 반드시 제기해 보아야 한다.

### 몇 가지 고찰

직접 교수법은 의심할 바 없이 학생들에게 가장 익숙한 교수 방법이다. 직접 교수법은 오랜 역사를 가지고 있다. 구약 성경은 하나님의 율법과 행위를 우리 자녀들의 마음에 **새기는 것**의 중요성을 강조한다는 점에서 직접 교수법을 옹호한다. 이스라엘 백성들은 하나님의 율법을 자녀들에게 가르쳐서, 그들이 하나님의 기이한 행사를 잊지 않게 하고, 이들은 다시금 자녀와 후손에게 대대로 이 율법을 가르치게 했다.[2]

앞장에서 이미 고찰한 바와 같이, 어떤 기독교 교육자들은 구약 성경의 이 구절들을 근거로 모든 현대 기독교 학교의 교수 방법은 직접 교수법으로 구성되어야 한다고 결론을 내린다. 그들은 발견 학습과 협동 학습에 관한 이 모든 일시적인 최신 유행을 피해야 한다고 말한다. 진리는 어디까지나 진리이기 때문에, 이런 진리를 학생들에게 분명하게 말해 주어서 이들이 그것을 이해하고 반복할 수 있어야 하기 때문이라는 것이다. 집단 활동이나 발견 학습은 단지 무지의 늪에서 활동하는 것이며, 궁극적으로는 상대주의라는 오물 구덩이에서 목욕하는 것에 불과하다.

그러나 이미 살펴본 바와 같이, 이 같은 종류의 논의는 많은 약점을 가지고 있다. 첫째, 이런 논의는 신약 성경에서 완전한 교사이신 예수님이 매우 모호한 비유법을 선호하시면서 직접 교수 방법을 흔히 무시하셨다는 사실을 간과하고 있다. 때로는 그의 제자들도 예수님이 무엇에 대해서 말씀하시는지 이해하지 못했다. "귀 있는 자는 들을지어다"라는 말씀은 예수님이 자주 사용하신 말씀 중 하나인데, 그를 따르던 많은 무리를 좌절시키고 당혹스럽게 하였다. 둘째, '진리의 각인' 철학이 정적이며 명제적인, 소위 아리스토텔레스적인 진리관과 더불어 작용한다고 보는 것은 성경과는 아주 맞지 않는 관점이다. 이런 관점은, '진리를 행함', '진리 안에 거함', 그리고 "나는 진리이다"라는 예수님의 주장과 같은 구절들을 해석하는 데 어려움을 겪는다.[3] 이런 정적이며 비성경적인 진리 개념은 항존주의 교육 철학에서 중요한 역할을 감당해 왔는데, 기독교 교육자들도 종종 이 철학을 무비판적으로 수용하였다. 항존주의 교육 철학은 **전인적** 아동을 양육해야 하는 우리의 소명에 대한 시각을 상실하고 학문적, 지적, 사실적인 학습을 권장하였다.

우리는 또한 구약 성경이 구루(guru)나 마법사들이 아니라, 하나님 자신의 입을 통하건 선지자들을 통하건 간에 **하나님**으로부터의 **직접적** 가르침이라는 특징을 가지고 있다는 점을 기억해야 할 필요가 있다. 이 당시의 직접 교수는 바로 규범이었다. 그러나 신약 시대에 와서는 성령님이 우리와 함께 거하기 위해서 오셨다. 그리고 우리가 함께 하나님의 뜻을 행하려고 할 때 성령님이 동역자인 우리를 진리 안에서 계속하여 인도해 가신다. 이 어둡고 상처를 주는 세상에서 하나님 나라가 나타나게 하는 일은 참여적이며 협력적인 활동이 되었다.[4]

### 직접 교수의 유형

당신의 학급 활동을 생각해 보라. 학생들에게 가르치기 원하는 내용을 어떻게 시작하여 제시하고 통제하는가? 학생들에게 뱀과 도마뱀의 차이를 가르치고 싶다고 가정해 보자. 가장 간단하며, 가장 직접적인 교수 방법은 이 아름다운 피조물의 생생한 사진들을 보여 주면서 차이점을 분명하게 설명해 주는 것이다. 그렇지 않으면 실물을 학급에 가지고 와서 차이점을 설명해 줄 수도 있다. 또는 교과서의 관련 부분을 할당해 주고, 학생들에게 개요를 파악하고 요약하도록 요구할 수도 있다. 좋은 비디오도 유용할 것이다. 설명, 묘사, 정의, 예시, 시연, 과제 부과와 같은 이 모든 직접 교수 방법을 통하여 교사는 학생들의 의미 있는 의견을 반영하지 않고 학생들에게 기본 내용을 제시한다. 학생들이 제기하는 질문은 단지 교사나 교과서, 또는 다른 권위 있는 자원으로부터 더 많은 정보를 이끌어 낼 뿐이다. 교사는 단순히 더 많은 내용을 제공해 줌으로써 질문에 대답한다.

아무리 협력적인 학급이라 할지라도 직접 교수가 필요없는 학급은 없다. 교사는 설명하고, 안내하며, 지시하는 시간을 가져야 한다. 어떤 점에서 교사가 말하는 모든 진술과 명령은 직접 교수의 실례를 보여 준다. 몇몇 명시적인 모델링의 형식 역시 직접 교수로 간주될 수 있다. 간과해서 안 될 것은 학생들 역시 직접적으로 가르친다는 점이다. 다시 말하면, 학생들의 반응과 제안도 학습 과정의 특정한 시점에서 필요한 올바른 종류의 정보로서 기능을 발휘한다.

그러나 일반적으로 우리는 직접 교수를, 교사가 학생들에게 학습해야 할 내용을 제시하는 것으로 생각한다. 발표나 강의법은 아직도 직접 교수법의 가장 분명한 실례이다. 강의법에서 교사는 학습해야 할 수업 내용을 직접 전달한다. 전통적으로 이런 직접 교수법은 노트 필기, 내용 암기, 아마도 문제지 연습, 시험 통과 외에는 별다른 반응을 요구하지 않는다.

### 메들린 헌터

널리 보급된 직접 교수 모델은 메들린 헌터(Madeline Hunter)의 '실천적 교수 이론'(ITIP: Instructional Theory Into Practice) 모델이다.[5] 어떤 학교는 한때 모든 교사들에게 헌터의 모델을 고수하고 사용하도록 요구했는데, 아직도 그렇게 하는 학교들이 있다. 텍사스의 어떤 체육 교사는 이 모델의 한 단계를 빠뜨렸기 때문에 해고되었다는 이야기도 있다. 어떤 특정 교수 전략에 따르도록 요구하는 것은 분명 현명하지 못한 일이다. 이런 요구는 '기술로서의 효과적 가르침'이라는 접근 방법에 완전히 동의하는 것이며, 가르침의 기예가 갖고 있는 개인적 측면을 파괴한다.

헌터 모델의 기본 단계는 다음과 같다.

1. 목표를 선정하라.
2. 교수 동기를 유발하라(예기 장면).

3. 목표를 진술하라.

4. 주요 개념들을 가르쳐라(직접적으로!).

5. 이해 여부를 점검하라.

6. 지도를 받는 실천을 제공하라.

7. 독자적으로 실행해 볼 수 있는 기회를 주라.

이 모델은 학생들의 의견을 반영할 수 있는 여지를 전혀 허용하지 않는다는 점을 주목해야 한다. 숙지해야 할 내용은 전적으로 교사가 결정한다. 학생들의 경험, 통찰, 배경은 고려 대상에서 제외되고 기능을 발휘하지 못한다. 헌터의 모든 방법이 다 나쁘다고 말하는 것은 물론 아니다. 어떤 기본 개념을 가르치기 위해서는 헌터의 방법이 아마 가장 유용할 것이다. 헌터의 방법은 교사가 학생들에게 가르치고자 하는 것을 학생들이 철저하게 학습하도록 하기 위해 고안된 방법이다. 그러나 헌터의 방법이 교육 과정과 모든 학년 수준에서 사용해야 할 **유일한** 방법이라고 생각하는 순간, 우리는 기독교적 가르침의 가능성으로부터 스스로를 단절시키게 된다. 그렇게 되면 가르침의 과업을 기계적이며 환원주의적인 교수 방식으로 격하시키고, 협력의 필요성을 무시하게 된다.

**직접 교수의 장점**

이미 여러 곳에서 제시한 바와 같이, 채식주의자가 돼지 불고기를 피하듯이 직접 교수를 피해야 한다고 주장하는 오늘날의 일부 주장들을 믿어서는 안 된다. 오히려, 직접 교수는 협력 교실에서도 의미 있는 역할을 한다. 직접 교수와 관련된 여러 가지 장점을 고찰하면 이런 주장을 더 분명하게 이해할 수 있을 것이다. 다음은 좀더 중요한 몇 가지 장점들이다.

- 직접 교수는 항상 필요한데, 심지어는 협력적으로 수행해야 하는 활동의 방향을 제시하고 설명할 때도 필요하다.
- 직접 교수는 일반적으로 훌륭한 구성과 함께 이루어진다. 예를 들면, 제시와 강의는 아주 상세하게 계획되고 실행될 수 있다.
- 이런 이유 때문에, 다소 자신이 없는 교사들은 자연히 직접 교수 방법에 끌리게 된다. 직접 교수법은 교사가 교실을 더 쉽게 통제할 수 있게 해준다. 적어도 교사들에게는 그렇게 보인다.
- 연구에 의하면, 직접 교수는 특히 기본 개념과 기술을 가르칠 때 특히 효과적이다. 그러나 좀더 높은 수준의 사고에 대해서는 직접 교수 방법의 사용에 대한 연구가 확실한 결정을 내리는 데 다소 유보적이다.[6]
- 직접 교수는 굉장한 능률성을 제공해 준다. 직접 교수는 학습 내용을 전체 학급에 신속 간결하게 전달한다.
- 직접 교수는 초년생 교사들에게 매력적이다. 왜냐하면, 직접 교수는 주의 깊게 설계해야 하는 협동 학습 전략보다도 수업 계획에 훨씬 적은 시간이 소요되기 때문이다.

**직접 교수법(을 과다하게 사용할 때)의 약점들**

지금까지 설명한 장점에도 불구하고, 우리는 직접 교수법을 과다하게 사용하는 것에 대한 진지한 염려들을 이해해야 한다. 직접 교수법의 약점은 매우 분명하게 나타난다. 그러므로 학년이 올라갈수록 직접 교수법에 점점 더 많이 의존하는 경향을 보는 것은 걱정스러운 일이다. 학년이 올라갈수록 '상의하달식 교수 방법'(top-down pedagogy)이 이루어지고 있는 것같이 보인다. 고등학교 교사들은 대부분 강의법을 사용하고 있는 대학 교수들의 교수 방식을 모방하고 있다. 실제로, 대학 수준에서는 교수들이 '강사'로 임명된다! 그런가 하면, 중학교 교사들 역시 이에 뒤지지 않고 고등학교의 강의 방식을 따른다.

상의하달식 교수 방법은 더 어린 학년에서도 심심치 않게 이루어진다. 4학년 교실을 방문한 적이 있는데, 여기서 선생님은 50분 내내 강의하고, 학생들은 상당히 부지런히 필기를 하고 있었다.

그렇다면 문제점이 무엇인가? 염려되는 점들 중에서도 다음은 가장 중요한 내용들이다.

- 직접 교수는 창의성을 막는 경향이 있다. 이런 결과는, 직접 교수에 대한 정의, 즉 교사가 내용을 통제한다는 사실에 기인한다. 아동들은 내용의 확대와 해석에 별로 기여할 필요가 없고, 따라서 창의력을 발휘하지 못한다.
- 직접 교수는 학습 범위를 제한한다. 이 방법은 여전히 기본적인 인지적 정보에 초점을 맞추는 경향이 있다.
- 학교 교육의 후기 단계, 특히 6학년 수준을 넘어서면 '효율성' 논쟁의 적합성에 대해서 의구심을 갖게 된다. 직접 교수 방법으로 많은 정보를 많은 학생들에게 전달할 수 있다고 주장한다. 그러나 이 방법도 시간 낭비라고 생각할 수 있지 않은가? 강의안을 작성해서 학생들이 그것을 읽도록 과제물로 내 주는 것이 훨씬 더 효율적일 수도 있는데 왜 강의하는 데 한 시간이나 소비하는가? 수세기 전, 종이가 부족할 때는 강의에 의존하는 것이 실제로 의미가 있었다. 그러나 지금은 재활용 종이와 복사기가 교사들에게 새로운 기회를 제공해 준다. 대부분 강의가 학생들의 교과서에 있는 내용을 부연 설명하는 것 아닌가? 때로는 강의가 학생들이 세심하게 책을 읽지 않는 구실을 제공해 주기도 한다.

- 좀더 염려스러운 점은 직접 교수는 개인주의를 조장하는 경향이 있다는 것이다. 일반적으로, 직접 교수는 학생 사이의 상호 작용을 요구하지 않는다. 학생들은 제시되는 정보를 처리하고 기록하는 데 개인적으로 책임을 진다.
- 이와 유사한 맥락에서, 과도한 직접 교수는 '평등주의'(egalitarianism)라고 기술할 수 있는 것을 용인하고 조장한다. 학생들은 청각적이며 순차적인 학습 방식에 맞춰져 있는 매우 제한된 교수 방식에 노출되어 있다. 평등주의 철학은, 모든 학생이 성취 수준과 학습 방식에서 기본적으로 동일하다고 가정한다. 모든 학생은 똑같이 취급된다. 직접 교수는 제시되는 것을 모든 학생이 동일하게 처리할 수 있으며, 따라서 동일하게 책임지울 수 있다고 가정한다. 이와 같은 평등주의는 실행 목표의 사용이 그러하듯이 획일주의를 조장한다.
- 직접 교수 기술에 과다하게 의존하는 것은 나태와 이기심을 조장한다고 나는 믿는다. 학생들은 듣고, 필기하고, 암기하고, 재생산하는 것 외에는 별다른 활동을 하지 않는다. 이런 종류의 과다한 가르침은 학생들이 한정된 학습 활동을 기대하도록 만든다. 학생들은 이런 가르침이 훌륭한 교육이라고 생각하기 시작한다. 이들은 교사가 소위 은쟁반에 맛있는 것을 담아 오기를 기대한다. 물론, 과제와 학생 개개인에게 할당된 연구 활동도 있지만, 교육 과정의 본질은 학생들에게 단순히 **주어진다**. 나는 대학 1학년 수업 시간에 이런 현상을 보았다. 학생들은 '필기하기 위해서' 완벽한 준비를 해 온다. 수업 시간을 토의나 그룹 활동으로 보내고, 학생들이 노트에 필기를 하지 않고 강의실을 떠나면, 그 수업에서는 아무것도 배우지 않고 '시간 낭비'만 했다고 생각하는 학생들도 있다.
- 무엇보다도 가장 걱정스러운 것은 직접 교수가 수동성을 조장한

다는 점이다. 직접 교수법은 학생을 수납자로 본다. 그러나 수동성은 능동적인 제자도의 목적과 조화될 수 없다. 주님의 제자는 가만히 앉아서 어떤 일이 일어나기를 기다리지 않고, 주님의 일을 하기 위해서 **능동적으로 찾아 나선다**.

- 마지막으로, 직접 교수는 종종 권태롭고 일상적인 일이 되기 쉽다. 물론, 강의도 흥미를 돋우고 참여적인 방법으로 할 수 있다. 어떤 교사들은 이렇게 할 수 있는 재능을 갖고 있다. 그러나 내 경험에 비추어 볼 때 이런 교사는 극히 드물다. 만약 당신이 학생들을 사로잡아 흥미를 유발하는 강의를 할 수 있는 재능이 없다면, 다른 교수 방법을 택하도록 하라.

요약하자면, 직접 교수법의 과도한 사용은 여러 면에서 협력 학급에서의 기독교적 가르침의 목적과 상충된다. 이런 방법은 기독교적 가르침의 포괄적인 목적과도 어긋나고 기독교적 가르침이 진행되는 협력 학급과도 상충된다.

내 말이 알프스 산맥에서 울리는 메아리처럼 들릴 것이라는 사실을 안다. 그러나 내가 비판하는 것은 직접 교수법 그 자체가 아니라, 직접 교수법을 **남용**하는 것이라는 점을 한 번 더 지적해야겠다. 수십 년 전에 진보주의자들의 열린 교실을 통해서 다소간 증명된 것처럼, 직접 교수가 없는 학급은 불가능하다. 문제는 우리가 직접 교수법을 사용하느냐 하지 않느냐가 아니다. 문제는 직접 교수법이 어떻게 협력 학급을 촉진할 수 있느냐, 제자도의 목적을 증진시키는 방향으로 직접 교수를 어떻게 변형시킬 수 있느냐 하는 것이다.

이 문제에 대한 대답은 이미 시도해 보고 검증된 기술인데, 그것은 학생들을 참여시키라는 것이다. 좋은 교사라면 누구나, 학생들이 학습에 더 많이 참여하면 할수록 더 잘 배울 수 있다는 점을 알고 있다. 다시 말하면, 직접 교수를 가능한 한 참여적으로 만들도록 노력해야 한다는 것이다. 헌터 모델이 규정하는 것처럼 학생들이 판에 박힌 방식으로 반응하는 것을 의미하는 것이 아니다. 오히려, 학생들이 새로운 통찰력에 기여하고, 새로운 사고 방식을 계발하며, 자신들의 창의성과 상상력을 사용하는 것을 목표로 삼아야 한다. 그러므로, 만약 강의를 해야 한다면, 10-15분을 넘지 않도록 제한해야 한다. 이것은 중등학교에서도 마찬가지다. 그리고 중간중간 강의를 멈추고 강의한 내용을 학생들이 요약해 보도록 하라. 아니면, 두 사람씩 짝을 지어서 강의 요점을 이야기해 보도록 하라. 학생들이 강의 내용을 어떻게 달리 표현할 수 있는지 물어보거나, 공부중인 주제에 관해서 어떤 질문을 제기해야 하는지 물어보라. 이와 같은 여러 가지 방법을 사용할 때, 직접 교수법은 참여적 방식의 가르침과 협력 학급 둘 다를 고양시킨다.

**간접 교수법**

나는 간접 교수의 범주에, 교사가 제시하는 내용을 학생들이 확장하고, 해석하며, 기여하도록 촉구하는 모든 교수 방법을 포함시킨다.[7] 대부분의 문제 해결 학습 과제는 이 종류에 속한다. 과학, 언어, 수학, 사회 등 어느 과목에서나, 문제 제시는, 교사가 제시하지 않은 해결책을 학생들이 제공해야 한다는 점에서 학생들의 직접적인 참여를 요구한다. 해결책이란 현재 다루고 있는 주제에 대해서 학생들이 발전시키는 공헌이다.[8]

물론, 이와 상이한 종류의 해결책이 있다. 어떤 해결책은 단순히 미리 결정되어 있는 정답을 찾아내는 표준적인 절차를 반영할 수도 있다.

이런 의미에서 문제 해결은 직접 교수법에 가까워진다. 미리 결정되어 있는 단계들을 통해서 미리 결정되어 있는 정답으로 진행해 가는 방식은, 암기하고 회상하기 위해서 강의 내용을 필기하는 것과 같다. 이런 종류의 문제들은 흔히 과학 교육에서 볼 수 있다. 학생들은 교사로부터 일련의 과정을 따라 하라는 말을 듣는다. 그러면 학생들은 재빨리 정답을 발견한다. 이 경우에 '발견'은 진정한 의미에서의 발견이 아니다. 이것은 컴퓨터가 전달해 주는 프로그램화된 가르침에 훨씬 더 가깝다.

그러나 참으로 직접적인 체험 프로젝트와 실험은 간접 교수법의 예로 생각된다. 이런 프로젝트에서는 학생들의 개성과 재능을 반영하는 새롭고 예측할 수 없는 어떤 것을 생각해 내게 된다. 교사는 지침을 제공해 주며, 학생들은 거기서부터 프로젝트를 시작한다. 이런 프로젝트에서는 학생이 협력하게 하는 것이 유용한 경우가 많다.

어떤 종류의 문제들을 학생들에게 해결하라고 해야 하는가? 이 점에 관해서는 존 듀이(John Dewey)로부터 배울 점이 있다고 생각한다. 그의 저서에서, 듀이는 교사들이 선택하는 문제들은 우리가 살고 있는 문화에 중요할 뿐 아니라, 학생들에게도 중요하고 적실성 있어야 한다고 주장했다.[9]

교수 전략에 관한 모든 표준 교과서에 기술되어 있는 다양한 탐구 방법과 발견 방법은 간접 교수법의 예들을 추가로 제공해 준다.[10] 이와 같은 탐구 방식에서, 교사는 한계를 설정하고 지침을 제공한다. 하지만 학생들은 숟가락으로 떠 먹여 주는 결론이 아니라 자발적인 결론에 도달한다. 예를 들면, 과학 수업에서 잎이 식물 줄기에 붙어 있는 다양한 방식에 대해서 학생들에게 가르치기 원한다고 가정해 보자. 직접 교수법에서, 당신은 식물의 잎들은 마주나기, 어긋나기, 또는 나선형으로 붙어 있다는 것을 설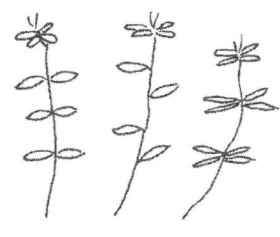
명해 주고, 각각의 견본을 보여 줄 것이다. 하지만 간접 탐구 방법에서는 학생들로 하여금 구조가 다른 잎을 가진 식물들을 채집하도록 하거나 아니면 교사가 견본을 제공해 주어서, 학생들이 잎의 배열을 발견하도록 할 것이다.

국어 수업에서 학생들이 비유적 표현에 대해서 간접적 방식으로 배우게 할 수 있다. 소개, 설명, 예시하는 대신에, 많은 실례들을 제공하고 학생들이 다양한 범주들을 추론해 내도록 할 수 있다. 이와 유사한 접근 방법을 거의 모든 과목과 모든 학년에서 사용할 수 있다.

앞에서 나는 이야기 들려주기와 비유의 방법이 간접 교수법의 좋은 예라는 것을 언급했다. 이런 접근 방법은 학생들이 반추하고, 해석하며, 개인적인 적용을 하도록 한다. 개인적인 적용은 다양한 학생에 따라 다를 것이다.

탐구적 접근은 귀납적인 경향이 있다. 다시 말하면, 학생들이 결론을 이끌어 내도록 유도하고, 구체적이고 특정한 실례를 기초로 일반화할 수 있도록 유도한다. 예를 들면, 학생들은 모든 형태의 전체주의를 특징짓는 일반적인 특징을 발견하기 위하여 다양한 전체주의 정부를 탐구할 수 있다. 그러나 탐구적 접근은 확실히 이런 방식에만 한정되지 않는다. 학생들에게 일반적인 결론을 제시하고, 그것을 예증해 주는 많은

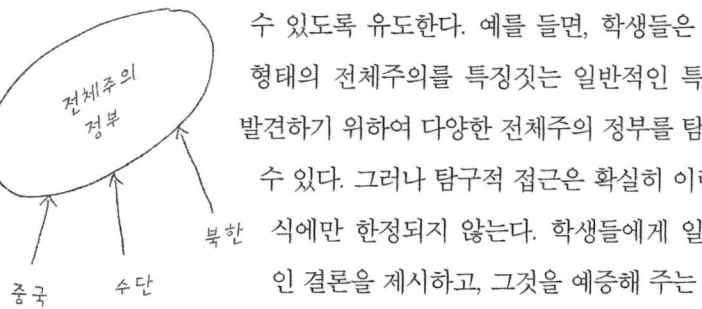

구체적인 실례를 제시하도록 학생들에게 요구할 수도 있다. 교사가 학생들에게 전체주의가 무엇인지를 설명하고, 학생들에게 구체적인 실례를 찾아보게 하는 것이다. 직접 교수법과 간접 교수법의 핵심적인 차이점은, 달성해야 할 학습에 학생들이 참여하는 정도에 달려 있다.

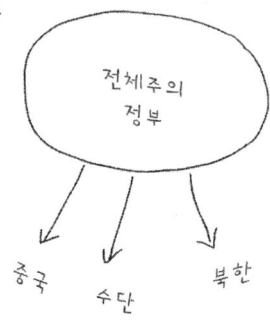

학습 센터와 연구 프로젝트들은 간접 교수법의 좋은 본보기로 이해할 수 있다. 이 두 경우에서, 교사는 한계와 지침을 설정하고, 그 후에는 학생들이 스스로 하도록 맡겨 둔다. 학생들이 생각해 내는 것은 교사가 가르치는 주제에 대한 이해의 폭을 더욱 확장시켜 줄 수 있다. 나는 4학년 세미나 수업을 듣는 학생들에게 그들이 교생 실습에서 부딪히는 문제를 기술하고 그에 대한 해결책을 제안하는 간단한 연구 보고서를 작성하도록 요구할 때마다 이 진리를 새롭게 발견한다. 이런 보고서들을 통해서 학생들이 제공하는 통찰력을 보는 것은 즐거운 일이다.

### 결어

간접 교수법을 학생들이 자신의 재능과 통찰력을 계발하고, 학습에 대해 책임지는 기회로 볼 것을 권면한다. 간접 교수법은 직접 교수법보다 제5장에서 논의한 다양한 목적 영역을 훨씬 더 효과적으로 성취할 수 있는 수업 계획을 구성할 수 있게 해준다. 간접 교수법은 오늘날 우리가 직면하고 있는 더 크고 더 중요한 주제에 교육 과정 내용의 초점을 맞출 수 있게 해주며, 좀더 통합적인 접근을 유발할 수 있게 해준다. 요컨대, 기독교적 가르침이 실천되는 학급에서는 간접 교수법을 기꺼이 받아들여야 한다.

간접 교수법, 특히 탐구적인 방법은 질문 기술과 아주 밀접한 관계가 있다. 무엇보다도, '탐구'라는 용어 자체가 의문을 제기하는 태도를 가리킨다. 이제 참여 교수법이라는 세 번째 범주로 주의를 돌리기 전에 질문 기술과 기독교적 가르침 사이의 관계를 잠시 고찰해 보고자 한다.

# 어떤 종류의 대답을 기대하고 있는가?
### 기독교 관점에서 본 질문 기법

김 선생: 홍 선생님, 학급에서 한 번도 자발적으로 대답하지 않고 수줍어하는 학생들에 대해서는 어떻게 하세요? 묻지도 않았는데 항상 손 들기를 좋아하는 용감한 학생들에 대해서는 또 어떻게 하세요? 저는 출석 명부에 따라 차례대로 하든지, 아니면 모자에서 손에 잡히는 대로 이름을 끄집어 내어 질문하는 방법을 사용합니다. 그래도 허풍이 많은 애들은 대답하기를 좋아하고, 다른 애들은 제가 질문할 때마다 석고상처럼 굳어 버려요. 좋은 아이디어가 없으세요?

홍 선생: 김 선생님, 질문하고 대답하는 문제가 정말 낙담케 하는 문제라는 것을 저도 알고 있어요. 저 역시 선생님이 하시는 방법과 같이 하고 있어요. 모든 학생들이 참여하게 하고, 학생들이 생각할 수 있도록 좋은 질문을 제기하려고 노력하지요. 때로는 학생들이 손을 들지 말지를 결정하기 전에 서로 이야기해 보도록 하는 것도 도움이 된다고 생각해요. 어떤 때는 질문을 전혀 하지 않아야겠다는 생각을 할 때도 있어요.

### 질문이 없는 교실?

얼마 전에 나는 악몽을 꾼 적이 있다. 대부분의 악몽이 무시무시하지만, 이번 악몽은 그야말로 소름끼칠 정도였다. 질문이 금지된 학교의 교사직을 수락하는 꿈이었다. 교실에서는 질문이 전혀 없어야 했다. 교사들은 언제든 어떤 질문도 하지 못하게 되어 있었다. 학생들이 손을 드는 행동 하나만으로도 퇴학을 감수해야 하는 학교였다.

내가 왜 이런 악몽을 꾸게 되었는지 생각해 본다. 아마도 교사는 가르치고 학생은 배운다는 이분법적 사고에 관해 누군가와 쓸데없는 논쟁을 벌였던 것이 계속 마음에 불쾌하게 남아 있었기 때문인 것 같다. 교사는 수업을 명료하게 잘 진행해서 교실에서 어떤 질문도 필요하지 않도록 해야 한다는 말을 들은 적이 있다. 아니면 이전에 인도네시아의 교육학 전공 학생들과 함께 연구하던 중 내가 경험한 일들이 생생하게 다시 생각나서인지도 모른다. 인도네시아의 대학에서는, 교수가 학생들에게 질문을 해서는 안 된다고 조언을 받았었다. 그 이유는, 질문한다는 것은 학생들이 우둔해서 한 번 가르쳐서는 이해하지 못한다는 것을 암시할 수 있기 때문이다. 한편, 학생들도 교수들에게 질문하지 않는다. 왜냐하면 질문을 한다는 것은 교수의 가르침이 명확하지 않다는 인상을 줄 수 있기 때문이라는 것이다. 어느 경우든지 간에 질문을 제기하는 것은 모욕과 같다.

### 학급에서의 질문

사실 학생들에게 질문을 하는 것은 거의 모든 초·중등학교의 교사들이 실질적으로 사용하고 있는 표준적인 방법이다. 연구에 의하면 한 시간에 100개 이상의 질문을 쉽게 할 수 있는 교사들도 있다고 한다.[1] 질문의 빈도는 중등학교로 올라갈수록 감소한다. 그 이유가 무엇인가?

이런 현상은 학생들의 발달 단계와 관련이 있다는 것은 의심할 여지가 없다. 학생들의 자의식 성장이 아마도 중요한 역할을 하는 것 같다. 또 다른 요인은 학년이 올라갈수록 교사가 가르치는 내용이 더욱 추상적이고 실생활과 직접 연결되지 않는 경향이 있기 때문일 수도 있다. 결과적으로, 질문과 대답에 대한 진정한 관심이 시들어 간다. 자신이 관심을 갖지 않는 일에 대해서 질문하는 학생들은 없다. 그러나 내가 꾼 악몽의 경우를 제외하고는, 오늘날 유치원에서부터 고등학교 3학년 교실에 이르기까지 교사가 질문을 제기하지 않는 교실을 상상조차 할 수 없다.

### 질문의 유형

내 두 딸 중 한 명은 몇 년 동안 고등학교 퀴즈팀 멤버였다. 이 퀴즈팀은 다른 여러 학교들과 경쟁하기 위해서 여러 곳을 다녔는데, 가끔씩 공영 텔레비전에서 녹화 방송을 하기도 했다. 나는 가끔씩 이 프로그램을 시청했는데, 물론 내 딸이 얼마나 잘 하는지를 보기 위해서였다. 네 팀의 멤버들이 의자에 앉아 있고, 노년의 신사가 문제를 내고 있었다. 인기 있는 '도전! 골든벨'처럼 질문의 주제가 매우 다양했다.

각종 퀴즈 대회나 '도전! 골든벨'과 같은 퀴즈 프로그램의 질문은 주로 한 가지 정답을 맞추는 문제들이다. "줄리어스 시저는 언제 암살되었는가?" "「음향과 분노」(*The Sound and the Fury*, 민족문화사 역간)의 저자는 누구인가?" "마다가스카르의 수도는 어디인가?" 이런 종류의 질문들은 그 어느 것도 가능한 정답의 범위를 허용하지 않는다. 한 가지 정답을 제외하고 다른 모든 가능성은 잘못된 것이다. "브루투스가 시저를 살해한 것은 언제인가?"라는 질문에 "글쎄요, 주전 54년, 주전 44년, 혹은 나폴레옹 시대였겠지요"라고 대답할 수는 없다. 오직 한 개의 정답만 허용하는 이런 유형의 질문을 교사 교육 과정에서 '단답형 질문'(convergent question)이라고 했던 것을 기억할 것이다.

연구에 의하면 교사들은 일반적으로 이런 단답형 질문에 많이 의존하고 있다.[2] 학급에서 제기되는 모든 질문의 75% 이상이 이런 유형의 질문이다. 의심할 여지없이, 이런 질문은 맞고 틀린 것을 쉽게 판단할 수 있다. 이런 이유로 인해서, 단답형 질문은 각종 평가 도구에 자주 사용된다. 단답형 질문은 채점하기 쉬운 소위 '객관식 시험'을 허용한다. OX 형태의 퀴즈도 일반적으로 단답형 질문으로 구성된다.

두 번째 유형의 질문은 일반적으로 '확산형 질문'(divergent question)이라고 하는데, 여러 개의 정답을 끌어낸다. 예를 들면, "나폴레옹은 왜 전쟁에서 패했는가?", "태양은 지구에 어떤 영향을 주는가?", "빈 음료병으로 무엇을 할 수 있는가?"라는 식의 질문이다. 이 질문들에는 다양한 대답이 가능하다.

때로는 단답형 질문이 확산형 질문의 형태를 취할 수도 있다. 예를 들면, 학생들에게 "불도마뱀과 도마뱀의 다른 점을 세 가지 방법으로 열거해 보라"는 문제를 던질 수 있다. 이 질문은 다양한 정답을 허용하지 않는가? 사실상 그렇지 않다. 아마 학생들은 자기들이 갖고 있는 목록에서 세 가지 방법을 선택할 것이다. 만일 세 가지만 말하라고 하지 않고 목록 전체를 말해 보라고 한다면, 이 질문은 다시 하나의 정답을 요구하는 질문 범주로 돌아가게 된다. 그러나 단답형과 확산형 질문의 경계는 그렇게 분명하지 않을 때가 있다는 사실을 인정해야 한다.

'평가형 질문'(evaluative question)은 세 번째 유형의 질문이다. 평가형 질문은 때로 확산형 질문의 변형으로 분류되기도 한다. 평가형 질문은 대개의 확산형 질문보다 더 깊은 것을 묻는 질문이다. 이 유형의 질문은 학생에게 선택이나 대안을 제시하도록 요구할 뿐만 아니라, 그 선택이나 대안의 상대적 장점을 판단하도록 요구한다. 예를 들면, 학생들에게 그들이 좋아하는 텔레비전 프로그램을 말해 보라고 요구할 수 있을 뿐만 아니라, 그런 선택을 하게 된 이유와 더불어 각 프로그램에 부여하는 가치 순서대로 배열해 보도록 요구할 수도 있다.

### 몇 가지 특성들

단답형 질문은 주로 기억력을 요구한다. 반면 확산형 질문과 평가형 질문은 좀더 높은 수준의 사고 기술을 요구한다. 이런 질문들은 학생들이 여러 가지 생각과 아이디어들을 스스로 만들어 내고, 표현하고, 평가하도록 요구한다. 결과적으로, 이런 유형의 질문은 단답형 질문보다 더 많은 목적 영역을 겨냥하는 질문이다. 만일 수업 목표 중 하나가 비판적 사고의 계발이라면, 확산형 질문에 더 많은 관심을 기울여야 한다.

비판적 사고뿐만 아니라, 학생들의 창의적 사고를 강조하기 원하면, 또 다른 유형의 질문을 고려해야 하는데 이것이 바로 '가상형'(What if?) 질문이다. 이것은 분명히 일종의 확산형 질문인데, 창의적이며 상상적인 사고 기술을 계발하는 데 특히 유용하다. 예를 들면, 학생들에게 다음과 같은 질문을 던진다고 생각해 보자. 만일 달이 하나가 아니라 세 개라면 어떻게 될까? 만일 세상 모든 사람들이 10개의 외국어를 할 수 있다면 어떤 일이 일어날까? 혹은 만일 하루가 48시간이라면 어떻게 될까? 이런 질문은 물론 기초적인 지식이나 이해를 전제로 한다. 그러나 상당한 정도의 창의적 사고를 자극하도록 충분히 열려 있는 질문들이다.

단답형 질문은 직접 교수법과 조화를 이룰 것이 분명하다. 대부분의 직접 교수법은 주로 기본적인 정보를 다룬다. 반면 확산형 질문이나 평가형 질문은 간접 교수법이나 참여적 교수 유형과 더 잘 조화된다. 이런 유형의 질문은 교사가 제공해 준 정보를 단순히 기억해 내고 반복할 뿐만 아니라, 공부하고 있는 주제에 기여하는 새로운 생각을 발전시킬 것을 요구한다. 물론, 이런 설명은 문제를 일반화시키는 것이지만, 숙고할 만한 내용이다. 우리가 자신의 가르침을 검토하고, 다양한 종류의 질문을 사용하는 정도를 평가해 보는 것은 중요하다. 이런 평가를 위해서 자신의 수업을 녹음하거나 비디오 촬영을 해서 검토해 보는 것이 매우 도움이 된다.

### 중요한 질문

중요한 질문은 이것이다. 학급에서 교사가 제기하는 질문과 관련되는 제반 문제에 대해서 분명한 기독교적 접근이 있는가? 아니면, 질문은 단지 질문일 뿐인가? 다시 말하면, 질문은 그리스도인이든 아니든 관계 없이 모든 좋은 교사들이 사용하는 중립적이고 기계적인 방법일 뿐인가? 교사들이 단답형, 확산형, 평가형, 가상형 질문을 풍부하게 사용하기만 한다면, 그 교사가 그리스도인이냐 아니냐가 실제로 무슨 차이가 있는가? 이미 우리는 앞장에서 교수 방법과 관련하여 이와 유사한 문제를 제기한 바 있다. 교수 전략 역시 때로는 종교적 가치와 관련 없는 가르침의 단순한 기술적 구성 요소, 즉 중립적 기술에 불과하다고 생각한다. 그러나 만일 그리스도가 모든 것의 주님이시라면, 그리스도는 질문 전략을 포함하여 가르침에서도 모든 국면의 주님이시다.

이렇게 중요한 문제에 접근하기 위해서, 먼저 교실에서 교사들이 학생들에게 질문을 제기하는 이유에 대한 설명부터 해 보기로 하자. 이것은 참으로 흥미진진한 문제다. 일반적으로 우리는 자신이 알지 못하는 것에 대한 해답이 필요할 때 질문을 제기한다. 그러나 교사들은 자신이 이미 알고 있는 것에 대해서 질문을 제기하는 유일한 사람들이다.

### 교실에서 질문을 하는 이유?

교사가 교실에서 질문을 제기하는 이유가 무엇인가? 이 질문은 수많은 답변이 가능하므로 그 자체가 확산형 질문의 좋은 실례가 된다. 다음은 교실에서 질문이 얼마나 중요한가 하는 것을 보여 주는 몇 가지 이유들이다.

- 잘 만든 질문은 생동감 넘치는 학급 토론이나 수업을 시작할 수 있는 좋은 발화점이 될 수 있다.
- 질문은 교사가 가르치는 개념을 학생들이 충분히 파악했는지 점검할 수 있는 효과적인 형성적 점검 도구의 역할을 할 수 있다.
- 질문은 학생들이 어려운 학습 자료를 예습하거나 복습하는 데 도움을 줄 수 있다.
- 질문은 한 수업에서 다른 수업으로 넘어가는 좋은 전환점 역할을 할 수 있다.
- 질문은 한 주제에서 다른 주제로, 또 한 수업에서 다른 수업으로 넘어갈 때 그저 낭비되거나 문제 행동을 일으킬 수도 있는 전환기를 빨아들이는 '스펀지' 역할을 할 수 있다.
- 질문은 한 수업을 마무리하는 유용한 도구가 될 수 있다.
- 주의 깊은 질문법은 사고력과 의사

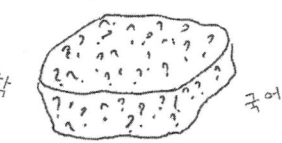

소통 기술을 발전시킬 수 있는 탁월한 전략이다.
- 긍정적 방법의 질문은 학생들의 자신감을 높이는 데 도움이 된다.

미리 질문을 만들어 수업 계획에 포함시키는 교사들이 많은데, 이는 참으로 추천할 만한 일이다. 질문을 사전에 주의 깊게 잘 준비하면, 수업을 시작하고 진행하고 마칠 때, 또 한 주제에서 다른 주제로 전환하고자 할 때 매우 큰 도움을 얻을 수 있다. 때에 맞는 적절한 질문이 저절로 생각나리라고 기대해서는 안 된다. 사전에 잘 계획함으로써 교사들은 적절한 질문을 제기할 수 있게 된다.

앞에서 열거한 질문의 효과들은 질문을 제기하는 것이 목적 있는 활동임을 보여 주고 있다. 질문은 단지 시간 때우기 내지는 공허한 잡담이 아니라, 본질상 **방향**을 갖고 있다. 질문은 무엇인가를 목적으로 두고 있고, 어떤 목적을 성취하려고 한다. 물론, 여기서 내가 '목적'이라고 할 때는 가장 큰 포괄적인 목적, 즉 지식과 능력을 겸비한 제자도의 목적을 염두에 두고 있다. 이 점에 대해 좀더 살펴보기로 하자.

당신이 기본 지식을 주입식으로 전달하는 보수적인 교사라고 가정해 보자. 당신의 목적은 오직 학생들의 머리 속에 사실을 주입시키는 것이다. 그렇다면 어떤 종류의 질문을 주로 던지게 되겠는가? 아마 단답형의 사실적 질문을 주로 강조하게 될 것이다. 반면에 당신이 진보주의자라고 하면 확산형의 문제 해결식 질문 유형에 관심이 많을 것이다. 교사의 교육 철학은 질문하는 기술과 깊은 관련성을 갖고 있음이 분명하다.

한 걸음 더 나아가, 당신이 주지주의자라고 가정해 보자. 그렇다면 지성 계발이 학교 교육의 핵심 초점이 된다. 이 경우는 어떤 종류의 질문을 주로 제기하게 되겠는가? 분명 질문의 범위가 지적이고 사색적인 관심사에 제한될 것이다. 개인의 느낌이나 사회의 고통을 다루는 질문은 단지 아주 제한된 주변적인 범위 안에서 제기하게 될 것이다. 반면에 당신이 만약 '우리가 세상을 구원해 내야 한다'는 재건주의 교육 철학을 지지한다고 하면, 우리 사회에 만연해 있는 악과 관련된 질문을 많이 하게 될 것이다. 그리고 당신의 학생들이 사회악에 대해서 분노하고 행동을 취할 준비를 하도록 노력할 것이다. 이와 같이 질문의 유형뿐만 아니라, 질문의 범위와 영역도 우리의 철학에 의해서 영향을 받게 된다. 요약하면, 교사의 교육적 관점은 교실에서 교사가 제기하는 (1) 질문의 유형과 (2) 질문의 범위에 지대한 영향을 준다.

### 질문의 맥락

질문은 진공 상태에서 제기되지 않는다. 질문은 첫째로, 단원과 수업의 구체적인 맥락에서 제기되며, 둘째로 교사가 지키며 가꾸고 있는 좀 더 넓은 교실 환경의 맥락 안에서 제기된다.

### 수업

수업은 교과 내용을 다루는데, 교사가 교실에서 제기하는 대부분의 질문들은 교사가 부지런히 펼쳐 보이는 교과 내용과 관계가 있다. 그러나 이미 살펴본 바와 같이, 교과 내용은 기독교적 관점에서 다루어져야 한다. 성경의 중요한 주제인 창조, 타락, 구속은 교사가 가르치는 내용을 포함하고 방향을 제시해야 한다. 이러한 관점은 교사가 제기하는 모든 종류의 질문에 반영되어야 한다. 만약 우리의 가르침이 소위 사실에만 초점을 맞추는 접근 방법으로 전락하게 되면, 성경적 관점은 제거되고, 우리가 제기하는 질문은 거기에 걸맞게 바뀔 것이다.

### 교실 환경

교실 환경은, 물론 앞장에서 논의한 바와 같은 협력 학급을 반영하여야 한다. 이런 환경은 교사의 문답 방법에 결정적인 차이를 가져올 것이다. 예를 들면, 권위주의적이고 두려움이 가득한 학급에서는 질문과 대답이 어떻게 진행되겠는가? 학생들은 대답을 잘못하여 교사를 화나게 할 수 있다는 두려움 때문에 반응하기를 두려워할 것이다. 또는 교사가 주로 독단적인 재판관으로 인식되는 학급을 생각해 보자. 이런 학급에서도 학생들은 대답하기를 주저할 것이다. 개인주의적이고 경쟁적인 학급은 어떻겠는가? 학생들은 서로 경쟁적으로 교사의 관심과 인정을 받기 위해 노력할 것이다. 학생들 개개인은 내심 다른 친구들이 틀린 대답을 하거나, 멍청한 반응을 하기를 바랄 것이다. 이처럼 교실 환경은 질문법과 밀접한 관계가 있음이 분명하다.

이와는 대조적으로, 협력 학급에서는 학생들이 두려움 없이 자유롭게 반응하도록 권유받을 것이다. 학생들은 위험을 감수하고 대답하도록 격려를 받는다. 학생들은 스스로, 혹은 교사에게, 혹은 서로에게 질문을 하도록 격려를 받는다. 서로 돕고 수용하는 분위기가 있기 때문에, 질문이나 대답이 적절치 않을 경우에도 서로 제지하거나 무시하지 않는다. 학생들은 다시 시도하여 성공할 수 있도록 서로 격려할 것이다.

### 제안

질문법에 관한 간략한 고찰을 마무리하면서, 기독교적으로 질문할 수 있도록 도움을 주기 위해 고안된 몇 가지 제안을 열거하고자 한다.

- 학기초, 교실 활동을 소개하고 논의할 때, 학생들에게 바라는 점이 무엇인지 분명하게 전달하도록 하라. 학생들에게 많은 질문을 할 것이라는 점과, 많은 대답을 해야 한다는 점을 알려 줄 필요가 있다. 학생들이 긍정적인 그리스도인의 모습으로 교사에게나 학생들 서로간에 반응해야 한다는 사실을 설명해 주어야 한다. 당신이 의미하는 것이 무엇인지 구체적인 사례를 보여 주고, 학생들 스스로 다른 예를 제시해 보도록 요청하고, 바람직한 반응 기술을 실천할 수 있도록 해주어야 한다.

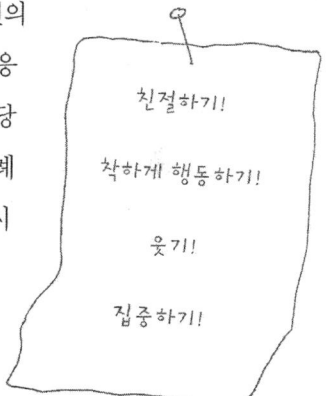

- 학급에 대한 교사의 가장 중요한 한 가지 기대가 있다. 어떤 형태든지간에 다른 사람의 반응을 무시하거나 비꼬는 행동이 없어야 한다는 것이다! 학생들에 대한 교사 자신의 반응에서, 심지어 농담으로라도 멸시나 냉소가 끼여들지 않도록 세심하게 노력하여야 한다. 학생들 사이에서 이런 모습이 나타날 때는 그런 활동을 즉각 중단시켜야 한다. 이러한 문제를 간과하거나 방치해서는 안 된다.

- 학생들의 반응을 주의 깊게 경청해야 한다. 교사는 훌륭한 경청 기술을 학생들에게 본보기로 보여 주어야 한다. 학생이 대답할 때는 그를 바라보면서, 학생의 반응을 잘 듣고 정확하게 이해했다는 표현을 해주어야 한다. "네가 말한 것을 내가 잘 이해했는지 한번 보자"와 같은 표현을 쉽게 할 수 있어야 한다. 뿐만 아니라, 학생의 대답과 관련된 다른 질문들을 제시함으로써 학생의 반응을 진지하게 다루고

있다는 것을 보여 줄 필요가 있다.

- 학생들의 반응에 대해서 정확성 여부를 성급하게 판단하지 않도록 해야 한다. 학생들은 자신의 반응을 분명하게 정리하는 데 어려움을 겪는 경우가 많은데, 이 때 교사가 너무 성급하게 정답을 요구해서 학생이 답할 기회를 막아 버린다. 학생들은 자신을 표현할 수 있도록 충분히 격려받고 기회를 갖게 되면, 탁월한 통찰을 보여 주는 경향이 있다. 그러므로 대답을 하는 학생에게 질문과 대답을 다르게 표현해 보도록 격려해 주라. 다른 학생들에게도 그렇게 요구해 보라.

- 학생이 명백히 틀린 대답을 할 경우에도 다른 학생과 대립시키지 않도록 해야 한다. 예를 들면, "완전히 틀렸어, 태우! 광식이가 대신 정답을 말해 보도록 할까?"와 같은 치명적인 표현은 피해야 한다. 좀 완곡한 표현이어서 덜 가혹하게 들리기는 하지만, "광식이가 태우를 좀 도와줄 수 있겠니?"라는 식의 반응도 마찬가지로 문제가 있다. 교사의 이런 발언은 인간 관계를 깨뜨리며, 협력 학급의 분위기 유지를 더욱 어렵게 만든다. 오히려, 질문을 좀더 명확하게 해서 물어보거나, 학생에게 다른 말로 표현해 보도록 요구해 보라.

- 학생들이 창의적이며, 상상력을 충분히 발휘해서 대답할 수 있도록 격려해야 한다. 사색하고 추론할 수 있는 자유를 학생들에게 주어야 한다. 교사는 자신의 수업에서 학생들이 보잘것없는 반응을 하게 되는 위험을 감수하고 있다는 사실을 알고 있다. 그러나 그런 위험은 감내할 만한 가치가 있다. 보잘것없는 반응은 진지하고 책임 있는 질의 응답 활동을 상쇄시킬 것이다. 그러나 그런 가운데서 최선의 것을 기대하라. 그리고 항상 유머 감각을 유지하도록 하라.

- 모든 학생이 고르게 문답에 참여할 수 있도록 배려해야 한다. 연구에 의하면, 실제로는 일부 학생들에게 문답의 기회가 편중되고 있는

데도, 교사는 모든 학생이 문답에 참여하고 있다고 믿는다고 한다. 이런 현실은 특히 저학년 단계에서 나타나는 문제다. 상급 학년에서는 전혀 반대의 상황이 나타난다. 초등학교에서는 질문을 받으면 모든 학생이 손을 들지만, 중등학교 단계에서는 학생들이 반응을 하도록 하는 것이 화가 날 정도로 어려울 때가 있다. 이미 말한 바와 같이, 이런 현상은 교과 내용이 학생들에게 적실성이 없거나, 너무 명백하거나 의미 없는 질문을 제기하는 교사의 질문 습관에 기인할 수도 있다. 주의 깊게 잘 준비한 수업과 결합된 잘 고안된 질문은, 자원해서 대답하는 학생이 없는 문제를 해결하는 데 상당한 도움이 될 수 있다. 어느 경우든지, 모든 학생이 문답에 참여할 수 있도록 해야 한다. 그렇게 하지 않는 것은 협력 학급의 의미와 상충한다. 만일 당신이 얼마나 공평하게 학생들에게 문답 기회를 주고 있는지에 대해 확신할 수 없다면, 한 학생을 지명하여 학생 명부를 주고 반응하는 학생들이 누구인지 기록해 보도록 하라.

• 학생들이 서로 질문하도록 권장해야 한다. 대부분의 경우 질문은 교사만 하고, 대화는 교사와 개별 학생 간에만 이루어진다.[3] 학생의 대답을 수용하고, 곧바로 다음 질문으로 넘어가는 대신, 다른 학생들에게 그 대답에 대해서 어떻게 생각하는지 물어보라. 학생들이 서로 질문하고, 교사에게뿐만 아니라 학생들 상호간에도 반응하는 법을 배우는 학습 상황을 특별히 설계할 필요가 있다. 학생들의 좌석 배치도 중요한 역할을 한다. 좌석을 둥글게 정렬하면 상호 작용과 상호 문답을 분명히 촉진시킨다.

• 학생의 대답을 반복하지 않도록 해야 한다. 이런 행동은 개인주의를 조장한다. 이런 교사의 행동이 반복되면 학생들은 의미 있는 협력적 상호 작용에 필요한 경청 기술을 발전시키기보다는, '답변 기

계'로서 교사에게 의존하는 법을 배우게 된다. 학생의 대답을 한마디 한마디 반복하는 것은 학생 상호간에는 경청하지 않고 오직 교사의 말만 경청하도록 가르치게 된다. 이런 행동은 학생 상호간 토의를 방해한다.

- 다양한 질문을 제기해야 한다. 간단한 단답형에 국한된 질문만 하지 않도록 주의해야 한다. 확산형, 평가형, 가상형 질문을 다양하게 제기하고, 학생들의 반응을 끝까지 주의해 보아야 한다.
- 질문의 범위를 확대해야 한다. 질문의 범위를 순전히 학문적이거나 지적인 질문, 혹은 구체적인 내용만 묻는 질문에 제한하지 않아야 한다. 학생들에게 지금 다루고 있는 주제에 대해 어떻게 생각하는지, 그 주제에 대해서 어떻게 생각하며 어떤 가치를 부여하는지, 또한 자신이 생각하는 우선 순위에 어떻게 관계되는지 물어볼 필요가 있다. 우리는 학생의 몸 중에서 지성만을 가르치는 것이 아니라 전인적 아동을 가르친다는 사실을 기억해야 한다.
- 학생들의 경험과는 관계가 있지만 다루는 주제와는 동떨어져 보이는 질문이나 반응을 너무 성급히 중단시켜서는 안 된다. 실제로 어린 학생들은 자주 할머니 이야기나 집에 있는 강아지 이야기를 하면서 쉽게 토의 주제에서 이탈할 수 있다. 그러나 항상 연관성의 원리를 기억해야 한다. 학생들의 경험에 관한 질문, 이들 경험이 현재 배우고 있는 내용과 어떤 관련이 있는지 그리고 현재 배우고 있는 내용이 자신들의 생활에 차이를 만들어 낼 수 있다고 생각하는 방법에 관해서 질문해 보라. 학생들 한 사람 한 사람의 경험과 통찰이 모두 중요하다. 이러한 경험과 통찰을 요청하고, 그것을 감사한 마음으로 수용해야 한다.
- '기다리는 시간'과 같은 것이 있음을 기억해야 한다. 연구에 의하

면, 학생들이 반응하는 데 더 많은 시간을 허용해 주면 줄수록, 질적으로 더 좋은 반응이 나온다고 한다.[4] 기독교적 관점에서 볼 때 여기에 더 추가하고 싶은 것이 있다. 첫째로, 학생들은 재능과 학습 방식에서 각기 독특하다는 점이다. 어떤 학생들은 반응 과정에서 다른 학생들보다 더 많은 시간을 필요로 한다. 둘째로, 인내심은 우리가 계발하고 본을 보여 주어야 할 중요한 덕목이라는 점이다.

- 개별 학생을 지적하여 직접 질문하는 것을 피해야 한다. 이를 위해서 '머리 글자'(letterhead) 접근법을 활용하는 것을 생각해 볼 수 있다. 예를 들면, 학생들을 네 그룹으로 나누어, 각 그룹의 구성원들에게 '가, 나, 다, 라' 등의 문자를 할당한다. 그리고 질문을 할 때, 그룹의 구성원들이 머리를 맞대고 함께 답을 찾도록 요구한다. 교사는 질문을 할 때 '나'조나 '다' 조, 또는 어떤 그룹이든지간에 한 조를 지정하여 부를 것이라고 말해 준다. 이런 접근 방법은 상호 협력을 증진시키고, 학생들 사이의 개별적 경쟁은 감소시킨다. 이 방법은 또한 그룹 구성원들의 자신감과 용기를 고무시킨다. 무엇보다도, 그 반응은 한 개인의 반응이 아니라 팀의 반응

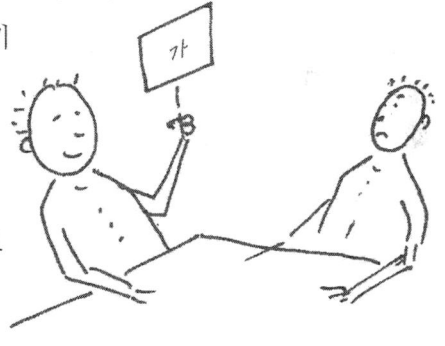

이 되기 때문이다. 설령 대답에 실수가 있어도, 한 개인이 이 실수로 인한 비난을 모두 담당하지 않는 것이다. 물론, 이런 조별 질문 방법을 모든 질문에 적용할 수는 없다. 수업에서 어떤 상황을 창출해서, 어떤 질문을 조별 질문 방법에 사용할 것인지 미리 계획해야 한다.

교사의 질문 기법은 실제로 기독교적 색채를 반영할 수 있다. 단순히 표준 과정으로 보일 수 있는 질문 과정도 주의 깊게 고찰하게 되면 차이가 있음을 볼 수 있을 것이다. 이런 문제를 동료들과 함께 토의하고, 자신의 질문 유형을 비교해 보고, 각자의 질문 기술을 단련할 수 있도록 서로 격려할 것을 제안한다. 특히 교사들이 시간을 내어 다른 교사들의 교실에 들어가서, 서로의 질문 전략을 세밀하게 관찰하고, 서로의 활동을 검토, 평가, 후원할 수 있도록 이사회와 교장 선생님이 배려한다면 매우 유익할 것이다.

# 학생들은 교사의 가르침을 어떻게 도울 수 있는가?

### 기독교적 관점에서 본 참여 교수법

김 선생: 와우! 홍 선생님! 학급에서 참 잘하고 계시는 것 같아요! 새에 대한 단원을 다루고 있지 않으세요? 오늘 오후 복도에서 성준이와 주원이가 제비에 대해서 토의하는 이야기를 들었어요! 성준이는 우주선에만 관심 있고, 주원이는 영화와 쇼핑에 대해서만 이야기하는 학생들이라고 생각했어요! 어떻게 이런 애들이 선생님이 가르치시는 내용에 대해서 이야기할 수 있게 만드셨어요?

홍 선생: 글쎄, 내가 최근에 사용한 한 가지 방법은 학생들에게 토론을 많이 하도록 하는 것이었어요. 오늘은, 봄이 되면 우리 나라로 날아와서 나무나 처마 위에 둥지를 트는 제비에 대해서 많은 대화를 나누었지요. 수업 시간이 끝난 후에도 아이들이 계속해서 토론하는 것을 듣고는 정말 기분이 좋았어요.

김 선생: 선생님! 정말 감동적입니다. 저는 우리 반 학생들이 수업이 끝나는 종이 울릴 때 공부한 주제에 대해서 생각만 하고 있어도 다행이라고 생각할 정도예요.

### 개략적 설명과 구분

만약 당신의 학생들이 앞의 시나리오에서 김 선생님이 말한 것과 같은 학생들이라면, 학급에서 좀더 참여적인 교수법을 고려해 볼 만하다. 물론, 그렇게 한다고 해서 학생들이 갑자기 수업 마침 종이 울리는 것을 아쉬워하면서 당신이 수업을 계속하도록 사실상 강요하게 되리라는 보장은 없다. 교사 연수 모임 같은 곳에서 학습 자료 판매원들이 무슨 이야기를 한다고 해도, 교실에서의 가르침에는 보장이라는 것이 없다. 교실은 간단한 해결책이나 쉬운 조리법으로 모든 문제를 해결하기에는 너무나 복잡한 곳이다.

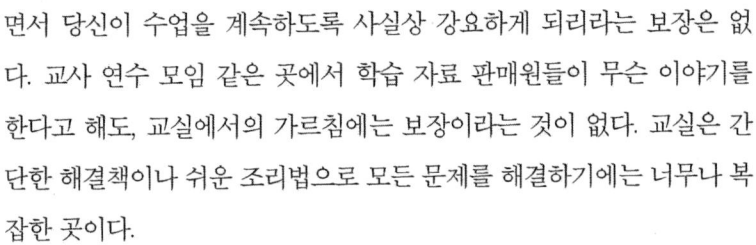

그럼에도 불구하고, 교사가 직접 교수법에 지나치게 의존할 때보다 학생들이 더 적극적으로 배움에 참여할 수 있게 하는 방법들이 있다. 참여적인 가르침의 상황은 성준이와 주원이 같은 아이들을 그들이 집착하고 있는 우주선이나 영화로부터 벗어나도록 도와줄 수 있으며, 실제로 교사가 그들에게 가르치기 원하는 것을 그들이 바라보도록 동기를 유발하는 데 도움을 준다.

참여적 접근 방법이란 무엇인가? 참여적 가르침은 학급의 교수-학습 상황을 구성하는 데 학생들이 협력하도록 이끄는 형태의 가르침이다. 참여적 가르침은 학생들이 서로 가르치고 서로 배울 수 있는 기회를 계발한다. 참여적 가르침은 직접 교수법이나 간접 교수법보다도 학생의 주도적 활동을 훨씬 더 격려해 준다.

그러나 참여적 가르침은 간접 교수법과 어떻게 다른가? 두 가지 방법 모두 학생들의 참여를 요구하고 있지 않은가? 이런 질문은 먹구름과 비구름의 차이점은 무엇인가라는 질문과도 유사하다. 둘 다 구름이지 않은가? 그렇다! 어떤 때는 이들을 구별하기가 어렵기도 하고, 어떤 때는 아주 다르게 보이기도 한다. 심지어는 이것이 저것으로 바뀔 수도 있다. 교수 전략도 마찬가지다. 앞에서 이미 고찰한 내용을 다시 생각해 보자. 교수 전략은 언제나 분명하게 구별할 수 있는 것이 아니며 때로는 중첩되기도 한다. 좋은 교사들은 흔히 다양한 방법과 학습 활동을 사용하며 심지어 혼합하기도 한다.

내가 볼 때, 간접 교수법과 참여 교수법의 차이는 정도의 문제다. 핵심은 교사의 통제 정도의 다소를 가늠하는 초점이 이동한다는 데 있다. 간접 교수법은 여전히 교사의 통제와 한정된 상황 안에서 학생들이 활동할 것을 요구한다. 한편 참여 교수법은 학습 내용 창출이나 교실 활동의 구조화와 통제에 학생들이 적극적인 역할을 하도록 의도적으로 격려해 준다.

사실, 간접 교수법과 참여 교수법 간에는 명백한 차이를 볼 수 없다. 다시 말하면, 양자를 분명하고 예리하게 구분해 주는 구체적인 기준이 없다. 참여적 가르침은 분명하게 규정되고 정확하게 윤곽을 그릴 수 있는 범주라기보다는, 연속적인 스펙트럼상에 있는 전반적인 영역이다. 참여적 가르침은 교실에서 진행되는 활동에 학생들이 가능한 한 많이 기여하도록 권유하는 다양한 종류의 가르침을 말한다.

이처럼 확실하게 구분되지도 않는데 굳이 구분하는 이유는 무엇인가? 내 생각에는, 만약 참여적 가르침이라는 범주를 명시적으로 인식하지 않는다면, 우리는 대체로 교사가 통제하는 교실 활동에 휩싸여 그에 머무는 경향을 보일 것이다. 자신의 교수 방식과 '안전 지대'에 대해서 몇 가지 어려운 질문들을 스스로 제기해 보자. 효과적으로 가르치기 위해서 내가 어느 정도로 '책임져야' 할 필요가 있는가? 학생들을 '통제

해야' 한다고 믿는가? 당신이 학생들에게 시킨 것을 학생들이 정확하게 수행할 때 가장 편안함을 느끼는가? 무언가를 가르치기에 적절한 순간을 포착하여 이용하며, 그에 따라 수업 계획을 조절하는 데 어느 정도로 개방적인가? 아니면 "어떤 일이 있더라도 목표는 반드시 성취해야 한다"는 것이 당신의 좌우명인가? 당신은 실제로 현재 자신의 스타일을 유연하게 해서, 가르치는 내용의 모양을 다듬는 데 학생들의 도움을 받아들이며, 학생들이 서로 가르치도록 격려하고, 그렇게 함으로써 책임 있게 행동하도록 구비시키는 일을 기꺼이 하고자 하는가?

### 세 가지 간단한 회고

참여 교수법은, 전통적으로 교과 내용과 기술로 묘사되는 내용을 열심히 학습하는 것을 배제하지 않는다. 무엇보다도, 이 책 전체의 한 가지 핵심적인 전제는, 기독교 교육은 지식과 능력을 겸비한 제자도를 위한 것이라는 점이다. 깊은 이해와 폭넓은 기술이 없다면, 세상 속에서 효과적인 제자도의 실천 가능성이 심각하게 손상될 것이다.

참여적 가르침은 직접 교수법의 필요성을 제거하지 않는다. 그 어떤 방법도 가용 수업 시간의 60% 이상을 차지해서는 안 된다는 교수법의 기본 '규칙'을 생각해 보라. 뿐만 아니라, 이미 살펴본 바와 같이, 아무리 협력적인 수업일지라도 직접 교수법을 필요로 한다.

마지막으로, 참여적 가르침 역시 교사는 직분자며 안내자라는 점을 항상 전제하고 있다. 교사는 교실에서 최종적 권위를 보유하며, 학생들의 학습을 위한 방향을 설정하는 책임을 진다. 요컨대, 나는 '열린 교실'이나 '듀이식 민주주의'의 그 어떤 사상도 거부한다. 당신도 그렇게 하기를 요청한다. 이런 교육적 접근 방법은 기독교적 가르침의 특성과 조화될 수 없다.

### 참여 교수법의 실례

참여적 가르침의 간단한 실례는 브레인 스토밍이다. 대부분의 교사들은 교실에서 생각할 수 있는 수많은 아이디어들을 재빨리 끌어내기 위해서 이 기술을 사용한다. 브레인 스토밍은 분명히 확산적이거나 평가적인 질문을 주로 요구한다. 한 가지의 정답만 요구

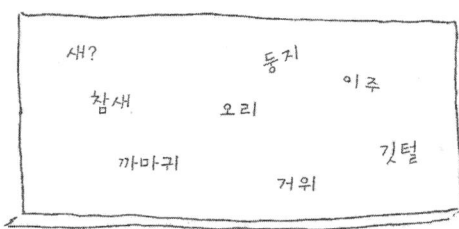

하는 단답형 질문은 브레인 스토밍의 수업을 주도할 수 없다. 이제 중요한 문제는, 브레인 스토밍의 결과를 가지고 교사들이 무엇을 하느냐는 것이다. 단순히 교사가 설계해서 미리 정해 놓은 계획이나 결과와 통합시키려고 하는가? 물론, 이와 같은 전략을 구사할 여지가 있다. 그러나 좀더 상상력이 넘치며 참여적인 브레인 스토밍에서는 도출해 낸 결론과 합의한 제안이 수업 과정에서 중요한 역할을 한다. 이런 제안과 결론은 교수-학습 상황에 진정으로 기여하며, 심지어는 수업의 의도된 결과를 바꿀 수도 있다.

간단한 실례를 들어 보자. 한 3학년 교사는 분류 방법에 관한 수업의 일환으로 브레인 스토밍의 방법을 실행하였다. 선생님의 의도는 학생들로 하여금 말과 소를 구별하는 모든 특징을 열거한 완벽한 목록을 만들도록 하는 것이었다. 어느 자그마한 소년이 '나쁘다'라는 단어를 제안하였다. "왜 말이 나쁘다고 생각하니?" 하고 선생님이 물었다. "왜냐하면, 말이 우리 삼촌 머리를 발로 차서 죽였거든요!"라고 소년은 대답했다. 이어서 소년은 흐느끼면서, "제가 제일 좋아하는 삼촌이었어요!"라고 덧붙였다. 이것이 바로 가르치기에 적절한 순간이다. 분류라는 주제가 '나쁨'과 '위험함'의 관계에 관한 논의, 또는 말 주위에 있을 때의 안

전 문제와 상처받은 자를 위로하는 문제에 관한 논의로 바뀌거나 확장된 것이다. 소년의 이야기를 대충 무시해 버리기보다, 교사는 그것을 수업에 통합하여 활용하였다.

이 장의 나머지 부분에서 나는 두 가지 참여적 접근 방법에 대해서 고찰하고자 한다. 그것은 '참여적 토의'와 '실천 공유 전략'이다. 이런 방법들은 다른 형태의 참여적 접근 방법을 위한 모델 역할을 해야 한다. 참여적 방법으로서 협력 학습에 대한 검토는 다음 장에서 하게 될 것이다.

### 참여적 토의

참여적 토의라는 용어는 당혹감을 줄 수도 있다. 모든 토의는 참여적이 아닌가? 토의는 언제나 '토의 상대'가 있어야 하는 것 아닌가? 그렇다고도 할 수 있고, 그렇지 않다고도 할 수 있다. 독백을 하거나 샤워를 하면서 흥얼거리는 것을 이야기하는 것이 아니라면, 토의는 일반적으로 여러 참여자들 간의 대화를 지칭한다. 그러나 교실에서는 참여적 토의와 비참여적인 토의를 구별할 수 있다. 교사들은 때로 교실에서 많은 '토의'가 이루어지고 있다고 보고하는데, 실제로는 토의가 아닌 다른 것에 대해서 말하고 있다. 아마도 비참여적 토의에 대해서 이야기하고 있는지도 모른다. 그러면 **비참여적 토의**란 무엇인가? 다음은 비참여적 토의에서 나타나는 몇 가지 특징이다.

- 토의에 참여해야 할 모든 사람이 실제로 참여하지는 않는다. '학급 토의'라는 것은 흔히 몇몇 목소리 큰 참여자들 사이의 대화일 뿐이다. 이런 상황에서 '토의'는 사실상 참여적인 것이라기보다는 관중을 위한 스포츠에 더 가깝다.
- 그 '토의'는 본질적으로 교사와 선정된 학생들 간의 질문과 답변

으로 이루어지는 대화이다. 이런 토의에서는 교사가 80% 정도 말을 한다.[1] 본질적으로, 진정한 참여자는 교사 단 한 사람뿐이다. 이런 형태의 토의는 차라리 '반복 학습'(recitation)이라고 부르는 편이 더 나을 것이다. 여기에서는 내 딸이 '참여' 했던 퀴즈 대회 이상의 진정한 토의가 진행되지 않고 있다.

• 교사와 더불어 학생들은 상호 경청하거나 반응하고 이해하려는 노력을 기울이지 않고 자기 주장을 내세운다. 이들의 '토의'는 '심야 토론' 처럼 토론을 가장한 정치판이나 다름없이 고함치기 시합으로 끝나 버리기 쉽다. 모든 '참여자'는 다른 사람들이 잘못되었다는 것을 증명하려고 한다.

• 교사는 그것이 '토의를 더 이상 진전시키지 못하거나' 아니면 단순히 '틀렸다'는 이유로 학생들의 어떤 반응을 제외시켜 버린다. 다시 말하면, 다소간 교묘한 일종의 검열이 대화를 통제하고 있다. 토의 참여자들은 자신의 의견이 교사가 임의로 가정하고 있는 어떤 수용 가능한 조건을 충족시키고 있는지를 먼저 물어보아야 한다.

나는 지금 '참여적 토의'를 '진정한 토의'라고 칭하려는 생각에 혼자 즐거워하고 있다. 학급 토의를 '진정으로 참여적인' 토의로 만들어 주는 것은 무엇인가? 적어도 다음과 같은 세 가지 특징을 생각해 볼 수 있다.

• 진정으로 참여적인 토의란 참여자들 간에 정보와 통찰과 아이디어를 도출하고 나누고 경청하는 대화이다. 브레인 스토밍에서처럼 그 어떤 아이디어도 그것이 '틀렸거나', 아니면 교사의 의견과 맞지 않는다는 이유로 무시당하지 않는다. 물론, 아이디어를 정리하고 그것을 표현하는 어투가 부적절할 수는 있다. 이 문제에 대해서는 곧

다시 살펴보기로 하자.
- 진정으로 참여적인 토의의 목적은, 교실 과업 시간에서와 같이 학생들의 이해 여부를 점검하는 것이 아니라, 교사를 포함해서 모든 참여자들이, 지식과 지혜에서 성장하는 상황을 만드는 것이다. 여기에는 교사와 학생 간의 의견 교환뿐만 아니라, 학생과 학생 간의 상호작용도 풍부하게 이루어진다. 참여적 토의는 학생들을 무능력하게 하는 것이 아니라 능력을 부여하는 활동이 되어야 한다. 반복 학습도 그 나름의 역할이 있기는 하지만, 이것을 참여적 토의와 혼동해서는 안 된다. 참여적 토의는 미리 결정된 대답을 요구하지 않고, 참여자 모두의 경험과 이해를 도출해 내고자 한다.
- 참여적 토의에서는 상대방의 견해를 귀담아 듣고자 헌신하며, 의사 소통의 기본 규칙을 전제하고 있다. 참여적 토의에는 상호간 경청하고자 하는 의지와 심지어 열정까지 있다.

### 참여적 토의의 실행

교실에서 진정으로 참여적인 토의를 실행하는 것은 쉬운 일이 아니다. 학생들을 불러 놓고, "우리 서로 이야기해 보자!"라고 말한다고 해서 되는 것이 아니다. 진정으로 참여적인 토의를 위해서 취해야 할 핵심 단계들은 무엇인가?

먼저, 토의의 주제가 의미 있는 것이어야 한다. 강냉이가 뻥튀기보다 더 맛이 있느냐 아니냐 하는 문제에 대해서 의미 있는 토의를 진행시키는 것은, 콩 몇 숟갈로 메주를 쑤는 것처럼 어려운 일이다. 메주를 쑤려면 콩이 더 많이 필요하다.

토의 주제는 학생들의 지적인 능력뿐만 아니라, 그들의 가치관, 우선순위, 감정과 신념 체계와도 관련되어야 한다. 때로는 해결책이 필요한 문제에 예기되는 토의의 초점을 맞추어 보는 것이 가장 좋을 때도 있다. 다양한 영역에서 의미 있는 예를 들어 보면 다음과 같다. 폭탄을 만들기 위해서 수학을 이용하는 것은 옳은 일인가, 잘못된 일인가? 가설의 변경을 고려해 볼 때, 객관적 '과학적 지식'과 같은 것이 존재하는가? 아파트 주변에 늘어나는 도둑 고양이떼를 어떻게 해야 할까? 비디오 게임은 학교 폭력에 영향을 미치는가? 어떤 사람이 좋은 친구인가? 지역 사회는 어떻게 형성되는가?

　토의 주제가 항상 철학자들마저도 다룰 수 없는 심오한 것이어야 한다고 말하는 것은 아니다. 그러나 참여적 토의는, 우리가 흔히 비실제적인 것으로 생각하거나, 또는 가르치려는 내용과 동떨어진 곳으로 학생들을 인도해 간다고 생각하면서 회피하거나 무시해 버리는 '높은 수준'의 지적 교양을 요구한다. 참여적 토의는 다양한 아이디어를 펼칠 수 있는 잠재력을 요구한다. 답이 뻔하거나 이미 해결책이 있는 질문이나 문제는, 통찰을 서로 나누는 가운데 좀더 심오한 지혜로 인도해 가는 학급 토의에는 별 쓸모가 없다. 그러므로 나는 당신이 가르칠 수업과 단원의 내용을 한 번 더 살펴보고 언제, 어디서 참여적 토의의 기회를 가질 수 있을지 자문해 보기를 권한다. 참여적 토의는 중고등학교에서만 실행할 수 있다고 생각해서는 안 된다. 어린 아이들 역시 자신의 생각을 나눌 수 있다. 말을 할 수 있는 학생들이라면 언제나 참여적 토의는 가능하다.

　일단 토의 주제를 정하고 나면, 적절한 준비를 해야 한다. 일반적으로 참여적 토의는 갑자기 일어나지 않는다. 물론, 그럴 수도 있고, 그럴 때도 있다. 우리는 그와 같이 예기치 않았던 기회를 하나님의 선물로 생각하고, 감사의 기회로 축하해야 한다. 그러나, 참여적 토의는 일반적으로 교사와 학생 모두의 준비가 필요하다. 학생들은 스스로 제안한 주제를 포함하여 토의 주제에 대해서 어느 정도 알고 있어야 한다. 학생들은 토의 주제를 생각해 보고 그것을 자신의 이전 경험, 현재 상황, 미래의 삶과 연관시켜 보는 기회를 가져야 한다.

이제 참여적 토의를 준비해야 될 상황이라고 가정했을 때, 어떻게 진행해 나가야 하는가? 여기에 몇 가지 제안이 있다.

- 학급을 몇 개의 소그룹으로 나누라. 특히 그 학급에서 진정한 학급 토의를 해 본 경험이 없다면 더욱더 그렇게 해야 한다. 소그룹에서는 모든 참여자가 토의 상대자로서의 역할을 할 수 있는 기회가 더 많을 것이다. 이들 소그룹은 동성 그룹으로 해야 하는가 아니면 이성 그룹으로 해야 하는가? 이것은 판단을 요하는 문제이다. 이성 그룹은 더 다양한 관점에서 볼 수 있고, 동성 그룹은 결속력을 더욱 조장한다. 이 문제는 교사가 직접 실험해 볼 필요가 있다.
- 소그룹을 원형으로 배열하라. 참여적 토의는 참여자들이 얼굴을 마주 대할 때 가장 잘 이루어진다.
- 사회자를 임명하라. 나는 '토의 인도자'라는 용어를 사용하지 않으려고 한다. 왜냐하면, 인도자는 추종자를 만들어 내는 경향이 있기 때문이다. 교사는 토의 상대자를 원하지 지도자와 추종자를 원하는 것이 아니다.
- 기대하는 바를 설정하고 검토하는 데 상당 시간을 투자하라. 학생들은 참여적 토의에 어떻게 참여해야 하는지를 저절로 아는 것이 아니다. 그것을 가르쳐 주어야 한다. 앞에서 언급한 제자도의 기술이 여기서 또다시 어떤 역할을 한다. 구체적으로 기대하는 바는 다음과 같다. 한 번에 한 사람씩 이야기할 것, 멸시하거나 비꼬는 말을 하지 말 것, 신중하고 주의 깊게 듣기, 정확한 이해가 되었는지 분명히 물어볼 것, 합의에 도달하는 것을 목표로 삼을 것, 기꺼이 다른 사람의

의견에 설득되기, 모든 사람이 토의에 참여하도록 격려하기, 토의를 독점하지 않기, 상호간 인내하며 온유하게 대하기, 항상 상대편의 말 중에서 가장 좋은 점을 찾아내기 등이다. 이것은 제자도의 기술을 예증하고 예시하는 데 도움을 준다.

• 토의 상대자들이 토의 과정을 진정으로 참여적인 토의로 볼 수 있도록 하라. 토의는 교사를 포함하여 모든 사람의 지식을 확장하는 데 그 목적이 있다. 토의의 목적은 모든 지혜 안에서 서로 가르치고 서로 배우는 것이다. 이런 활동은 우리 모두가 지식과 능력을 겸비한 주님의 제자로서의 역할을 감당하는 능력에서 성장할 수 있게 해주어야 한다.

기억할 것은, 참여적 토의에서도 교사는 안내자로 있어야 한다는 점이다. 교사는 토의를 지켜보고 격려를 아끼지 말아야 한다. 또 아이디어와 생각을 정리하고 표현하는 것이 적절하지 않을 때는 기꺼이 권면해 줄 수 있어야 한다. 나쁜 언어, 나쁜 말투, 모욕적이거나 도발적인 말, 비열한 어투는 그냥 넘어가서는 안 된다.

지금까지 진정한 토의의 실제에 대해서 상당히 길게 논의하였다. 이렇게 하는 것은 또 다른 참여적 방법인 실천 공유 전략(shared praxis)을 고찰하기 위해서도 필요하다. 실천 공유 전략은 잘 진행되는 참여적 토의 모델과 친숙해질 것을 먼저 요구한다.

## 실천 공유 전략

손 선생님은 6학년 교사다. 학부모, 교장 선생님, 동료 교사들도 손 선생님을 특별히 창의적인 선생님이라고 생각한다. 손 선생님의 한 가지 장점은 자신의 가르침을 더욱 효과적으로 개선하기 위해서 새로운 통찰력을 얻으려고 항상 노력한다는 점이다.

　최근에 손 선생님은 실천 공유 전략에 관한 이틀 간의 워크숍에 참석하였다. 교장 선생님은 '최신 유행'에 대해서 꼭 기대를 거는 것은 아니셨지만 협조적이었다. 손 선생님은 워크숍의 주제를 정확하게 잘 알지는 못했지만, 교실에서 언제나 참여 교수법을 시도하려는 열심을 갖고 있었기에, 무엇을 배울 수 있을지 가 보기로 결심했다. 손 선생님은 과연 무엇을 배웠을까?

　'실천 공유 전략'은 성인 문맹 퇴치 학습 활동으로 널리 알려져 있는 브라질의 가톨릭 교육학자 파울로 프레이리가 처음으로 이름 붙인 교수 방법이라는 것을 손 선생님은 배웠다. 신 마르크스주의의 영향을 받은 프레이리는 자신이 개발한 교수 방법을 지칭하기 위해 '실천 공유 전략'이라는 용어를 사용하였다.[2] '프락시스'(praxis)의 문자적 의미는 이론과 실천의 융합을 의미한다. 프레이리는 이론을 실천에 적용해야 하는 분리된 것으로 보지 않고, 이론과 실천은 분리될 수 없고 구분할 수 없는 하나의 상호 작용 과정을 형성한다고 보았다.

　손 선생님은 또한 프레이리가 직접 교수법에 대해서 극도로 비판적이라는 것을 배웠다. 프레이리는 직접 교수법을 텅 빈 저금통에 돈을 저축하는 '은행 저축식' 교육이라고 불렀다. 프레이리는 이런 가르침을 반대하면서, 학생들의 경험에서 시작하는 방법을 사용할 것을 강력히 촉구하였다. 손 선생님은 직관적으로 자신이 이 방법에 동의한다는 사실을 느꼈다. 손 선생님도 학생을 빈 깡통으로 보는 관점을 언제나 반대해 왔다.

　그래서 손 선생님은 자신이 배운 실천 공유 전략의 정의를 좋아하였다. 엄밀한 의미에서, 실천 공유 전략은 교사와 학생들이 구조화된 대화를 통해서 자신들의 통찰과 경험을 나누고, 그렇게 함으로써 서로의 지식과 경험을 쌓아가서, 결국 바람직한 학습에 도달하는 것을 의미한다. 여기에 손 선생님은 '아멘!'이라고 응답하였다. "나도 지금까지 쭉 이런 방식으로 가르쳐 왔다고 생각한다. 그러나 좀더 구체적이라면 도움이 되겠다"라고 손 선생님은 생각하였다.

  손 선생님은 실천 공유 전략에 관해서 더 많은 것을 배웠다. 프레이리의 접근 방법은 토마스 그룸(Thomas Groome)을 포함하여 다른 많은 사람들에 의해서 확대되고 있다는 것도 배웠다.[3] 그룸은 주로 교회 교육의 맥락에서 이 방법을 실제로 적용하였다. 그러나 학급 교사로서 손 선생님 자신도 그룸의 방법을 사용할 수 있다고 느꼈다. 주제와 관련된 학생의 경험에 관한 대화로 시작해서, 학습한 내용을 자신의 미래적 삶으로 통합하는 방법에 이르기까지 수업은 다섯 '단계'(movement)로 구성된다고 그룸은 제안하였다. 손 선생님은 워크숍에서 이들 다섯 '단계'를 요약한 자료를 받았다.

1. 학생들에게(교사도 함께) 수업에서 다룰 주제와 직접적으로 관계되는 개인의 관점이나 경험을 이야기하도록 한다.
2. 교사와 학생들이 수업 주제와 관련해서 무엇을 생각하는지, 또 이러한 관점이나 경험이 불러올 것 같거나 의도하는 결과가 무엇일지에 대해서 성찰해 보도록 한다.
3. 교사는 그 주제에 관해서 집단 구성원이 필요로 하는 모든 기본 정보들을 제공해 준다.
4. 학생들에게 자신들의 경험에 대한 변증법적인 교차 검토(cross-examination)의 방법으로 기본 정보를 자신들의 삶 속으로 통합하도록 권유한다.

5. 미래를 위해 개인적으로 어떻게 반응할지 선택할 수 있는 기회를 준다.

워크숍 두 번째 날, 손 선생님은 다른 한 교사와 짝이 되어 이 자료에 근거하여 단원 계획을 만들어 보라는 지시를 받았다. 두 교사는 자신들이 가르치고 있는 학교가 해변에서 그리 멀지 않은 곳에 있었기 때문에 독특한 생활권으로서 바다에 관한 단원이 실천 공유 전략을 그룹의 방식으로 실천해 볼 수 있는 기회를 제공해 줄 것이라고 생각했다. 그룹의 다섯 단계를 사용하여, 이들은 다음과 같이 일반적인 수업 계획을 구성하였다.

1. 학생들에게 해변과 바다에서의 경험을 나누어 보도록 한다.
2. 학생들에게 해변에서의 경험이 자신의 삶에 어떤 영향을 끼쳤는지, 계속적으로 어떤 영향을 끼칠 수 있을지 토의하게 한다.
3. (교과서와 더불어 다양한 교육 기관에서 구할 수 있는 몇몇 비디오를 사용하여) 바다에 대한 기본적인 정보를 제시해 준다.
4. 제시된 새로운 정보가 학생들이 두 번째 단계에서 정리했던 내용을 확대, 감소, 또는 지지해 주는지, 아니면 그것과 상충하는지 토의하는 시간을 갖게 한다.
5. 학생들에게 이 단원에서 학습한 결과로 해변과 바다에 대해서 이제 무엇을 할 것인지를 표명하는 일지를 작성하게 한다. 예를 들면, 고래 보호, 해변 청소, 철새 보호지 보존하기 등과 같은 실천 방안을 제시하고 일지에 기록하게 한다.

구체적 단계 – 모델 제안

그룹의 '단계'는 교실에서 실천 공유 전략 방법을 사용하기 위한 견고한 기초를 놓아 주고 있다. 그룹의 교수 전략을 교사들과 함께 실천하고 실험해 보면서, 나는 그룹의 제안을 다음과 같은 **여섯 단계**의 실천 공유 전략 모델로 적용하고 확장해야 한다고 믿게 되었다.[4]

1. 먼저, 학생들로 하여금 그들 바로 가까이에 있는 주제에 대해서 자신의 경험을 이야기하도록 하라. 자신의 경험을 검토하도록 요청하라. 주의 깊게 다듬은 질문을 제기하여 토의를 시작하라. 학생들이 자유롭게 반응하도록 하라. 이 첫 번째 단계는 수업이 학생들의 경험에 근거한다는 점을 확실히 해준다. 수업의 주제와 관련된 학생들의 경험을 먼저 이야기하도록 권유하지 않고 학생들에게 교육 과정을 던져 주기만 하면 실천 공유 전략은 그것으로 끝나고 만다.

2. 학생들로 하여금 서로 질문하도록 격려해 주라. 이것은 학생들의 이해 정도를 알아보고, 그렇게 함으로써 그들이 학습하고 있는 개념을 확대시키려는 의도다. 이런 종류의 활동은 협동 학습 전략과 쉽게 결합될 수 있다. 학생들을 소그룹으로 나누고, 원형으로 앉게 해서 자신의 경험과 지식을 조직적으로 나눌 수 있게 하는 것이 제일 좋다. 이런 단계는 진정한 참여적 토의를 위한 상호적이며 공유적인 대화의 기회를 제공해 준다.

3. 추가 정보를 제공해 주는 것은 단지 이 시점에서만 적절한 일이다. 이러한 정보는 강의, 비디오, 독서 과제, 연구 프로젝트 등을 통해서 전달할 수 있다. 추가 정보 투입은 단계 1과 2에서 제시되고 논의된 경험과 직접적으로 연관되어 있음을 유념해야 한다. 이 단계는 실천 공유 전략 방법의 수업이 '무지의 모음'을 실천하는 것밖에는 아무

것도 아니라는 비판을 제거해 준다.

4. 이제 학생들에게 자신이 학습한 개념에 대한 새로운 이해를 예증하거나 실천하도록 요구해야 한다. 학생들은 설명, 묘사, 비교, 부언, 재정의 등의 방법으로 이것을 할 수 있다.

5. 다섯 번째 단계는 협력 유지와 공동체 구축을 분명히 하기 위해서, '상호 점검'으로 이루어진다. 학생들은 상대방이 새롭게 이해한 것을 탐색하면서 서로 점검하고, 질문하며, 서로 가르치고, 격려한다. 이렇게 하는 목적은 그룹의 모든 구성원이 새로운 개념이나 기술을 이해했거나 학습했는지를 확인하는 것이다. 실천 공유 전략은 분명히 개인주의와 대립된다.

6. 마지막으로 그리고 아마도 가장 중요한 것은, 그들이 새롭게 학습한 내용이 자신의 삶에 어떻게 연관될 수 있는지를 생각해 보도록 인도해 주는 것이다. 새로운 학습이 자신의 삶에 어떤 변화를 가져올 것인가? 새로운 학습은 자신의 과업을 어떻게 효과적이며 기독교적으로 수행할 수 있도록 구비시켜 줄 것인가? 학생들은 이제 구체적으로 어떤 구속적 행동 단계를 고안할 수 있는가? 학생들은 화해의 대리인으로서[5] 자신이 학습한 내용을 치유적인 방법으로 실천하는 일에 기꺼이 헌신하고자 하는가?

### 몇 가지 예

이 단계들을 좀더 구체화하기 위해서 나는 두 가지 예시를 하고자 한다. 첫째는 중고등학교에 적용할 수 있는 실례다. 정부의 본질과 과업에 관한 단원을 가르친다고 가정해 보자. 첫 번째 단계는 주제와 관련된 경험을 이야기하는 단계인데, 다음과 같은 질문으로 시작할 수 있다. 정부는 무엇인가? 언제 정부의 활동을 보게 되는가? 정부가 활동한 직접적인 결과를 경험한 것이 있는가? 예를 들면, 가족이 교통 속도 위반 딱지를 받는 것을 본 적이 있는가? 아니면 공항 출입국장에서 출입국 허락을 받는 과정을 보았는가? 또는 부모님이 세금을 납부하는 모습이나, 군인들이 훈련받는 광경을 본 적이 있는가? 지방 자치법이나 재해 특별법 제정에 대해서 아는 것이 있는가? 속도 제한 규정이나 그린벨트 규제, 원자력 발전소 이전 문제, 또는 북한 핵 문제 등에 대해 우리 모두는 자신의 견해를 가질 수 있는데, 이 모든 문제와 관련해서 우리 정부가 잘하고 있는 점과 잘못하고 있는 점은 무엇이라고 생각하는가?

두 번째 단계는 이와 같은 개인적 관점과 경험에 대한 성찰과 토의를 격려하는 것이다. 정부에 관해서 이러저러한 것이 좋거나 나쁘다고 생각하는 이유가 무엇인가? 정부가 행동한 결과를 경험한 것에 대한 반응은 어떠했는가? 가족이 교통 속도 위반 딱지를 받았을 때 기분은 어떠했는가?

세 번째 단계에서는 정부에 관한 기본 정보를 제시해 주고, 학생들이 현재 가지고 있는 느낌, 관점, 경험과 비교하게 한다. 예를 들면, 정부의 과업과 의무, 한계를 요약해서 간략하게 제시하고, 성경에서 몇 가지 내용과 배경을 이야기해 주고, 영화나 비디오 등 시청각 자료를 활용하거나 아니면 시의원이나 구청장과 같은 인사를 초빙해서 이야기를 듣거나 교과서의 내용을 과제로 내 준다.

네 번째 단계는 이 새로운 정보를 비교해 보고, 그에 대한 반응을 표현해 보게 한다. 이제 학생들은 앞에서 기술했던 자신의 경험을 처음과는 다른 관점에서 보게 되었는가? 이전에는 알지 못했던 것을 이제 보게 된 것은 무엇인가? 이 단계는 학생들이 방금 학습한 내용에 대해서 서로 문답하는 다음 단계로 이어져야 한다. 학생들이 서로의 학습에 대해 책임을 지도록 가르치는 것이 목표가 되어야 한다. 모든 참여자들에게 새로운 학습이 명확하고 실제 삶에 통합되도록 하기 위해서 학생들은 모든 노력을 다해야 한다.

마지막 여섯 번째 단계는 학생들이 앞의 다섯 단계에서 획득한 관점을 바탕으로 자신의 삶과 미래를 평가하도록 촉구한다. 정부를 향해 그들은 어떤 입장을 취할 것인가? 지역 사회와 국가를 위해 시민으로서 어떻게 참여하고자 하는가? 건전한 애국심을 갖기 위해 그들은 무엇을 할 수 있는가? 그들이 살고 있는 지역 사회와 국가의 정치 풍토에 어떤 기여를 할 수 있는가? 이 외에도 여러 가지 구체적인 방법들을 생각해 볼 수 있다.

두 번째 예는 다소 시골풍의 소박한 실례인데, 농촌 지역 학교의 초등학교 수학 수업에서 실천 공유 전략이 어떻게 작용하는지를 보여 준다. 학습 주제는 간단한 덧셈과 뺄셈이라고 가정해 보자. 수업 단계는 아마 다음과 같이 진행될 수 있을 것이다.

1. 학생들이 셈하기와 관련되는 경험을 서로 나누도록 하라. 자기 농장에 소가 있는가? 우리 안에는 몇 마리가 있는가? 한 마리 한 마리씩 셀 수 있는가? 아버지는 소를 매일 세어 보시는가?

2. 개인의 경험을 돌아보도록 격려하라. 어미 소가 송아지 한 마리를 낳으면 어떻게 되는가? 소 몇 마리가 죽으면 어떻게 셈해야 하는가? 아버지가 소를 팔거나 새로 사신다면 어떻게 셈해야 하는가?

3. 배워야 할 기본 덧셈 뺄셈 공식을 제시해 주면서 새로운 정보를 투입해 준다.

4. 학생들은 이제 농장의 소와 직접 관련시켜 연산 공식을 연습한다. 예를 들면, 소 3마리 + 소 7마리 = 소 10마리와 같은 방식이다. 아버지가 10마리 중 3마리를 파신다면 몇 마리가 남는가? 학생들은 수업 주제를 숙지하기 위해 수많은 셈하기 연습을 할 수 있다.

5. 학생들은 자신의 계산 능력을 증명하기 위해서 서로 질문한다. 복습 문제를 만들어 볼 수도 있다. 다음 장에서 살펴볼 것이지만, 협동 학습의 '직소오 전략'(Jigsaw strategy)은 이 단계에서 작용할 수 있다.

6. 학생들은 소에 대한 자신의 직접 경험으로부터 연산 공식을 전이시켜서 삶의 다른 영역으로 연결시킨다. 그리고 결국 자신들의 장래 생활에 적용할 수 있는 좀더 추상적인 계산도 숙지하게 된다.

## 실천 공유 전략은 실용적인가?

실천 공유 전략은 언뜻 번거롭게 보이며, 심지어는 이제는 진부해진 예전의 '적절성 추구 운동'(relevance movement)을 상기시켜 줄 수도 있다. 실제로, 이러한 여섯 단계의 틀에 칼같이 맞추어 모든 수업을 진행해야 한다고 주장한다면, 아마도 이것은 정말 참을 수 없을 정도로 번거로운 방법이 될 수도 있을 것이다. 그러나 이런 획일적 방식은 불필요하다. 일단 이 여섯 단계를 이해하고 나면 이것을 단순화된 형태로 사용할 수도 있다. 실제로 실천 공유 전략의 축약 구조는 간단하다. 그것은 모든 훌륭한 교사들이 실천해야 한다고 알고 있는 바로 그것을 실천한다. 그것은, 수업을 시작하고 마칠 때 수업 내용을 학생의 경험과 관련시키는 것이다. 어떤 면에서 '학습자 중심 수학'(math-their-way)이나 '총체적 언어 접근'(whole language approach)과 같은 프로그램은 바로 이런 것을 추구하고 있다. 수업을 학생들의 경험과 관련시킬 뿐만 아니라, 학생들의 경험과 지속적인 관련을 **유지하도록** 해야 할 필요가 있다. 그리고 수업 내용을 자신의 삶에 통합하도록 학생들을 이끌어 주어야 한다. 그러므로 실천 공유 전략은 최근의 학습 이론, 특히 구성주의가 촉진시킨 학습 이론까지도 활용한다. 실천 공유 전략은 학생들이 새로운 학습을 자신의 이전 지식과 경험에 접목하고, 자신의 삶에 대해서 새로운 학습이 갖는 의미를 실천하도록 격려받을 때 가장 잘 학습한다는 사실을 전제로 한다.[6]

분명, 실천 공유 전략 방법을 활용하는 수업은 시간을 필요로 한다. 그렇기 때문에 효율성과 과제 수행 행동을 찬양하는 학교에서는 실천 공유 전략 방법을 실행하기 어려울 것이다. 그런 상황에서는 미리 규정된 교육 과정에서 가장 중요한 몇 가지 내용만 선택하여, 이것을 실천 공유 전략의 수업으로 전환시켜 보기를 권한다.

## 실천 공유 전략의 기독교적 특성

실천 공유 전략 방법은 기독교적 협력 학급과 탁월하게 조화를 이루는 교수 방법이다. 일 단계 교수 방법과 마찬가지로, 실천 공유 전략은 학생들의 생활과 경험을 진지하게 고려하며, 시종일관 학생들의 참여를 요청한다. 실천 공유 전략은 학생들이 자신의 지식, 느낌, 신념, 헌신을 표현하고 함께 나누는 것을 허용한다. 교사, 학생, 학습할 내용 간의 역동적 상호 작용은 필연적으로 학생과 학생 간의 동일한 역동적 관계를 내포한다. 실천 공유 전략 활동에는 '**나의** 경험'으로부터 '**우리의** 경험으로', '**나의** 과거와 **나의** 미래'로부터 '**우리의** 과거와 **우리의** 미래'로 바뀌는 미묘한 전환이 있다. 실천 공유 전략 활동에는 학생들과 교사의 생활이 밀접하게 연관되며, 이론과 실천이 불가 분리적으로 연결되고 상호 **공유**된다.

실천 공유 전략은 아직까지 일반적으로 사용되는 교수 전략은 아니다. 일반적인 학급 토의 시간이 아마도 여기에 가장 가깝다고 볼 수 있다. 그러나 실천 공유 전략은 단순한 토의를 넘어 전적인 학생 참여를 성취하고자 한다.

바늘과 실처럼, 실천 공유 전략은 협력 학습 전략과 밀접한 관계를 맺고 있다. 이 연관 관계를 좀더 분명히 고찰하기 위해서 다음 장에서는 많은 논란이 되고 있는 협동 학습에 대한 관심 증대에 주의를 돌려 보고자 한다.

# 학생들이 어떤 방식으로 함께 배우길 원하는가?

### 기독교적 관점에서 본 협동 학습

김 선생: 정말 믿을 수가 없어! 나는 이 학교가 그리스도인 학부모들이 있는 기독교 학교라고 생각했어요! 그런데 전혀 그런 것 같지 않아요!

홍 선생: 야아~ 굉장히 화가 나셨군요! 무슨 일이에요, 김 선생님?

김 선생: 어제, 학생들 편에 가정 통신문을 보내면서 우리 학급에서도 이제 협동 학습을 일부 실천하겠다고 알려 주었어요. 학생들이 소그룹에서 활동하면서 서로 학습을 도울 것이라고 설명해 주었죠. 그런데, 오늘 아침에 두환이로부터 어머니가 보낸 쪽지를 건네 받았어요. 두환이 어머니는, "그따위 협동 학습 유행" 같은 것은 강력하게 반대한다는 입장을 아주 분명히 밝히셨어요. 자기 아들 두환이가 학교에 간 것은 공부를 해서 세상에 나가 살아갈 수 있도록 하기 위한 것이라고 말했어요! "나는 내 아들이 값진 시간을 다른 애들 돕는 데 낭비하기를 원치 않습니다!"라고 적었더라구요.

홍 선생: 정말 믿을 수가 없군요.

### 김 선생님의 결정

김 선생님은 협력 학급을 조성하는 것은 기독교적 방식이라고 확신하고 있었다. 물론, 중학교 교사인 김 선생님은 자신의 확신이 야심에 찬 새해 결심과 같이 실천보다는 말에 그치기 쉬울 것이라는 점을 잘 알고 있다. 그러나, 협동 학습은 협력 학급을 실천하는 데 도움이 될 것이라고 믿고 있다. 김 선생님은 협동 학습에 대해 많이 들었고, 책도 읽었으며, 교장 선생님의 기도로 시작되는 워크숍에도 여러 번 참석했다. 그래서 김 선생님은 자신이 지금까지 해 왔던 수업 방식, 즉 단순히 학생들을 두 사람씩 짝을 짓거나 '그룹으로 나누어' 과제를 수행하도록 하는 방식을 지양해야 한다는 것을 깨닫게 되었다. 이런 가르침은 협력적이라는 환상만 조장할 뿐, 실제로 일부 학생들은 아무것도 하지 않고 대충 넘어가거나, 반대로 일부 학생들만 과제를 도맡아서 그룹 활동이 다른 사람들을 위한 관람 경기 정도로 전락하도록 한다는 사실을 알았다. 그래서 김 선생님은 이와 같은 비능률적인 수업 방식을 피하고 좀더 구조화된 접근 방식을 시도하기로 결심했다.

### 협동 학습이란 무엇인가?

김 선생님이 진정한 협동 학습의 일곱 가지 핵심 원리를 어떻게 실행하는지 살펴보기 위해 그의 교실로 따라 들어가 보자. 김 선생님은 일곱 가지 핵심 원리 하나 하나가 모두 협동 학습의 성공에 매우 중요하다는 점을 알고 있다. 한 가지 원리만 소홀히 한다고 해도, 그는 결국 "협동 학습? 기가 막힌 아이디어지! 하지만 나한테는 소용이 없더군!"이라고 말하며 포기해 버리게 될 수도 있다.

교실 뒷좌석에 앉아 김 선생님의 중학교 1학년 국어 수업 과정을 참관해 보자. 김 선생님은 이 수업에서 비판적 사고와 창의성 계발에 특히 관심을 갖고 있다. 김 선생님은 "학생들은 교복을 입어야 하는가?"라는 현재의 학내 문제에 대해 자기 반 학생들에게 찬반에 대한 작문 과제를 내고 싶어한다. 김 선생님은 자신의 목표를 달성하기 위해서 협동 학습 전략을 사용하기 원한다. 김 선생님은 어떻게 진행해 가는가?

1. 분위기 조성하기

협동 학습 수업을 실제로 진행하기 전에, 김 선생님은 그룹 활동에 대해 기대하는 바가 무엇인지 학생들과 더불어 토의하는 데 상당 시간을 할애한다. "우리가 함께 잘할 수 있을 것이라는 확신을 갖기 위해 할 수 있는 일이 무엇일까?"라고 김 선생님은 묻는다. 김 선생님과 학생들은 브레인 스토밍을 하고 목록을 작성하며, 격려하기, 경청하기, 적절한 때에 다른 사람의 의견에 따르기 등과 같은 몇 가지 구체적인 제자도의 기술을 설명한다.

김 선생님은 이와 같은 기술을 교실에서 어떻게 표현할 수 있을지에 대해 학생들에게 묻는다. 그리고 학생들에게 몇 가지 시나리오를 만들 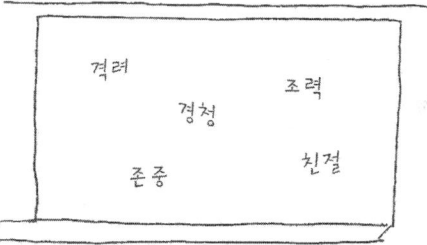 어 보라고 제안한다. 영광이와 정환이와 미경이는 서로 격려해 줄 수 있는 방법을 제안한다. 이들은 "네가 여기 사용한 은유가 마음에 들어!"와 같이 구체적이고 격려하는 뜻을 표현하는 촌극을 제안한다.

이와 같은 활동 중 일부는 처음에는 인위적으로 보일 수도 있으며, 의구심에 찬 눈길을 보내는 학생들도 있겠지만, 김 선생님은 두려워하지 않고 고수한다. 김 선생님은 학생들이 이전에 어떤 협동 학습을 경험했는지 알아본다. "지금까지 학급에서 어떤 그룹 활동을 했었는지 한번 말해 보겠어요?"라고 묻는다. 학생들은 자발적으로 여러 가지 다양한 대답을 한다. "초등학교 6학년 때 그룹 활동을 많이 했지만, 저는 너무 싫었어요. 왜냐하면 언제나 저 혼자서 모든 과제를 도맡아 끝내야 했기 때문이에요!"라고 영광이가 말했다. 얼마간의 토의 후에 김 선생님은 협동 학습에 대한 학생들의 경험이 상당히 제한되어 있다는 점을 인식하고, 학생들이 협력 학습에 대해 무엇을 기대하는지에 관해서 토의하는 데 좀더 많은 시간을 할애하기로 결정한다.

당신은 어떻게 생각하는가? 교육 과정을 진행하는 데 할애해야 할 많은 시간을 김 선생님이 낭비하고 있는가? 이런 생각은 그만두라! 김 선생님이 지금 하고 있는 일의 중요성을 과소 평가해서는 안 된다! 김 선생님은 협력 학급을 구축하는 활동을 하고 있다. 교사들은 흔히 학생들이 동료들과 더불어 활동하는 방법을 당연히 알고 있을 것이라고 가정한다. 그렇지 않다. 김 선생님은 학기 첫날부터 협동 학습 활동에 곧바로 뛰어들지 않는데, 이것이 올바른 방법이다. 오히려, 그는 신중하게 몇 주일을 기다리면서 기대하는 바를 제시하고, 학생들을 잘 파악해서 효과적으로 그룹을 지어 주기 위해 충분한 시간을 갖는다. 이런 예비 작업을 함으로써, 김 선생님은 실제로 한 해를 위한 교실 분위기를 조성하고 있는 것이다.

2. 그룹 형성 하기

김 선생님이 분위기 조성 활동을 다 마치고 나서 무엇을 하는지 지켜보자. 그는 학생들을 미리 정해 둔 그룹별로 재빨리 효과적으로 배치한다. 각 그룹은 남녀 학생 및 열등생과 우등생을 가능한 한 혼합해서 구성한다. 김 선생님은 학생들이 일단 그룹에 배치되면, 서로 맞추어 가며 더불어 활동하는 것을 배울 수 있도록 하기 위해 상당 기간 그 그룹에

속해 있게 될 것이라고 말해 준다.

그런데 잠시 생각해 보자. 왜 그룹을 미리 정하는가? 진정한 협력 학급에서는 학생들 스스로가 그룹을 어떻게 만들 것인지에 대해서 의견을 낼 수 있어야 하지 않는가? 물론, 맞는 말이다. 김 선생님도 나중에는 학생들이 선택하도록 장려할 것이라는 점에 대해서 의심의 여지가 없다. 그러나 협동 학습의 초기 단계에서는 학생들이 그룹을 선택하도록 허용하기보다는 학생들을 그룹별로 배정하는 것이 더 바람직한 방법이라고 김 선생님은 생각하고 있다. 처음부터 학생들이 스스로 구성원을 선택하도록 하는 것은 실제로 협력 학급의 구축을 방해할 수도 있다.[3]

김 선생님은 학생들을 적절하게 그룹으로 배정할 수 있도록 최선을 다한다. 그리고 학생들이 십자형으로 서로 마주 보고 앉도록 한다.

김 선생님은 학생들이 몸을 축 늘어뜨리거나 주의를 집중하지 않는 행동을 허용하지 않는다. 그가 그룹을 어떻게 배치했는지 보자. 그는 원형으로 걸어다니면서 모든 그룹을 다 돌아볼 수 있다. 벽에 기대거나 주의를 집중하지 않는 아이들이 없도록 하기 위해서 모든 그룹을 교실 벽에서 어느 정도 떨어지도록 배치했다. 그는 지금까지 교실에서 사용해 오던, 윗부분이 경사진 낡고 삐그덕거리는 책상을 민속촌 학교에나 기증하는 것이 더 나을 것이라고 학교 운영위원들을 성공적으로 설득하는 데 성공했다.

김 선생님은 각 그룹에 로마 숫자(I, II 등)를 하나씩 주고, 그룹의 각 구성원에게는 머리 글자(가, 나, 다, 라)를 주었다. 그는 학생들에게 각기 자기 그룹의 이름을 정해 보라고 격려해 준다.

3. 역할 정하기

김 선생님은 그룹 구성원들에게 어떤 역할을 맡겨야 하는가? 아마도 이 문제는 그룹의 수행 과제에 따라 달라질 것이다. 이 같은 협동 학습 초기 단계에서, 김 선생님은 학생들 스스로 설득력 있는 훌륭한 에세이를 쓰기 위해 필요한 기준을 설정할 수 있기를 바란다. 이런 과제는 서기 한 명과 발표자 한 명이 확실히 필요할 것이다. 그룹 조장도 한 명 정하는 것이 유용할 것이다. 조장은 그룹의 모든 구성원이 그룹 과제에 한 몫을 담당할 수 있도록 해주는 특별한 임무를 맡게 될 것이다.

현명하게도 김 선생님은 역할을 모범적으로 잘 수행할 수 있는 학생들을 뽑는다. 김 선생님은 글씨를 또박또박 잘 쓰는 학생을 서기로 택하며, 말을 조리 있게 하는 학생을 발표자로 뽑는다. 조장은 상당한 정도의 자신감을 보여 주는 학생으로 선정한다. 초기 단계가 지난 후에, 김 선생님은 그룹 안에서 역할을 바꾸어 줄 작정이다. 그렇게 해서 결국에는 모든 학생이 모든 역할을 익힐 수 있는 기회를 갖게 된다.

김 선생님은 다음 몇 주에 걸쳐 학생들이 맡았으면 하는 여러 가지 다른 역할을 생각하는 데 이미 상당한 시간을 쏟았다. 그는 '리더'를 임명하지 않을 작정이다. 그렇게 하는 것은 원맨쇼를 권장하는 것임을 김 선생님은 잘 알고 있다. 그가 생각하고 **있는** 역할은 관찰자, 격려자, 분위기 조성자, 잡음 조정자, 검토 책임자, 요약 책임자, 점검자, 탐구자, 잔일 담당자, 칭찬 담당자, 교정 책임자, 학습 자료 담당자 등이다. 어떤 과제를 맡기든지간에, 김 선생님은 그 역할을 어떻게 수행해야 하는지에 대해서 명확하게 설명하는 시간을 가질 것이다.

4. 과제 설명과 상호 의존성 구조화하기

이렇게 그룹을 구성하고 나면, 김 선생님은 과제를 설명한다. "잘 들으세요. 과제를 딱 한 번만 설명할 겁니다. 질문이 있으면, 그룹 구성원들과 먼저 이야기해 보고 나서 하세요"라고 말한다. 우리는 김 선생님이 이처럼 지시하는 이유를 단번에 알아차린다. 김 선생님은 학생들이 경청하는 기술을 익히고, 선생님보다는 서로를 더 의지하는 법을 익히기를 바라는 것이다.

협동 학습을 하려면, 관련 문헌들이 소위 '긍정적 상호 의존'이라고 부르는 것이 있어야 한다. 그룹의 모든 구성원은 기여하는 바가 있어야 한다. 구성원 한 명만 활동하고 다른 구성원들은 빈둥거리며 앉아 있는 일은 없어야 한다. 김 선생님이 창의적인 글쓰기 수업에서 이 중요한 원리를 어떻게 실천하는지 관찰해 보도록 하자.

먼저, 그는 그룹의 모든 구성원에게 설득력 있는 훌륭한 에세이를 평가하는 몇 가지 기준을 각자가 조용히 독자적으로 작성해 보라고 요구한다. 의무적인 교복 착용에 대한 찬반 논의를 작성할 때 글쓰기의 어떤 측면을 염두에 두어야 하는가? 김 선생님은 다음의 몇 가지 점들이 언급되길 기대한다. 명료한 의견 제시, 적절한 이유 제시, 옳고 그름의 구분, 주제문이 있는 문단 활용 등이다.

다음에는 그룹의 서기가 결과를 정리한다. 먼저 개략적인 초안을 작성하고, 다음에 OHP 용지에 쓴다. 영광이는 교복 착용을 찬성하는 아주 훌륭한 이유들을 제시해야 할 필요가 있다고 제안한다. 미정이는 친구들에게 주제문을 포함시키도록 촉구한다. 김 선생님은 조장들에게 그룹의 모든 구성원이 목록 작성에 참여해야 한다고 조용히 일깨워 준다. 개개인의 책임을 확실히 해주기 위해서, 김 선생님은 그룹의 모든 구성원들이 수업이 끝날 무렵에 각자의 목록을 제출하도록 요구한다.

### 5. 그룹 활동을 주도면밀하게 조정하기

김 선생님은 자기 책상에 앉아서 채점을 하거나, 교무실로 가서 커피 한 잔을 마시고 싶은 유혹을 억제한다. 대신에, 그는 그룹을 돌면서, 이따금씩 학생들에게 그들의 역할이 무엇인지 상기시켜 준다. 수첩을 들고 다니면서, 학생들을 주의 깊게 관찰하고 개별 학생들의 참여도를 기록한다. 김 선생님은 학생들이 스스로 자신의 문제를 해결하도록 격려한다. 따라서 너무 빨리 학생들의 활동에 개입하지 않는다. 만약 의견이 일치하지 않으면, 그는 먼저 그룹 구성원들에게 그 문제를 어떻게 해결하려고 하는지 물어본다.

### 6. 끝맺기

김 선생님은 그룹의 서기들에게 OHP를 이용해서 교실의 모든 학생들과 그룹 토의 결과를 나누게 함으로써, 그룹 활동을 마무리한다. 그는 각 그룹 구성원들에게 그들이 생각하지 못했던 새로운 아이디어가 있으면 언제든지 자기들의 목록에 추가하도록 요구한다. 이러한 활동을 통해서, 학급 전체가 자신이 작성할 설득력 있는 에세이를 평가하는 데 사용하게 될 핵심 기준에 대한 합의에 도달하게 된다. 김 선생님은 이제 문단과 에세이 작성, 그룹간 점검을 위한 단계를 완료했다. 이제 다음 며칠 동안 진행할 활동을 위해서 김 선생님은 '작가', '우호적 비평가', '평론가', '검토 책임자' 등의 역할을 학생들에게 맡기려고 계획한다.

### 7. 정보 처리

우리는 김 선생님이 이 시점에서 수업을 마치거나, 아니면 개인별로 에세이를 작성하는 다음 단계로 나아가리라고 기대할 수도 있다. 그러나, 김 선생님이 지금 무엇을 하는지 지켜보자. 그는 "자, 여러분, 잠시 활동을 멈추고 우리가 얼마나 함께 잘 활동했는지 한번 자문해 봅시다"라고 말한다. 그는 간단한 질문지를 나누어 준다. 학생들은 다음 두 가지 질문에 답한다. (1) 우리 그룹에서는 제자도의 어떤 기술을 실천하였는가? (2) 다음에는 어떤 제자도 기술을 활용해야 하겠는가? 이처럼 되새겨 보고 성찰해 보는 활동 즉, 문헌에서 '정보 처리'라고 부르는 활동은 학생들의 활동을 이미 설정한 기대치와 잘 연결시켜 준다. 지금은 학급의 첫 번째 협동 학습 시간이기 때문에, 김 선생님은 학생들에게 개인별 정보 처리 답지에 답을 기입하도록 요구한다. 그는 학생들이 정보 처리 단계에 익숙해지고 편안하게 느끼기를 바란다. 김 선생님은 학생들이 자신의 그룹 활동에 대해서 언젠가는 억제하지 않고 자유롭게 토의할 수 있기를 기대하고 있다. 정보 처리는 학생들이 학습해야 할 기술이라는 점을 김 선생님은 알고 있다. 그룹 구성원들 사이에 신뢰 관계가 형성되기 시작하면 정보 처리 활동의 효과는 더욱 증대된다.

### 협동 학습의 기독교적 특성

수업이 끝나고, 우리는 김 선생님과 함께 교무실로 돌아오면서 물어본다. "김 선생님! 수업을 정말 재미있게 참관했습니다. 그런데, 협동 학습의 어떤 점이 그렇게 기독교적인지 좀 말씀해 주실 수 있어요? 선생님은 단지 세속적인 교수 기술을 사용하신 것 아닌가요? 이질적인 구성원들로 그룹을 구성하고, 역할을 배당하고, 긍정적인 상호 의존 관계를 시도하는 것이 뭐가 그렇게 기독교적이지요?"

김 선생님이 이러한 질문에 대해서 언제나 명료하게 답을 정리할 수는 없을지도 모르지만, 그의 기본적 접근 방식은 명백하다. 협동 학습 전략은 교육 실천을 향한 하나님의 뜻을 반영하는 것이라고 김 선생님은 생각하고 있다. 때로는 세속적으로 왜곡되어 있는 경우라 할지라도, 협동 학습은 하나님의 뜻을 따르고자 하는 교육자들이 사용할 수 있는 교수 전략의 한 실례다.[4] 성경은 인간이 하나님의 형상으로 지음받은 자들의 공동체를 형성해서, 하나님과 동료 인간 그리고 경이로운 하나님의 동산의 온전한 모습을 위해서 봉사하도록 분명하게 가르치고 있지 않은가? 서로를 무시하며, 하나님의 뜻을 무시하는 태도와 이기심은 일차적으로 인간 타락의 결과가 아닌가? 따라서 협동은 구속과 치유 및 화해 활동과 분명히 관련되어 있다. 협동 학습은, 협력 교실의 맥락에서 주의 깊게 다듬어질 때, 당신의 학급을 그리스도의 몸을 드러내는 것으로 변화시켜 줄 수 있다. 협동 학습은 구체적인 섬김의 기술(일반적으로 성령의 열매라고 말할 수 있는 존중, 경청, 나눔, 격려, 인내심의 발휘 등)을 훈련할 수 있는 기회를 제공해 준다. 협동 학습은 지식과 능력을 겸비한 제자도의 실천에 우호적인 환경을 창출해 준다.

### 몇 가지 다른 예들

내가 아는 어떤 성경 교사는 예수님이 십자가에서 하신 마지막 일곱 가지 말씀을 학생들이 암기하기를 원했다. 협동 학습의 방법으로 이 과제를 성취하기 위해서, 그는 학생들을 네 그룹으로 나누어 마태복음, 마가복음, 누가복음, 요한복음에 나오는 관련 본문을 배당해 주고, 구성원들이 함께 십자가의 칠언을 구성하도록 하였다.

수학 교사는 흔히 그룹 구성원들 각각에게 일련의 계산 문제를 할당하고, 나중에 구성원들의 점수를 합산하여 총점을 내기도 한다. 유치원이나 1학년 교사들은 그룹의 모든 구성원이 각자의 역할을 맡은 활동을 조직한다. 한 아이는 가위, 다른 아이는 크레용, 또 다른 아이는 색종이를 가지고 모두 함께 콜라주를 만든다.

협동 학습은 사실상 어떤 학년 단계의 교육 과정에도 적절한 교수 방법이다.

### 그룹 '테스트' 와 상호 점검

때때로, 교사는 학생들이 교과 내용을 습득하는 데 개별적으로 책임을 지기를 원한다. 예를 들면, 나는 수학 과목에서 구구단, 기본 방정식, 측정과 평가, 국어 과목에서 맞춤법, 읽기와 작문 기술, 사회 과목에서 기본적 사실, 사건의 원인, 주요 도시에 대한 학습, 과학 과목에서 기본적인 물리적/생물학적 분류, 외국어 과목 같은 것을 염두에 두고 있다. 교사는 학생들이 연습 문제지로 연습하게 하고, 몇 가지 종류의 테스트를 통해서 학생들의 학습 정도를 평가할 수도 있다.

개별적으로 책상에서 하는 활동, 문제지, 시험 등의 과제를 학생들에게 할당해 주는 교수 방법에 압도당하기 전에, 협동 학습 전략을 구축할 수 있는 기회를 생각해 보라. 개별적인 시험으로 이어지는 개별적 복습보다는, 그룹 테스트를 시도하라. 학생들이 함께 활동할 수 있도록 하고, 서로 돕도록 격려하라. 그룹 테스트가 부정 행위를 의미하지 않는다는 것을 설명해야만 할 것이다. 어떤 경우든, 그룹 테스트는 일반적으로 어떤 학생들은 교사가 가르치기 원하는 내용을 알고 있고, 어떤 학생들은 그렇지 않다는 것을 보여 준다. 이것은 학생들 서로간에 내용을 습득하도록 도와줄 수 있는 놀라운 기회다. 학생들이 서로의 학습에 대해 책임을 지도록 격려하라. 일단 모든 그룹이 자기 그룹의 모든 구성원이 내용을 습득했다고 만족하게 되면, 교사는 개인별 점검이나 시험에 들어갈 수 있다.

### 반대

앞의 시나리오에 등장하는 학부모의 입장은 꾸며낸 이야기가 아니다. 얼마 전, 도르트 대학에서 연례적으로 열리는 '비 제이 한 교육 강좌'(B. J. Haan Educational Conference, 평생을 기독교 학교 운동에 헌신했던 도르트 대학의 초대 총장 B. J. Haan 박사를 기념하여 해마다 개최하는 교육 강좌—역주)에서는 협동 학습이라는 주제를 다루었다. 이 강좌 기간에 기독교 학교 수업의 교수 전략의 하나로서 협동 학습에 대한 찬반 양론을 다루는 공식적인 저녁 모임이 있었는데, 이 날 저녁 열린 포럼에 많은 학부모와 교사들이 참석했다. 그 날 저녁에 참석한 대다수의 청중은 협동 학습이 분명히 기독교적 가르침과 조화된다는 우리의 주장을 지지하는 사람들이었다. 그런데 한 여성이 일어서더니, 자기 아들이 "다른 학생들을 도우면서 시간을 낭비하는 것"을 허용하지 않을 것이라고 매우 단호한 입장을 표명하였다.

이 말을 듣고 혼란스럽지는 않았지만, 약간 놀랐다고 고백하고 싶다. 그리스도인이라고 주장하는 사람이 어떻게 다른 사람을 돕는 것을 반대할 수 있는가? 나는 그 여성이 하늘은 스스로 돕는 자를 돕는다는 옛 속담이라도 믿고 있는지 의아했다. 그렇지 않으면 아마도 아들이 장래 대통령감이라고 생각해서, 정치적이며 자기 과장적인 경쟁이라는 험한 현실 속에서 일찌감치 훈련되어야 한다고 생각했는지도 모른다.

극단적인 예외일 뿐이라고 생각하는가? 그렇지 않다. 기독교 진영 안에서도 협동 학습에 대한 반대의 목소리가 자주 나오고 있다. 기독교 학교로부터 협동 학습을 영원히 추방해야 한다는 주장의 충분한 근거로 다음과 같은 이유들이 제기되는 것을 개인적으로 들어 왔다. 추측컨대, 협동 학습은 다음과 같을 수 있다는 것이다.

- 얼마 지나지 않아 또 다른 하나의 세속적이며 진보주의적인 유행일 뿐, 곧 쓸모 없는 교육 전략이 될 것이다.
- 무지의 모음일 뿐이며, 따라서 엄청난 시간 낭비다.
- 뉴 에이지 사고와 여타 이상한 동양 철학에 의해 고무되어 있다.
- 조잡한 조작적 행동주의의 한 형태이다.
- 아이들이 책상 주위에 둘러앉아 옳고 그름을 스스로 결정하게 함으로써, 필연적으로 우리의 자녀들을 상대주의라는 위험한 비탈길로 떨어지게 만들 방법이다.

이런 주장들에 대해서 무엇이라고 말할 수 있는가? 이들 중 상당수는 많은 논의를 거치지 않고도 확실히 무시해 버릴 수 있다. 예를 들면, 협동 학습을 뉴 에이지 철학이라고 부르는 것은, 새로운 사상을 반대하거나 차단하려고 하는 사람들이 일반적으로 사용하는 '집단적인 유죄 판결'(guilt-by-association) 전략인 것처럼 보인다. 협동 학습을 뉴 에이지 사고와 연결시키는 관점은 모든 효과적인 토의의 가능성을 썩 훌륭하게 곧바로 제거해 버린다.

그러나 거론된 내용들 중 두 가지 반대 이유는 주의해 볼 만하다. 협동 학습은 단지 일시적인 유행일 뿐이라는 주장과 협동 학습은 상대주의를 조장한다는 주장이다.

### 일시적 유행

만약 협동 학습이 일시적인 유행으로 밝혀진다면, 그것은 아마도 협동 학습 자체의 본질에 기인하는 것이 아니라, 지속적으로 기독교 교육을 점령하고 있는 사고 방식 즉, "우리는 항상 그것을 이런 방식으로 해 왔다"는 식의 검토되지 않고 불건전한 전통주의에 기인하는 바가 크다. 더구나 일시적 유행은 비현실적인 기대와 밀접하게 관련되어 있다. "교실의 모든 문제에 대한 해결책이 여기에 있다"라는 소리를 듣는 순간, 우리는 분명히 하나의 일시적 유행을 만나고 있다고 생각할 수 있다. 열광자들이 협동 학습을 마치 만병 통치약처럼 극구 칭찬하는 소리를 들을 때마다, 그렇게 하지 않으면 유망할 이 교수 방법이 재빨리 사라지는 모습을 그리게 된다."

심지어 협동 학습이 일시적 유행이라고 할지라도, 그렇기 때문에 협동 학습이 반드시 나쁜 교수 전략인 것은 아니다. 여성 교육, 교육 심리학, 통합 교육 과정같이 매우 가치 있는 것들도 처음에는 일시적 유행으로 여겨졌을 것이다.

협동 학습을 일시적 유행이라고 부르는 것과 관련된 한 가지 핵심적인 문제는, 그것을 시도조차 하지 않는 구실을 교육자들에게 제공해 준다는 점이다. 만약 협동 학습이 오늘 여기 있다가 내일 사라진다고 하면, 누가 도대체 시간과 정력을 투자하려고 하겠는가? 결과적으로, 일부 교사들, 특히 자신의 '안전 지대'가 전적으로 직접 교수법의 범위 안에 있는 교사들은 협동 학습을 노력할 만한 가치가 없는 것이라고 단정해 버린다. 시도는 해 보았지만, 난관에 부딪힌 교사들 역시 '일시적 유행'이라는 간편한 구실의 도움을 받는다. "글쎄, 나도 그런 기회를 가져 보았지! 교실에서 협동 학습을 시도해 보았어. 그런데 어떻게 된지 알아? 완전 실패였어! 내게는 효과가 없더라구. 어쨌건 협동 학습은 일시적 유행에 불과한 것이니 무엇이 잘못되었는지 밝혀 내려고 하지도 않을 거야. 나는 그냥 내게 효과가 있다고 알고 있는 그 방법으로 돌아갈 거야!"라고 이들은 말한다. 요컨대, 협동 학습은 일시적 유행이라는 주장은 교사로 하여금 교수 전략 목록을 더 이상 확장하지 못하게 만들어 버린다.

상대주의

협동 학습은 상대주의를 조장하는가? 협동 학습은 옳고 그름을 무시하고, 학생들이 자신의 의견과 결론을 도출하도록 권장하는가? 협동 학습은 진리를 희생하더라도 '반드시 합의에 도달하자!'는 정신을 길러 주는가?

얼마 전에 나는 캐나다의 어떤 기독교 학교 교사와 함께 바로 이 문제로 논쟁하게 되었다. 이 학교에는 곤란한 문제가 하나 있었다. 절반 가량의 교직원들은 협동 학습이 유해한 상대주의의 변형일 뿐이라는 의견을 고수하고, 나머지 절반은 이 방법을 지지하는 목소리를 내고 있었던 것이다. 교장 선생님은 모호한 입장을 취하고 있었다. 나도 이 문제를 해결할 수 없었지만, 한 가지는 분명해졌다. 협동 학습을 상대주의와 동일시하는 사람들은 다소 과장된 형태로 생각하고 있었다는 점이다. 이들은, 모든 협동 학습은 가치 명료화의 방법에 가깝거나 아니면 또 다른 형태의 인본주의적 접근 방법이라고 일반화하고 있었는데, 이런 방법을 통해서는 모든 학생들이 결국 개인적인 견해만 갖고 학습을 끝마칠 수도 있다고 보았다. 여기에 덧붙여, 어느 누구의 관점도 다른 사람의 관점만큼 타당하다고 생각하는 포스트모던 문화 속에 우리가 살고 있다는 사실을 고려해 볼 때, 협동 학습에 대해 염려할 만한 이유가 있음을 이해할 수 있다.

물론, 협동 학습은 실제로 고삐 풀린 상대주의를 촉진할 수 있다. 그러나 협동 학습은 이제 끝났다고 결정하기에 앞서 다시 생각해 보라. 원치 않는 결과가 일어날 가능성이 있다는 것만으로 그 일을 막아서는 안 된다. 정면 충돌 가능성이 있기 때문에 자동차를 운전할 수 없는가?

"대부분의 사람들은 침대에서 죽는다"는 말이 있다. 그렇다고 해서 지금부터 항상 의자에서 자겠는가? 뿐만 아니라, 상대주의로 인도할 가능성이 있는 것이 협동 학습만은 아니라는 점을 기억해야 한다. 사실상, 모든 교수 전략은 유사한 결과를 가져올 수 있다. 심지어 직접 교수법에 대한 절대적인 의존도 학생들이 잘못된 메시지를 얻을 수 있는 가능성을 막을 수 없다.

진정으로 기독교적인 학급에서는 협동 학습이 상대주의로 빠지지 않는다. 한 가지 분명한 이유는 이미 살펴본 바와 같이 교사가 안내자로 남아 있기 때문이다. 교육 과정이라는 지형을 통과해 가는 여정이 비록 상대주의를 따라 나아갈 수도 있지만, 결단코 거기에서 끝나지 않는다. 여행길은 언제나 기독교적 제자도를 향하고 있다.

### 또 다른 협동 학습 전략

'직소오 전략'('고등 수준의 사고'를 위한)

몇 년 전에, 나는 아이오와 주, 오렌지 시티(Orange City)의 유니티 기독교 고등학교(Unity Christian High School)에서 국어 교사로 재직했던 도일 시멘즈(Doyle Smiens)와 함께 한 학기 동안 연구한 적이 있었다. 우리는 다양한 협동 학습 전략을 실험했다. 그 중 하나는 '직소오 전략'인데, 학생들이 복잡한 문제들을 숙고하고 이해하는 데 심도 있게 참여하게 하는 매우 강력한 전략이다(Jigsaw Strategy: 퍼즐 조각들을 이리저리 맞추다가 결국에는 모든 조각들을 하나의 모양으로 맞추는 것처럼, 학생들이 모집단을 떠나 여러 집단에서 활동하면서 어떤 특정 주제에 관한 '전문가'가 되어 다시금 모집단으로 돌아와 자신들의 전문 지식을 함께 나누는 일종의 협동 학습 전략이다-역주).

도일 시멘즈가 고등학교 2학년 미국 문학 수업에서 간단한 직소오 패턴을 어떻게 활용했는지 살펴보자. 학생들이 공부하기 원했던 시인은 에밀리 디킨슨(Emily Dickinson)이었다. 설정한 목표 중에는, "학생들은 하나님에 대한 에밀리 디킨슨의 개념을 명확하게 이해하고 표현할 수 있다"와 같은 목표가 있다. 직소오 전략은 우리가 이 목표를 성취하는 데 도움을 주었다.

먼저, 우리는 그 주제를 다루는 시를 생각해 보았다. 하나님이 누구인가? 디킨슨은 실마리를 제공해 준다. 우리는 다른 네 편의 시를 선택하여 A, B, C, D로 분류했다. 우리는 학생들을 네 개의 '모집단'(home group)으로 배열했다. 그리고 각 모집단마다 네 편의 시를 나누어 주었다. 학생 A에게는 시 A를, 학생 B에게는 시 B를, 학생 C, D에게는 각각 C, D의 시를 나누어 주었다. 각각의 모그룹은 공부해야 할 시들을 네 편씩 갖게 되었다.

그 다음에 우리는 학생들을 '전문가 그룹'으로 재배치했다. 각 그룹마다 A로 분류된 학생들은 시 A를 연구하기 위해 함께 모이고, B로 분류된 학생들은 시 B를 연구하기 위해 모이는 식으로 함께 모여서 연구하게 했다. 전문가 그룹의 과제는 자기들이 받은 시가 하나님에 관해서 무엇을 말하는지를 탐구하는 것이다. 각 그룹의 '전문가'는 모집단으로 되돌아가서, 전문가 그룹의 토의 결과를 나눌 준비를 하고, 그 결과를 다른 전문가들이 모집단에 가지고 오는 결론과 통합하는 활동을 할 준비를 해야 한다.

전문가 그룹이 그들에게 할당된 시를 충분히 연구한 시간을 가진 후에, 우리는 학생들을 다시 모집단으로 모이게 했다. 각 모집단은 이제 네 명의 '전문가들'을 보유하게 되었다. 우리는 재구성된 집단에 한 가지 절차를 제안했다. 학생 A는 시 A를 읽고, 하나님에 관해 그 시가 무엇을 말하고 있는지를 설명한다. 그 다음에는 학생 B 등의 순서로 진행해 간다. 이제 모집단에서, 하나의 그룹으로서 학생들은 네 개의 시에 묘사되어 있는 하나님의 성품 목록을 표로 만들었다. 서기는 OHP 용지에 결론을 적었다. 발표자는 그 내용을 전체 학급과 나누었다.

당신은 이러한 절차가 갖는 힘을 볼 수 있다. 학생들은 자기에게 할당된 시를 두 번씩 연구한다. 직소오 전략은 직접 교수법이나 개인별 조사를 통해서는 쉽사리 얻을 수 없는 심도 깊은 이해를 가능하게 해준다. 일단 이 방법을 시도해 보면, 집단 활동의 결과가 어떤 한 학생이 성취할 수 있는 것보다 질적인 면에서 항상 탁월하다는 것을 즉시 발견하게 될 것이다.

직소오 전략은 교과 내용을 복습하는 데 특별히 유용하다. 교과 내용을 네 부분으로 나누고, 각 부분을 '전문가들'에게 나누어 주고, 전문가들이 복습 질문을 만들게 하여, 팀 동료들의 지식을 점검하게 한다. 이런 방식으로 직소오 전략을 사용해 보면 이 방법의 참여적 특성이 드러난다.

### 갈등 해결 전략

신약 성경은 그리스도의 몸의 연합을 강조한다. 신약 성경은 우리가 '같은 마음'을 가지고, 서로 조화로운 삶을 살도록 요청하고 있다.[6] 이 명령은 우리 가운데 불일치가 있을 수 없다는 것을 의미하는가? 물론 그렇지 않다. 우리 각자는 모두 독특성을 가지고 있다. 그렇기 때문

에 우리가 동일하고 획일적인 인류 집단으로 혼합된다는 것은 거의 불가능한 것같이 보인다.

그러나 불일치와 갈등 사이에는 차이가 있다. 갈등은 두 사람 또는 그 이상의 사람이 불일치할 뿐만 아니라, 그런 불일치가 적대감과 분노를 낳는 상황을 말한다. 이런 분노와 적대감을 피하기 위해서, 우리는 그리스도의 몸의 연합이 손상되지 않는 방식으로 서로가 적절하게 불일치하는 것을 가르쳐야 할 필요가 있다. 서로 다른 사람의 행복을 추구하고, 그리스도의 몸 전체를 세워 가면서, 그리스도인들이 서로 기꺼이 불일치할 수 있는 방법을 어떻게 배울 수 있는가?

이 질문은 전적으로 갈등 해결에 관한 문제다. 갈등 해결은 우리 가운데 경시되어 온 주제였다. 결국, 우리는 어디서나 갈등을 보게 된다. 나는 최근에 호주에서 방문한 몇몇 기독교 학교에 대한 관찰 보고서와 추천서를 작성했다. 나는 깊은 고통을 나누는 것으로 내 글의 서문을 썼다. 호주, 미국, 캐나다, 유럽, 그밖의 어디든지 간에 기독교 교육계에 해결되지 않고 있는 갈등을 발견한다. 이사회와 교장, 학부모와 교사, 교사와 교사, 그리고 최악의 경우는 학생들 사이에도 많은 갈등이 있다. 우리는 아이들이 서로 잘 지내도록 가르치는 데 많은 시간을 들인다. 그러나 그렇게 할 수 있는 수단은 아이들에게 좀처럼 제공해 주지 않는다. 제공해 주더라도, 단지 피상적으로 제공해 줄 뿐이다.

전통적으로 소홀히 해 온 이런 문제를 우리가 바로잡을 수 있다고 나는 생각한다. 적어도 두 가지 질문을 제기해야 할 필요가 있다. 첫째는, 유치원에서부터 고등학교 3학년에 이르는 교육 과정에서 갈등 해결을 어떻게 의미 있는 구성 요소로 도입할 수 있는가 하는 것이다. 유치원에서 고등학교 3학년에 이르기까지 수학과 어학을 가르치지만, 갈등 해결 기술을 지속적인 방법으로 가르치지는 않는다. 그러나 갈등 해결은 방정식을 풀거나 평방근을 이해하는 것보다 더 중요한 기술이지 않은가? 둘째로, 갈등 해결은 가르침의 실제에서 필수적인 차원이 되어야만 한다. 우리는 학생들의 갈등 해결 능력을 증진시켜 주는 교수 전략을 발전시켜야 한다. 직접 교수법에 의존하는 방법은 이런 과업을 수행할 수 없다. 교수-학습의 참여적 방법이 훨씬 더 생산적이다. 협동 학습 전략의 어떤 유형들은 학생들의 갈등 해결 능력을 기르는 데 많은 공헌을 할 수 있다고 나는 믿게 되었다.

갈등 해결 기술을 가르치려면 다음과 같은 것이 요구된다.

- 경쟁적인 학급보다는 협력 학급의 상황이 필요하다. 경쟁은 갈등을 낳는 경향이 있다.
- 토의 기술이 요구된다. 진정으로 참여적인 토의는 학생들이 갈등 해결을 배우도록 돕는 데 많은 역할을 한다.
- 기대가 있어야 한다. 여기서 또다시 제자도의 기술을 검토하고 실천하는 것이 결정적으로 중요하다. 제자도의 기술에 대해서 단순히 말하거나 설교하는 것만으로는 충분하지 않다. 그렇게 하는 것은 학생들에게 외국어를 연습할 수 있는 기회를 주지도 않고 외국어를 가르치는 것과도 같다.

유감스럽게도, 나는 기독교 교육 공동체 안에서 개발된 효과적인 갈등 해결 모델을 제시할 수가 없다. 오히려, 더 광범위한 교육의 장을 살펴보아야 한다. 서구 사회에서 증가하는 폭력의 위협과 분명히 가속화되고 있는 도덕적 쇠퇴의 위협에 반응하여, 평화 교육과 품성 교육에 대한 관심이 더 많이 일어나고 있다. 데이비드와 로저 존슨(David and Roger Johnson)은 학교에서 사용할 갈등 해결 모델을 개발하는 데 많은 시간과 정력을 쏟았다.[7] 그 중 한 가지 모델은 다음과 같다.

1. 토의할 논쟁의 주제를 선택하라.
2. 학생들을 네 그룹으로 나누어 배정하라.
3. 각 그룹을 두 명씩 나누라.
4. 각 쌍은 한 편의 입장을 지지하는 일련의 논증을 준비한다.
5. 그룹 토의를 한다.
6. 각 쌍이 입장을 바꾸어서, 지금까지 공격하던 입장을 옹호하는 논쟁을 한다.
7. 그룹은 합의에 도달한다.

기독교 교육 공동체가 연구해야 할 많은 중요한 주제들이 기다리고 있다.[8]

### 몇 가지 결론적 주의 사항

이미 살펴본 바와 같이, 협동 학습은 일시적 유행으로 변할 수 있는 위험이 있다. 이런 위험성은 협동 학습이 교실의 모든 문제에 대한 해결책이라는 주장에 의해 더욱 증대된다. 그러므로 우리는 잠재력이 풍부한 이런 교수 전략을 실행하는 데 현실적인 태도를 취할 필요가 있다. 몇 가지 경고할 사항은 다음과 같다.

- "이것이 최종 해결책이다!"라는 '만병 통치약 태도'를 지양하라.
- 작게 출발하라.
- 치밀하고 상세하게 계획하라.
- 협동 학습 전략을 전체 수업 시간의 60% 이상은 사용하지 말라.

- 교장과 학부모들과 의사 소통을 하라. 일부 학부모들은 협동 학습에 대해 아주 이상하고, 때로는 어리석은 생각을 가지고 있다!
- 동료 교사들 중에서 후원 그룹을 찾아라.
- 항상 그러하듯이, 좀더 큰 협력 학급의 환경을 구축하도록 노력하라. 협동 학습은 개인주의적이거나 경쟁적인 학급에서 30분 정도 기분 전환용으로 도입할 때는 별다른 효과가 없다!"

협동 학습은 당신을 위한 방법인가? 물론 그렇다! 협동 학습을 향해 출발!

# 다양한 학생들을 어떻게 가르칠까?
### 개인의 재능을 축하하고 개인의 필요를 충족시키기

최 선생: 홍 선생님, 어떤 재능이든지간에 재능이 없는 학생은 없는 것 같아요. 아마 모든 선생님들이 그렇게 생각할 거예요. 그렇지 않아요?

홍 선생: 그럼요, 저도 그렇게 생각해요. 그런데, 어떤 아이들을 마치 바보나 멍청이 또는 어떤 말로 표현하든지간에 아무 재능도 없는 학생들인 양 대하는 선생님들을 저는 **알고** 있어요.

최 선생: 솔직히 말씀드리면, 한동안 저도 새로 전학 온 찬호는 아무 재능도 없다고 생각했어요. 그림도 제대로 못 그리고, 음치고, 공부도 문제가 많고, 그래서 사실, 이렇게 말하기는 싫지만 도대체 '뭔가 좀 모자라지 않나' 싶을 정도였어요. 그러나 지금은 감사하게도, 찬호의 재능을 발견했답니다!

홍 선생: 그래요? 무슨 재능인데요!

최 선생: 글쎄 어쩌다가, 말에 관한 대화를 하게 되었어요. 그러자 갑자기 찬호가 "말이라고요?" 하면서 활기를 찾는 거예요! 이 애는 말에 대해서 알 만한 것은 모두 알고 있었어요. 말의 종류, 구별 방법, 키우는 방법, 훈련 방법, 그 외에도 말에 관한 것은 뭐든지 다 알고 있어요! 찬호가 농장에서 자랐다는 것은 알았지만, 아버지가 말 사육업에 종사하시는지는 몰랐어요. 애들도 모두 놀랐어요. 이제 찬호의 전문 지식을 알게 되니 모두가 아이를 다르게 보고, 감탄하며 대하고 있어요. 좀더 일찍 이 사실을 알았으면 하는 생각이 들 뿐이에요.

홍 선생: 학생의 숨은 재능을 찾는 일은 절대로 시간 낭비가 아닌 것 같아요!

### 공동체를 지나치게 강조하는가?

협력 학급을 주제로 한 워크숍에서, 어떤 교사가 흥미롭고 중요한 문제를 제기했다. 그는 대략 다음과 같이 말했다. "협력적인 공동체 계발을 강조해 주신 것에 대해서는 감사하지만, 저를 혼란스럽게 만드는 점도 있습니다. 저의 문제는 어떻게 공동체를 세우느냐는 것이 아니라, 오히려 그 반대입니다. 저의 관심은 개별적인 학생들입니다. 공동체에 관해 선생님이 하신 모든 이야기가 저의 학급에 있는 각각의 학생들이 가진 구체적인 필요를 충족시켜 주는 데 어떤 도움을 주는지 잘 모르겠습니다. 사실은, 좀 완곡하게 표현해서, 공동체에 대한 강조는 우리 교사들이 개별 학생의 필요를 충족시켜 주는 일을 더 어렵게 만들 것이라고 생각합니다. 선생님이 옹호하시는 종류의 학급에서는 개개의 독특한 아동 모두가 전체에 단지 섞여 버리는 것이 아닙니까? 단 한 명의 아동도 소홀히 취급하지 않도록, 한 번에 한 학생과 더불어 활동하는 개별화 교육에 대해서는 왜 말씀하시지 않습니까?"

이 질문은 나로 하여금 상당히 진지한 성찰을 하게 했다. 협력과 공동체에 관한 지나친 강조는 개별 학생의 역할과 중요성을 흐려 버리기 쉬울 수도 있다는 결론을 내렸다. 그래서 자문해 보았다. 나는 개별화 교육과 개성화 학습의 본질과 의미에 대해서 전혀 이야기하지 않았는가?" 나는 부지중에 공동체와 개인 사이에 어떤 불균형이나 긴장을 조장했는가? 개인주의에 대한 나의 공격이 개성까지도 파괴해 버렸는가?

만약 이런 인상을 남겼다면, 내가 틀린 것이다. 좀 쉽게 표현해 보기로 하자. 개별화 교육과 개성화 학습은 우리 교실에 꼭 필요하다. 무엇보다도, 그리스도인 교사로서 우리는 학생 한 사람 한 사람에게 깊은 관심과 끊임없는 배려를 보여 주어야 한다. 각각의 학생들은 독특하고 다른 재능을 갖고 있기 때문에, 모든 아동이 한 개인으로서 꽃피울 수 있는 학급 상황을 제공해 주는 것은 그리스도인의 책임이다.

그러므로 우리는 다음과 같은 한 가지 문제에 직면하게 된다. 개별화 교육이 학생으로 하여금 비교적 독립적으로 활동하도록 권장하며, 상당한 정도의 '자기 충족성'을 강조한다면, 그러한 개별화 교육과 개성화 학습이 협력적이며 봉사 중심적인 학급과 어떻게 조화를 이룰 수 있는가? 공동의 관심과 개인적인 관심이 상호 긴장 상태에 있지 않은 학급 상황을 어떻게 구성할 수 있는가? 이 문제를 살펴보기로 하자.

### 문제의 복잡성: '중간 학생들'과 평등주의

공동체와 개성 사이의 긴장 관계는 몇 가지 요인에 의해서 악화된다. 첫째, 교사가 학급을 우등생, 열등생, '중간 학생'이라는 세 그룹으로 구성되어 있는 것으로 보는 경향이다.[2] 주지하는 바와 같이, 우리는 우등생과 열등생의 개성을 모두 인정해야 한다. 두 부류의 학생들 모두 특별한 관심, 종종 개별적 관심의 대상들이다. 우등생은 흔히 단축 프로그램 또는 심화 프로그램에 참여하는 기회를 갖는다. 마찬가지로, 열등생도 교정 프로그램, 특수 교육 교사, 학급 도우미들로부터 도움을 받는다.

중간 학생들은 일반적으로 '표준 학생'이라는 동질 그룹으로 간주된다. 물론, 교사들은 이런 인식이 사실상 잘못되었다는 것을 알고 있다. 그러나 중간 학생들은 실제로 특별한 재능을 축하받지도 못하고, 특별한 필요를 충족받지도 못하는 학생 집단을 대표한다. 이들은 그다지 특별한 관심을 받지 못한 채 상급 학년으로 올라간다. 이들은 특출하지 않다. 이들은 중간 그룹을 뛰어넘거나 완전히 뒤쳐질 때만 특별히 개별적인 경우로 취급되거나 아니면 특별한 문제아로 취급된다!

이들 '중간 학생들'은 어떻게 되는가? 여기서 두 번째 요인인 평등주의 정신이 작용하기 시작한다. 평등주의는 교사가 학생을, 특히 '중간 학생들'을 능력, 성취 잠재력, 학습 방식에서 기본적으로 동일한 것으로 보도록 한다. 교사는 여기서도 이런 가정이 틀렸다는 것을 마음속으로 안다. 이렇게 마음으로는 교사들이 평등주의의 허구성을 안다고 할지라도, 그들이 처해 있는 환경과 교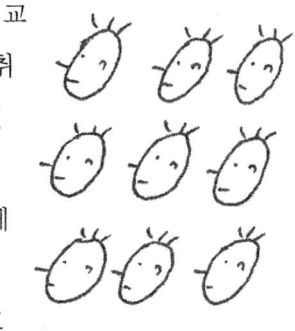실 상황이 종종 평등주의의 입장을 취하게 만든다. 한 걸음 더 나아가, 평등주의는 교사들이 학생을 동일한 근거에서 평가하도록 인도한다. 그 결과, 중간 학생들은 B⁻와 D⁺ 사이에 성적 분포가 이루어지는 것 같다. 이들의 성적은 '평균'으로 나올 것이다. '평균'이라는 용어는 평등주의 철학에 매우 중요하다.

평등주의가 공동체에 기여한다고 생각할 수도 있다. 무엇보다도, 어떤 면에서 우리는 모두 공동체 안에서 동일하다고 주장할 수 있다. 그러나 공동체와 획일주의 간에는 뚜렷한 차이가 있다. 공동체와는 달리, 획일주의는 개인적 다양성과 관계없이 표준적인 전형에 순응하거나 동의할 것을 요구한다. 획일주의는 독특성과 다양성을 포기하고, 궁극적으로 전체주의적 특성을 갖는다. 획일주의는 차이점을 동질화하고 독특성을 흐리게 한다. 평등주의는 이와 같은 부류의 획일주의와 일률성을 낳을 뿐, 여러 가지 다양한 부분이 하나의 전체로서 조화롭게 기능을 발휘하는 참된 공동체로 인도하지 않는다.

우리는 교사가 학생들에게 말하는 방식에서 흔히 이와 같은 평등주의가 작용하는 것을 관찰할 수 있다. 예를 들면, 교사는 학생들을 '여러분!'(class)으로 지칭하는 경우가 많다. 그러나 '여러분'은 개별성을 허용하지 않는 집합적 용어다. 개별 학생이 '여러분'으로 동질화될 때, 이들은 독특성을 상실하고 미분화된 전체로 혼합된다. 참된 공동체는 언제나 개인의 가치를 인정하기 때문에, '여러분'이라는 용어는 사실상 공동체의 의미를 시사하지 않는다. 차라리 학생들을 '3학년 학생들'이라고 부르는 편이 좀더 낫다. 왜냐하면, 이런 호칭은 적어도 각 학생들이 구별되는 집단 구성원이라는 사실을 인정하기 때문이다. 더 좋은 방법은 학생들 스스로 학급 이름을 선택하게 해서 공동의 정체성을 갖게 하는 것이다. 나는 한때 진주라는 이름의 선생님과 함께 연구한 적이 있다. 그 선생님은 자기가 가르치는 학급을 '진주 반'이라고 불렀는데, 학급의 모든 아이들이 정말 '진주'였다!

평등주의는 집단 교수법 또는 단체 교수법을 남용함으로써 심히 강화된다. 물론, 단체 교수법을 사용하는 것이 적절한 경우가 분명히 있지만, 단체 교수법에 대한 지나친 의존은 많은 개별 학생들의 필요를 충족시킬 수 없게 한다. 흔히 직접 교수법의 형태를 취하는 단체 교수법을 수업 시간의 60% 이상 사용하게 되면 개별 학생들을 소홀히 하는 과정이 필연적으로 일어나게 된다.

### 요약

지금까지의 내용을 요약해 보자. 성경은 우리에게 서로 다른 여러 지체들로 구성된 한몸이 되라고 요청한다.[3] 그리스도의 몸이 교회 회중만을 의미한다고 믿어야 할 하등의 이유가 없다. 우리의 학급 역시 개별 학생이 인정받고 존중받는 공동체가 되어야 한다. 그러나 두 가지 모순되는 세력에 의해서 왜곡이 일어나고 있다. 한편으로는 개인주의가 진정한 공동체를 파괴하고 있으며, 다른 한편으로는 평등주의가 개별성을 파괴하고 있다. 다음 그림은 이런 상황을 묘사하고 있다. 직선은 올바른 관계를 나타내는 반면, 곡선은 파괴적인 공격을 상징한다는 점을 주목하라.

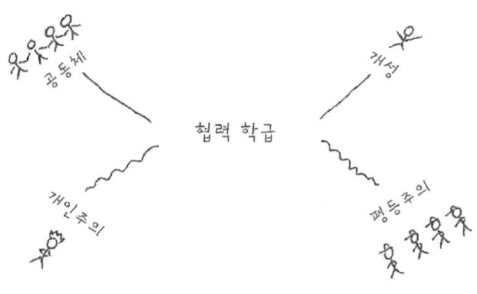

개인주의와 평등주의의 파괴적인 결과를 완화하기 위해서 할 수 있는 일이 무엇인가? 각각의 학생들의 필요를 충족시켜 주는 일과 공동체의 이상을 어떻게 동시에 추구할 수 있는가? 해결책의 한 방법으로 '다기능 학급'의 구축을 생각해 볼 것을 제안한다.[4]

다기능 학급의 실행

다기능 학급은 앞장에서 고찰한 기독교적 협력 학급과 다른 어떤 것이 **아니다**. 다기능 학급은 아마도 협력 학급을 공들여 다듬은 학급으로 이해하는 것이 가장 좋을 것이다. 다기능 학급은 공동의 관심사와 개인의 관심사 모두에 특별한 주의를 기울이고자 하는 협력 학급이다. 다기능 학급은 그 용어가 시사하는 바와 같이 많은 일이 동시에 진행되는 장소로서, 교사는 학생들의 개별성을 정당하게 고려하면서 동시에 공동체를 세우기 위해 노력한다.

다기능 학급의 본질적인 주요 특징은 무엇인가? 주의를 기울여 볼 필요가 있는 몇 가지 특징은 다음과 같다.

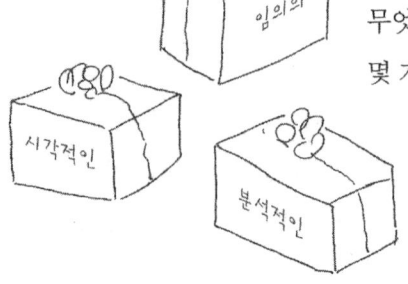

• 학급에서 학습 장애가 있거나 문제 행동을 하는 성취도가 낮은 학생

뿐만 아니라, 모든 학생의 개별적 필요를 인정한다.
- 성취도가 높은 학생뿐만 아니라 모든 학생의 재능을 인정한다.
- 개별적인 학습 방식을 인정한다. 학습 방식을 재능으로 보아야 한다. 따라서 이 특징을 모든 학생의 재능을 인정한다는 앞의 특징에 포함시킬 수도 있다. 이 특징을 별개의 범주로 고찰하는 이유는 학습 방식이 현재 다양한 교육 문헌에서 광범위하게 논의되고 있고, 교실에서의 교수 방법과 직접적이며 즉각적으로 관계되어 있으며, 또 그것에 의해서 영향을 받기 때문이다.
- 동시에 다양한 과업이 진행된다. 이 원리를 실행하면 평등주의의 속박에서 벗어나는 데 도움이 될 것이다. 어떤 경우든, 개별 학생 모두의 독특성에 대한 인정은 단체 교수법을 계속 사용하는 것이 지극히 문제가 많은 실천 방법임을 알게 해줄 것이다.
- 모든 학생의 재능과 필요를 고려하여, 이들이 각자 나름대로의 지식과 능력을 겸비한 그리스도의 제자가 되는 데 성공할 수 있게 해 주는 교실 상황을 창출함으로써 다양한 학습 기회를 제공한다.
- 학생들이 자신의 학습에 대한 소유 의식을 가지고 있다. 다기능 학급은 매우 참여적인 학급이 될 것이며, 학생들이 자신의 다양한 학습에 대한 책임과 주인 의식을 갖도록 격려해 준다.

제자도

- 제자도를 위한 능력 부여라는 포괄적 목적을 추구한다. 비록 마지막에 열거하기는 했지만 이 특성은 당연히 모든 기독교적인 교육 활동이 추구하는 우선적이고 궁극적인 목적이다.

따라서, 다기능 학급은 주로 교사에 의해 학습이 통제되는 전통적인 단체 교수법의 상황과 대조를 이룰 뿐만 아니라, 협동 학습과 집단 교수 방법에 과도하게 기울어져 있는 학급과도 다르다.

### 철학적 기초

나는 교사들을 초청하여 함께 연구하며, 내가 제시하는 다양한 제안의 실천성을 검토하는 데 도움을 받으려고 노력한다. 얼마 전 나는 어떤 기독교 학교의 교사와 함께 다기능 학급의 다양한 단계를 시도해 보기로 하였다. 그 교사도 열정을 가지고 빨리 시작하고 싶어했다. 언제나 그랬던 것처럼, 우리는 교장 선생님의 허락과 후원이 필요했다. 그런데 여기서 우리는 뜻하지 않은 문제에 부딪혔다. 그 학교 교장 선생님은, 다기능 학급은 좋은 이론이기는 하지만 성경적 원리에 기초를 두고 있지 않다는 반대 입장을 표명하신 것이다.

이처럼 예상치 못한 사건은, 우리가 성경적 원리에 대한 이해를 당연한 것으로 여길 수 없다는 사실을 인정하도록 촉구한다. 특히, 교육에서는 성경적 원리에 대한 이해를 당연한 것으로 여길 수 없다. 이 시점에서 "다기능 학급이 성경적 활동이 되도록 만드는 것은 무엇인가?"라는 질문을 제기한다고 가정해 보자.

이와 관련되는 가장 근본적인 원리는 아마도 아동에 대한 **성경적 관점**일 것이다. 모든 아동은 독특한 재능과 인성적 특성, 독특한 학습 욕구를 부여받은 하나님의 독특한 형상이다. 우리 학급은 분명히 하나님의 모든 자녀들이 활짝 꽃피울 수 있는 장소가 되어야 한다. 다기능 학급 교사의 수업 계획에 진술된 목적과 목표는 단순히 '학급'이 아니라, 각 개별 학생의 성장을 고려할 것이다.

한 걸음 더 나아가, 다기능 학급은 아동들이 학급으로 가지고 들어오는 개인적·사회적인 왜곡에서 볼 수 있는 죄의 현실을 인식하고 그 문제를 다룬다. 특히 학생 한 사람 한 사람의 필요를 확인하고 충족시켜 주려는 노력을 할 때, 다기능 학급은 격려하고, 세워 주며, 치유하고, 회복하며, 화평을 이루려는 목적을 추구한다.[5]

다기능 학급은 여전히 협력 학급이라는 점을 명심해야 한다. 다기능 학급은 보살피는 공동체여야 하며, 성령의 열매를 실천하는 그리스도의 몸의 표현이어야 한다. 다기능 학급은 교사와 학생이 서로의 학습과 삶에 대해 책임을 지는 관계를 장려하는 학급이다. 서로를 위해 많이 사랑하고 기도할 것이다.[6] 성령의 열매를 실천하는 것이 교사의 수업 계획에 진술된 목표에서 최우선 순위를 차지할 것이다. 따라서 다기능 학급은 학습을, 성공을 위한 것이 아니라 **구속적 섬김**을 위한 것으로 본다.[7] 이런 종류의 학급에서 '성공'은, 무엇보다도 지식과 능력을 겸비한 제자로서의 역할을 감당하는 능력에 의해서 평가된다. 높은 점수, 우등상, 대학 진학과 유망한 직업의 길로 가고 있는지 아닌지는 성공의 잣대가 아니다.

다시 말하면, 다기능 학급에서는 어떤 학생도 '소홀히 취급하거나' 주변화되는 것을 허용하지 않는다. 물론 지도자가 되는 일이나 대학 진학을 결코 경멸해서는 안 된다는 점을 유의해야 한다. 그러나 이런 '성공'이 섬김의 도와 사랑에 대한 헌신의 표현이 아니라면, 그것은 아무것도 아니다.[8]

**목표에 도달하기**

다기능 학급을 만들기 위해서 어떻게 시작할 수 있는가? 아동들이 공동체의 맥락에서 개별적으로 학습할 수 있는 환경을 어떻게 설계할 수 있는가? 몇 가지 가능성을 고찰해 보자.[9] 적어도 다섯 가지 영역을 검토해 보기를 제안하면서, 이제 이 각각의 영역에 대해서 좀더 상세하게 논의해 보고자 한다. 물론 고려해야 할 것이 이 다섯 가지 영역뿐이라는 의미는 결코 아니다. 뿐만 아니라, 내 의도는 단계적인 실행 프로그램이 아니라 일반적인 틀을 제공하는 것임을 명심해야 한다.

### 광범위한 자료 목록 작업

제10장에서 나는 '일 단계' 접근 방법을 시도하도록 권장했다. 일 단계 접근 방법의 첫 단계는, 자료 목록 작업이라는 것을 기억할 수 있을 것이다. 다시 한 번 개관해 보자.

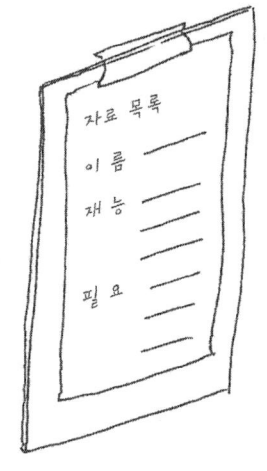

학기 초부터 교사는 학급 모든 학생들의 경험, 성격, 재능, 필요를 이해하기 위해 모든 노력을 기울여야 한다. 제10장에서 내가 주장한 내용을 여기서도 모두 반복할 수 있다. 그러나 지겹게 시간을 빼앗기보다는, 재능과 필요의 문제에 구체적으로 초점을 맞추고자 한다.

교사들과 함께 하는 모임에서 나는 다음과 같은 세 가지 질문을 자주 던진다. (1) 교실에서 경험하게 되는 학생들의 필요는 어떤 범주들인가? (2) 교실에서 학생들이 보여 주는 은사나 재능은 얼마나 다양한 종류인가? (3) 학생들의 필요와 재능을 어떤 방식으로 확인하고 평가하는가? 이런 질문에 대한 응답을 보면, 교사들이 때로는 다양하고, 심지어는 서로 모순되는 결론에 이르고 있음을 나타내 준다. 어떤 교사들에게는 특정한 종류의 필요와 재능이 다른 것들을 무색하게 한다. 이와 함께 '재능'과 '필요'라는 용어의 모호함이 일으키는 문제도 있다. 실제로, 재능과 필요를 어떻게 이해하느냐 하는 것은 삶의 목적과 학교 교육의 목적을 무엇으로 생각하느냐에 의해 결정된다. 예를 들면, 학교를 주로 학문적 탁월성을 찬양하는 기관으로 본다면, 학문적 재능이 음악이나 체육 재능보다 훨씬 더 중요하다고 생각하게 될 것이다.

만약 기독교적 가르침의 목적을 제자도를 위해 능력을 부여하는 것으로 본다면, 재능과 필요를 다음과 같이 규정할 수 있을 것이다. 재능은 학생들이 하나님과 이웃을 향한 섬김을 고양하고 발전시킬 수 있도록 도와주는 모든 능력과 은사와 흥미다. 이런 재능 가운데 어떤 것은 고도로 발달된 지적 능력과 같이 본질상 학문적이며, 또 예술적 재능이나 실천적인 재능도 있다. 우리는 하워드 가드너의 여덟 가지 '지능'을 생각하면서, 각각의 지능 영역에서 재능이 있는 학생들을 파악할 수 있다.[10] 조금 후에 이런 재능들에 대해서 살펴보기로 하자.

필요란 무엇이며, 우리는 어떤 종류의 필요에 대해 이야기하고 있는가? 넓은 의미에서, 필요란 학생들이 할 수 있고, 또 당연히 해야 하는 만큼 하나님과 이웃을 효과적이고 의미 있게 섬기는 것을 방해하는 모든 요인이라고 규정할 수 있다. 이런 필요는 학습 장애, 발달되지 못한 예술적 기교, 신앙적 필요, 신체 장애, 정서 곤란 등 다양한 범주로 나타난다. 잠시 후 이런 필요에 대해서도 고찰해 볼 것이다.

요컨대, 재능과 필요를 지식과 능력을 겸비한 제자도를 고양하거나 제한하는 것으로 볼 것을 제안한다. 재능과 필요를 인간의 정적이고 불변하는 구성 요소로 보지 않는 것 또한 중요하다. 필요는 충족될 수 있고, 재능은 계발될 수 있다. 이것을 영원히 고정된 것으로 보는 것은 분류하기와 낙인찍기로 인도해 간다. 오히려 우리는 재능과 필요를, 계속적인 발달 과정 안에서 그것을 역동적으로 촉진시키거나 방해하는 요소로 보아야 한다. 이런 이유 때문에 우리는 재능과 필요를 확인하는 과정이, 학습 방식을 확인하기 위해 어떤 도구들을 사용하는 경우에 흔히 하는 것처럼, 과학적으로 추상적이며 분리된 방식으로 이루어져서는 안 된다고 주장해야 한다. 우리는 반드시 아동들과의 개인적인 상호 작용과 아동의 출신 배경과 환경에 대한 이해를 통하여 재능과 필요를 확인해야 한다.

인간의 삶은 복잡하기 때문에 재능과 필요의 단순한 분류는 불가능하다. 마슬로우(Maslow)는 생물학적 욕구에서부터 자아 실현의 욕구에 이르는 '욕구의 단계'를 제안했다.[11] 좀더 최근에 글래서(Glasser)의 통제 이론은 생존, 사랑, 소속감, 권력, 자유, 재미라는 다섯 가지 기본 욕구를 제안하였다.[12] 그러나 우리의 목적을 위해서는 다음과 같이 크고 개략적인 분류 범주가 더 유용할 것이다.

- 제자도를 향한 길: 이 학생과 주님과의 관계는 어떠한가? 흔히 이 범주는 '영적 차원'으로 불린다. 어떤 학생들은 이 영역에서 다른 학생들보다도 많이 발전해 있고, 그래서 좀더 많은 '재능'이 있는 반면, 어떤 학생들은 발달이 이루어지지 않아서 계발해야 할 '필요'가 있음을 보여 줄 것이다.
- 사회적 관계: 이 학생은 학부모, 형제, 동료들과 어떤 관계를 맺고 있는가? 이 학생은 이혼, 마약 복용, 빈곤, 인종적 또는 종교적 긴장 등으로부터 야기되는 어떤 사회적 문제들을 안고 있는가?
- 신체적/생리적 장단점: 학생들의 시각, 청각, 언어 장애에 대해서는 분명히 인식해야 한다. 이와 마찬가지로, 어떤 학생들은 뛰어난 신체적 능력을 소유하고 있다.
- 정서적 상태: 이 학생의 자아 개념은 어떠한가? 어떤 두려움과 소망이 학생의 삶을 지배하고 있는가?
- 학습 방식: 이 학생은 어떤 종류의 학습자인가? 학습 방식 이론은

많이 있다. 이들 이론들은 때로 상호 모순되기도 한다. 불행하게도, 나는 학습 방식을 이해하기 위한 일관된 기독교적 접근 방법을 알지 못한다. 우리는 데이비드 콜브(David Kolb), 버니스 맥카시, 앤소니 그레고르와 같은 이론가들에게 의존하고 있다.[13] 다행스럽게도, 이들의 이론은 통찰력이 있고 도움이 되는 경우가 많다. 우리는 이들의 모델과 익숙해지기 위해서 많은 노력을 한다. 리타와 케네스 던(Rita and Kenneth Dunn)의 연구 또한 중요하다.[14] 이들은 환경적인 요인을 확인하고, 아동의 학습에 환경적인 요인이 어떤 영향을 미치는지 밝히고 있다. 학생은 어떤 학습에서 어떤 영역의 강점과 약점을 보여 주는가? 시간을 내서 하워드 가드너가 제안한 '다중 지능'의 함의점을 탐구해 보라.[15]

• 때때로 나는, 교수 방법을 다양하게 하기만 하면 학습 방식 이론은 중요하지 않다고 그리스도인 교육자들이 말하는 소리를 듣는다. 나는 그렇게 생각하지 않는다. 학습 방식 평가 도구가 그렇게 필요하지 않을 수도 있지만, 모든 학생들의 학습 방식 요구를 충족시켜 주기 위해서 교수 전략의 다양화에만 의존하는 것 역시 불충분할 것이다. 개인적인 경험으로도 알 수 있는 것처럼, 다양한 교수 방법을 볼 수 있는 교실에서도 많은 학생들의 학습 요구가 여전히 충족되지 않고 있다.

• 학문적/학습 기술: 여기서 내가 생각하고 있는 것은 읽기, 쓰기, 생각하기, 계산하기, 의사 소통 등의 능력과, 이런 영역에서 작용하여 빈번하게 학습 장애를 일으키는 다양한 방해물이다.

재능과 필요를 어떻게 결정할 수 있는가 하는 문제는 이미 제10장에서 고찰하였다. 이 시점에서 제10장의 내용을 다시 한 번 검토해 보는 것도 좋을 것이다.

교실 배열

교실을 배열하는 방법은 우리의 교육 철학에 관해서 많은 것을 말해 준다. 항존주의자들은 아마도 책상을 일렬로 배열하고, 노트 필기를 하고 연습 문제를 푸는 것 외에는 별다른 학생 활동을 요구하지 않을 것이다. 진보주의자들은 교실의 책상과 의자를 없애고 싶어할지도 모른다. 사회 재건주의자들은 교실 자체를 없애고, 도시 생활의 중심부로 학생들을 데려가는 것을 선호한다. 다기능 학급을 실행하기 위해서는, 융통성과 다양성이 필요할 것이다. 이것은 어떤 때는 책상이 일렬로 정리되어 있고, 어떤 때는 학생들의 재능을 찬양하고 필요를 충족시키기 위해서 변화가 있어야 함을 의미한다. 여기에 몇 가지 제안이 있다.

- 학습 센터를 이용하라. 대개 학습 센터는 초등학교에서만 볼 수 있는데, 고등학교 수준에서도 적절하다. 고등학교 도서관은 대체로 학습 센터의 역할을 한다. 학습 센터는 단지 한정된 학습 기술의 발전만 허용할 정도로, 범위가 제한되어 있는 경우가 매우 많다. 협동 학습과 개별화 교수법을 결합하고, 의미 있고 책임 있는 선택을 허용하며, 자기 평가를 격려하고, 통합 교육 과정을 실행하는 다차원적 학습 센터를 목표로 삼을 것을 제안한다.
- 특별 학생들을 위해 다음과 같은 특별한 장소를 만들라.
  - 학생들이 조용히 독립적으로 공부할 수 있는 장소
  - 학생들이 소그룹으로 모여 어떤 주제나 과제, 또는 프로젝트를 토의할 수 있는 토의 장소
  - 학생들이 짝을 지어 활동할 수 있는 장소
  - 특별히 도움이 필요한 소그룹 학생들과 함께 활동할 수 있는 장소

이런 종류의 학급을 설계하는 것은 교사의 자료 목록 작업의 결과에 대한 세밀한 검토를 필요로 할 것이다. 선호하는 학습 방식 역시 중요하게 고려해야 한다. 예를 들면, 어떤 학생들은 희미한 조명과 시원한 환경에서 가장 잘 학습한다. 이러한 교실 배열 과정에 학생들이 의견을 제안하도록 해야 한다.

교육 과정

대부분의 교사들이 당면하는 주된 문제는 규정된 교과 과정이 요구하는 대로 따라야 한다는 점이다. 1학년 말이 되면 모든 학생들은 특정한 수준에 도달해 있어야 하고, 2학년 말에는 또 다른 수준에 도달해야 하고, 계속 이렇게 반복된다. 이와 같은 교육 과정의 규정은 흔히 필요, 재능, 다양성, 독특성 등 이 장에서 이야기하고 있는 모든 것을 무시해 버린다. 학교는 모든 학부모들이 알고 있는 것을 너무 자주 무시하고 있다. 일곱 살짜리 아이들이 모두 1학년이 될 준비가 되어 있지는 않으며, 여덟 살짜리 아이들 모두가 2학년에 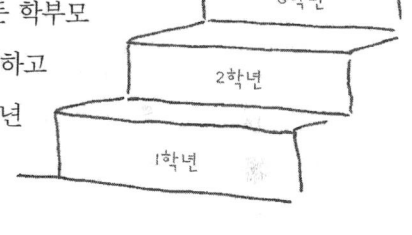 올라갈 준비가 되어 있는 것은 아니다. 그럼에도 불구하고, 조립 계통을 따라 동일한 연령별로 학생을 그룹화하는 구식의 산업형 모델이 여전히 대부분의 학교 교육 현실을 지배하고 있다.

학교 교육 과정 전체를 개정하려는 시도는 분명히 비현실적이다. 그러나, 과업의 다양성과 학습 기회의 다양성을 강조하는 다기능 학급에서는 교육 과정을 어느 정도 재설계할 필요가 있을 것이다. 여기서 우리는 **중핵 내용**(core material)과 **대응 학습 활동**(parallel learning activities)을 구분해야 한다. 중핵 내용은 학교의 포괄적인 거시 교육 과정(macrocurriculum)의 한 부분이다. 특정 학년에 속한 모든 학생은 중핵 내용을 숙지해야 할 필요가 있다. 그러나 중핵 교육 과정과 더불어 이에 대응하는 학습 활동도 있어야 한다. 이런 활동은 학생들이 중핵 교육 과정을 자신의 학습 속도와 학습 방식에 따라 숙지할 수 있게 해주고, 학생들의 필요와 재능을 참작하는 기회가 된다. 그러므로 교사들은 특별 프로젝트를 계획하고, 다양한 학습 방식 중에서 대안적인 학습 방식을 고안하고, 보충 활동을 제공하는 등의 활동을 할 것이다.

해로 반 브루멜른도 이와 비슷한 것을 제안했다. 반 브루멜른이 다음과 같이 말할 때 그는 사실상 다기능 학습을 지칭하는 것이다.

만약 학습이 인격화되기를 원한다면, 학생들의 반응을 살피고, 가르치는 방식을 바꾸어 가면서 전체 학급에 가장 적합한 방법을 사용하라. 그렇게 하면서 기본 개념을 논의하고 강화하거나 정보를 제시하라. 그 다음에 특별한 필요를 만족시키기 위해 개인들이나 소그룹들을 나누라. 학생 개개인이나 소그룹별로 몇 가지 선택권을 주어서 개념을 더 강화하거나, 논의중인 주제의 어떤 특수한 부분을 검토하거나, 이미 배운 것을 확장하도록 할 수 있다. 이렇게 하여, 교사는 학생들을 특별한 재능을 가진 존재로 이해한다. 그 재능들은 학습자가 속한 공동체의 맥락에서 발휘되는 것이다. 이런 형태의 인격화된 학습을 위해서는 특정한 필요에 적합한 다양한 그룹을 구성해야 한다.[16]

교수 전략

이 책의 앞부분에서 이미 살펴본 바와 같이, 교육 대상과 내용에 관계없이 누구에게나 무엇이든지 가르칠 수 있는 한 가지 최선의 방법은 존재하지 않는다. 교수 전략은 협동 학습, 단체 교수법, 개성화 교수법을 다양하게 사용할 필요가 있다. 특별히 중요한 것은 교수 전략과 활동을 주의 깊게 계획하는 일일 것이다. 교과서를 이용한 집단 교수법이나 모든 학생들에게 동일한 문제지를 내주는 것이 당연히 쉬운 방법이다. 그러나 학생들의 필요와 재능 그리고 개별적인 독특성을 고려하지 않고 그렇게 하는 것은 우리를 또다시 평등주의로 되돌아가게 한다. 학습 목적과 목표 역시 다양화되어야 할 것이다. 찬호에게 알맞는 학습 목표가 세리에게는 적합하지 않을 수도 있다. 찬호가 말(horse)에 대해 이미 알고 있는 내용을 세리는 처음부터 배워야 할지도 모른다. 평가 절차 역시 재고해야 할 것이다. 다기능 학급의 목적, 계획, 평가의 문제는 철저한 조사와 필시 혁신적인 개혁을 요구할 것이다.

    교수 방법을 다양하게 하도록 도와주는 한 가지 방법은 학생들에게 부과하는 과제를 재검토하는 것이다. 다양한 학생에게 다양한 과제를 부과하면서 동시에 어떻게 포괄적인 목표도 성취할 수 있는지 자문해 보라. 얼마 전에 나는 어떤 고등학교 교사와 함께 산업혁명에 관해 차별화된 중학교 3학년 단원을 설계하였다. 우리는 학생들에게 물어보았다. 산업혁명에 대해 학습하는 좋은 방식은 무엇인가? 어떻게 가르쳐야 하는가? 강의와 필기의 방법인가? 연구 프로젝트를 내주는 것인가? 당시의 시대상을 반영하는 소설을 몇 권 읽는 것인가? 산업혁명 당시에 학부모와 노동을 착취당하는 자녀들 사이의 긴장을 그린 연극이나 비디오를 제작하는 것인가? 아니면 무엇인가? 이런 질문들을 하면서, 우리는 단원의 목표를 염두에 두고 있었다. 여기서 피해야 할 것은, 가지각색의 학습 활동이 상호 관련도 없는 다양한 학습 결과를 가져오는 일이다.[17]

    계약 제도, 개인적 목표 설정, 자기 평가의 확대 사용
    이상적으로 말하면, 교사와 개별 학생들 사이에는 어떤 계약이 있어

야 한다. 어떤 학습 결과를 성취할 것인지, 장애물('필요')을 어떻게 극복할 것인지, 재능을 어떻게 자극할 것인지, 계약 내용을 충족시켰는지 아닌지를 어떻게 알 것인지(자기 평가)에 대해서 교사와 학생들은 함께 논의해야 한다. 교사와 학생 그룹들 간의 계약에 대해서도 생각해 볼 수 있다.

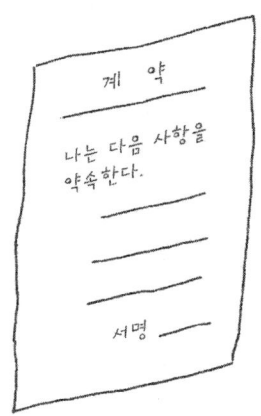

### 결론

다기능 학급에 대한 지금까지의 논의는 분명히 일반적이고 개략적이다. 나는 다기능 학급의 맥락과 몇 가지 주요 구성 요소를 강조하였다. 따라서 많은 질문들이 남아 있을 것이다. 다음의 문제들을 생각해 보자.

- 다기능 학급을 실행하는 기회라도 가져 보려면 어떤 조건들이 마련되어야 하는가? 다기능 학급은 시간, 동료 교사, 자원의 압력이 있는 전통적인 학교의 구조에 어떻게 맞아들어 가는가? 학교가 동시에 변화하지 않고 교실의 변화가 이루어질 수 있는가?
- 교실에서 개개의 모든 학생의 요구를 충족시키고 재능을 축하하는 활동은 반드시 다기능 학급을 필요로 하는가? 아니면 전통적인 학급 안에서 적절히 조정하는 방법으로 수행할 수 있는가?
- 많은 학교의 교장 선생님과 교사들은 이 장에서 제안한 모든 목표들이 이미 성취되고 있다고 믿고 있는 것 같지 않는가?
- 다기능 학급이 전통적 학급보다 더 효과적인지의 여부를 검증하기 위해 어떤 종류의 측정 방법이 필요할 것인가?
- 교사가 충분히 준비하지 않고 다기능 교실의 시류에 편승하여 실

제로 상황을 좋게 만들기는커녕 더 나쁘게 만들 수 있는 위험이 있지는 않은가?

• 앞에서 논의한 자료 목록 작성과 같은 일을 하려면 교사에게 어떤 종류의 전문 지식이 필요한가? 이런 자료 목록이 실제로 아동들을 해칠 수 있는 위험성은 없는가? 전문 사회 사업가나 심리학자는 어디에 필요한가? 교사가 학생의 가정 환경을 조사함으로써, 학생의 곤경을 모두 가정 환경 탓으로 돌리려는 유혹을 받지는 않겠는가?

• 이 장에서 설명한 것과 같은 다기능 학급은 단순히 일반적이고 호소력이 있는 이상적인 비전일 뿐인가? 아니면 교사가 쉽게 따를 수 있도록 단계적 실행 프로그램을 고안하는 것이 가능한가? 아니면 이런 종류의 학급은 전문가나 조언자의 지도 아래 장기간의 연속적인 변화를 통해서만 실현될 수 있는 것인가?

이와 유사한 다른 질문들도 많이 떠오를 것이다. 그러나 이런 문제들을 방해물로 보지 않도록 권고하고 싶다. 서구의 진부한 실용주의에 사로잡히지 않도록 하라. 실용주의는 아마 다음과 같이 속삭일 것이다. 이건 너무 복잡해! 잘 되지 않을 거야. 그렇게 될 수가 없어! 과연 그럴까? 시도해 보기 전에는 아무도 알지 못한다.

# 어떻게 학생으로 하여금 올바로 행동하게 할 수 있는가?
### 협력 학급 운영하기

권 선생: 홍 선생님, 학급 운영에 문제가 좀 있어요. 우리 학급에는 문제아들이 좀 있어요. 현자를 한번 보세요. 그 애는 침울하고 분명히 저를 싫어해요. 저는 그 애가 수업을 방해하는 방식이 참 싫어요. 그 애는 싸움 대장이나 큰 소리로 떠드는 애들처럼 드러나지는 않지만 아주 교묘한 방법으로 교실 분위기를 망치고 있어요. 현자는 정말 저를 끝없이 괴롭히고 있다구요!

홍 선생: 저도 그 애가 어떤 유형인지 알 것 같아요. 그 애는 분명 동기 유발도 제대로 안 되어 있지요?

권 선생: 동기 유발이라고요? 그 애는 그런 문제에 대해서는 전혀 개의치 않아요. 우스운 일은 어쨌든 그 애는 그럭저럭 좋은 점수는 얻고 있단 말이에요. 머리가 좋은 학생인 것만은 분명해요. 그러나 그 애의 좋지 못한 태도는 정말 참을 수가 없어요. 그 애는 우리 교실의 훈육 문제를 망쳐 버리는 교활하고 특별한 비책을 갖고 있는 것 같아요. 그 애가 자기 주위에 있는 애들만 듣고 웃을 수 있을 정도로 내 이름을 중얼거린다는 것도 알고 있어요.

홍 선생: 권 선생님은 그런 현자에게 어떤 반응을 보여 주고 있나요?

권 선생: 지금까지는 일반적인 방법으로 대하고 있어요. 그 애와 더불어 이야기하고, 칠판에 이름을 적기도 하고, 교장실로 보내겠다고 엄하게 말해 보기도 하고, 때로는 교실 구석에 격리해 놓기도 하고, 방과후 남게 하거나 학급 활동을 중지시키는 등, 심지어는 뭔가 보상해 주고 달래 보려고 하기도 했지요. 그런데 아무 소용도 없어요.

홍 선생: 현자가 왜 그렇게 행동하는지에 대해서 선생님은 어떻게 생각하세요?

권 선생: 전혀 모르겠어요! 저도 사실 현자의 행동에 별로 개의치 않아요. 그 애는 분명 원래 그런 애니까요! 단지 그 애에게 더 엄하게 대해야겠어요. 저는 아직도 너무 쉽게 대해 주는 것 같다는 생각이 들어요. 이 학교가 체벌을 허용해 주었으면 좋겠어요. 구태여 말한다면, 그 애는 아직도 체벌을 받는 것이 알맞은 연령이라고요!

## 근본적인 문제

학생들이 교생 실습을 마친 후 4학년 세미나 시간에 모였을 때, 나는 그들이 부딪힌 문제들이 무엇이었는지 우선 순위별로 작성해 보도록 요구한다. 그 때마다 항상 두 가지 문제가 중요하게 대두되는데, 그것은 학급 운영과 학습 의욕이 없는 학생들을 다루는 문제다. 나는 그들의 경험을 서로 나누고, 어떤 제안들을 도출해 내고, 촌극으로 자신들의 경험을 실연해 보도록 요구한다. 학급 운영에 관한 주제는 활발한 토론을 불러일으키곤 한다.

> 학생 지도시 문제점:
> 1. 학급 운영
> 2. 학습 의욕이 없는 학생들
> 3. 보조 교사의 불평
> 4.

학급 운영에 관한 관련 문헌은 방대하고 계속 늘어나고 있지만,[1] 여전히 논의의 여지가 있고 혼란스러운 문제다. 불협화음을 이루는 목소리들이 저마다 자기 말이 맞다고 권위를 주장하고 있다. 상이한 저자들이 서로 상반되는 학급 운영 모델을 제안하기도 한다.

몇 가지 기본적인 특징들은 많은 논쟁이 되고 있다. 활기찬 대화를 보여 주기 위해서, 흔히 논의되는 다음과 같은 대립 문제를 고찰해 보기로 하자.

• **대비적 학급 운영과 대응적 학급 운영의 대조.** 대비적(proactive) 학급 운영은 문제를 예방하는 데 목적을 둔다. 반면, 대응적(reactive) 학급 운영은 문제가 일어난 후 그 문제를 해결하는 데 목적을 둔다. 지난 20-30년 동안 대응적 학급 운영으로부터 대비적 학급 운영으로의 놀라운 전환이 일어났다. 1g의 예방은 1kg 이상의 치료 효과가 있

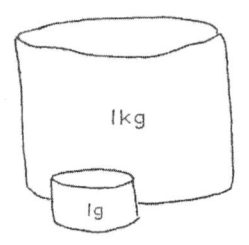

음을 교육자들이 마침내 인식했기 때문이라고 나는 생각한다.
- **학급 운영과 훈육의 대조.** 흔히 양자의 차이점을 다음과 같이 말한다. 학급 운영은 교수-학습에 도움이 되는 학급 분위기를 창출하고 유지하는 전체 모습을 다루는 반면, 훈육은 학급 규칙을 위반하는 행동을 다루는 방법과 결과를 가리킨다는 것이다. 그러나 이 점에 관해서는 논쟁의 여지가 있다. 어떤 저자들은 이런 구분을 수용할 수 없다고 주장한다.[2]
- **예방적 훈육과 교정적 훈육의 대조.** 예방적 훈육은 대비적 학급 운영과 유사하고, 교정적 훈육은 수용할 수 없는 행동을 징계하거나 교정하기 위해 취하는 방책을 지칭한다.[3]
- **강제적 훈육과 자발적 훈육의 대조.**[4] 강제적 훈육은 일반적으로 강압적인 접근 방법을 반영하지만, 자발적 훈육은 학생이 자기 행동에 대해 개인적인 책임을 지게 하는 데 목적을 두고 있다.

한편, 최근 논의들은 '학급 운영'이라는 용어 자체에 의문을 제기하고 있다. 예를 들면, 알피 칸은 "'운영'이란 용어는 경영학에서 빌려온 용어로서…피고용인을 지시하고 통제하는 의미가 너무 강하다"고 우리에게 상기시켜 준다.[5] 솔직히, 나도 칸의 견해에 매우 공감한다. 안내자로서 교사는 방향을 설정할 책임을 지고 있는 것이 분명하지만, 통제도 해야 하는가? 이 질문에 대해서는 곧 다시 살펴보기로 하자. '학급 운영'이라는 용어는 문제를 야기할 수 있는 용어이기는 하지만, 너무나 확고하게 정착되어 있기 때문에 의사 소통을 위해서 그대로 사용할 수 있다고 나는 생각한다. 그러나 이 용어에 어떤 내용을 부여하는가 하는 것은 우리가 결정해야 한다.

나는 계속되는 논쟁에 더 많은 말을 덧붙일 생각이 없다. 오히려 나는 이 장에서 다음과 같은 한 가지 질문에 초점을 맞추고자 한다. 기독교적 가르침에 대한 우리의 정의는 학급 운영에 어떤 함의를 갖는가? 협력 학급의 맥락에서 제자도를 위한 안내, 전개, 능력 부여는 교사가 학급을 운영하는 방식과 어떤 관계가 있는가?

### 시나리오

권 선생님이 현자와 더불어 경험한 문제로 돌아가 보자. 이 광경은 상당히 침울해 보인다. 현자는 권 선생님에게 말할 수 없이 고통스런 존재다. 현자는 권 선생님의 삶을 비참하게 만들고 있다. 사실은 분명해 보인다. 현자가 학습 장애를 가지고 있는 것은 아니지만, 권 선생님이 그에게 가르치고자 하는 것을 배우려 하지는 않는다. 현자는 권 선생님이 원하는 것을 배우지 않기 위해 자기 나름대로 최선을 다하여 학습에 대한 혐오감을 표현한다. 문제를 점점 더 악화시키는 것은, 현자는 권 선생님 역시 싫어하며, 이 사실을 선생님에게 확실히 알리려고 노력한다는 점이다. 이런 상황에서 권 선생님은 어떻게 해야 하는가?

그가 이야기한 행동 목록의 첫 번째는 '그녀와 더불어 이야기하는 것'이다. 이 노력은 분명히 성공하지 못했다. 권 선생님이 현자와 더불어 한 대화를 녹음해서 들어볼 수 있다면 참 흥미로울 것이다. 하나는, 권 선생님이 정말 그녀와 **더불어** 이야기했는가 하는 것이다. 아니면, 그**녀에게** 일방적으로 이야기하지는 않았는가? 권 선생님은 현자에게 어떤 질문을 하였는가? 아니면 위협하고 징계하는 장황한 이야기를 되풀이하였는가?

아마도 후자의 경우일 것이라는 사실은 권 선생님이 취한 다음 단계의 행동에서 손쉽게 추론할 수 있을 것이다. 권 선생님은 현자의 이름을 칠판에 적고(위협), 교장실로 보낼 것이라고 엄포를 놓고(또 다른 위협),

그녀의 자리를 학급 구석으로 떼어 놓고(어느 정도의 징계), 방과후에 남도록 하거나 학급 활동을 중지시켰다(분명한 징계).

그러나 잠깐! 권 선생님은 또 다른 방법을 시도했다. 보상으로 그녀를 달래 보려고 했다. 권 선생님은 분명히, "채찍이 통하지 않으면 당근을 주라"는 말을 행동의 근거로 삼은 것 같다. "올바로 행동하지 않으면, 좋지 못한 일이 너에게 일어나게 될 거야"라고 경고하는 대신에, "올바로 행동한다면, 좋은 일이 너에게 일어날 거야"라고 말하였다. 하지만 애석하게도, 이미 밝혀진 것처럼, 그 어느 방법도 효과가 없었다.

이제 무엇을 해야 하는가? 좌절감을 느끼면서, 권 선생님은 자신의 방법이 실패한 이유는 단지 징계나 보상의 양적 문제라는 결론을 내렸다. 징계의 무게가 충분하지 못했으며, 추정컨대 보상 역시 충분하지 않았기 때문일 것이라는 결론이었다. 어떻게 생각하는가? 내가 보기에 이 시나리오 전체는 배우려고 하지 않는 교사의 모습을 보여 주는 전형적인 경우인 것 같다. 교사는 자신이 지금 하고 있는 일이 효과가 없다는 것을 알지만 자꾸 되풀이하다 보면 마침내 효력을 나타낼 것이라고 믿고 있을 뿐이다!

이 시나리오는 또 다른 문제를 제기한다. 대화 중에 홍 선생님은 현자가 동기 유발도 제대로 안 되어 있는 것 아니냐고 물었다. 다소 어리석은 질문처럼 보이지 않는가? 과제를 수행하는 데 동기 유발이 잘 되어 있는 학생이 교사와 교사가 가르치려고 하는 것을 싫어하는 경우를 본 적이 있는가? 경험에 비추어 볼 때, 학습 동기의 결여는 일반적으로 문제 행동과 관계되어 있다. 그런데 현자의 경우는 다르다는 점을 주목해야 한다. 현자는 분명히 동기 유발이 되어 있다. 현자는 자신이 권 선생님은 물론, 학급에서 진행되고 있는 모든 것을 좋아하지 않는다는 것을 권 선생님이 알도록 하려는 동기를 가지고 있다. 여기에 풀어야 할 문제가 있다. 현자의 문제 행동은 동기 유발이 되지 않은 데 따른 결과인가, 아니면 문제 행동 때문에 동기 유발이 되지 않고 있는 것인가?

### 맴도는 행동주의

학생으로 하여금 행동하게 만드는 권 선생님의 방법은 그리스도인 교사를 포함하여 많은 교사들에게 너무나 잘 알려져 있다. 본질상, 이 방법은 보상과 더불어, 위협과 징계의 프로그램으로 귀착된다. 그것은 부정적 강화와 긍정적 강화에 대한 행동주의적 가정에 근거한다. 이 방법은 교사는 가르치기 위해서 학생들을 통제할 수 있어야 하며, 심지어 조작할 수도 있어야 한다고 가정한다. 학생의 중요한 본분은 교사가 요구하는 것을 따르는 것이라고 주장한다. 요컨대, 이 방법은 학생 편의 엄격한 순종을 요구한다.

행동주의적 학급 운영 유형의 고전적인 예는 리 칸터(Lee Canter)의 '단언적 훈육'(assertive discipline) 프로그램이라고 말할 수 있는데, 대단히 영향력 있고 성공적인 상업 기획 프로그램이다. '단언적 훈육'은 학생들이 고분고분하고 순종적이 되도록 하기 위해서 일련의 비책을 제공해 주는 것을 목적으로 한다. 이 프로그램은 교사가 원하는 것을 학생들이 하도록 가르친다. 이 방법은 아동을 길들이고 훈련해야 할 동물로 격하시키며, 안내 기능을 통제 기능으로 바꾼다.

'권력자 중심'(show-them-who's boss) 철학을 옹호하는 단언적 훈육과 이와 유사한 경영 프로그램은 기독교적 가르침과 양립할 수 없다. 몇 가지 이유는 다음과 같다.

- 이런 프로그램들은 학생들이 자신의 행동에 대해 책임지는 것을 배우지 못하도록 한다. 학생들은 무엇을 해야 하며, 어떻게 행동해야 하는지에 대해 듣기만 하기 때문에, 도덕적으로 수용할 수 있는 행동과 수용할 수 없는 행동에 대해서 성찰할 기회를 갖지 못한다. 교사가 말하는 대로 그저 따를 뿐, 질문할 필요도 없고, 토론이나 성찰할 필요도 없다. 그러나 주님의 제자가 되기 위해 학습하는 것은 많은 토의와 성찰을 요구한다.
- 행동주의 운영 프로그램은 학생들이 학급에서 교수-학습 상황의 일부분이 되도록 깊이 참여시키는 문제에 선택권을 주지 않고 침묵하게 만든다. 학생들의 경험이나 통찰, 의견을 무시해 버린다. 학생들을 더 이상 반응하고 책임지는 하나님의 형상으로 보지 않는다. 이들에게 유일한 선택 사항은, "내가 말하는 것을 순종하거나 아니면 결과에 따른 고통을 감수해야 한다"는 것이다.
- 행동주의자들의 전략은 한 인간으로서의 학생에게 관심을 기울이는 것이 아니라, 단지 학생들의 외적 행동에만 초점을 맞춘다. 보상이 반드시 선이나 책임감을 증진시키는 것은 아니다. 오히려, 보상은 어떤 것이 선하고 옳기 때문이 아니라, 보상을 받기 때문에 행동하도록 학생들에게 가르친다. 마찬가지로 징계도 학생들로 하여금 "내가 잘못했다고 생각한다. 내가 고쳐야겠다"는 생각을 반드시 갖게 하는 것은 아니다. 징계는 단지 "어떻게 하면 다음 번에는 잘못된 행동을 하지 않을 수 있을까?"라는 질문을 제기하게 할 따름이다. 따라서 징계와 보상 체계는 학생들을 책임 있고, 서로 보살피며, 온정적인 인간으로 변화시키는 데 아무런 공헌도 하지 못한다는 점을 점점 더 많은 연구들이 보여 주고 있다는 것은 놀라운 일이 아니다.[6]
- 가장 중요한 것은 행동주의자들의 모든 운영 프로그램이 징계와

훈육을 혼동하고 있다는 점이다. 이 점을 좀더 고찰해 보기로 하자.

### 훈육 대 징계

징계는 일반적으로 잘못된 행동에 따라오는 결과이다. 징계는 죄에 대한 대가를 지불하고, 범죄자에게 어떤 교훈을 줄 것이다. 그러나 한번 물어보자. 예수 그리스도가 우리 모든 죄의 대가를 단번에 지불하셨다고 할 때, 우리가 말하는 의미가 무엇인가? 우리의 **모든** 죄를 의미하는가? 우리 학급에 있는 아동들의 죄도 포함하는가? 예수님의 구속 사역이 충분하지 않은 것처럼 우리가 실제로 다시 징계해야 하는가?

회개와 용서의 관계에 대해 상당히 많은 논쟁이 있다는 것을 나는 알고 있다. 우리가 성경을 올바로 이해한다면, 예수님이 친히 하신 것처럼 용서가 우리의 기본적인 태도여야 한다고 나는 생각한다. 예수님은 5리를 가자고 하면 10리를 가고, 왼뺨을 치려는 사람에게 오른뺨도 내어주라고 말씀하신다." 예수님은 심지어 자기를 십자가에 못박은 사람들조차 용서해 주셨다. 우리도 이와 같이 해야 한다. 학생들이 잘못했을 때, 우리는 먼저 이들을 어떻게 처벌할 수 있을지 묻기보다는, 어떻게 용서하고 바른 길로 인도할 수 있을지를 먼저 물어보아야 한다.

이런 관점은 훈육의 문제로 우리를 이끈다. 잘못된 것을 보지 않고 무조건 용서하고 잊어버리면, 모든 것이 잘될 것이라는 태도를 내가 옹호하고 있다고 생각할지 모른다. 물론 그것은 아니다. 하나님이 친히 "그가 사랑하는 자를 징계하시지" 않는가? 그러나 이런 '징계'는 징벌이 아니라 훈육으로 이해해야 한다. 훈육이란 무엇인가? 훈육은 본질상 학생들을 바른 길로 안내하는 것이다. 올바른 길로 안내하기 위해서는 징계가 필요없다. 우리는 용서하는 태도로 다음과 같이 물어보아야 한다. 이 학생이 한 행동이 잘못이거나 수용할 수 없는 것이라는 점을 이해할 수 있도록 어떻게 도와줄 수 있는가? 이 학생을 어떻게 올바른 길로 돌이킬 수 있는가? 이 학생을 어떻게 안내할 수 있는가?

징계와 달리 훈육은 징벌보다는 언제나 회복시키고 교정하는 것이 되어야 한다. 징계 자체는 학생을 회복시키거나 교정하지 않는다. 징계는 오히려 분노와 좌절을 낳는다. 징계는 언제나 대갚음, 보복, 상처받은 데 대한 대가로 누군가에게 상처 입히는 것과 같은 의미를 동반하고 있다. 징계는 바울이 경고한 대로 자녀를 노엽게 만들 수도 있다.[8] 한편, 훈육은 언제나 사랑과 용서, 서로 참음, 훈계와 격려의 맥락에서 교정하는 행동이 되어야 한다.

행동주의, 단언적 훈육, 또는 여타의 보상과 징계 전략은 성경적 훈육의 모습을 보는 안목이 없다. 이들 방법들은 지금 우리가 강요하고 조작하려는 이 사람이 도대체 누구이고 어떤 사람인지를 묻지 않고, 그저 '행동을 수정하기' 위한 시도로 회유하고 강요하고 조작한다.

## 시나리오 재검토

권 선생님과 현자의 경우를 다시 생각해 보자. 권 선생님은 어떻게 해야 했을까? 훈육의 방법에는 특별한 비법이 없다는 점에 우리 모두 동의할 것이다. 이럴 경우에는 어떻게 하고 저럴 경우에는 어떻게 해야 하는지 교사들이 물어오는 경우가 있다. 이런 질문에 간단 명료한 교정법을 제공해 줄 수 있다면 얼마나 좋겠는가? 그러나, 애석하게도 그런 비책은 없다. 모든 훈육의 경우가 독특하다. 왜냐하면, 모든 인간과 모든 상황이 독특하기 때문이다. 겉보기에는 비슷한 것같이 보이지만, 그 어떤 두 경우도 동일한 반응을 이끌어 낼 수는 없다. 그러나 권 선생님이 현자와 같이 어려운 문제를 다룰 때 생각해야 하는 일반적인 지침은 있다. 내가 제안하는 지침은 협력 학급에 관해서 앞서 언급한 모든 것을 전제로 한다. 이 지침은 일련의 질문 형태로 설명하는 것이 가장 좋겠다.

먼저 홍 선생님이 제기한 질문부터 생각해 보자. 현자가 그렇게도 부정적인 이유가 무엇이라고 생각하는가? 권 선생님은 단지 좋지 못한 성격 탓이라고 생각한다. 사실상, 문제 행동에는 일반적으로 이유가 있기 마련이다. 나는 호주의 한 초등학교에서 가르친 경험이 있다. 그 학급에 현자처럼 침울하고 부정적인 학생이 있었다. 알고 보니 부모가 복잡한 이혼 절차를 진행하고 있는 형편이었다. 그 학생은 버림받은 느낌과 상실감을 갖고 있었다. 일단 이런 원인을 발견하게 되면, 우리는 그 학생과 함께 문제를 풀어 갈 수 있는 기회를 얻게 된다.

그러나 현자의 문제 행동에는 권 선생님이 알아야 하는 또 다른 이유가 있을 수 있다. 현자는 분명히 동기 유발이 되어 있지 않다. 이유가 무엇인가? 권 선생님이 가르치려고 하는 교과 내용이 재미가 없고 적실성이 없기 때문인가? 학생들에게 흥미를 잃게 하고, 동기와 훈육 문제를 유발하는 가장 빠른 한 가지 방법은 따분한 학급에서 따분한 내용을 가르치는 것이다. 그런데, 따분한 학급에 대한 학생들의 불평을 무시해야 한다고 말하는 사람들도 있다. "아이들은 항상 모든 게 따분하다고 생각한다!"는 것을, 학생들의 불평을 무시하는 충분한 이유로 제시하는 사람들도 있다. 그러나 그런 견해는 전적으로 잘못된 생각이다. 학생들이 수업과 교사가 재미없다고 불평할 때는, 정말 그럴지도 모른다. 이럴 때는 가르침의 내용과 방법에 관한 중요한 질문을 제기해 보아야 한다.

연관성이라는 중요한 원리를 생각해 보자. 교육 내용은 학생들의 과거의 경험, 현재 상황 그리고 생활하면서 하고자 하는 일과 관련이 있어야 한다. 만약, "내가 왜 이 내용을 가르쳐야 하는가?"라는 문제에 대답할 수 없다면, 교사는 심각한 학급 운영상의 문제를 스스로 허용하게 된다.

권 선생님은, 현자와 더불어 어떻게 긍정적이고 신뢰하는 관계를 확립할 수 있는가 하는 또 다른 질문을 제기해 보아야 할 필요가 있다. 나는 단순히 현자를 회유하고 조작할 수 있는 대상으로만 취급하고 있지는 않은가? 내가 현자를 싫어하는 이유가 무엇인가? 현자와 더불어 좋은 관계를 맺기 위해서 내가 무엇을 할 수 있는가? 이를 위한 한 가지 방법은, 현자**에게** 일방적으로 말하는 대신에 현자와 **더불어** 말하는 것이다. 권 선생님은 현자에게 설교하는 것이 아니라, 진심으로 그의 이야기를 들어 줄 수 있는 상황을 만들어야 한다.

권 선생님은 또한 현자에 대한 자신의 기대도 재고해 볼 필요가 있다. 권 선생님은 어떻든 현자는 '고칠 수 없는 문제아'라고 생각하기에, 그녀에게서 좋은 것을 기대하지 않는다. 그러나 이런 태도는 자기 충족적 예언이다. 교사가 학생을 문제아라고 생각하면, 학생은 정말 그렇게 행동할 것이다!

또 다른 한 가지 문제는, 학급 활동을 결정할 때 권 선생님이 현자에게 어느 정도의 발언권을 허용해 주었는가 하는 점이다. 현자는 분명히 권 선생님의 학급에 흥미를 갖고 있지 않다. 그에 대한 한 가지 중요한 이유는 현자가 자기 학급이라는 의식을 갖고 있지 않기 때문일 수도 있다. 현자는 단지 권 선생님의 수업에 들어와서 무엇을 해야 하며 무엇을 배워야 하는지, 어떻게 행동해야 하는지 수동적으로 지시만 받았을 수도 있다.

### 협력 학급의 운영

징계와 보상이 근간을 이루는 행동주의에 대한 대안적 모형으로, 진정으로 협력적인 학급 운영 방법을 제안하고자 한다. 이런 접근 방법은 물론 적용하기 매우 어렵다는 점을 인정한다. 교사는 지시하고 학생들은 아무 질문도 하지 않고 순응하며 순종하는 전통에 우리는 너무 깊이 빠져 있다. 학생들 스스로 학급을 운영하는 책임과 발언권을 주면, 학급을 통제할 수 없게 되고 혼란을 초래하지 않을까 두려워한다. 따라서 학생들을 지시하고 통제하는 것이 더 안전한 방법이라고 생각하게 된다. 그러나 다시 한 번 자문해 보자. 학생들에게 처음부터 적절한 수준의 책임을 맡기지 않는다면, 어떻게 그들이 책임 있는 제자로 성장하기를 기대할 수 있는가?

협력적인 학급 운영을 도입하고 가꾸기 위해서 다음과 같은 단계들을 일반적 지침으로 고찰해 보자. 물론 이 지침은 간단 명료한 비법이 아니다!

- 단언적 훈육 방법에 대한 반대 입장을 분명히 하라. 학급 운영 방식이 보상과 징계 프로그램의 모형을 따르지 않도록 해야 한다. 학생들을 안내하고 훈육하되, 상과 벌에 의해 순종하는 아동으로 조작하지 않도록 해야 한다.
- 당신이 가르치는 학생들이 하나님의 형상이라는 점을 명심하라. 학생들은 하나님 보시기에 고귀하고, 경험과 재능과 책임을 갖고 있는 피조물이다. 학생들은 단순히 행동을 수정해야 할 필요가 있는 대상이나 길들여져야 하는 동물이 아니다.
- 죄가 아니라 은혜의 관점에서 학급을 구조화하도록 하라. 이것은 학생들이 언제나 잘못을 저지를 것이라고 예상하지 않고, 높은 기대와 신뢰를 가지고 학생들을 대하는 것을 의미한다.
- 징계하려는 태도보다는 훈육하려는 태도를 갖도록 하라. 용서하고 인내하는 태도를 계발하라. 어떤 벌을 줄 것인지 궁리하는 대신, 학생과 여정을 함께하면서 이들을 어떻게 돌이켜서 바른 길로 가도록

도울 수 있을지 생각해야 한다.
- 일 단계 접근 방법에 관한 논의를 명심하라. 학급을 구조화하는 데 학생들이 참여하도록 초청하라. 학생들이 교사가 원하는 말을 반복하는 목소리가 아니라, 자신들의 진정한 목소리를 낼 수 있도록 해야 한다. 학생들이 의견을 내도록 요구하고, 청취하며, 그 의견을 고려하여 활동하려고 해야 한다.
- 학급 규칙에 관해서 학생들이 교사와 협력하도록 요구할 때, 그 규칙은 단순히 개인적인 행위가 아니라 전체 학급을 통제하는 것이어야 함을 명심해야 한다. 단지 어느 한 개인이 어떻게 행동하느냐를 질문할 것이 아니라, 학급 전체가 어떠해야 하느냐를 질문해야 한다. 이 학급을 안전하고, 안정되며, 재미있는 곳으로 만들기 위해서 어떻게 서로 도울 수 있는가? 학생들이 잘못 행동하는 급우들을 올바른 길에 서도록 도울 수 있는 방법을 제안하도록 요청하라.
- 제5장에서 고찰한 목적 영역을 기억하라. 특히 제자도의 기술 함양이라는 매우 중요한 목적 영역을 기억해야 한다. 학생들로 하여금 존경하고, 경청하고, 격려하고, 갈등 해결을 위해 노력하고, 무엇보다도, 서로 사랑하는 것과 같은 제자도의 기술을 알고 실천하는 일을 서로 도울 수 있도록 격려해야 한다.
- 학생들이 현자처럼 잘못 행동할 때, 그 이유를 찾도록 노력하라. 무엇보다도 먼저, 교사 자신이 학생들의 부정적인 반응을 일으키는 일을 하고 있지 않는지 살펴야 한다. 자신의 가르침이 지루하지는 않은가? 교육 과정이 적실성이 없고 요점이 없는 것은 아닌가? 학생에게 부과한 과제가 무의미하고 단조로운 것은 아닌가? 혹은 학생이 학급 밖의 다른 상황들로 인해 힘들어하고 있지는 않은지 살펴보아야 한다.

- 잘못한 학생에게 징계나 어떤 결과를 받아들이도록 강요하기보다는, 그러한 행동을 수용할 수 없는 이유가 무엇인지 학생이 이해할 수 있도록 당신의 수준에서 최선을 다해 도와주라. 기억해야 할 것은, 단순히 학생들의 어떤 행동을 교정하는 것이 목적이 아니라, 궁극적으로 좀더 나은 사람이 되도록 도와주기 위해 교사와 학생들은 협력할 필요가 있다는 점이다. 그러므로, 잘못된 행동을 처벌의 기회가 아니라 가르침의 기회로 생각해야 한다.[9]
- 학생들과 학급 운영에 관한 계약을 맺는 방법도 생각해 볼 수 있다. 학생들이 동의하는 다양한 제안들을 기록하여 좋은 학급 분위기를 유지하는 데 협력할 수 있도록 해야 한다. 학생들로 하여금 자신의 견해를 기록하고, 봉투에 넣어, 전체 학급이 스스로 잘 지키고 있는지 점검할 수 있도록 봉투를 정기적으로 가져오게 할 수도 있다.
- 동료 교사들과 교장 선생님으로 하여금 현재 교육계에 소개된 대안적인 학급 운영 모형들을 연구하도록 장려하라.[10]

이런 지침들을 고려해 볼 때, 협력적인 학급 운영 방법은 어떤 모습일까? 다음과 같은 기본적인 몇 가지 모습들을 제안할 수 있다.

- 먼저, 제자도에 관한 솔직한 토의와 더불어 시작하라. 제자도란 주님의 뜻을 듣고 행하는 것으로 구성되어 있다는 것을 설명하라. 이런 제자도가 학급에서 어떤 의미를 갖는지 질문해 보라. 이런 문제를 이해하기 위해서 진지한 토의, 브레인 스토밍, 협동 학습, 실천 공유 전략과 같은 방법을 사용하라.
- 학생들에게 학급 규칙을 정하도록 요청하라. '제자 삼는' 학급은 어떤 모습일지 질문해 보라. 학생들의 말을 **경청**하고 그들의 제안을

진지하게 고려해야 한다.
- 학생들이 자기 행동의 결과에 책임을 지도록 하라. 문제와 갈등이 생길 때, 학급 전체의 차원에서 어떻게 해야 하는가? 역시, 학생들의 생각과 말을 **경청**하라.
- 역할 분담을 고려해 보라. '경찰관'을 임명하라고 제안하는 것은 아니다. 그러나 적절한 학생들을 선정하여 학급을 관찰하고, 감시하고, 필요하면 경고하는 일을 맡기는 가능성을 생각해 보라. 학급에서 학생들을 관리하고, 격려하고, 잘못을 교정하는 일을 학생들과 분담할 수 있도록 노력하라.
- '문제점'을 짓누르거나 위협하지 말고 방향을 전환시키도록 노력하라. 부정적 행동을 긍정적 행동으로 전환시키도록 하라.
- '자기 성찰'의 기회를 자주 가져야 한다. 학생들이 정기적으로 다음과 같은 질문에 응답하도록 요청하라. 전체 학급으로서 우리는 잘 하고 있는가? 잘 진행되는 점은 무엇인가? 앞의 1단계에서 논의했던 제자도가 지배하는 학급 분위기의 유형을 성취하기 위해서 무엇을 할 수 있는가? 이와 같은 계속적인 자기 성찰은 협력적으로 운영되는 학급에 필수 불가결한 요소일 것이다.

### 협력적 학급 운영은 가능한가?

협력적 학급 운영은 가능한가? 만일 아동들이 전적으로 부패했을 뿐 아니라, 하나님의 은혜와 그리스도의 구속의 영향도 없다고 믿는다면 협력 학급은 불가능할 것이다. 학급은 신병 훈련소이고, 교사는 엄한 교관이라고 생각한다면 협력 학급은 불가능할 것이다. 학급을 단지 서로 일등이 되기 위해 경쟁하는 장소로 만든다면 협력 학급은 불가능할 것이다. 그리스도의 몸이라는 성경적 개념이 학급과는 전혀 상관없는 개념이라고 생각한다면 협력 학급의 운영은 역시 불가능할 것이다.

그러나 당신은 그리스도인답게 가르치기를 원하며, 그리스도인답게 학급을 운영하기 원한다. 만약 징계와 보상 체제가 학급을 통제한다면, 공동체와 사랑에 관한 모든 논의는 입에 발린 말에 그칠 뿐 아무 소용이 없을 것이다. 진정한 공동체를 반영하는 협력적 접근 방법은 분명 더 나은 길이다.

The Craft of Christian Teaching ▶▶ 18

# 허들 넘기
기독교적 가르침의 장애물 극복하기

곽 선생: 홍 선생님, 올해 교원 대학에서 열린 교육 대회는 정말 유익했어요. 측정과 평가에 관한 강의도 좋았고, 학교에서 활용할 수 있는 구체적인 실천 방안에 대해 함께 머리를 맞대고 연구하는 기회를 충분히 가진 것도 정말 좋았어요. 홍 선생님도 우리 팀의 일원이 되었으면 참 좋았을 거예요!

홍 선생: 저도 동감이에요 다음 주 교직원 회의 때 어떤 보고서와 실천 방안을 제시할 계획이에요?

곽 선생: 학부모-교사 모임에 관한 참신한 아이디어를 설명할까 해요. 학생 주도의 모임도 제안할까 하구요. 그런데 이런 아이디어들이 어떻게 작용할지에 대해서는 확신이 없어요. 더 큰 문제는 이런 좋은 제안을 실천할 수 있는 시간을 내기가 어렵다는 거예요. 이런 모임에 참석하는 시간을 내다보면 모든 계획이 뒤쳐지게 되거든요. 채점이 밀려 있고 수업 계획도 아직 제대로 못 세우고 있어요. 도대체 생각조차 해 볼 시간이 없네요.

홍 선생: 시간이 문제예요! 저는 때로 시간은 친구가 아니라 적이라는 생각이 들기도 해요.

### 낙담하지 않도록…

교실에서 기독교적으로 가르치려고 노력해야 한다고 말하는 것과 그것을 실천하는 것은 완전히 별개의 문제다. 온갖 종류의 요인이 그리스도인답게 가르치려는 최선의 노력에 영향을 미친다. 우리가 직면하는 모든 장애물을 생각하면, 이 모든 것을 포기해 버리고 낚시나 갈까 하는 유혹을 받을 수도 있다. '기독교적 가르침'을 쉽게 무시하거나 이상적인 현학적 용어로 치부해 버리는 것도 결코 이상한 일이 아니다.

낙담이 된다는 말인가? 그럴 수도 있지만, 다른 측면이 있다는 사실을 생각하자. 몇 가지 확고한 결심을 하는 것으로 시작해 보자. 먼저, 기독교 교육이 번성하려면 기독교적 가르침이 의미하는 바가 핵심 문제로 남아 있어야 한다는 사실을 분명히 하자. 우리는 아름다운 건물, 잘 훈련된 학생들, 심지어는 높은 성취도 점수를 가질 수도 있다. 그러나 교사들이 실제로 기독교적으로 가르치지 못하면, 이 모든 노력과 재정적인 희생이 과연 무슨 가치가 있는가? 둘째로, 비록 모든 것을 포기하고 낚시나 가고 싶은 유혹을 거스르지 못할 것처럼 보여도, 지금 당장 포기하지는 않기로 결심하자. 오히려 대담하게 문제에 직면하자. 첫 번째 단계는 장애물을 확인하고 설명하는 것이다. 그래야만

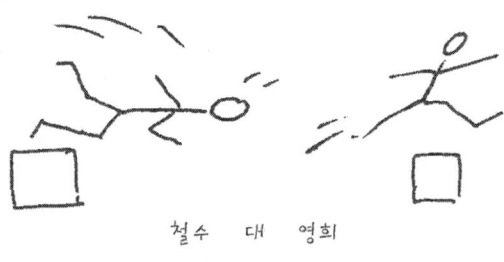

철수 대 영희

확인된 장애물을 극복할 수 있는 방법을 찾아낼 수 있다. 힘들고 어려운 장애물을 고무적인 도전 기회로 전환시키는 것을 목표로 삼자.

## 상호 연관된 세 가지 공통 장애물

### 시간

시간 부족은 전형적인 학급 교사들이 변함 없이 깨닫게 되는 첫 번째 장애물이다. 시간 부족을 애타게 호소하는 교사들의 소리가 계속 들려온다. "나는 자리에 앉아서 내가 하고 있는 일에 대해서 성찰하며, 기술을 개선하기를 좋아하지만 시간이 없다. 가르쳐야 할 학생들도 너무 많고, 처리해야 할 일거리와 서류더미, 계획들도 너무 많다. 거기에다 교회 활동도 있고, 개인적인 일들은 또 어떻게 해야 하는가? 물론, 가족들과도 시간을 가져야 한다!"

이처럼 증가하고 만연해 가는 문제에 대한 일반적인 반응은 무엇인가? 우리 모두가 잘 알고 있다. 시간 계획을 잘 세워라! 시간 운영의 비법을 배워라! 거절하는 법을 배워라! 일정을 계획하라! 해야 할 일의 목록을 만들고 우선 순위를 부여하라! 가장 유쾌하지 않은 일을 아침에 제일 먼저 하도록 하라! 마지막까지 미루지 말라! 이것이 대체로 일반적인 몇 가지 반응들이다.[1]

이런 제안들을 무시하려는 것은 아니다. 이런 제안들은 실제로 훌륭하며, 시간 문제에서 균형을 취하는 데 도움을 주는 실제적인 제안들이 많이 있다. 그러나 모든 사람에게 효과가 있는 유일한 시간 활용 모델은 없다. 우리는 모두 각기 다른 사람들이다. 어떤 사람들은 매우 조직적인 반면, 어떤 사람들은 어수선한 가운데서 효과적으로 일할 수 있다. 그러므로 나는 이 모든 훌륭한 표준적인 아이디어에 한 가지를 더 추가하고자 한다. 그것은 시간 문제에서 미리 규정된 모델을 단순히 수용하기보다는 자신의 개인적인 맞춤형 해결책을 찾도록 노력하라는 것이다. 어떻게 이렇게 할 수 있는가? 시간 문제에 대해서 다른 사람들과 함께 해결하는 방안을 모색해 보라. 시간 문제는 결코 개인적인 문제가 아니라,

공동의 문제다. 우리는 시간 문제에 공동적으로 대처해야 할 필요가 있다. 학교 공동체 안에서 우리는 성격과 작업 스타일이 비슷한 동료 교사들을 발견할 수 있다.

홍 선생님의 사려 깊은 생각에도 불구하고, 시간은 우리의 적이 아니라 친구여야 한다는 점은 두말할 나위가 없다. 시간은 우리 모두가 창조주 하나님의 손으로부터 받은 위대한 선물이다. 우리는 시간을 현명하게 사용해야 한다. 일 중독자는 '모든 것이 조만간 잘 될 것이다'는 식의 열 없는 접근 방식을 선호하는 사람과는 시간 사용에 대해 상이한 개념을 가지고 있을 것이다. 우리는 '시간을 현명하게 사용한다'는 것이 무엇을 의미하는지에 대해서 기도하면서 결정해야 할 필요가 있다. 시간을 현명하게 사용하는 것은 적어도 자신의 가르침의 실제를 성찰하는 기회를 포함해야 한다.

한 가지 일에 너무 많은 시간을 투자하고 다른 것은 소홀히 하는 경향인 환원주의를 피하는 것 역시 중요하다. 음악이나 운동 외에는 아무 것도 생각하지 않고 살아가는 음악가나 운동 선수들이 있다. 교사 역시 이런 병폐에 빠지는 경향이 있다. 휴가를 가서도 수업에 사용할 자료를 찾는 데 모든 시간을 보내는 등 언제나 자기 학급만 생각하는 교사들도 있다. 이들은 교육 과정만 생각하고 살아가는 사람들이다.

시간의 압박에 압도당하기는 아주 쉽다. 그러므로 문제를 정면으로 대응하여, 자신이 편안하게 느끼는 개인적이고 비교적 균형 잡힌 접근 방법을 설계하도록 권고하고자 한다. 여기에는 이미 제안한 바와 같이, 교수 전략에 대한 개인적인 성찰과 평가를 위한 별도의 시간도 포함되어야 한다. 동시에 동료 교사와 교장 선생님에게도 교수 방법에 대해서 공동으로 논의할 수 있는 시간을 갖도록 촉구해야 한다. 동료들은 어떤 교수 방법을 사용하며, 그 이유는 무엇인가? 어떤 학급 분위기를 유지하도록 노력해야 할까? 기독교적 가르침의 의미는 무엇인가? 이와 같은 문제들에는 손쉬운 대답은 없으며, 시간을 필요로 한다. 동료 교사들이 여유를 갖도록 권면하는 데 어느 정도의 시간을 들이라.

스트레스

두 번째 장애물은 스트레스라는 실체이다. 가르침은 육체적으로나 정서적으로 사람을 소진시키는 일이다. 가르침은 엄청나게 스트레스를 주는 과업이 될 수도 있다. 스트레스의 원인은 교실에서 교사가 수많은 결정을 내려야 한다는 사실에도 기인한다. 하루에 교사들보다 더 많은 결정을 해야 하는 사람은 아마도 항공 관제사뿐일 것이다. 일부 항공 관제사들처럼, 직장에서 돌아오면 습관적으로 잠을 자는 교사들도 있다.

교사들은 종종 다른 사람들이 무슨 생각을 하고 어떤 기대를 할까 걱정하면서 스트레스를 증가시키기도 한다. 학생들이 나를 좋아할까? 나는 정말 좋은 교사인가? 다음에 이 학급을 이어받을 선생님은 내가 한 일을 어떻게 생각하실까? 학부모들은 **실제로** 나를 어떻게 볼까? 이와 같은 질문들은 쉽게 자기 의심으로 바뀌고 스트레스를 증가시킨다.[2]

이런 스트레스에 덧붙여, 소위 'BDB 현상', 즉 우울한 날의 우울증(Bad-Day Blues)이 있다. 가르침의 한 가지 분명한 특징은, 유쾌한 날 뒤에는 언제나 우울한 날이 따라온다는 것이다. 하루는 가르치면서 기쁨과 만족을 경험하고, 다음 날에는 차라리 다른 직장을 가졌으면 하는 생각을 한다. 젊은 시절에 나는 브리티시 컬럼비아에서 벌목꾼으로 시간을 보내기도 했다. 30년 이상의 교직 기간에 나는 몇 번이나 '계속 벌목꾼으로 남아 있어야 했는데'라고 혼잣말을 하기도 했다.

스트레스 문제에 대해서도 우리 모두가 알고 있는 다음과 같은 일련의 표준적인 해답이 있다. 잘 먹고, 잘 자고, 충분한 운동을 하는 등 자신을 잘 보살펴라. 당면한 문제를 좀더 큰 관점에서 바라보라. 예를 들면, 지금부터 1년 후에도 이 문제를 기억할 것인지 자문해 보는 것이다. 취미를 계발하고, 일에서 벗어나 정규적인 휴식시간을 취하며, 주일을 일에서 해방되어 보내는 등의 방법을 제시할 수도 있다.

이런 방법들은 모두 유용한 제안들이다. 가장 중요한 것은 주님과의 대화를 꾸준히 지속하는 것이다. 새벽 기도만으로는 충분하지 않다. 우리는 집에 있을 때도 많이 기도한다. 특히, 저기압 기상도가 예견되고, 학생들이 온 종일 문제를 일으킬 것 같은 생각이 들 때는 능력과 인내심을 간구한다. 때로는, 주원이가 오늘 차라리 결석을 해서 하루 생활을 비참하게 하지 않도록 기도하기도 한다. 이런 기도를 한 후에 우리는 하루를 위해 준비하고 혼자 교실로 들어간다. 그러나 이렇게 해서는 안 된다! 주님과 함께 교실로 들어가야 한다. 가르침을 위해서는 '우리 의식' (we-attitude)을 계발해야 한다. "**나는** 오늘 가르치려고 한다"가 아니라, "**우리는** 오늘 가르치려고 한다"라고 말해야 한다. 이런 태도는 하루가 잘못되면 항상 하나님께 책임을 돌릴 수 있게 한다고, 냉소주의자는 말한다. 그러나 나는 이런 냉소주의자들의 말에 관심을 갖지 말라고 권고한다. 사도 바울이 갈라디아서 5장에서 우리에게 가르쳐 주는 바와 같이 우리는 성령님과 동행해야 한다.[5]

### 좌절감

관련되는 세 번째 장애물은 교사의 생활을 지속적으로 괴롭히는 여러 가지 좌절감이다. 앞에서 언급한 많은 조사 연구를 통해서, 나는 아동들의 삶에서 텔레비전과 비디오의 영향이 교실의 대적으로 눈앞에 다가올 수 있다는 것을 알았다. 텔레비전과 비디오의 과다 시청이 여러 가지 방법으로 아동들의 학습에 부정적 영향을 미치는 문제는 차치하고, 여기서는 교실로 이입되는 두 가지 핵심 문제만 언급하고자 한다. 첫째, 교사는 때로 텔레비전이나 비디오와 경쟁해야 한다는 느낌을 갖는다. 그러나, 일반적으로 이런 경쟁은 전혀 게임이 되지 않는다. 교사들은 학생들이 텔레비전이나 비디오를 시청하는 것처럼 교실 활동에 흥미를 느끼게 할 수 있는 기회를 실제로 갖지 못한다. 교사들이 언급하는 두 번째 핵심 문제는 텔레비전이나 비디오의 왜곡된 영향이다. 텔레비전과 비디오는 교사가 학생들에게 심어 주고자 하는 가치와 우선 순위를 효과적으로 방해하고 봉쇄한다.

삶에 대한 기독교적 관점을 가르치려는 우리의 노력에 관해서는, 텔레비전이나 비디오뿐만 아니라, 가정 생활 방식 전체가 우리가 교실에서 성취하려고 노력하는 것과 쉽게 모순되거나 그것을 무효화시킬 수 있다는 것은 분명하다. 예를 들면, 부모가 대저택을 소유하고, 해마다 해외 여행을 다니는 것에 익숙하고, 필요 없는 것에 많은 돈을 소비할 때, 절약과 검소한 이타적 삶의 미덕을 가르치기는 것은 어려운 일이다. 아동들이 가정에서 물질주의적 가치관에 젖어 있으면 물질주의의 해악에 대해서 말하는 것이 어렵다.

마찬가지로, 학생들이 결손 가정이나 역기능 가정 출신이거나, 사랑과 보살핌만이 최고의 가치를 차지하는 가정, 또는 권력이 지배적인 철학으로 자리잡고 있는 환경에 있을 때, 제자도의 기술을 가르치기가 어렵다. 이처럼 우리를 좌절케 하는 무력감은 진지한 그리스도인 교사를 쉽게 압도해 버릴 수 있다.

이와 같은 좌절감은 때로 교사들로 하여금 교직을 그만두고 다른 직장을 찾도록 만들기도 한다. 교직에 머물러 있는 사람들에게도, 좌절감은 기독교적 가르침의 의미가 무엇인지에 대한 이해를 심각하게 훼손시킬 수 있다. 스트레스를 극복하는 것과 마찬가지로, 이런 좌절감을 대면하고 극복하기 위해서도 주님께 전적으로 의존해야 한다. 우리는 기독교적 가르침을 위한 우리의 노력이 비록 변화를 가져올 수 없는 것같이 보이거나, 그 결과가 거창하게 보이지 않는 것 같아도 기독교적 가르침은 고귀한 소명이라는 깊은 확신을 가지고 있어야 한다. 우리는 도래할 하나님 나라에 대한 살아 있는 신앙을 견지해야 한다. 어떤 일이 있어도 주님을 위한 우리의 사역은 복을 받을 것이다. 주님은 우리가 성공하기를 요구하시는 것이 아니라, 다만 신실하기를 요구하신다는 말을 기억해야 한다. 스튜어트 파울러 박사는 "신실하고 예언적이 되라"고 말했다.[3] 삽은 삽이라고 있는 그대로 부르자. 어디에서나 우리를 에워싸고 있는 물질주의, 이기심, 분열을 담대하게 대적하도록 노력해야 한다.

← = 삽

감사하게도, 기독교적 가르침은 좌절감을 극복하는 데 도움을 주는 많은 보상을 해준다. 학습하는 아동들을 보는 것, 좀더 나은 삶을 살도록 영향을 주는 것, 교사로서의 활동이 비록 경제적으로 가장 이득이 되는 일은 아니지만 가장 의미 있는 일 가운데 하나임을 기억하는 것이 보상이 된다. 이런 보상이 궁극적으로 좌절감을 극복해 준다. 창의적인 교사는, 텔레비전 프로그램을 비판적 기술을 발전시키는 도구로 사용하는 일에서부터, 학생들이 자신의 우선 순위를 다시금 설정하도록 북돋워 주는 활동을 설계하는 일에 이르기까지, 모든 좌절감으로부터 긍정적인 반응을 끌어낼 수 있다.

### 부가 장애물

앞에서 설명한 세 가지 장애물은 쉽게 인식할 수 있는 종류의 장애물이다. 그러나 기독교적 가르침은 좀더 미묘한 요인들, 즉 하나님의 영이 아닌 강력하고 파괴적인 정신으로 인해 더욱 심각한 방해를 받는다. 흔히 철학적 용어로 표현되는 이들 정신은 역사의 흐름 가운데 확고하게 정착되어 왔다. 중요한 것은, 지금 우리는 머리를 어찔하게 하는 철학자들이 주장했거나, 아니면 아무도 읽지 않는 학술 논문이라는 신전에 모셔져 있는 기이한 아이디어들에 관해서 이야기하고 있는 것이 아니라는 점이다. 이와는 반대로, 우리는 지금 인간의 마음을 지배하고, 인류 전체를 사로잡고 있는 강력한 힘을 다루고 있다. 서구 문화에서 기독교적 가르침의 실천을 생각할 때 특별히 중요한 것은 다음과 같은 철학적 관점이다.

### 주지주의

주지주의는 고대의 이교적인 헬라 사회에서 발생한 정신이다. 주지주의는 지성을 인간 존재의 핵심적 결정 요소로 간주한다. 고대 헬라인들은 지성을 훈련하는 것은 인간을 훈련하는 것이라고 믿었다. 헬라인들은 '지성'을 추상적 이론에 종사하도록 설계된 능력이라고 생각했다. 중세에는 이러한 형태의 주지주의가 '이성적 영혼'과 '이성의 자연적 빛'과 같은 개념을 조장하였다. 현대에 와서 이 관점은 합리주의와 과학주의의 세기로 이어졌다. 최근에 와서야 비로소, 부분적으로는 포스트모더니즘의 등장으로 말미암아 추상적이며 과학적인 이론에 특권을 부여하는 입장으로부터 철학계가 이탈하기 시작했다.

기독교 교육은 아직도 강력한 주지주의 정신에서 벗어나지 못하고 있는데, 이 정신은 흔히 '학문적 탁월성'에 대한 부당한 강조로 나타나고 있다. 주지주의는 지적으로 재능 있는 학생들에게는 만족을 주지만, 다른 재능을 가진 학생들은 흔히 자기들 스스로의 힘으로 꾸려나가는 학급을 만들어 왔다. 주지주의는 교사들이 아동의 정서적이며 사회적인 필요를 보지 못하게 하였다. 학문적 엄격성과 융통성 없는 평가 방법이 주지주의적 학교를 지배한다.

### 실증주의

실증주의 정신은 주지주의의 의붓자식 정도로 이해할 수 있다. 실증주의는 객관적이며 논박의 여지가 없는 사실에 이르게 하는 분석적 방법을 강조함으로써 서구 세계에서 상당 기간 영향력을 행사해 왔다. 실증주의자들은 참된 지식은 사실적이며, 관찰 가능하고, 과학적으로 검증 가능하다고 믿는다. 실증주의 방법 역시 기독교 교육에 강력한 영향을 미쳤다. 많은 교사들은 사실을 가르치는 데 만족해 왔다. 학생들은 필기하고, 암기하며, 상기하도록 요구받는다. 우리는 대부분 이런 종류의 교실을 경험했고, 또 이렇게 학습한 것은 쉽게 잊어버린다는 사실도 알고 있다. 특별히 관심을 가져야 할 것은, 이와 같은 실증주의는 앞에서 논의한 이원론을 강화시킨다는 점이다. 즉, 실증주의는 사실에 대한 학습과 학급의 경건 활동을 나란히 배치한다. 사실은 사실로서, 객관적으로 진리인 반면, 경건 활동은 어디까지나 경건 활동으로서, 본질상 종교적이며 개인적이다. 두 가지 활동은 서로 만나지 않는다.

### 항존주의

주지주의 전통의 또 다른 의붓자식을 만나 보자! 항존주의는, 학교의 중핵 교육 과정은 수세기에 걸쳐 분명해진 영속적 진리, 특히 서구의 고전에서 찾아볼 수 있는 영속적 진리로 구성되어야 한다고 믿기를 좋아한다. 이 '진리'는 종종 합리적 특성과 지적으로 파악되는 '위대한 사상'이 핵심이 되는 경향이 있다. 실증주의와 마찬가지로, 항존주의는 사실을 강조하며, '교재 중심' 교육 방법을 촉진시킨다. 학생들은 교사가 전달해 주는 지식을 담는 빈 그릇으로 간주되는 경향이 있다.

항존주의에 대한 기독교적 비판은, 마치 모든 세대가 그 나름의 목적을 만족시키기 위하여 그 나름의 지혜를 새롭게 만들어야 한다는 듯이, 과거의 지혜로부터는 아무것도 배울 수 없다는 주장을 피해야 한다. 교육 과정과 교수 방법에 통합되어야 할 필요가 있는 영원한 지혜, 말하자면 과거로부터 그 모습 그대로 지속되는 이야기가 있다. 우리는 이런 지혜를 확인하고, 확증하며, 찬양하고, 이런 지혜로부터 배워야 할 필요가 있다.

이 시점에서 두 가지 문제가 등장한다. (1) 지혜란 정확히 무엇인가? 고전 저자들에게, 진정한 지혜로 찬양할 수 있는 것은 무엇이며, 순전한 어리석음은 무엇인가? (2) 우리의 교육적 노력에서 이런 지혜가 감당하는 역할은 무엇인가? 이런 지혜는 앞에서 고찰한 다양한 목적 영역을 어떻게 충족시키는가? '옛시대의 지혜'를 훌륭하고 참된 것으로 무비판적으로 수용하여 가르침의 핵심 요소로 삼을 때는 결국 항존주의 철학이 교육을 지배하게 된다.

실용주의

　실용주의에 대해서는 이미 많이 들었다고 말할지도 모르겠다. 실용주의에 대한 논의는 제1장에서도 읽었다고 말할 것이다. 맞는 말이다! 그러나 다른 각도에서 고찰해 보기로 하자. 실용주의는 토착적인 미국의 철학이다. 실용주의의 기본 전제는, 진리는 실천에 의해서 결정되어야 한다는 것이다. 따라서, 만약 제안된 행동 과정이 효과가 있으면 그것은 참되고, 선하며, 정의로운 것이다. 반면 그것이 효과가 없으면 폐기해야 한다. 이런 실용주의를 고려할 때에는 주의해야 할 필요가 있다. '실용주의'와 '적절하게 실용적인 것'을 구분하는 것이 중요하다. 접미어 '주의'는 흔히 어근의 과장이나 왜곡을 암시한다. 예를 들어 합리주의, 주지주의, 인본주의에 대해서 생각해 보라. 이들 입장은 분명히 합리성, 지성, 그리고 인간의 위치에 지나친 중요성을 부여한다. 궁극적으로 이런 '주의'는 우상의 형태를 대표해 보여 준다.

　실용주의를 타파함에 있어서, 어떤 행동 과정이 효과가 있는지 없는지 점검하거나 전략을 수립해야 할 필요성을 무시해서는 안 된다. 성경이 말하는 대로 우리는 뱀처럼 지혜로워야 한다.[4] 우리는 이것이 효과가 있을 것인가라는 질문을 고려**해야만 한다**. 그러나 이 질문이 근본적이며 가장 중요한 질문이 될 때, 우리는 염려해야 한다. 왜냐하면, 이런 질문은 가장 중요한 근본 질문이 될 수 없기 때문이다. 우리가 제기해야 할 첫 번째 질문은, 제안된 행동 과정이 하나님 나라를 섬길 것인가 하는 것이다. 주님이 요구하시는 것이 무엇인지에 대해서 명확할 때에야 비로소 구체적인 문제를 해결하는 데 가장 효과적인 방법이 무엇일지를 묻는 것이 정당할 것이다.

　교사들이 비법, 가르치는 요령, 쉬운 해답 등에 고착하게 되면 실용주의자가 되는 경향이 있다. 교사들이 기독교 교육의 좀더 큰 비전, 목적, 맥락을 보지 못하고, 교실의 다급한 문제에 매달려 무엇이 효과가 있을지 또는 효과가 없을지의 문제에 대한 해답만을 추구하려고 하면 실용주의자가 되기 쉽다. 실용주의는 기독교적 가르침을 방해하는 강력한 장애물이 될 수 있다. 왜냐하면, 기독교적 가르침은 무엇보다도 실제적이어야 하지만, 그 어떤 종류의 실용주의적 잣대로도 측정할 수 없는 헌신과 전제에 뿌리를 두고 있기 때문이다.

진보주의

진보주의가 이 책에서 제시된 많은 제안들을 지지해 주는 것은 의심의 여지가 없다. 결과적으로, 진보주의 철학이 부지중에 교실로 스며들어 올 수 있다. 그렇게 되면 우리는 기독교적 협력 학급을 세속적이며 듀이적인 민주주의적 학급과 혼동할 수 있다. 이런 함정을 피하기 위해서 우리는 진보주의가 지지하는 여러 가지 근본 신조를 거부해야 한다. 그 중 한 가지는, 아동은 적절한 환경에서 자연스럽게 성장할 것이라는 신조이다. 다시 말해서, 진보주의는 죄의 실체를 보지 못한다. 둘째로, 진보주의는 구조화된 교과 과정 내용의 중요성을 과소 평가한다. 진정한 진보주의자에게 제일 중요한 것은, 현실 세계에 직면하여 문제 해결 기술에 의해서 현실 세계를 처리하는 능력이다. 결국, 진보주의는 아동들에게 그들이 해결해야 하는 문제에 대한 규범적인 반응과 반규범적인 반응을 구분할 수 있도록 분별력 있는 사람으로 가르쳐야 할 필요를 무시한다. 마지막으로, 진보주의적 민주주의 학급은 동등한 권위를 부여받은 개개의 학생들, 즉 가상적인 자율적 개인들로 구성되어 있다. 진보주의자들은 직분과 직분 의식의 중요성을 보지 못하고 있다. 진보주의는 기독교적 학급에 항존주의처럼 편만해 있지는 않지만, 그럼에도 불구하고 강력한 영향력을 남기고 있다. 진보주의는 기독교적 협력 학급을 각자 자기 소견에 옳은 대로 행하는 비구조화된 상황으로 즉시 바꾸어 놓을 수 있다.

구성주의

구성주의는 빠른 속도로 유행이자 만병 통치약이 되어 가고 있다. 바깥 교육계에서는 모든 훌륭한 학급 활동에 없어서는 안 될 **유일한** 요소로 구성주의를 무비판적으로 칭송하고 있다. 구성주의는 **무엇인가**? 구성주의가 오늘날 엄청난 매력을 끄는 이유가 무엇인가?

요컨대, 구성주의는 지식이 구성된다는 신념에 기초를 두고 있는 교육에 대한 접근 방법이다. 우리는 외부의 원천으로부터 전달되는 잘 포장된 정보를 단순히 '수용'하는 것이 아니다. 오히려, 우리는 환경과 상호 작용하면서 우리의 경험을 **의미 있게 만든다**. 다시 말하면, 세계에 대해서 우리가 믿고 아는 것은 우리가 그것을 어떻게 생각하느냐로 구성된다. 우리의 지식은 능동적 과정의 산물이다.

실천 공유 전략에 대한 논의에서 지적한 바와 같이, 구성주의는 유용한 학습 이론을 제안한다고 나는 생각한다. 구성주의는, 학생은 단순히 빈 그릇으로 작용할 수 없고, 자신의 학습에 능동적으로 참여해야 할 필요가 있음을 분명히 한다. 구성주의는 학생들이 단순히 암기하고 회상하도록 하는 것이 아니라 이해하도록 가르쳐야 한다는 점을 교사들이 알 수 있도록 도와준다.

이와 같은 긍정적인 점에도 불구하고, 구성주의에 대해 만연해 있는, 대부분 무비판적인 찬양은 이 관점에 내포된 위험성을 쉽사리 보지 못하게 만든다. 기독교적 관점에서 볼 때, 가장 큰 위험은 자율적 개인이 구성해 내는 것 외에는 의미가 존재하지 않는다고 믿는 전제이다. 구성주의는 하나님이 창조하신 구조화된 실재에 대한 비전이 없다. 우리는 실제로 지식을 구성하며, 경험을 바탕으로 우리의 지식을 구축한다. 그러나 우리의 구성력이 반응하는 규범적 창조 세계 바깥에서 지식을 구성하는 것은 아니다.

이러한 결과로 생겨나는 문제는 구성주의가 진리와 허위, 또는 궁극적으로 옳고 그름의 정도를 인식하지 못한다는 것이다. 결과적으로, 구성주의는 관용할 수 없을 정도의 관용을 증진시킬 수 있다. 그리스도인들은 분명 다른 견해에 대해서 관용해야 하고, 우리 자신의 한계와 어리석음을 인정해야 할 필요가 있지만, 모든 견해와 의견이 다 동일한 것은 아님을 또한 주장해야 한다. 옳고 그름 그리고 우리의 삶을 향한 하나님의 의도에 대한 규범적 반응과 반규범적 반응 간의 차이는 우리의 모든 가르침에서 기초석으로 남아 있어야 한다. 우리로 하여금 어떤 확고한 신념을 취하지 못하도록 유혹하는 구성주의자의 유혹에 굴복하지 않도록 하자. 기독교적 가르침은 항상 어떤 입장을 전제한다. 즉 그리스도인 교사들은 아동들이 잘못되고 거짓된 것이 아니라 옳고 참된 것을 알고 행하며, 그 차이를 말할 수 있도록 가르치려고 노력한다. 지식과 능력을 겸비한 제자도는 단순히 개인적이며 주관적인 의견은 결코 아니다.

### 개인주의

개인주의 역시 협력 학급과 관련된 논의에서 이미 고찰한 문제다. 개인주의는 고대 헬라 세계로 거슬러 올라갈 수 있는 또 하나의 강력한 정신이다. 개인주의는 헬라 시대에 찬란하게 꽃피었다가, 중세에 잠시 시들해졌으나, 현대에 와서 다시 등장해서 세력을 얻고 활기를 띠게 되었다. 개인주의가 번창했던 중요한 시기는 르네상스 시대였는데, 이 시기를 통해서 개인주의는 자유와 자율성의 개념과 힘을 모았다.

개인주의는 공동체를 부정할 정도로 개인의 중요성을 선포한다. 인간은 본질상 상호 연결되지 않은 분리된 섬과 같다. 결혼이나 사회 기구 또는 학급과 같은 공동체는 단지 개인의 군집이며, 사회적 구성물일 뿐이다. 오직 개인만이 실재하며, 개인만이 중요하다. 따라서 개인주의가 욕심, 이기심, 경쟁, 타인의 필요에 대한 냉담한 무시와 같은 기초 위에 세워져 있다는 것은 결코 놀라운 일이 아니다. 개인주의의 세력은 협력 교실의 성취를 어렵게 만든다.

평등주의

평등주의는 획일성과 동일성을 강조하며, 독특성과 차별성을 무시한다. 평등주의 교수 방법은 재능, 필요, 학습 방식의 다양성을 무시하고, 학생들을 마치 기본적으로 같은 도화지에서 오려 낸 종이 인형처럼 취급할 것이다. 평등주의 교사들은 표면적으로는 공정성과 평등성이라는 구실하에 모든 학생들을 동일한 기초에서 취급하고 평가할 것이다. 평등주의는 학교 운영 위원회와 교장 선생님에게 표준화 교육 과정, 표준화 검사, 심지어는 교수 방법에서도 동일성을 인정하고 지원해 주도록 촉구한다.

엘리트주의

엘리트주의 정신 역시 고대 헬라 세계로 거슬러 올라간다. 헬라의 지식인들은 손이 아니라 머리로 활동하는 철학자들과 수학자들이 일반 대중보다 훨씬 더 우월하다고 선언하였다. 주지주의와 밀접하게 연합되어 있는 엘리트주의는 정신적 활동, 특히 이론적인 부류의 정신적 활동이 수공 활동보다 우월하다고 믿었다. 성직자들의 우월성을 강조하던 중세에 더욱 강화된 엘리트주의 사상은 서구 세계에서 확고하게 확립되었다. 엘리트주의는 기독교 학교를 사립 학교로 전환시키는 경향성을 조장하고 있는데, 이런 사립 학교에는 '뛰어난 학생들'과 미래의 지도자들만 있다고 생각하고 소위 추종자들은 별로 중요하다고 생각지 않는다. 엘리트주의는 소위 '바보들'에 대해서는 별다른 관심을 기울이지 않고 실패하도록 버려 두는 경향을 보인다. 엘리트주의는 나머지 학생들에게 피해를 주면서 특정한 부류의 학생들을 편애하는 교사들을 불가피하게 보여 준다.

엘리트주의는 필연적으로 배타주의를 낳는다. 몇 년 전에 나는 호주의 기독교 학교에서 연구한 적이 있었는데, 이 학교는 학문상이나 행동상의 이유를 포함해서 다양한 이유로 다른 학교에서 퇴학 처분된 학생들을 받아들였다. 빌 오츠(Bill Oates)라는 교장 선생님은 토착민으로서, 소수 민족이나 소외 계층과 친밀한 환경 출신이었다. 한번은 빌 오츠 교장 선생님이 내게 이렇게 말했다. "반 다이크 박사님! 주님이 재림하실 때 우리에게 물으실 첫 번째 질문이 교육 과정이나 평가에 관한 것이라고 나는 생각하지 않습니다. 심지어는 우리가 참으로 기독교적으로 가르치고 있는지 묻지도 않으실 것입니다. 오히려, '나의 어린 아이들, 특히 고아와 가난한 아이들, 소외당하고 거절당한 아이들, 행동이나 학습상의 문제로 다른 학교에서 쫓겨난 아이들을 어떻게 대했느냐?'고 물으실 것이라고 생각합니다."

빌 오츠 교장 선생님의 비전은 진정으로 포괄적인 기독교 교육을 제공하는 것이었다. 기독교 학교는, 여유 있는 학생들이나 학교가 요구하는 학문적 재능을 가지고 있는 학생들뿐만 아니라, 모든 학생의 필요가 충족되는 등대가 되어야 한다고 그는 말하였다.

우리 스스로에게 자문해 보자. 오늘날 대부분의 기독교 학교가 중상

계층의 기독교 공동체만을 섬기고 있는 것은 아닌가? 실제로, 대부분의 기독교 학교들이 아직도 어떤 면이든지간에 심각한 장애가 없는 학생들을 위해서 주로 설립되고 있지 않는가? 장애 아동들을 우리의 기독교 학교에 받아들이기에는 아직도 '너무 많은 경비'가 소요된다고 생각하고 있지 않는가? 상업이나 산업 활동에 종사할 재능을 가진 학생들 역시 기독교 학교로부터 환영을 받지 못하고 있는 형편이다.

### 세속주의

마지막으로, 기독교적 가르침에 대한 정신적 장애물들의 목록에 추가해야 할 또 다른 '주의'가 있는데, 그것은 세속주의다. 세속주의는 아마도 모든 장애물 중에서 가장 미묘한 것일 수 있기 때문에 가장 무시무시한 '도깨비'일 수도 있다. 세속주의는 적어도 세 가지 상이한 모양으로 나타난다. 가장 대담한 것은 전혀 변장할 필요가 없는 형태다. 하나님이 죽었다거나, 종교는 케케묵은 미신일 뿐이라는 주장을 들을 때, 우리는 세속주의라는 용이 머리를 쳐들고 있다는 사실을 분명히 알고 있다. 이와 관련하여, 가장 대담한 형태의 세속주의는 하나님과 그분의 뜻을 간단히 무시해 버린다. 이런 세속주의 형태에서는 그냥 하나님을 단순히 무시해 버린다.

그러나 쉽게 인식할 수 없는 다른 두 가지 형태의 세속주의가 있다. 이들은 기독교적인 가면으로 위장하고 나타난다. 이들 두 가지 형태 중 첫 번째 위장에 대해서 나는 이미 앞장에서 언급하였는데, 그것은 삶을 성과 속의 영역으로 나누는 철학인 소위 이원론이다. 교실에서 이원론적 방법은 표준화 교육 과정과 교수 방법에 추가로 경건 활동을 결합하는 모습으로 나타날 수 있다. 이런 관점에서 보면, 세속적 영역은 더 이상 그렇게 위험스럽게 보이지 않는다. 소위 중립적 영역으로 간주하는 수학, 역사, 외국어, 기타 과목들도 진지하고 분명한 경건 활동의 분위기 속에서, 모범적인 그리스도인 교사가 가르치면 그렇게 의심스러워할 필요가 없다는 것이다. 이런 경우에 세속적 관점은 교묘하게 수용되고 정당화될 수 있다.

두 가지 위장 중 두 번째 형태는 우리가 특별히 염려해야 할 필요가 있다. 이런 형태로 위장한 세속주의는 우리가 이원론을 큰 소리로 부인하고, 교육 과정과 교수 방법을 하나님의 뜻에 복종시키고 있다고 주장한다고 할지라도 우리의 가르침에 스며든다. 몇 가지 예를 들어 보자. 수학을 가르칠 때, 수학은 독립적이며 스스로 타당성을 부여하는 일련의 규칙이라고 전제하는 철저히 세속적인 형식주의적 관점에서 가르치면서 동시에, 수학의 기이한 질서 세계를 창조하신 위대한 수학자로서 하나님의 위엄을 선포할 수 있다. 역사를 가르칠 때, 역사 과정의 진전이 어떻게 하나님의 법을 반영하거나 부인하는지에 대한 의식은 전혀 제공하지 않거나, 매우 피상적인 방법으로 제공하는 동시에 역사는 '그분의 이야기'(His story)라고 학생들에게 가르칠 수도 있다.

이와 같은 식의 교활한 세속주의는 계속해서 우리 모두의 마음을 지배하고 있다. 이런 세속주의는 우리에게 합리화의 과정을 촉구하거나, 아니면 핵심 문제들을 무비판적으로 제쳐 놓도록 촉구한다. 미묘한 세속주의는 우리가 안락한 삶을 영위하고 참된 희생을 최소화하도록 권장한다. 이것은 우리가 홀로 투쟁할 수 없는 미묘한 형태의 세속주의이다. 우리는 이런 형태의 세속주의가 지니고 있는 세력과 영향력에 대해서 방어적인 자세를 취하기보다는 좀더 개방적으로 논의할 필요가 있다. 기독교적 가르침은 무엇보다도 이와 같은 부류의 세속주의의 실체를 드러내야 할 것이다.

결론적 고찰

지금까지 고찰한 이와 같은 부류의 세력들은 그리스도의 통치와 성령의 임재를 교실로 가져오려는 우리의 노력을 격렬하게 방해한다. 사실, 오늘날 학교 교육의 현실 세계에서 '기독교적 가르침'을 아무 결과도 없는 요원하고 이상적인 꿈이 되어 버리게 하는 모든 요인들을 모아 놓은 또 한 권의 책을 쉽게 집필할 수도 있을 것이다. 나는 지금 '이상적인 꿈'이라고 말하고 있다. 그러나 실제로 그러한가? 그렇지 않다. 그리스도는 우리를 통해서—가르치는 활동을 포함하여—만물을 새롭게 하고 계신다. 두려워 말고 일을 시작하자.

실제로 당신은 이미 기독교적 가르침의 활동을 하고 있다! 이 책을 읽는 것 자체가 이미 당신이 소명을 진지하게 생각하고 있다는 사실을 말해 준다. 나의 간절한 소망은 당신이 그리스도인 교사로서 다시금 자신의 과업에 헌신하도록 촉구하는 것이다. 학생들과 함께하는 당신의 활동은 하나님 나라를 확장하는 데 엄청나게 중요하다! 학급 조직, 교수 방법의 선택, 학급 경영 등 이 책에서 고찰한 여러 주제들을 하나님에 대한 섬김으로 보라.

이제 우리의 대화를 마무리하면서, 교사로서 당신의 노력에 하나님의 축복이 함께하기를 소원한다. 하나님의 은혜와, 예수 그리스도의 사랑과 성령의 교제가 당신이 날마다 교실에 들어갈 때 당신과 당신의 학생들에게 함께하시기를 소원한다.

교사의 기도

주님, 당신은 제가 부서지기 쉽고 연약한 존재임을 아십니다. 저는 종종 두려워합니다. 때로는 주님이 제가 교실에서 행하는 모든 것을 포함해서 만물을 새롭게 하신다고 말씀하실 때도 주님을 믿지 않습니다.

저는 완고해서, "항상 이런 방식으로 해 왔으니, 저를 괴롭히지 마세요!"라고 말할 때도 많이 있습니다. 냉담한 오만함으로 저는 동료 신자들이 말하거나 생각하는 것을 무시하는 성향을 가지고 있으며, 주님이 원하시는 화목과 소생의 대리인이 되려고 노력하지 않습니다.

주님, 이제 저의 활동을 주님께 맡깁니다. 주님의 고귀한 자녀들이 지식과 능력을 겸비한 제자들로 성장하도록 조력하는 이 두렵고 놀라운 과업을 저에게 맡겨 주심에 진심으로 감사를 드립니다. 이들이 자신의 삶의 모든 영역에서 주님의 뜻을 진정으로 기꺼이 행하려고 노력하는 자들이 되게 하옵소서. 제 학급에 속한 학생들을 함부로 다루지 않도록 도와주옵소서. 모든 학생들에게서 예수님을 볼 수 있게 도와주옵소서. 심지어는 너무나 잘못된 길로 기울어져 있는 것처럼 보이는 은표나 현자 같은 학생에게서도 예수님을 볼 수 있게 해주옵소서. 이들이 없었으면 좋겠다고 생각한 잘못을 용서해 주옵소서.

주님! 제가 학생들, 동료 교사들, 교장 선생님, 이사회, 학부모들과 함께 협동하면서 활동할 수 있도록 도와 주옵소서. 공동체를 건설하고 참된 사랑을 실천할 수 있게 해주옵소서.

주님! 그리스도인답게 가르칠 수 있도록 도와주옵소서. 주님이 함께 하시지 않으면, 이런 소원은 허황된 꿈에 불과할 따름입니다. 그러나 주님과 함께하면, 우리가 이 일을 할 수 있습니다. 그렇습니다. 주님, 우리는 할 수 있습니다! 예수님의 이름으로 기도합니다. 아멘!

## 주

### 제1장

1) Nicholas Wolterstorff, *Curriculum: By What Standard?* (Grand Rapids, MI: National Union of Christian Schools, 1966); Paul Kienel, editor, *Philosophy of Christian School Education* (Colorado Springs, CO: Association of Christian Schools International, 1995); John Van Dyk, *The Beginning of Wisdom: The Nature and Task of the Christian School* (Grand Rapids, MI: Christian Schools International, 1985); Richard Edlin, *The Cause of Christian Education*(Northport, AL: Vision Press, 1997); Harro Van Brummelen, *Steppingstones to Curriculum: A Biblical Path* (Seattle, WA: Alta Vista Press, 1994). 또한 Nicholas Henry Beversluis, *Christian Philosophy of Education* (Grand Rapids, MI: National Union of Christian Schools, 1971)을 보라. 「기독교 교육철학」 (개혁주의신행협회 역간).
2) "익숙한 것이 주는 충격"에 대한 좋은 설명은, Kevin Ryan and James Cooper, *Those Who Can, Teach* (Boston, MA: Houghton Mifflin, 1998), pp. 467-470를 보라.
3) 도르트 대학 교육 연구소(The Dordt College Center for Educational Services)는 기독교 학교와 그리스도인 교사들이 교직의 효율성을 증진할 수 있도록 도움을 주기 위해 설립된 대학 부설 기관이다. 이 연구소는 매년 봄에 기독교 초·중등학교의 대표자들을 '비 제이 한 교육 강좌'(B. J. Haan Education Conference)에 초빙하여 학교 개선을 위한 프로그램을 제공하고 있다.
4) 개혁주의 전통에서, 교수 방법론에 관심을 기울인 몇 가지 실례들은 다음과 같다. 화란의 신학자 Herman Bavinck는 이미 거의 100년 전에 교수 방법의 문제에 대해서 언급하였다. 여기에 대해서는 J. Brederveld, *Christian Education: A Summary and Critical Discussion of Bavinck's*

*Pedagogical Principles* (Grand Rapids, MI : Smitter Book Co., 1928)을 보라. 그 후에 화란의 심리학자 Jan Waterink는 교수 방법론에 많은 관심을 기울였다. Jan Waterink, *Basic Concepts in Christian Pedagogy* (Grand Rapids, MI : Eerdmans, 1954)를 보라.

5) Cornelius Jaarsma, *Human Development, Learning and Teaching* (Grand Rapids, MI : Eerdmans, 1959).
6) 이 문제에 대한 길고도 복잡한 논의의 설명은, Larry Reynolds, "Describing Instruction : Basic Assumptions" in *Pro Rege*, Vol. XII, No. 3, 1984, pp. 12-24를 보라.
7) 예를 들면, David W. Anderson, "Creative Teaching : Education as Science and Art" in *Holistic Education Review*, Vol. 4, No. 1, Spring: 1991, pp. 16-21 ; Ron Brandt, "On Research on Teaching : A Conversation with Lee Shulman" in *Educational Leadership*, Vol. 49, No. 7, April, 1992, pp. 14-19 ; 그리고 Jere Brophy,"Probing the Subtleties of Subject-Matter Teaching" in *Educational Leadership*, Vol. 49, No. 7, April, 1992, pp. 4-8를 보라.
8) 지식과 행함에 대한 헬라적 관점에 대한 논의를 위해서는, 나의 논문 "The Relationship Between Faith and Action : An Introduction" in *Pro Rege*, Vol. X, No. 4, 1982, pp. 2-7, 그리고 "Christian Philosophy and Classroom Practice : Is the Gap Widening?" in *Pro Rege*, Vol. XXIII, No. 1, 1994, pp. 1-7를 보라.
9) N. L. Gage, "Theories of Teaching" in *Theories of Learning and Instruction*, National Society for the Study of Education (Chicago : The University of Chicago Press, 1964), pp. 268-285.

제2장
1) 고린도전서 1 : 10.
2) 마태복음 28 : 18 ; 요한계시록 19 : 16.

제3장
1) 골로새서 1 : 19-20.
2) 갈라디아서 5 : 25.

3) 에베소서 4:11-13.
4) 야고보서 3:1.

## 제4장
1) 에베소서 4:12.
2) 여호수아 4장.
3) 갈라디아서 5:25.

## 제5장
1) Ralph W. Tyler, *Basic Principles of Curriculum and Instruction* (Chicago: University of Chicago Press, 1949).
2) Tyler, pp. 5-33.
3) 예를 들면, H. Jerome Freiberg and Amy Driscoll, *Universal Teaching Strategies* (Needham Heights: Allyn & Bacon, 1996) pp. 61-79를 보라.
4) Elliot W. Eisner,"Instructional and Expressive Objectives: Their Formulation and Use in Curriculum" in *Instructional Objectives: An Analysis of Emerging Issues*. James Popham, ed. (Chicago: Rand McNally & Co., 1969), pp. 13-18.
5) Benjamin S. Bloom, ed., *Taxonomy of Educational Objectives, Handbook I: Cognitive Domain* (New York: McKay, 1956); David R. Kratwohl, and others, *Taxonomy of Educational Objectives, HandbookII: Affective Domain* (New York: Longman, 1964); Anita J. Harrow, *Taxonomy of the Psychomotor Domain: A Guide for Developing Behavior Objectives* (New York: McKay, 1972).
6) Howard Gardner, *Frames of Mind: The Theory of Multiple Intelligences* (New York: Basic Books, 1982). 가드너의 이론이 어떻게 실행되는가에 관한 실례에 대해서는, the Vol. 55, No. 1, September, 1997 issue of *Educational Leadership*을 보라. 이 호의 주제는 "Teaching for Multiple Intelligences"이다.
7) Nicholas Henry Beversluis, *Christian Philosophy of Education* (Grand Rapids, MI: National Union of Christian Schools, 1971). 특별히 3장과 4장을 보라. 이 책에서 Beversluis는 구체적으로 "의사 결정적 영역"보다는

"도덕적 성장"에 대해서 말하고 있다.
8) Donald Oppewal, *Biblical Knowing and Teaching* (Grand Rapids, MI: Calvin College Monographs, 1985), p. 18.
9) Nicholas Wolterstorff, *Educating for Responsible Action* (Grand Rapids, MI: Eerdmans, 1980), pp. 14-15. 특별히 흥미 있는 것은 부록 "Reflections on Taxonomy"이다.
10) Harro Van Brummelen, *Walking with God in the Classroom* (Seattle: Alta Vista Press, 1992 and 1988), pp. 117-119. 「교실에서 하나님과 동행하십니까?」(IVP 역간).
11) Van Brummelen, 같은 책, p. 118.
12) 에베소서 5:15-17; 야고보서 3:13-18.
13) 야고보서 1:22.
14) 더 구체적인 논의를 위해서는, 나의 논문 "The Relationship Between Faith and Action: An Introduction" in *Pro Rege*, Vol. X, No. 4, 1982, pp. 2-7. 그리고 "Christian Philosophy and Classroom Practice: Is the Gap Widening?" in *Pro Rege*, Vol. XXIII, No. 1, 1994, pp. 1-7를 보라.
15) 갈라디아서 5:13-14.
16) Daniel Goleman, *Emotional Intelligence* (New York: Bantam Books, 1995).
17) 이 장의 초기 내용은 나의 논문 "Goals and Objectives: Pathways to Educational Myopia?" in *Pro Rege*, Vol. XXIV, No. 3, 1995, pp. 19-24에 나와 있다.

## 제6장

1) 에베소서 6:10-17.
2) 가르침에 관한 연구를 기술하고 있는 문헌은 광범위하며, 계속하여 확대되고 있다. 몇 가지 대표적인 실례들은 David Ryans, *Characteristics of Teachers* (Washington, DC: American Council on Education, 1960); N. L. Gage, ed., *Handbook of Research on Teaching* (Chicago: Rand McNally, 1963); M. Wittrock, ed., *Handbook of Research on Teaching*, third ed. (New York Macmillan, 1986); Jere E. Brophy, "Trends in Research in Teaching" in *Mid-Western Educational Researcher*, Winter,

1994, pp. 29-39를 보라.
3) 예를 들면, Jere E. Brophy, "Proving the Subtleties of Subject-Matter Teaching" 그리고 Ron Brandt, "On Research on Teaching: A Conversation with Lee Shulman" in *Educational Leadership*, Vol. 49, No. 7, April, 1992, pp. 4-8, 14-19를 보라.
4) 이 운동을 상세히 다루고 있는 흥미 있는 책은 Ron Miller's *What Are Schools For?* (Brandon, VT: Holistic Education Press, 1992)이다. 이 책은 다양한 인간 중심 교육 운동과 진보주의 교육 운동에 대한 개관을 제공해 준다.
5) Paulo Freire, *Pedagogy of the Oppressed* (New York: Seabury Press, 1970). 「페다고지」(한마당 역간).
6) Henri J. Nouwen, *Creative Ministry* (Garden City, NY: Image Books, 1978), pp. 3-20. 「영성의 씨앗」(그루터기 하우스 역간).
7) Parker J. Palmer, *To Know as We Are Known: A Spirituality of Education* (San Francisco: Harper and Row, 1983), pp. 69-105. 「가르침과 배움의 영성」(IVP 역간).
8) Alfonso Montuori, "The Art of Transformation: Jazz as a Metaphor for Education" in *Holistic Education Review*, Vol. IX, No. 6, 1996, pp. 57-62.
9) Kieran Egan, *Teaching As Story Telling* (London, Ont.: Althouse, 1986).
10) Alan Tom, *Teaching As a Moral Craft* (New York: Longman, 1984).
11) Harro Van Brummelen, *Walking with God in the Classroom* (Seattle: Alta Vista Press, 1992), pp. 21-22. 이 책의 1999년 판에서 Van Brummelen은 가르침의 제사장적 기능을 하나의 은유로 설명하고 있다. pp. 35-36을 보라.
12) Parker J. Palmer, *The Courage to Teach: Exploring the Inner Landscape of a Teacher's Life* (San Francisco: Jossey-Bass Publishers, 1998), p. 148. 「가르칠 수 있는 용기」(한문화 역간).
13) 앞의 주 3에서 언급한 Ron Grandt의 논문에서 인정하는 바와 같이, Lee Shulman에 의해서 보편화된 표현이다.
14) Harro Van Brummelen은 *Walking with God in the Classroom*의 제10장인 "교직의 소망" pp. 180-182에서, 마지막 장을 마무리하면서 가르침에 대해 '여행'이라는 은유를 사용하고 있다.

## 제7장

1) George Bernard Shaw의 말로 추정된다.
2) 제2장과 제6장의 주를 보라.
3) 현대의 항존주의적 관점은 다양하다. 계속 늘어나고 있는 현상은 "고전적 기독교 교육"이다. 고전적 관점에서 제시된 연구를 위해서는 G. E. Veith, Jr. and Andrew Kern, *Classical Education: Towards the Revival of American Schooling*(Washington, DC: Capital Research Center, 1997)을 보라.
4) 그리스도의 구속의 범위에 대해서 그리스도인들은 상이한 입장을 갖고 있다. 이 책에서 지지하는 개혁주의 관점은 창조 세계 **전체**가 죄의 영향을 받았고, 원리적으로 볼 때 창조 세계 **전체**가 구속되었다고 본다. 골로새서 1:19-20을 보라.
5) 이들 차원들에 대한 나의 설명은 화란의 철학자 Herman Dooyeweerd가 제안한 양상 이론에 다소간 영향을 받았다.
6) 잠언 4:23.
7) 가르침은 예술인가 아니면 과학인가? 이 논의는 적어도 반세기를 거슬러 올라간다. 중요한 초기 연구는 Gilbert Highet의 *The Art of Teaching* (New York: Random House, 1950)이다.
8) 이 문제에 대해서 캐나다 토론토에 있는 '기독교 학문 연구소'(the Institute of Christian Studies)에서 오랫동안 미학을 강의한 철학자 Calvin Seerveld 는 "The Fundamental Importance of Imaginativity Within Schooling" in *Rainbows for the Fallen World* (Toronto: Tuppence Press, 1980), pp. 138-155에서 매우 흥미 있고 가치 있는 내용을 제공해 준다.
9) *To Know As We Are Known* (San Francisco: Harper and Row, 1982), pp. 79-83.
10) 토론토에 소재하고 있는 '기독교 학문 연구소'에 봉직했던 Arnold De Graaff는 가르치는 활동의 핵심 요소인 "형성적" 역할에 많은 주의를 기울였다. 그의 책 *The Educational Ministry of the Church: A Perspective* (n. 1. The Craig Press, 1968), 특히 pp. 110-111, 129-133를 보라.
11) 고린도전서 3:6-7.

## 제8장

1) 모델링의 효과성에 대한 가치 있는 논의에서, Nicholas Wolterstorff는 Albert Bandura의 초기 연구를 언급하고 있다. Nicholas Wolterstorff, *Educating for Responsible Action* (Grand Rapids, MI: CSI and Eerdmans, 1980), pp. 51-62를 보라. Bandura의 최근 연구를 위해서는 그의 *Social Foundations of Thought and Action* (Englewood Cliffs, NJ: Prentice-Hall, 1986)을 보라. 또한 B. J. Zimmerman and C. F. Kleefeld, "Toward a Theory of Teaching: A Social Learning View" in *Contemporary Educational Psychology*, Vol 2, 1977, pp. 158-171를 보라.
2) Harro Van Brummelen은 안내, 전개, 그리고 능력 부여에 추가하여 "구조화하기"를 가르침의 네 번째 구성 요소로 제시하였다. *Walking with God in the Classroom* (Seattle: Alta Vista Press, 1992), pp. 28-33를 보라. 그러나, 나는 여전히 구조화하기를 안내의 한 가지 중요한 기능으로 생각한다. 내가 학습을 위해 학급을 구조화할 때 나는 실제로 나의 학생들이 어떤 방향을 지향하도록 단계를 설정하고 있으며, 그 방향으로 나아가도록 주의를 환기시키고 있는 것이다.
3) '능력 부여'라는 용어는 다소 문제가 있는 용어로 인식되고 있다. 사회 사업이나 여타 영역에서 이 용어는 종종 부정적인 의미를 내포한 채 사용되기도 한다. 예를 들면, '능력 부여'는 어떤 사람을 계속하여 중독 상태에 감금되어 있게 하는 요인들을 지칭할 수도 있다.

## 제9장

1) 예를 들면, 히브리서 3:13; 10:25 그리고 바울 서신에 있는 여러 구절을 들 수 있다.
2) Bernice McCarthy, *The 4MAT System: Teaching to Learning Styles with Right/Left Mode Technique* (Barrington, IL: Excel, 1980); Anthony Gregorc, "Learning/Teaching Styles: Their Nature and Effects," *in Student Learning Styles: Diagnosing & Prescribing Programs* (NASSP, 1979), pp. 19-26.
3) Harro Van Brummelen, *Walking with God in the Classroom* (Seattle: Alta Vista Press, 1992), pp. 46-61.
4) Kenneth Dunn & Rita Dunn, "Dispelling Outmoded Beliefs About

Student Learning" in *Educational Leadership*, Vol. 44, No. 6, 1987, pp. 55-62.
5) Howard Gardner, *Frames of Mind: The Theory of Multiple Intelligences* (New York: Basic Books, 1982). Gardner는 몇 년 전에 여덟 번째 지능을 추가하였다.
6) 개인주의적, 경쟁적, 협동적 학습 간의 차이는 협동 학습에 관한 문헌에서 종종 설명되고 있다. 예를 들면, David W. Johnson, Roger T. Johnson and Edythe Johnson Holubec, *Circles of Learning: Cooperation in the Classroom* (Edina, MN: Interaction Book Co., 1986), pp. 3-4.
7) '그리스도의 몸'이라는 개념은 사도 바울이 자주 사용하였다. 몇몇 핵심 구절은 로마서 12장, 고린도전서 12장, 에베소서 4장에 나타난다.
8) 이런 문제에 대한 역사적 고찰을 좀더 상세하게 고찰하려면, 나의 논문 "From Deformation to Reformation" in *Will All the King's Men…* (Toronto: Wedge Pub. Co., 1972), pp. 63-91; 그리고 "Church and World in Early Christianity" in *Pro Rege*, Vol. 8, No. 1, September 1979, pp. 2-8를 보라.
9) 예를 들면, 고린도전서 7:14.
10) 고린도후서 1:7; 2:3; 갈라디아서 6:2.
11) 교실에서의 두려움에 대한 통찰력 있는 탐구는 "A Culture of Fear" in Parker Palmer's *The Courage to Teach: Exploring the Inner Landscape of a Teacher's Life* (San Francisco: Jossey-Bass Publishers, 1998), 제2장, pp. 35-60를 보라.
12) Robert E. Yager, "Wanted: More Questions, Fewer Answers" in *Science and Children*, September 1987, p. 22를 보라.

제10장

1) 물론, 이 진술은 일반화시킨 것이다. 지난 20년 동안, 개인주의적 경쟁보다는 협동이 특징을 이루는 학급을 창출하는 데 계속적인 관심을 보여 왔다. 이런 문제에 대한 논의와 참고 문헌을 위해서는 다음 논문들을 보라. *Educational Leadership*: Vol. 54, No. 1, September 1996("Creating a Climate for Learning"); Vol. 54, No. 5, February 1997("Education For Democratic Life"); Vol. 55, No. 2, October 1997("Schools as Safe

Havens"): Vol. 56, No 1, September 1998("Realizing a Positive School Climate"), and Vol. 57, No. 1, September 1999("Personalized Learning").
2) 더 많은 예시와 참고 문헌을 위해서는, Evelyn Schneider, "Giving Students a Voice in the Classroom" in *Educational Leadership*, Vol. 54, No. 1, September 1996, pp. 22-26을 보라. 교육적 책임을 위한 Schneider의 프로그램은 William Glasser의 연구에 근거를 두고 있는데, 특히 그의 *Control Theory in the Classroom* (New York: Harper & Row, 1984), 그리고 *The Quality School: Managing Students Without Coercion* (New York: Harper & Row, 1990)에 근거를 두고 있다. David W. and Roger T. Johnson, *Teaching Students to be Peacemakers* (Edina, MN: Interaction Book Co., 1991); 그리고 R. S. Charney, *Teaching Children to Care: Management in the Responsive Classroom* (Greenfield, MA: Northeast Foundation for Children, 1991). 또한 Alfie Kohn, "Choices for Children: Why and How to Let Students Decide" in *Kappan*, 1993, Vol. 75, No. 1, pp. 8-20를 보라.
3) 나는 1995년에 San Francisco에서 개최된 "장학 및 교육 과정 개발 연합회"(Association for Supervision and Curriculum Development) 연수 모임의 공적 토의에서 Alfie Kohn이 이런 비유를 도출해 내는 것을 들었다.

## 제11장

1) 교수 방법에 관한 고전적 교과서는 Bruce Joyce and Marsha Weil의 *Models of Teaching*(Needham Heights, MA: Allyn & Bacon, 1972)이다. 1970년대 초에 이 책이 출판된 이후 5판이 나왔는데, 최신판은 1996년에 출판되었다. 이 책은 계속 평판이 좋기 때문에 그 내용을 간략하게 개관해 보고자 한다. 인용문은 1996년 5판을 참고하였다. Joyce와 Weil은 '교수 모델'을 네 개 군으로 분류하였다.

(1) 사회군(social family): 여기에 속한 모델들은 "우리의 사회적 본성, 사회적 행동을 학습하는 방법, 그리고 사회적 상호 작용이 학문적인 학습을 증진할 수 있는 방법"을 강조한다(p. 63). 몇 가지 형태의 협동 학습, 그룹 탐구, 역할극 등이 여기에 포함된다.

(2) 정보 처리군(information processing family): 여기에 속한 모델들은 자료의 획득과 조직, 개념 형성, 문제 해결을 강조한다. 이 부류에서

논의되는 전략들은 귀납적 사고, 개념 획득, 기억술, 시넥틱스(창조적 문제 해법) 등이다.

(3) 인격군(personal family): 여기에 속한 모델들의 목적은 "자신감과 자아 현실감을 발전시킴으로써 학생들을 정신적 건강과 정서적 건강의 증진을 향하여 인도하고…창의성과 개인적 표현과 같은 특별한 종류의 질적 사고를 발전시키는 것이다(p. 293). 여기에 속한 모델들은 비지시적 교수 방법(Carl Rogers)과 자아 개념 증진 방법(Maslow) 등이다.

(4) 행동 체제군(behavioral systems family): 이 부류에서 저자들은 행동주의에 고무된 모델들에 초점을 맞춘다. 이들은 행동 이론의 배경과 원리를 설명하기 위해 노력한다 (pp. 321-328). 그러고 나서, 완전 학습과 프로그램 학습, 그리고 흥미롭게도 직접 교수법과 시뮬레이션을 포함시켜 몇 가지 실례들을 고찰한다.

이 책은 흥미 있고 도움이 되는 많은 통찰을 우리에게 제공해 주지만, 네 개의 군을 구분하는 데 사용한 기준이 명료하지 못하다는 중요한 문제가 남아 있다. 어떤 전략들은 내적 본질에 의해서 분류되고(예를 들면, 정보 처리군), 다른 전략들은 그것이 달성하고자 하는 것이 무엇인지에 의해서 결정되는 것 같아 보인다(예를 들면, 인격군). 따라서, 중첩되는 문제가 심각하게 제기된다. Wittrock은, "교수 모델은 주로 행동주의 관점, 인지적 관점, 그리고 인간주의 심리학의 관점에서부터 주로 도출되고 있음을 고찰하였다"(M. C. Wittrock, "Models of Heuristic Teaching" in M. J. Dunkin, ed., *The International Encyclopedia of Teacher and Teacher Education*, Oxford: Pergamon, 1987, p. 69). 만약 우리가 사회군과 인격군이 인간주의 학파를 지향한다는 사실을 가정한다면, 이런 제안은 Joyce와 Weil이 제안한 '분류군'에 아주 정확하게 적용된다.

이와 다소 유사한 책은, M. A. Gunter, T. H. Estes, and J. Schwab의 *Instruction: A Models Approach*(Needham Heights, MA: Allyn & Bacon, 1990 and 1995)이다. 저자들은 교수 모델을 "구체적 학습 결과로 인도하는 단계적 절차"라고 규정한다(p. 73). Joyce와 Weil과는 달리, 이 책의 저자들은 모델들을 어떤 군으로 분류하려고 시도하지 않는다. 이들은 상호 연관성이 없는 일련의 분리된 교수 전략들을 단순히 기술하고 있다. 직접 교수, 개념 획득, 개념 발전, 시넥틱스, Suchman의 탐구 모델, 학급 토의, 어휘 획득, 협동 학습 전략, 기억 모델, 그리고 갈등 해결 모델 등이다. 이들 모델들을 서로 구분해 주는 것은 의도된 학습 결과의 차이다.

이보다 더 무작위적인 방식은 Donald R. Cruickshank, D. L. Bainer, 그리고 K. K. Metcalf 등이 저서 *The Act of Teaching* (New York: McGraw-Hill, 1995 and 1999)에서 논의하고 있는 교수 전략 목록이다. "대안적 교수 방법(instructional alternative)은 학생의 학습과 만족을 촉진시키기 위해 사용되는 모든 종류의 교수 책략"으로 개략적으로 정의할 수 있다(p. 163). 저자들은 대안적 교수 방법들의 목록을 알파벳 순서로 제시한다(pp. 190-192).

어떤 경우에, 우리는 교수 방법 분류에 관한 사고를 반영하는 교수 전략에 대한 논의를 발견하기도 한다. 예를 들면, H. Jerome Freiberg and Amy Driscoll은 자신들의 저서 *Universal Teaching Strategies* (Needham Heights, MA: Allyn & Bacon, 1992 and 1996)에서 수동적 학습에서 능동적 학습에 이르기까지의 연속성을 교수 전략에 대한 연구의 기초로 사용한다. 이들은 강의법으로 시작해서 '주주(株主)로서의 학생'과 '학습을 실제적 활동으로 만들기'에 관한 장으로 끝맺고 있다.

그러나 대체로 방법에 대한 묘사는 교수 전략의 세계가 일반적으로 아주 일관성 없이 혼잡한 밀림과 같이 남아 있다는 내 주장을 지지해 주는 것 같다. 교수 전략과 같은 문제에 대한 기독교적 사고는 아직도 유아기 단계에 있을 뿐이다.

## 제12장

1) 직접 교수법에 관한 문헌은 매우 광범하다. 반복되는 문제는 무엇을 직접 교수로 간주해야 하는가에 대한 다양한 관점이다. 다양한 유형과 모델들이 제안되었다. 예를 들면, B. Rosenshine and C. Meister, "Direct Instruction," in L. Anderson, ed., *International Encyclopedia of Teaching and Teacher Education*, second edition (Oxford: Elsevier Science Ltd., 1995), pp. 143-148; J. Murphy, M. Weil, and T. McGreal, "The Basic Practice Model of Instruction," *The Elementary School Journal*, Vol. 87, 1986, pp. 83-95를 보라.
2) 신명기 6:6-9, 20-23; 11:18-21; 시편 78:3-7.
3) 이 문제에 대한 다소 확대된 논의와 문헌을 위해서는 다음을 참고하라. H. Evan Runner, *The Relation of the Bible to Learning* (Toronto: Wedge

Publishing Foundation, 1970), 특히 pp. 35-40, 87-132; John C. Vander Stelt, *Philosophy & Scripture: A Study in Old Princeton and Westminster Theology* (Marlton, NJ: Mack Publishing Co., 1978), 특히 pp. 303-322; John Cooper, "The Changing Face of Truth" in *Orthodoxy and Orthopraxis*, John Bolt, ed. (Jordan Station, Ontario, Canada: Paideia Press, 1986), pp. 33-58. 포스트모더니즘의 상대주의가 진리 문제에 대해서 어떻게 말하고 있는지를 이해하기 위해서는, J. Richard Middleton & Brian J. Walsh, *Truth Is Stranger Than It Used to Be* (Downers Grove, IL; InterVarsity Press, 1995)를 연구하라.
4) 마가복음 16:20; 고린도전서 3:9; 고린도후서 6:1.
5) Madeline Hunter, *Improving Instruction* (El Segundo, CA. TIP Publications, 1976).
6) 직접 교수의 정의에 관한 다양한 관점은 연구 결과를 복잡하게 만든다. 이 자료들을 참조하라. N. L. Gage, ed. *The Psychology of Teaching Methods* (Chicago, IL. Chicago University Press, 1976); N. L. Gage & D. C. Berliner, Educational Psychology, 5th edition (Boston, MA Houghton Mifflin, 1991); Donald C. Orlich and others, *Teaching Strategies: A Guide to Better Instruction* (Lexington, MA: Heath, 1990); B. Rosenshine, "Synthesis of Research on Explicit Teaching" in *Educational Leadership*, Vol. 43, No. 7, 1986, pp. 60-69; B. Rosenshine,"Direct Instruction," in M. J. Dunkin, ed., *The International Encyclopedia of Teaching and Teacher Education* (Oxford: Pergamon, 1987), pp. 257-263; P. Peterson, "Direct Instruction: Effective for What and for Whom?" in *Educational Leadership*, Vol 37, 1979, pp. 46-48; P. Peterson, "Direct Instruction Reconsidered" in P. Peterson & H. Walberg, eds., *Research on Teaching: Concepts, Findings, and Implications* (Berkeley, CA: McCutchan, 1979); P. Peterson, "Issue: Should Teachers Be Expected to Learn and Use Direct Instruction?" *ASCD Update*, Vol. 24, No. 5, 1982.
7) 직접 교수와 마찬가지로 간접 교수도 다양한 정의를 포괄하는 폭넓은 개념이다. 이 개념은 발견 학습, 문제 해결, 탐구 학습, 귀납적 교수 방법과 같이 다양하게 묘사되고 있다. Gary Borich는 이 개념의 구성 요소들을 다음과 같이 결합하고 있다. "간접 교수는 학습의 과정은 탐구, 결과는 발견,

학습 맥락은 문제로 구성되는 교수-학습 방법이다." Gary D. Borich, *Effective Teaching: Methods* (Columbus, OH. Merrill Publishing Co., 1988), p 163. 간접 교수법은 Socrates에게로 거슬러 올라갈 정도로 오랜 역사를 가지고 있다. 이 방법은 John Dewey가 옹호하였고 Jerome Bruner 에 의해서 널리 보급되었다. John Dewey, *Democracy and Education* (New York: Macmillan, 1916, 「민주주의와 교육」, 교육과학사 역간), *Experience and Education* (New York: Macmillan, 1938); Jerome Bruner, *The Process of Education* (Cambridge: Harvard University Press, 1960); *Toward a Theory of Instruction* (Cambridge, MA: Harvard University Press, 1966)를 보라.

8) 문제 해결식 교수 방법은 다양한 유형을 포함한다. 최근에 유행하고 있는 방법은 PBL(problem-based learning, 문제에 기초한 학습)인데, 이 방법은 학생들에게 해결해야 할 '잘못 구조화된 문제들'(ill-structured problems) 을 제시한다. 이런 종류의 문제 제시는 학생들이 따라야 할 구체적인 절차 를 의도적으로 생략하고, 해결로 인도하는 행동 단계를 설계하도록 학생 들을 격려한다. 이런 문제에 대한 논의를 위해서는, Al Bandstra, *The Effectiveness of Problem-based Learning in Middle School Science* (M. Ed. thesis, Dordt College, 1998)를 보라. Doug Blomberg는 문제 해결은 기독 교 학교의 교육 과정과 교수 방법의 핵심에 있어야 한다고 제안한다. 그는 '규범적인 문제-공간에 대한 탐구'인 '문제 제기식 교수 방법'을 옹호한다 (*Perspective*, Institute for Christian Studies, Toronto, Vol. 33, Issue 1, March, 1999, p. 7). 그의 논문 "A Problem-posing Pedagogy: 'Paths of Pleasantness and Peace'" in *Journal of Education & Christian Belief*, Vol. 3, No. 2, Autumn, 1999, pp. 97-113를 보라. 더 깊은 논의를 위해서는, Gloria Goris Stronks and Doug Blomberg, eds. *A Vision with a Task: Christian Schooling for Responsive Discipleship* (Grand Rapids, MI: Baker Books, 1993), pp. 172-175, 192-213를 보라.

9) Donald C. Orlich and others, *Teaching Strategies: A Guide to Better Instruction* (Lexington, MA: Heath, 1994, 4th ed.), p. 296에서도 동일한 보고를 하고 있다.

10) 이런 예들은 다음과 같다. Donald C. Orlich and others, *Teaching Strategies: A Guide to Better Instruction* (Lexington, MA: Heath, 1994,

4th ed.), pp. 268-320; Gary D. Borich, *Effective Teaching Methods* (Columbus, OH: Merrill Publishing Co., 1988), pp. 163-191; Donald R. Cruikshank, D. L. Bainer, K. K. Metcalf, *The Act of Teaching* (New York: McGraw-Hill, 1999), pp. 215-223; H. Jerome Freiberg & Amy Driscoll, *Universal Teaching Strategies* (Boston, MA: Allyn & Bacon, 1996), pp. 306-316.

제13장
1) Meredith D. Gall, "The Use of Questions in Teaching" in *Review of Educational Research*, Vol. 40, 1970, pp. 707-721; William W. Wilen, *Questioning Skills for Teachers* (Washington, DC: National Education Association, 1991).
2) 이런 관점을 지지하는 많은 연구들이 있다. 다음과 같은 몇 가지 예들을 보라. Marylou Dantonio and Louis V. Paradise, "Teaching Question-Answer Strategy and the Cognitive Correspondence Between Teacher Questions and Learner Responses" in *Journal of Research and Development in Education*, Vol. 21, Spring, 1988, pp. 71-75; Nathan C. Swift, Thomas Gooding, and Patricia R. Swift, "Questions and Wait Time," in *Questioning and Discussion: A Multidisciplinary Study*, J. T. Dillon, ed. (Norwood, NJ: Ablex Publishing, 1988); Karen D. Wood and Denise K. Muth, "The Case for Improved Instruction in the Middle School" in *Journal of Reading*, Vol. 35, No. 2, 1991, pp. 84-90.
3) 많은 연구들은 학년을 불문하고 대부분의 학급에서 교사의 이야기가 지배하고 있음을 보여 준다. 학생들은 거의 질문을 하지 않는다. 예를 들면, J. T. Dillon, *Questioning and Teaching A Manual of Practice* (London: Croom Helm, 1987)를 보라.
4) M. B. Rowe, "Wait Time and Rewards as Instructional Variables, Their Influence in Language, Logic, and Fate Control: Part I-Wait Time" in *Journal of Research in Science Teaching*, Vol. 11, No. 2, 1974, pp. 81-94; K. G. Tobin, "The Effect of an Extended Teacher Wait Time on Science Achievement" in *Journal of Research in Science Teaching*, Vol. 17, 1980, pp. 469-475; "Effects of Teacher Wait Time on Discourse Characteristics

in Mathematics and Language Arts Classes" in *American Educational Research Journal*, Vol. 23, No. 2, 1986, pp. 191-201; "The Role of Wait Time in Higher Cognitive Level Learning" in *Review of Educational Research*, Vol. 57, Spring, 1987, pp. 69-95.

## 제14장

1) J. T. Dillon, "Using Questions to Foil Discussion" in *Teaching and Teacher Education*, Vol. 1, No 2, 1985, pp. 109-121를 보라.
2) Paulo Freire, *Pedagogy of the Oppressed* (New York: Seabury Press, 1970), *Education for Critical Consciousness* (New York: Seabury Press, 1973), *Pedagogy in Process* (New York: Seabury Press, 1978) Also, Clarence Joldersma, "Shared Praxis: Interchange of Words" in *Christian Educators Journal*, April/May 1980.
3) Daniel Schipani, *Conscientization and Creativity* (Lanham, MD: University Press of America, 1984). Thomas Groome, *Christian Religious Education* (New York: Harper & Row, 1980), 「기독교 종교 교육」 (장로교 출판사 역간). Groome의 책은 실천 공유 전략 방법의 발달에 이정표라고 부를 수 있다.
4) 나는 내가 제안한 실천 공유 전략의 모델을 몇 개 학년에서 실험했고, 또 계속하여 실험하고 있다. 그 중 한 가지에 대한 논의를 참고하려면, Trent De Jong, David Loewen, and John Van Dyk, "Shared Praxis: Where Content and Process Meet in the Classroom" in *Christian Educators Journal*, Vol. 37, No. 4, April 1998, pp. 12-15를 보라. 이 논문은 Abbotsford, BC, Canada에 소재한 두 개의 기독교 학교의 중학교 1학년에서 행한 성공적인 실험을 보고하고 있다.
5) 예를 들면, 고린도후서 5:18.
6) 실천 공유 전략 방법은 확실히 구성주의와 밀접한 관계가 있음을 보여 준다. 구성주의는, 학생이 성장하고 발달함에 따라 자신의 이전 경험 위에 지식을 구축하고, 그 지식을 재형성하고, 재구축할 때, 요컨대 지식을 구성할 때, 학습이 일어난다고 제안한다. 구성주의가 유용한 학습 이론을 제안해 주는 것은 놀라운 일이다. 그러나 유감스럽게도, 대부분의 구성주의는 개인적으로 구성하는 지식이 창조 규범에 종속되지 않는다고 제안할 때 문

제를 야기하게 된다. 결과적으로 구성주의는 주관주의와 상대주의의 수렁에 쉽게 갇힐 수 있다. 기독교 교육자들은 계속하여 비판적으로 분별해 나가야 할 필요가 있다.

## 제15장

1) 주의 깊고 올바르게 구조화되어 있을 때도, 협동 학습은 **실제로** 작용하는가? 아니면, 협동 학습은 항상 '무지의 모음'으로 끝날 것인가? 많은 연구들은 협동 학습의 효과를 계속하여 확인하고 있다. 학생들은 전통적인 학급에서보다 협동 학습을 통해서 더 빠르게 학습하고, 그 효과도 더 오래 지속한다. 협동 학습은 훈육 문제를 줄이고, 과업 시간 계획은 증진시키며, 학습 과제를 즐기도록 학생들을 도와주며, 자존감을 증진시켜 준다. 협동 학습은 협동의 기술, 차이점의 수용, 타인에 대한 존중감을 발전시켜 준다. 한편, 협동 학습에 대한 연구는 계속되고 있는데, 협동 학습의 유익을 지지하는 연구들 중에는 다음과 같은 연구들이 있다. David W. Johnson, G. Maruyama, Roger T. Johnson, & D. Nelson, "Effects of Cooperative, Competitive, and Individualistic Goal Structures on Achievement: A Meta-analysis" in *Psychological Bulletin*, Vol. 89, No. 1, 1981, pp. 47-62; David W. Johnson and Roger T. Johnson, *Cooperation and Competition: Theory and Research* (Edina, MN: Interaction Book Co., 1989); Robert E. Slavin, *Cooperative Learning: Theory, Research, and Practice* (Englewood Cliffs, NJ: Prentice-Hall, 1990); Robert E. Slavin," Synthesis of Research on Cooperative Learning" in *Educational Leadership*, Vol. 48, No. 5, 1991, pp. 71-82; D. Solomon, M. Watson, E. Schaps, V. Battistich, & J. Solomon, "Cooperative Learning as Part of a Comprehensive Classroom Program Designed to Promote Prosocial Development" in *Cooperative Learning: Theory and Research*, S. Sharon, ed. (New York: Praeger, 1990), pp. 231-260.
2) 이 문제에 대한 연구는, E. G. Cohen, "Restructuring the Classroom: Conditions for Productive Small Groups" in *Review of Educational Research*, Vol. 64, No. 1, 1994, pp. 1-35를 보라.
3) Donald W. Johnson & Roger T. Johnson, *Learning Together and Alone* (Englewood Cliffs, NJ: Prentice Hall, 1991).

4) John Van Dyk, "Cooperative Learning in Christian Perspective: Opening the Dialogue" in *Humans Being: Essays Dedicated to Stuart Fowler*, Doug Blomberg, ed. (Melbourne, Australia: Association for Christian Scholarship; Sydney: National Institute for Christian Education, 1996), pp. 335-353.
5) 협동 학습을 하나의 유행으로 보는 문제에 대한 논의는, Robert E. Slavin," Here to Stay or Gone Tomorrow," guest editorial in *Educational Leadership*, Vol 47, No. 4, 1989, p. 3, and D. B. Struthers, "Cooperative Learning: Fad or Foundation for Learning?" in *Phi Delta Kappan*, Vol. 72, No. 2, 1990, pp. 158-162를 보라.
6) 로마서 12:16; 고린도전서 1:10.
7) David W. and Robert T. Johnson, "Conflict in the Classroom: Controversy and Learning" in *Review of Educational Research*, Vol 49, 1979, pp. 51-61; Teaching Students to Be Peacemakers (Edina, MN: Interaction Book Co., 1995): "Teaching Students to Be Peacemakers: Results of Five Years of Research" in *Peace and Conflict: Journal of Peace Psychology*, Vol. 1, No 4, 1995, pp. 417-438; "Conflict Resolution and Peer Mediation Programs in Elementary and Secondary Schools: A Review of the Research" in *Review of Educational Research*, Vol. 66, No. 4, 1996, pp. 459-506; "The Three C's of School and Classroom Management" in *Beyond Behaviorism: Changing the Classroom Management Paradigm*, H. Jerome Freiberg, ed. (Boston: Allyn & Bacon, 1999), pp. 119-144.
8) Harro Van Brummelen은 *Walking with God in the Classroom* 제2판에서, 논쟁과 갈등 해결에 관한 간략한 논의를 포함시키고 있다. 그는 자칫 확인되지 않을 뻔한 자료에 근거하여 갈등 해결 단계를 요약해 주고 있다. *Walking with God in the Classroom* (Seattle: Alta Vista College Press, 1998), pp. 73-75를 보라.
9) M. Sapon-Shevin & N. Schniedewind, "Selling Cooperative Learning Without Selling It Short" in *Educational Leadership*, Vol. 47, No. 4, Dec./Jan., 1990, pp. 63-64.

## 제16장

1) Harro Van Brummelen은 *Walking With God in the Classroom* 제1판에서, '개별화 학습'과 '인격화된 학습'을 의미심장하게 구분하고 있다. 그는 다음과 같이 말한다. "예를 들면, 컴퓨터에 기초한 개별화 학습은 인간의 학습 욕구를 늘 만족시키지는 못한다. 또 개별화 학습만 활용하게 되면 인간이 **공동체 안에서** 살아가도록 준비시킬 수 없다. 개별화 학습은, 어떤 기본적인 개념과 기능을 학습하는 데는 효과적이지만, 종종 결정론적이고 행동주의적인 인간관에 기초하고 있다.…성경적으로 볼 때 인격화된 학습이란 무엇인가? 첫째로, 인격화된 학습은 교사가 관심과 애정을 가지고 학생을 대하고, 학생이 자기 인격의 일부인 능력들을 발휘할 수 있도록 허용하는 것을 의미한다. 둘째로, 학습은 가능한 한, 학급의 모든 사람들의 필요를 충족시킬 수 있는 과제와 방법을 포함해야 한다. 셋째로, 학습자는 적당한 곳에서 그들의 학습을 스스로 선택하고, 그에 따라 실행하고, 자신의 결정을 평가받아야 한다." *Walking With God in the Classroom* (Burlington, Ontario: Welch Publishing Co.), 1984, p. 124

2) John Van Dyk, "Kids in the Middle: Winners or Losers?" Two articles in *Christian Educators Journal*, Vol. 34, No. 3, February, 1995, pp. 2-4; and Vol. 34, No. 4, April, 1995, pp. 11-12.

3) 로마서 12장.

4) '다기능'이라는 용어는 다소 거북한 용어일 수도 있다. 그래서 최근에는 '분화된' 또는 '다양한'이라는 용어를 사용하기도 한다. 그럼에도 불구하고, 나는 '분화된' 교실 환경보다도 더 전체적인 교실 환경을 암시하는 '다기능'이라는 용어를 계속해서 사용하고자 한다. 이 장에서 내가 장려하는 종류의 학급에 대해서 직접적으로 이야기하고 있는 실제적인 아이디어들을 풍부하게 담은 탁월한 책은, Carol Ann Tomlinson's *The Differentiated Classroom: Responding to the Needs of All Learners* (Alexandria, VA: ASCD, 1999)이다. 이 책은 교직원 계발 프로그램을 위한 훌륭한 자료이다.

5) 마태복음 5:9; 야고보서 3:16-18.

6) 욥기 30:25; 로마서 12:15; 로마서 15:1-2; 갈라디아서 6:2; 골로새서 3:12-16; 히브리서 13:3; 요한일서 3-4장.

7) 에베소서 4:12.

8) 고린도전서 13장.

9) 이와 관련된 풍부한 아이디어를 위해서는, Tomlinson's *The Differentiated Classroom*을 보라. 앞의 주 4번을 참고하라.
10) Howard Gardner의 다중 지능 이론은 아마도 최근에 교육계에 등장한 가장 영향력 있고 성공적인 이론 가운데 하나일 것이다. Gardner의 최근 사상을 위해서는, *The Disciplined Mind: What All Students Should Understand* (New York: Simon & Schuster, 1999)와 *Intelligence Reframed* (New York: Basic Books, 1999), 「다중 지능: 인간 지능의 새로운 이해」(김영사)를 보라.
11) A. H. Maslow, *Motivation and Personality* (New York: Harper & Row, 1954). Maslow는 생리적 욕구에서부터 자아 실현의 욕구에 이르는 '욕구 계층 이론'을 제안하였다.
12) William Glasser, *The Quality School* (New York: Harper & Row), 1990.
13) 이와 관련된 문헌의 몇 가지 실례로는, David Kolb, *Learning Style Inventory* (Boston: McBer & Co., 1976); Bernice McCarthy, *The 4MAT System: Teaching to Learning Styles* (Barrington, IL. Excel, 1981); Anthony Gregorc, *An Adult's Guide to Style* (Maynard, MA: Gabriel Systems, 1982) and *Inside Styles* (Maynard, MA: Gabriel Systems, 1987)를 보라.
14) Rita & Kenneth Dunn, *Teaching Students Through Their Individual Learning Styles: a Practical Approach* (Reston, VA: Reston Publishing Co., 1978); "Teaching Students Through Their Individual Learning Styles: A Research Report" in *Student Learning Styles and Brain Behavior* (Reston, VA: National Association of Secondary School Principals, 1982), pp. 142-151.
15) 앞의 주 10번을 참고하라.
16) Harro Van Brummelen, *Walking With God in the Classroom* (Burlington, Ontario: Welch Publishing Co.), 1984, pp. 80-81.
17) Carol Ann Tomlinson, "Mapping a Route Toward Differentiated Instruction" in *Educational Leadership*, Vol. 57, No. 1, September 1999, pp. 12-16를 보라.

## 제17장

1) 예를 들면, Donald R. Cruickshank, D. L. Bainer, and Kim Metcalf는 *The Act of Teaching* (New York: McGraw-Hill, 1999), pp. 394-397에서 학급 운영에 관한 문제를 논하는 장의 참고 문헌에서 거의 100개의 목록을 열거하고 있다.
2) Cruickshank and others, *The Act of Teaching*, pp. 361-362. Alfie Kohn은 이 구분을 강력하게 반대한다. 특히, 그의 책 *Beyond Discipline: From Compliance to Community* (Alexandria, VA: ASCD, 1996)의 처음 다섯 장을 보라.
3) Harro Van Brummelen, *Walking with God in the Classroom* (Seattle: Alta Vista College Press, 1998), pp. 75-79.
4) Donald C. Orlich and others, *Teaching Strategies: A Guide to Better Instruction* (Lexington, MA: D. C. Heath and Co., 1994), pp. 351-367.
5) Alfie Kohn, *Beyond Discipline*, pp. xiv-xv.
6) Donald R. Cruickshank and others, *The Act of Teaching*, pp. 387-388. 또한 Alfie Kohn, *Beyond Discipline*, pp. 24-32를 보라.
7) 마태복음 5:38-42.
8) 에베소서 6:4.
9) Alfie Kohn, *Beyond Discipline*, p. 121.
10) 유용한 설명을 위해서는, H. Jerome Freiberg, ed., *Beyond Behaviorsm: Changing the Classroom Management Paradigm* (Needham Heights, MA: Allyn and Bacon, 1999)을 보라.

## 제18장

1) 시간 부족은 모든 사람들의 문제이기 때문에, 시간 관리에 관한 대중적인 책들은 잘 팔린다. 교사들이 경험하는 시간 문제와 관련된 구체적인 문헌으로는, J. Applegate, "Time" in Donald R. Cruickshank & Associates, *Teaching Is Tough* (Englewood Cliffs, NJ: Prentice-Hall, 1980), pp. 257-302; C. Collins, *Time Management for Teachers* (West Nyack, NY: Parker, 1987) 등을 참고하라. 유용한 제안으로는, 역시 "The Effective Use of Time" in H. Jerome Freiberg and Amy Driscoll's *Universal Teaching Strategies* (Needham Heights, MA: Allyn and Bacon, 1996)를 보라.

2) '교사의 삶의 내적 광경'에 대한 흥미 있는 통찰을 고찰하려면, Parker J. Palmer, *The Courage to Teach* (San Francisco: Jossey-Bass Publishers, 1998)를 보라.
3) Antithesis Educational Services, Melbourne, Victoria, Australia의 소장인 Stuart Fowler 박사의 개인적인 논평.
4) 마태복음 10:16.

## 부록

## 유관 단체 목록

### 관련 단체
기독교대안교육협의회  http://www.caeak.com
기독교학교연구회  http://dreamproject.or.kr
기독교학교자료센터  http://www.godschool.co.kr
기독교학문연구소  http://www.kcsi.or.kr
기독교교육방송  http://www.cebs.tv
에듀넥스트  http://www.edunext.org
좋은교사  http://www.goodteacher.org
한국기독교학교연맹  http://www.kfcs.or.kr
한국기독교교육정보학회  http://www.ksceit.org
MK NEST  http://www.mknest.org
하이홈스쿨  http://www.hihomeschool.com

### 기독교 학교
독수리기독중학교  http://eagleschool.com
로고스크리스찬아카데미  http://logosca.com
수원중앙기독초등학교  http://www.suwoncca.org
지구촌고등학교  http://glovillhigh.or.kr
꿈의학교  http://dreamschool.or.kr
한동국제학교  http://his.handong.edu

## 인명 색인

Anderson, D. W. 344
Anderson, L. 353
Apollos 134
Applegate, J. 362
Aristotle 211

Bainer, D. L. 353, 356, 361
Bandstra, A. 355
Bandura, A. 348-349
Battistich, V. 358
Bavinck, H. 343
Berliner, D. C. 354
Beversluis, N. H. 91-92, 343, 345
Blomberg, D. 355, 359
Bloom, B. S. 88-91, 93, 345
Bolt, J. 354
Borich, G. 354, 356
Brandt, R. 344, 347
Brederveld, J. 343
Brophy, J. E. 344, 346-347
Bruner, J. 355

Canter, L. 310
Charlemagne 89-90
Charney, R. S. 351
Cohen, E. G. 358
Collins, C. 362
Cooper, J. 343, 354
Cruikshank, D. R. 353, 356, 362

Dantonio, M. 356
De Graaff, A. 348
De Jong, T. 357
Dewey, J. 220, 244, 355

Dickinson, E. 278-279
Dillon, J. T. 356-357
Dooyeweerd, H. 348
Driscoll, A. 345, 353, 356, 362
Dunkin, M. J. 352, 354
Dunn, K. 160, 297, 349, 361

Edlin, R. 19, 343
Egan, K. 110, 347
Eisner, E. W. 86-88, 100, 345
Estes, T. H. 352

Fowler, S. 328, 359, 363
Freiberg, H. J. 345, 353, 356, 359, 362
Freire, P. 109, 252, 253, 347, 357

Gage, N. L. 33, 344, 346, 354
Gall, M. 356
Gardner, H. 90, 160, 295, 297, 345, 350, 361
Gasser, W. 296, 351, 361
Goleman, D. 98-99, 346
Gooding, T. 356
Gregorc, A. 160-161, 297, 361
Groome, T. 253-254, 357
Gunter, M. A. 352

Harrow, A. J. 345
Highet, G. 348
Holubec, E. J. 350
Hunter, M. 213-214, 223, 354

Jaarsma, C. 24, 343
James 67, 113

Johnson, D. W. 282, 350, 351, 358-359
Johnson, R. T. 282, 350, 351, 358-359
Joldersma. C. 357
Joyce, B. 351-352

Kern, A. 348
Kienel, P. 19, 343
Kleefeld, C. F. 349
Kolb, D. 297, 361
Kohn, A. 186, 307, 351, 362
Kratwohl, D. R. 345

Loewen, D. 357

Maruyama, G. 358
Maslow, A. H. 296, 352, 361
McCarthy, B. 160-161, 297, 349, 361
McGreal, T. 353
Meister, C. 353
Metcalf, K. K. 353, 356, 361
Middleton, J. R. 354
Miller, R. 347
Montuori, A. 109-110, 347
Moses 59
Murphy, J. 353
Muth, D. K. 356

Nelson, D. 358
Nouwen, H. J. 109, 347

Oppewal, D. 92, 346
Orlich, D. C. 354, 355, 362

Palmer, P. 109-110, 130, 350, 362
Paradise, L. V. 356
Paul 37, 38, 57, 74, 76, 94, 106-107, 135, 140, 144, 313, 326, 346
Peterson, P. 354
Plato 132
Popham, J. 345

Reynolds, L. 343
Rogers, C. 352

Rosenshine, B. 353-354
Rowe, M. B. 356
Runner, H. E. 354
Ryan, K. 343
Ryans, D. 346

Sapon-Shevin, M. 359
Schaps, E. 358
Schipani, D. 357
Schneider, E. 351
Schniedewind, N. 359
Schwab, J. 352
Seerveld, C. 348
Sharon, S. 358
Shulman, L. 344, 347
Slavin, R. E. 358-359
Smiens, D. 378
Socrates 355
Solomon, D. 358
Solomon, J. 358
Stronks, G. G. 355
Struthers, D. B. 359
Suchman, J. R. 352
Swift, N. C. 356
Swift, P. R. 356

Tobin, K. G. 356
Tom, A. 110, 111, 347
Tomlinson, C. A. 360-361
Twain, M. 87
Tyler, R. W. 85, 345

Van Brummelen, H. 19, 92-93, 110, 160, 300, 343, 346, 347, 349, 359, 360, 361, 362
Vanderhoek, J. 45
Vander Stelt, J. C. 354
Van Dyk, J. 19, 70, 74, 189, 343, 357, 358, 360, 357
Veith, G. E. 348

Walberg, H. 354
Walsh, B. 354

Waterink, J. 343-344
Watson, M. 358
Weil, M. 351-352, 353
Wilen, W. W. 356
Wittrock, M. C. 19, 58, 92-93, 343
Wolterstorff, N. 346, 348
Wood, K. D. 356

Yager, R. E. 350

Zimmerman, B. J. 349

## 주제 색인

3C 분류(three C's taxonomy) '분류'를 보라.
BDB 현상(Bad-Day-Blues phenomenon) 325

가르치기에 적절한 순간(Teachable moment) 87, 155, 244, 245
가르침(teaching) 또한 '기독교적 가르침'을 보라.
   간접(indirect) '간접 교수법'을 보라.
   개인적/사적 문제(as a personal/private matter) 28-30
   기능(functions of) 125-134
   기독교적(christianly) '기독교적 가르침'을 보라.
   기예(as craft) 79, 110, 111-113, 128, 197, 213
   모델(models of) 204, 213-214, 219, 251-255, 351-353
   비법/실제적 요령/비법을 담고 있는 요술 가방(as bag of tricks/practical tips/recipes) 31, 190, 196, 203, 242
   예술(as art) 27-28, 128
   은유(metaphors of) 103-114, 129, 134, 138, 145, 159, 170, 210
   전략(strategies) '기독교적 가르침'을 보라.
   정의 120-125, 193-199, 204, 216
   직접(direct) '직접 교수법'을 보라.
   참여적(participatory) '참여적 가르침'을 보라.
   효과적 가르침 운동(effective teaching movement) 27-28, 107-109, 120-121, 129-133, 196, 213
가르침에 대한 평가(evaluation of teaching)
   계획(in planning) 132
   기예(as craft) 111-112
   소홀(neglect of) 36
   시간(time for) 323-324
   실행(of performance) 29-30
   인간으로서 교사에 대한(of teacher as person) 158-159
가르침을 위한 구비(equipping for teaching) 59-66
가르침의 기능(functions of teaching) '가르침'을 보라.
가르침의 은유(metaphors of teaching) '가르침'을 보라.
가르침의 모델(models of teaching) '가르침'을 보라.
가르침의 사영화(privatization of teaching) 28-30, 51
가르침의 초대(invitation to teach) 59-76, 78, 125
가상형 질문(what if questions) 229-230, 238
가치 명료화(values clarification) 277
간접 교수법/가르침(indirect instruction/teaching) 48-49, 203-205, 219-222, 230, 242-243, 335
갈등 해결(conflict resolution) 75, 142, 280-282, 352, 359
감상(력)(appreciation) 87, 210
강의법(lecturing) 29, 51, 195-205, 208, 213-220, 255
개념 발전(concept development) 352

개념 획득(concept attainment) 351, 352
개별성(individuality) 37, 87, 199, 286-290, 300-301
개별적 책임(individual accountability) 270, 273
개별화 교육(교수법)(individualized instruction) 286, 298, 360
개성화(인격화된) 학습(personalized learning) 286, 300, 351, 360
개인주의(individualism) 37-38, 162-169, 198-199, 217, 234-238, 286-290, 335-336
객관식 시험(objective testing) 228
게임(놀이)(games) 180, 193
격려하기(encouragement) 77, 99, 133, 144-145, 158, 169, 234-240, 245-246, 255, 265, 313
또한 '제자도의 기술'을 보라.
경건 활동(devotions) 40-44, 80, 122, 142-144, 338-339
경쟁(competition) 151-152, 165-169, 193, 239, 336, 350
경향성(tendencies) '태도'를 보라.
경험 학습(experiential learning) 45, 49, 95
경험적으로 적절한(experientially appropriate) 148-150
계약(contracts) 302, 318
고전적 기독교 교육(classical christian education) 348
공동체(community) 37, 45, 107, 163-171, 181, 288-292
공정성(fairness) 127-128
과업 시간 계획표(time on task) 119, 129-130, 358
과업(task) '기독교적 가르침'을 보라.
과학주의(scientism) 329
관계(relationships) 130-131, 176-181, 236, 261, 271, 315
또한 '학생과 교사 관계'를 보라.
관점(perspective)
공유적(shared) 38
교과 내용(on subject matter) 143-144

교수 전략의 기능(function in teaching strategies) 195-199, 231
기독교적 가르침의 정의(as defining teaching Christianly) 44-45
원치 않은 영향(as unwanted influence) 79
재능에 대한 관점(and view of giftedness) 290-291
총체적(holistic) 89-91, 95-96, 327
평가를 위한 기초(as basis for evaluation) 113
관점주의(perspectivalism) 44, 143-144
교과 내용(subject matter) '내용'을 보라.
교과서(textbooks) 19, 44, 62, 209, 212, 216, 256
교사(teacher)
개성(personality) 61-62, 65, 74, 112, 158
도우미(aides) 287
재능(gifts)
강의(for lecturing) 218
기독교적 가르침(for teaching Christianly) 112, 157-159
소명(and calling) 55-56, 59-66
영역 주권(and sphere sovereignty) 74
필수 조건(as prerequisites) 26-27
타고나는 것이지 만들어지는 것은 아니다(born, not made) 25-29
책임(responsibility) '교사의 책임'을 보라.
교사의 권위(authority of teacher) 71-74, 158-159, 182-183, 244
교사의 인성(personality of teacher) '교사'를 보라.
교사의 책임(responsibility of teachers) 67, 68, 72-76
교수 방법론(pedagogy) '가르침'을 보라.
교수 방법의 중립성(neutrality of teaching methods) 40-42, 195-199, 230
교수 방법적 지식(pedagogical content knowledge) 112-113
교육 과정(curriculum) 또한 '중핵 교육

과정'을 보라.
가르침에 대한 관점(and views of teaching) 42-46
갈등 해결(conflict resolution in)
경건 활동과 연결(linked to devotions) 142-144
기독교적 가르침과의 관계(relation to teaching christianly) 134-135
다기능 학급(in multifunctional classroom) 298-299
신앙에 의한 인도(directed by faith) 126
실천 공유 전략(and shared praxis) 254-259
여행(as journey) 114-115
이야기 들려주기 110
자료 목록 작성(and inventory work) 181-184
전개(to be unfolded) 145-150
통합 교육 과정(Integrated curriculum) 281
학급 운영(경영)(and classroom management) 315
학년별/목표(and grades/objectives) 97
교육 목적(Purpose of education) '목적/목표'을 보라.
교육 심리학(educational psychology) 24, 142, 159-160
교육 연구소(Center for Educational Services) 23
교육 철학(philosophy of education)
가르침(and teaching) 31, 122-124
가르침의 은유(and metaphors of teaching) 109-113
교실 배열(and classroom arrangement) 298
교육 과정(and curriculum) 161
기독교 교육 문헌(in christian educational literature) 17, 24
영향(influence of) 157
인식하지 못함(unrecognized) 30, 79, 152-153

질문법(and questioning) 232
교정 프로그램(remedial programs) 287
구성주의(constructivism) 260, 334-335, 357
구속(redemption)
교과 내용(and subject matter) 143-144, 161-162
교수와 교수 전략(teaching and teaching strategies as) 66, 78, 109, 186, 256, 272
범위(scope of) 57, 107, 124, 232-233
섬김의 도(and servanthood) 98
하나님 나라(and Kingdom of God) 81
학급(and classrooms) 166, 319
학습(and learning) 293
권력(power) '권위'를 보라.
권력의 부여(empowerment) 72
귀납적 탐구(inductive inquiry) 220-222, 354
규범적 반응(normative response) 96, 125-134, 153, 333, 335
그룹 짓기(forming groups) 266-268
긍정적 강화(positive reinforcement) 310
긍정적 상호 의존(positive interdependence) 269
기다리는 시간(시간적 여유를 갖는)(wait time) 29, 238
기대(expectations)
가르치는 과업(for teaching task) 74
갈등 해결(in conflict resolution) 281
일 단계 접근 방법(in first-step approach) 176-177
일시적 유행(in fads) 275-276
질문 방법(for questioning procedures) 234-235
토의 시간(discussion sessions) 250
학급 운영(in classroom management) 315-319
학부모(of parents) 179
학습(for learning) 47

협동 학습(for cooperative learning) 264-272
기독교적 가르침(그리스도인답게 가르치기)(teaching christianly)
　개념/관점(conceptions/views of) 35-51
　과업(task of) 56-59
　맥락(context of) 134, 155-171, 218
　목적(goals of) 94-101
　묘사(설명)(description) 117-171
　사역(as ministry) 77-79
　소홀(neglect of) 24-33, 36-38
　스타일(style of) 51, 103-117, 170, 291
　여행(as journey) 114, 138, 159, 170, 185, 203, 317
　완전하신 교사 모방(as imitation of Master Teacher) 48-50
　은유(metaphor for) 111-113
　자동적 관점(automatic view) 30-31
　장애물(obstacles to) 23, 321-341
　전도(as evangelism) 43-44
　전략(strategies of) 190, 286, 352
　진리 각인(as imprinting truth) 47-48, 211
기쁨, 즐거움(enjoyment) 87, 99, 182, 207, 358
기술(skills) 또한 '비판적 사고'와 '제자도의 기술'을 보라.
　가르침의 정의(in definitions of teaching) 120
　목적 분류(in goal taxonomies) 88-101
　재능이나 필요(as gifts or needs) 179-180, 295
　전개(and unfolding) 141-146
　직접 교수법(and direct instruction) 209-210, 212-213
　훈련(drill in) 135
기술주의(technicism) 132, 135, 196, 213
기억, 암기(memorization) 48, 86, 89, 213, 220, 334, 352
기억술(mnemonics) 352

기예(craft) '가르침'을 보라.
기초 학습(기본 지식)(basics) 97-98, 174, 232

내용/교과 내용(content/subject matter)
　가르침에 대한 관점(and views of teaching) 42-45
　교수 전략(and teaching strategies) 191-194, 203-205, 209-223, 244-254
　목적 분류(and goal taxonomies) 89-103
　신조(and creeds) 39
　전개(to be unfolded) 145-153
　진보주의적 관점(progressivist view of) 335-336
　질문법(and questioning) 233-237
　학급 구성 요소(as classroom component) 161
　학습 적용(adapted for learning) 65
뉴 에이지 철학(New Age philosophy) 40, 275
느낌(fellings) '정서'를 보라.
능동적 학습(active learning) 218-219, 243-244, 334
능력 부여하기(enabling) 150-153, 166, 193, 203, 209, 349

다기능 학급(multifunctional classroom) 290-303
다림줄 접근 방법(plummet-right-in approach) 176, 180
다양성(diversity) 37-39, 169, 201, 284-285, 295, 332
다중 지능(multiple intelligences) 160, 295-297, 350
다차원적(multidimensional) 125-134
단답형 질문(convergent questions) 227-233, 238, 243
단순한 가르침(simply teaching) 40, 122, 126
단순한 집단 활동(simply group work) 164-166

단언적 훈육(assertive discipline) 310, 313, 316
단체 교수법(whole-class instruction) 151, 289, 291, 300
단축 프로그램(acceleated learning program) 287
독립적 실천(Independent practice) 214
동기 유발이 안된 학생(unmotivated students) '동기 유발'을 보라.
동기 유발(motivation) 141, 213, 242, 305-310, 314
드라마(drama) 180, 205, 352
드러내 보이기(disclosing) 146

모델링(본 보이기)(Modeling)
   기독교적 가르침의 정의(as definition of teaching Christianly) 43-44
   안내하기 기능(as a guiding function) 139-140, 148
   연구(research in) 349
   제자도의 기술과 다양한 습관(of discipleship skills and various habits) 97-100, 132, 172
   직접 교수(as direct instruction) 212-213
   질문법(in questioning) 236
   협동 학습(in cooperative learning) 268-269
목적 분류(goal taxonomies) '분류'를 보라.
목적 영역(goal areas) 94-101, 146-147, 193-194, 222, 229, 317, 331
목적/목표(goals/objectives)
   가르침의 목적(purpose of teaching) 84-101
   가르침의 특징(as characteristic of teaching) 64
   교수 전략을 위한 맥락(as context for teaching strategies) 193-198
   다양성(diversity of) 300-301
   세계관(and worldview) 123-124
   질문(and questions) 231-233
   포괄적(overarching) 77-78, 94-97

표현(expressive) 87
행동/수행(behavioral/performance) 85-88, 221
형성적(and formative) 134-135
목표(objectives) '목적'을 보라.
문제 제기식 교수 방법(problem-posing pedagogy) 335
문제 해결(problem-solving) 93, 214-216, 232, 333, 351, 354
문제에 기초한 학습(problem-based teaching:PBL) 331
문제지(worksheets) 40, 209, 213, 273, 298, 301
문화 명령(cultural mandate) 56, 58
물질주의(materialism) 327

반-규범적 반응(anti-normative response)
   가르침의 차원(to dimensions of teaching) 125-134
   해결해야 할 문제(to problems to be solved) 334-335
반복 학습(recitation) 247-248
발견 학습(discovery learning) 47, 204, 211, 220, 354
발달적으로 적절한(developmentally appropriate) 149
발음 중심의 어학 교수법(phonics) 49
배타주의(exclusivism) 335
보상(rewards) 309, 311, 316, 320
보조 맞추기(pacing) 129-130
복음 전도(evangelism) '기독교적 가르침'을 보라.
부모의 대리자(in loco parentis) 71
북미 기독교 학교 연합회(Christian Schools International) 91-93
분류(taxonomy)
   3C(three C's) 92
   교수 전략(teaching strategies) 199-201
   목적(goals) 88-101
   블룸(Bloom's) 88-91
분화된 학급(differentiated classroom) 360

브레인 스토밍(brain storming)
　교수 방법(as teaching method) 205, 247-250, 318
　학생 참여 182, 184, 264-265
브리시티 컬럼비아 기독교 학교 협회 (Society of Christian Schools in BC.) 45
블룸의 목적 분류(Bloom's taxonomy) '목적 분류'를 보라.
비 제이 한 강좌(B. J. Haan Conferences) 274, 343
비유(parable) '이야기 들려주기'를 보라.
비지시적 교수법(nondirective teaching) 352
비참여적 토의(nonparticipatory discussion) 246-248
비판적 사고(critical thinking) 90-91, 97, 227-231

사명 진술서(mission statement) 39, 84-85, 156-157
사회 봉사 활동(service projects/learning) 45
상대주의(relativism) 41, 47, 192, 211, 275, 277-278
상의하달식 교수 방법(top-down pedagogy) 215-216
상호 점검(mutual checking) 256, 273, 280
설명(explanation) 212-217, 220, 256
섬김의 도(servanthood) 76-77, 80, 96, 147-157, 193, 293
　또한 '제자도'를 보라.
성(Spirituality) 41-42
성/속의 구분(sacred/secular distinction) 41, 61, 66, 123, 338
성향(Dispositions) '태도'를 보라.
세계관/인생관-세계관(worldview/world-and-life view) 123-124
세속주의(secularism) 39, 41, 50, 121, 338-339
소명(calling) 53-68, 72-80, 93-94, 340
수동적 학습(passive learning) 47, 176, 202, 217
수업 계획(lesson plans)
　교수 전략(and teaching strategies) 199-202, 224, 244-246, 256
　권위(authority over) 71
　목적 지향(aimed at goals) 84-87, 97-101
　봉사(as service) 77-79
　적절한 설계(to be appropriately designed) 128-131
　죄와 구속의 영향(affected by sin and redemption) 57
　질문(questions in) 231-233, 240
수학 불안감(math anxiety) 150
수학에서 사용하는 실물(math manipulatives) 49, 57, 150
수행 목표(performance objectives) '목적/목표'를 보라.
슈만의 탐구 모델(Suchman's inquiry model) 352
스트레스(stress) 81, 325-327
시간 관리(time management) 323-325
시간(time) 129-130, 145, 156, 216, 321, 323-324
시넥티스(창조적 문제 해법)(synectics) 352
시뮬레이션(Simulation) '드라마'를 보라.
신 마르크스주의(neomarxism) 252
신뢰(trust) 62, 94, 126-127, 271, 316
신체적 체벌(corporal punishment) 142
실용주의(pragmatism) 30-32, 36, 191, 303, 332
실증주의(positivism) 90, 330
실천 공유 전략(shared praxis) 205, 252-254, 318, 334, 357
실천 요령(practical tips) '가르침'을 보라.
실천적 교수 이론(ITIP : Instructional Theory Into Practice) 213
실험(experimentation) 220
심화 프로그램(enrichment programs) 190, 287

아동(child)

관(view of)
    가꾸어야 할 꽃(as flowers to be cultivated) 105, 108-109
    모두 동일(as all alike) 87-88, 217
    재능을 가진 하나님의 형상(as gifted image bearers) 48, 84, 159, 185, 292, 316-319
    조작 대상(as objects to be manipulated) 105, 130, 310, 360
    텅 빈 그릇(as empty containers) 105, 109, 123, 175, 210, 252, 331
    발달(development) 33, 86, 127, 160, 201, 225
아동관(view of the child) '아동'을 보라.
안내/안내하기(guide/guiding)
    가르침의 핵심 구성 요소(as key component of teaching) 124, 138-145, 192
    교수 전략 분류의 기초(as basis for taxonomy of teaching strategies) 202-204
    능력 부여하기와 관련(as related to enabling) 150-153
    (안내) 대 통제하기(vs. controlling) 307
    (안내) 대 듀이식 민주주의(vs. Deweyan democratism) 170
    (안내) 대 상대주의(vs. relativism) 277-278
    학급 운영(in classroom management) 239, 315-316
    핵심 은유(as key metaphor) 111-117
안내를 겸한 실천(guided practice) 213-214, 255-256
안내에 의한 탐구(guided inquiry) 202-203, 220-222
안전 지대(comfort zone) 201, 243, 276
어휘 획득(vocabulary acquisition) 352
에클레시아(ekklesia) 167
엘리트주의(elitism) 95, 336-337
여행(Journey) '기독교적 가르침'을 보라.

역할 극(role playing) '드라마'를 보라.
역할 배정(rele assignment) 268, 319
연관성(connectedness) 150, 162, 221-222, 238, 250, 260, 314
    또한 '적절성(적실성)'을 보라.
열린 교실(open classroom) 84, 218, 244
열정(enthusiasm) 58, 133-134, 149
영역 주권(sphere sovereignty) 74-76
예기 장면(anticipatory set) 141, 213
예증(demonstration) 49, 98, 204, 212, 248, 256
완전 학습(mastery learning) 352
완전한 교사(Master teachers) 211
우상(idolatry) 64, 332
이기심(selfishness) 60, 217, 272, 336
이론과 실천(theory and practice) 31-33, 252, 260
이야기 들려주기(story telling) 49, 110, 204, 221
이원론(dualism) 40-41, 90, 123, 126, 166, 330, 338-339
익숙한 것이 주는 충격(shock of the familiar) 20
인기 신드롬(popularity syndrome) 21
인본주의(humanism) 275, 332
인지적 영역(cognitive domain) 88-91
일 단계 접근 방법(first-step approach) 176-187, 260, 294, 317
일시적 유행(faddism) 211, 271-272, 279
읽기(Reading) 49, 161, 273

자기 지도(self-directedness) 135, 139, 171, 205
자기 충족성(self-sufficiency) 287
자료 목록 작성(inventory work) 177-184, 294-295, 299, 303
자유(freedom) 72-74, 184, 296
자율성(autonomy) 334-335
자존감/개념(self-esteem/concept) 92, 100, 180, 239, 296, 335, 358
잘못 구조화된 문제들(ill-structured problems) 335

재건주의(reconstructionism) 233, 298
재능(은사)/필요(gifts/needs) '교사'를 보라.
  다양성(diversity of) 87, 169, 222, 238, 284-285, 289
  범주(categories of) 294-297
  자료 목록(inventory of) 177-181
  정의(definitions of) 295
  창의적(creative) 98, 219
  축하하기(to be celebrated) 77-78, 171
적절성(관련성)(relevance) 144-146, 220, 237, 256-261, 315-318
  또한 '연관성'을 보라.
전개(unfolding) 116, 125, 145-153, 161, 203, 308
전달 모델(transmission model) 98, 109, 120-122, 210
전문성(professionalism) 29-30, 51, 190
전체적 언어설(whole language) 49, 200, 259
전통주의(traditionalism) 273
정보 처리(information processing) 270-271, 319, 351-352
정서(emotions) 90-99, 132-133, 140, 232-233, 239, 248-249, 256-258, 330
정신운동적 영역(psychomotor domain) 88-90
정의적 영역(affective domain) 88-91
제자도(discipleship)
  가르침의 목적(as goal of teaching) 93-101, 114-117, 124, 193, 195, 217-218
  구성주의(and constructivism) 334-335
  안내/전개/능력 부여의 목적(as goal of guiding/unfolding/enabling) 138-153
  종교(and religion) 64
  학급 운영(and classroom management) 312
  제자도를 위한 구비(equipping for discipleship) 77, 94, 99-100, 124, 135, 151-152
제자도의 기술(discipleship skills)
  개인주의적 학급(in individualistic classroom) 162-163
  목적 영역(as goal area) 99-100
  일 단계 접근 방법(in first-step approach) 187
  참여적 토의(in participatory discussion) 249-250
  협동 학습(in cooperative learning) 272, 283-284
  협력 학급(in collaborative classroom) 169-170
조정하기(monitoring) 272
종교(Religion)
  가르침(and teaching) 62-65, 77-79, 84, 109, 126
  교수 전략(and teaching strategies) 197-199
  능력 부여하기(and enabling) 144-149
  독립된 삶의 영역(as separate area of life) 40, 62, 90
  의미(meaning) 62-63
좌절감(Frustrations) 59, 327-329
죄(Sin)
  교과 내용(and subject matter) 161
  구성주의(and constructivism) 334-335
  다기능 학급(and multifunctional classroom) 292-293
  범위(scope of) 57, 123, 147, 232-233
  섬김의 도(and servanthood) 161
  일 단계 접근 방법(and first-step approach) 185-187
  진보주의(progressivist view of) 333-334
  투쟁(battle with) 96, 140.
  하나님 나라(Kingdom of God) 81
  학급 운영(and classroom management) 270

협동 학습(and cooperative learning) 270
주관주의(subjectivism) 335, 358
주지주의(intellectualism) 90, 96, 132, 148, 232, 329-330, 336
중간 학생들(kids in the middle) 287-288
중핵 교육 과정(core curriculum) 174, 299, 331
지식(knowledge) 또한 '지혜'를 보라.
  구성주의자의 관점(constructivist view of) 334
  내용(as content) 161-162
  명제적 지식(knowledge-that) 93
  방법적 지식(knowledge-how) 93
  성경적 관점(biblical view of) 44-45, 95, 126, 147, 148
  인지(as cognition) 89-95
  전개(to be unfolded) 145-147
  토의 목적과 실천 공유 전략(as goal of discussion and shared praxis) 251-254, 261
지혜(wisdom)
  가르침의 목적(as goal of teaching) 51, 101, 203, 247-251
  동의어(as synonym) 95
  모든 시대의 (지혜)(of all ages) 123-124, 126, 331
  어린이(of children) 171
직분 의식(office consciousness) 68, 69-82, 158-159, 335
직분(office) 65-81, 158, 170, 203, 335
직소오(jigsaw) 259, 278-280
직접 교수법(direct instruction)
  교수 전략(as teaching strategy) 209-219, 351-353
  단답형 질문(and convergent questions) 228-230
  분류법의 구성 요소(as component of taxonomy) 204, 242-244
  약점(weaknesses of) 215-219
  장점(strengths of) 214-215
  중요성(importance of) 171

진리를 각인시킴(as imprinting truth) 47-48
직접 체험하는 학습(hands-on learning) 98, 100, 180-181, 221
진리의 각인(imprinting truth) '가르침'을 보라.
진보주의(progressivism) 36, 109, 218, 232, 275, 298, 333-334
질문법(questioning) 49, 163, 225-240, 254-258
질문법에 대한 머리 글자 접근법(letter-head approach to questioning) 239
집단(그룹) 활동(group work) 47, 164-165, 211, 217, 250, 351
징계(punishment) 80, 142, 185, 308-320

참여적 교수(가르침)(participatory teaching) 202-205, 219-224, 230, 243-261
참여적 토의(participatory discussion) 244-249
창의성(creativity) 87, 91, 98-101, 128, 197, 216-219, 229
채점(grading) '평가'를 보라.
책상에서 하는 활동(seat work) 98, 273
청지기직(stewardship) 96, 129, 147
초점 사건(focusing event) 141
축적된 파일(cumulative files) 181

컴퓨터 프로그램(computer programs) 209, 220, 360

태도(attitude) 52, 87, 93
텔레비전(television) 327
토의(discussion) 또한 '참여적 토의'와 '비참여적 토의'를 보라.
  갈등 해결(in conflict resolution) 281-282
  교수 전략(as teaching strategy) 352
  다기능 학급(in multifunctional classroom) 298

질문(and questions) 231-232, 236-238
참여적(participatory) 246-251
학급 운영(in classroom management) 318
통제 이론(control theory) 296
통합 교육 과정(integrated curriculum) 168, 274, 298
특수 교육(special education) 287

평가/채점(등급)(evaluation/grading) 40, 51, 73, 151, 176, 184-185
평가형 질문(evaluative questions) 228, 230, 245
평등주의(egalitarianism) 88, 217, 287-290, 301, 336
평화 교육(peace education) 278
포괄적 교육(inclusive education) 338-339
포스트모더니즘(postmodernism) 277, 329, 334
폭력(violence) 109, 142, 168, 249, 282
표준 학생(average students) 287
표준화 평가(standardized tests) 79, 151, 336
표현 목표(expressive objectives) '목적/목표'을 보라.
품성 교육(character education) 282
프로그램화된 가르침(programmed instruction) 204, 220, 352
프로젝트(Projects) 222, 298
필요(needs) '은사'를 보라.

하나님 나라(Kingdom of God) 55-68, 79-81, 101, 147, 159, 212, 328, 332, 340
학급 운영(classroom management) 70, 73, 113, 142, 305-319
　대비적 대 대응적(proactive vs. reactive) 302-303
　협력 교실 운영(collaborative classroom management) 315-318
　훈육(and discipline) 307

학급 정렬/조직(ordering/organizing classroom) 110, 132, 145, 193-194
학급 토의(class discussion) '토의'를 보라.
학급(classroom)
　배열(arrangement) 183, 186, 234, 250, 255, 298-299
　분위기(atmosphere) 27, 42, 106, 128-129, 161-172, 236
　환경(environment) 161-172, 194, 233-234, 271, 310(components) 158-162
학급(class) 292
학문적 탁월성(academic excellence)
　교육 목적(as goals of education) 47, 84-85, 90, 329
　학문적 재능(and academic gifts) 295
학생과 교사의 관계(student-teacher relationship)
　계약(by contracts) 302
　구축 능력(ability to establish) 65
　군대에서의 은유(and military metaphors) 106-107
　권위(and authority) 71-72
　다기능 학급(in multifunctional classroom) 292-293
　모델링(and modeling) 139-140, 170
　문제(as a problem) 21
　신뢰와 공정성(trust and fairness) 127-128
　실천 공유 전략(in shared praxis) 260-261
　일 단계 접근 방법(in first-step approach) 182
　하나님 나라(and Kingdom of God) 79-81
학생의 책임(Responsibility of students)
　간접 교수법(indirect instruction) 222
　다기능 학급(in multifunctional classroom) 286-288
　발달을 방해하는 요인(factors preventing development of) 174, 176-177

상호(책임)(for each other) 162-163, 167, 272
일 단계 접근 방법(and first-step approach) 185-187
참여적 교수법(and participatory instruction) 243-244
학급 운영(in classroom management) 316
학습 결과(learning outcomes) 88, 145, 193-197, 210, 245, 301, 352
학습 방식(learning styles)
　다기능 학급(and egalitarianism) 288, 336
　다양성(diversity of) 129-130, 169, 238
　이론(theories of) 160, 296-297
　직접 교수법(in direct instruction) 220
　평등주의(and egalitarianism) 291-299
학습 센터(learning centers) 222, 298
학습 이론(learning theory) 33-34, 112-113, 160, 201, 261, 334, 357
학습 활동(learning activities)
　경건 활동과 관련(in relation to devotional activity) 80, 142-143
　계획의 결과(result of planning) 132
　교수 전략의 측면(as aspect of a teaching strategy) 197, 209-210, 218
　단순한 제안(as mere suggestions) 33, 190
　봉사 프로젝트와 관련(in relation to service projects) 45-46
　실제성(practicality of) 191-192
학습을 위한 구조화(structuring for learning) 145, 194-195, 247-248, 317, 349
학습자 중심 수학(Math-Their-Way) 259
합리주의(rationalism) 329-332
항존주의(perennialism) 36, 109, 123-124, 149, 211, 298, 331

행동 목표(behavioral objectives) '목적/목표'를 보라.
행동주의(behaviorism)
　교수 방법(and teaching methods) 351
　목적(표)관(and view of objectives) 85-88
　무비판적 수용(uncritical adoption of) 30, 36
　조작(and manipulation) 48, 275
　평가(and assessment) 100
　학급 운영(and classroom management) 310-313, 315
헌신(commitment) 51, 63, 78, 87, 90, 92-93, 126, 171, 258
현장 견학(field trips) 181, 184
협동 학습(cooperative learning)
　교수 전략(as teaching strategy) 254-261, 263-283, 318, 352
　대 "단순한 집단 활동"(vs. "simply group work") 164-165
　반대(objections to) 47-48, 211, 274, 276
　비 중립성(non-neutrality of) 198-199 연구(research on)
　학습 센터(and learning centers) 298
　협력 학급과 구별(distinguished from collaborative classroom) 171
협력 학급(collaborative classroom) 165-187, 212-218, 233-234, 264-271, 272, 283, 290, 305-320, 333, 336
협력(collaboration) 63, 165-169, 220, 242, 272
형성적(formative) 125, 134-135, 348
확산형 질문(divergent questions) 227-233, 238, 247
환원주의(reductionism)
　교수 전략(of teaching strategies) 196, 200
　기독교적 가르침(of teaching christianly) 50-51, 68, 132, 212-213
　은유(and metaphors) 104-105

목적(of goals) 89-101
사역(of ministry) 77
생활(of life) 324
직분(of office) 66-67
획일성(conformity) 37, 152, 288, 338
효과적 가르침(effective teaching) '가
　르침'을 보라.
훈련(drill) 135, 173, 174, 230-232
훈육(discipline)
　가르침에 대한 관점(and view of
　　teaching) 40, 46-47
　강제적 훈육 대 자발적 훈육(imposed
　　vs. self-discipline) 303
　교정적이며 회복적인(corrective and
　　restorative) 309
　안내하기 기능(as guiding function)
　　141-142
　예방적 훈육 대 교정적 훈육(preven-
　　tative vs. corrective)
　학급 운영(and classroom manage-
　　ment) 305-320
　(훈육) 대 징계(vs. punishment) 312-
　　313
흥미(interests) 60-62, 65, 71, 296

## 성구 색인

창세기
 1:28  56
 2:15  56

출애굽기
 6:6-9  47, 353
 6:20-23  353
 11:18-21  353

여호수아
 4:1-9  345

욥기
 30:25  360

시편
 24:1  15
 78:3-7  353
 111:10  95
 133:1, 3  187

잠언
 4:23  348

마태복음
 5:9  276
 5:38-42  362
 10:16  363
 28:18  344

마가복음
 16:20  356

로마서
 8:22  57
 12:4-8  41, 350, 360
 12:15  360
 12:16  359
 13:1  74
 15:1-2  360

고린도전서
 1:10  344, 359
 3:6-7  348
 3:9  356
 7:14  350
 12:7-14  350
 13:1-3  360

고린도후서
 1:7  350
 2:3  350
 5:18  357
 6:1  356

갈라디아서
 5:13-14  76, 346
 5:22-23  140
 5:25  326, 344-345
 6:2  350, 360

에베소서
 4:3-6  350
 4:12  345, 360
 4:11-12  94
 4:11-13  345

 5:15-17  346
 6:4  362
 6:10-17  346

골로새서
 1:19-20  15, 57, 344, 348
 3:12-16  360

히브리서
 3:13  349
 10:25  349
 13:3  360

야고보서
 1:22  346
 3:1  345
 3:13-18  346
 3:16-18  360

요한일서
 3-4절  360

요한계시록
 19:16  344

### 옮긴이 소개

김성수는 경북대학교 사범대학 교육학과와 동 대학원 교육학과(교육학 석사), 남아공화국 포쳅스트롬대학교 교육학과(철학 박사)에서 수학한 후, 현재 고신대학교 기독교교육과 교수로 재직중이다. 주요 역·저서로는 「기독교교육 원론」(소망사), 「내일로 가는 교회교육」(영문) 등이 있다.

### 가르침은 예술이다

초판 발행_ 2003년 7월 18일
초판 11쇄_ 2014년 2월 10일

지은이_ 존 반 다이크
옮긴이_ 김성수
펴낸이_ 신현기

발행처_ 한국기독학생회출판부
등록번호_ 제313-2001-198호(1978.6.1)
주소_ 121-838 서울 마포구 동교로 156-10
대표 전화_ (02)337-2257 · 팩스_ (02)337-2258
영업 전화_ (02)338-2282 · 팩스_ 080-915-1515
직영서점 산책_ (02)3141-5321
홈페이지_ http://www.ivp.co.kr · 이메일_ ivp@ivp.co.kr
ISBN 978-89-328-3018-6

ⓒ 한국기독학생회출판부 2003

책값은 뒤표지에 있습니다.
무단 전재와 복제를 금합니다.